教育部人文社会科学重点研究基地

山东师范大学齐鲁文化研究中心「十二五」规划重大项目

中共山东省委宣传部重点资助项目

中国孔子基金会资助项目

山东文化世家研究书系

王志民 主编

汲广运 著

# 琅邪诸葛氏家族文化研究

中华书局

**图书在版编目(CIP)数据**

琅邪诸葛氏家族文化研究/汲广运著.—北京:中华书局,2013.12

(山东文化世家研究书系/王志民主编)

ISBN 978 - 7 - 101 - 09436 - 7

Ⅰ.琅… Ⅱ.汲… Ⅲ.家族 - 文化研究 - 山东省 - 三国晋代 Ⅳ.K820.9

中国版本图书馆 CIP 数据核字(2013)第 128600 号

| | |
|---|---|
| 书 名 | 琅邪诸葛氏家族文化研究 |
| 著 者 | 汲广运 |
| 丛 书 名 | 山东文化世家研究书系 |
| 主 编 | 王志民 |
| 责任编辑 | 胡正娟 |
| 出版发行 | 中华书局 |
| | (北京市丰台区太平桥西里 38 号 100073) |
| | http://www.zhbc.com.cn |
| | E - mail:zhbc@ zhbc.com.cn |
| 印 刷 | 北京市白帆印务有限公司 |
| 版 次 | 2013 年 12 月北京第 1 版 |
| | 2013 年 12 月北京第 1 次印刷 |
| 规 格 | 开本/710 × 1000 毫米 1/16 |
| | 印张 28 插页 4 字数 410 千字 |
| 印 数 | 1 - 1500 册 |
| 国际书号 | ISBN 978 - 7 - 101 - 09436 - 7 |
| 定 价 | 140.00 元 |

沂南诸葛宗祠大门

李遵刚供

乾隆题《琅邪五贤祠》碑

诸葛亮浮雕

临沂大学教授牛振江创作

沂南诸葛宗祠的诸葛珪像

沂南诸葛宗祠的诸葛瑾像

清南薰殿藏诸葛亮画像

沂南诸葛宗祠的诸葛诞像

襄阳古隆中牌坊
李遵刚供

南阳武侯祠
李遵刚供

成都武侯祠

（以上图片除署名的以外，其余均为作者提供）

# 总　序

王志民

《山东文化世家研究书系》(28 种)(以下简称《书系》),从 2010 年初正式启动,历经四个年头,终于面世。这在中国家族文化研究和齐鲁文化研究上都是一项较大的学术工程,其学术价值和影响自待学术界与广大读者的评析,我在这里仅就编纂《书系》的一点粗浅认识和工作过程,作一简述,以期得到读者更多的理解。

一

中国历史上是一个宗法制农业社会,建立在血缘、婚姻基础上的家族是社会构成的基本细胞,也是立国之本。《尚书·尧典》载:"克明俊德,以亲九族。九族既睦,平章百姓。百姓昭明,协和万邦。"说明大约从上古以来,家族就是政权存在的基础和支柱。

商周时期,世卿世禄的贵族世家既是政治主体,也是文化上的垄断者。春秋战国时期,世卿世禄制瓦解,出现了百亩之田、五口之家的核心家庭制,但秦汉以后,世家大族逐渐形成。汉代以经学作为晋身入仕的条件,而经学传授又多限于家学私门,"累世经学"与"累世公卿"融二为一,形成了文化家族世代相因的局面,文化世家既是国家政治的中坚,也是文化传承的主体。

魏晋时期,实行"九品中正制"选人用人,"中正"的评定内容,本身就有"家世"、"行状"、"人品"三项,选人要考察家族几代人的文化背景。人才的选举与士族家族制结合在了一起,这就为文化世家的发展提供了制度上的保障,保持了文化世家在政治上的特权和地位的延续,"故家大族,虽无世袭之名,而有世袭之实"①。

隋唐至清代实行科举考试选人用人制度。其破除了自魏晋以来"上品无寒门,下品无世族"的门阀世族文化垄断,为庶族士子开启了晋身仕途之门,这是一个以科举文化传承为主导的时期。在这个漫长的科举时代,新的文化世家的出现往往要经历由文化之兴到科举之荣,再到仕宦之显的发展奋斗过程。而仕宦之家的优越条件,家学、家风的传承影响,往往使世官、世科、世学有机结合在一起,形成科举文化世家。这在明清时期尤为明显。这种家族文化具有传承性和地域性:一个文化世家,在儒家伦理纲常主导下,以科仕为追求,历经数代发展,往往形成具有自身家族特色的家规、家训、家风。这既是一个家族内部的精神连线和传家珍宝,传递着先辈对后代的寄望和父祖对子孙的诫勉,也成为中国传统知识分子"修身、齐家、治国、平天下"人生价值观培育的重要先天环境和成长土壤。历史上诸多卓有成就的文化名人往往出身于数代显赫的文化世家,这是重要的文化基因。与此相应的是,一个科甲连第、人才辈出的文化世家,又往往成为一个县、州或更大区域内的文化地标,其显赫门第以及通过仕宦、联姻、交游、著述、教育等形成的文化传播力深深影响着一个地域的文化发展,提升了区域整体文化形象。正像陈寅恪先生所说:"盖自汉代学校制度废弛,博士传授之风气止息以后,学术中心移于家族,而家族复限于地域,故魏、晋、南北朝之学术宗教皆与家族、地域两点不可分离。"②陈先生在这里说的是六朝的事,但对隋唐科举制以后的情况而言,也颇中肯綮。可见,中华文明的发展传承,家族文化是一个重要载体。在中国幅员广大、地理环境复杂的文化背景下,要深入探求中国传统文化,不可不探求家族文化,亦不可不深入探求地域文化和家族文化的关系,这是我们组织撰写《山东文化世家研究书系》的重要学术动因之一。

---

① 钱穆:《国史大纲》,生活·读书·新知三联书店,1955年,第298页。
② 陈寅恪:《隋唐制度渊源略论稿·礼仪篇》,中华书局,1963年,第17页。

　　山东文化世家和省外其他文化世家有共同性。以农立家,以学兴家,以仕发家,是历朝历代文化世家的共性。农业社会决定了任何文化世家都必须以农业为基础,必须养成耕读家风。在士、农、工、商四民中,士往往来源于农,由农家子弟经由读书治学转变而来,这在隋唐实行科举制度以后尤其如此。以工立家,以商立家,固然有之,然而,工商以学兴家,以仕发家,由此而成为文化世家者,却微乎其微,几乎不见。文化世家本质属性在于学,无学不成其文化世家。耕读传家,诗书继世,是一切文化世家的共同特征。唯有令其子弟刻苦读书,勤奋治学,通过经世致用而建功立业,光大门第,才能推动一个家族迅速崛起。充满书香的门第,虽然崛起于乡野小农之间,却未必有足够的力量推动家族的发展更上一层楼,这就要求其子弟必须走上"学而优则仕"的道路,以从政谋取高官厚禄,为整个家族的高贵和后续发展提供强有力的支持。可见,农—学—仕,既是文化世家形成与发展的三个必要阶段,也是文化世家建设与构成的三个必要因素,三者缺一不可,而学居于核心地位。

　　在中华民族文化发展的进程中,齐鲁文化有着特殊地位和贡献。在中华文明的起源时期,这里发现了最早的新石器时代大汶口文化陶器上的文字和龙山文化时期的城市群以及金属器等,展示出山东是中华文明最早的发源地之一。而在被当代学者称为中华文明"轴心时代"的春秋战国时期,山东地区是中华文明的"重心"所在。傅斯年先生说:"自春秋至王莽时,最上层的文化只有一个重心,这一个重心便是齐鲁。"(《夷夏东西说》)秦汉以后,中国的文化重心或移居中原,或西入关中,或南迁江浙,齐鲁的文化地位时沉时浮,但作为孔孟的故乡和儒家文化的发源地,两千年来,齐鲁文化始终以"圣地"特有的文化影响力为民族文化的传承、儒家思想的传播以及中华民族精神家园的建设作出了其他地域文化难以替代的特殊贡献。齐鲁文化的这种丰厚底蕴和特殊历史贡献,使山东文化世家具有一种特殊的历史承担、文化面貌和家族文化内涵。总览《书系》,从齐鲁文化与中华文明关系的角度粗浅概析,至少有以下几个方面值得在这里赘述:

　　其一,山东文化世家的发展轨迹,反映了齐鲁文化在中华文明发展中历史地位的消长变迁。从历史纵向看,两千年来山东文化世家的发展,呈现出马鞍型"两峰一谷"的特点:汉魏六朝为一高峰,明清为一高峰,两峰之间的隋唐宋金元时期为平谷。这一变迁,反映出齐鲁文化在中华文明发展中的沧桑之旅。两汉时期文化以经学为主体,经学大师多为齐鲁之人,累世经学之家在齐鲁之地大量出现,这为魏晋之后,形成山东文化的高峰期奠定了厚实的基础。《书系》入选的28个文化世家中,六朝时期为7家,大多形成于魏晋之齐鲁,兴盛于随迁之江南,而且都是对当时的政治、经济、学术、文化产生重大影响的显赫家族,如琅邪王氏、兰陵萧氏等。唐宋时期,政治文化重心西移,域内文化世家总体零落式微,自隋至元,本《书系》入选者仅4家。明清时期是山东科举文化世家发展的又一个高峰,这与该时期山东文化的复兴繁荣不无关系。一是明、清两朝大力提倡"尊孔崇儒"。孔孟圣裔封官加爵,登峰造极;孔孟圣迹重修扩建,前所未有,山东的"圣地"气象空前显现。二是明清时代定都北京,山东地理位置优越。以山东为枢纽的大运河成为南北交通大动脉,促进了山东经济的发达,同时也推动了文化的繁荣昌盛。三是山东作为孔孟故乡,自古有崇文重教传统。明、清两朝,特重科举,士人晋身入仕,科考几乎为唯一之途。明代即有所谓"中外文武皆由科举而进,非科举者毋得为官"(《明会典》)的规定,在此背景下,山东域内涌现出众多科举文化世家。科甲连第、人才辈出家族各地多有;一家数代名宦,父子、兄弟文名并显者亦大有人在。一时硕学大儒,诗人名家,多出山东。到清初时,形成"本朝诗人,山左为盛"的局面。山东应为考察明清时代中国科举文化世家最有代表性、典型性的地区之一。这次选入《书系》的文化世家,明清时期有16家之多,占了多半,而且在编纂过程中我们发现,尽管经多方研讨论证,这次仍有较多明清时代显赫的文化家族没有入选,甚感遗憾。

其二,山东文化世家在儒家文化传承及中华民族文化交流融合中作出过特殊贡献。第一,以孔府为代表的圣裔家族是中国文化世家中特殊的文化资源。在两千余年的历史长河中,圣裔家族经沧桑变迁,流散各地,但他们大多发扬了圣裔家族文化传统,将血脉延续与文脉传承相结合,以尊先敬祖与传承儒家文化为己任，对以儒学为主干的中华民族文化传统的形成，对历代政治、文化的发展产生了其他家族无法比拟的巨大文化影响力。第二，山东文化世家的迁徙对儒家文化传播及各地文化的交流融合，乃至中华文化重心的转移，都产生过重大影响。历史上山东文化世家曾有过几次较大规模的迁徙：一是汉代大量山东经学世家迁居关中，助推汉代儒学、经学的西渐和关中文化中心的形成。限于资料缺乏等原因，本《书系》虽然没有入选迁居关中的山东世族，但从《汉书》中记载的以田氏为代表的齐鲁大族对关中文化的巨大影响中可见一斑。二是两晋时期齐鲁世族的南迁促进了南北文化交流。元嘉之后，大批山东世家大族随西晋政权迁往江浙，本《书系》中选入的琅邪王氏、兰陵萧氏、东海徐氏、鲁郡颜氏等都是这方面的代表。他们大多"本乎邹鲁……世以儒雅为业"，大力推展儒学，积极融入并影响当地文化，成为数代名宦的世家大族，萧氏甚至成为南朝齐梁时代的皇族，对南北文化的融合及江南地区文化的提升发展，产生了巨大的影响。三是北宋末年，大批孔、孟、颜、曾等圣裔家族随宋室迁都临安而南迁江浙，不仅形成儒学史上著名的孔氏"南宗"，而且在江南办教育，授儒学，为宋明理学的繁盛和文化重心的南移作出了贡献。

其三，山东文化世家主导了山东乡邦文化的特色——"礼义之邦"的形成。山东是儒学发源地，自古号称"礼义之邦"。读经崇儒，尤重礼义的区域文化特色代代传承，千年不衰。由于汉代以后儒学独尊地位的确立和孔孟故乡"圣地"文化的不断提升和突显，以及金元以后齐鲁之地又逐步成为山东的统一行政区划，"礼义之邦"即成为山东地域共有的文化特质。而这种区域文化共性在山东文化世家中从不同角度显现出来。从本《书系》所选文化世家文化精神的主体看，这些不同时代、经历各异的家族，崇德、重教、尊老、尚义等"礼义之邦"的文化特色，既展现在圣裔之家，也反映在自汉至清历代文化世家的家风、家规、家训之中。不仅世居山东之地的文化世家，而且由山东外迁江南等地的文化世家，数代之后依然以传承故乡之风、弘扬礼义为家族文化的追求。明清时期，从山西、云南等地迁入山东之地的流民后代，最终发展为科举文化世家者，也从多个方面展现出"礼义之邦"的文化特色。

其四，山东文化世家揭示出众多杰出人物成才与地域家族文化的关系。如果说，家庭是人才成长的第一环境，那么，文化世家则是时代人才的摇篮。历史上山东许多文化世家，杰出人才丛生辈出，曾影响了整个时代的政治文化发展，这种情况尤以六朝时期为显：泰山羊氏，羊祜、羊祉等"二十四史"有传记的即有34人，另有2人曾为皇后；王粲、王弼等彪炳史册的文学、思想大家皆出高平王氏；诸葛亮实出身于山东琅邪阳都（今沂南县）望族，成年后离乡；琅邪王氏既是西晋南迁后司马氏政权的主要政治支柱，号称"王马共天下"，也是王戎、王羲之、王肃、王褒、王融等文化名人的共有家族；兰陵萧氏自称为齐鲁"素族"出身，但南迁后，发展为人才辈出的显赫世家，齐、梁时代，荣登"两朝天子"的宝座。这在六朝时期由北南迁世族中，颇为少见。山东文化世家，大多注重家训的传承，而家训受儒家思想的影响，多将立德、立言、勤政、清廉等德才要求作为主旨，这对人才价值观念的养成影响甚大，山东历史上众多的文化名人中，政治上多出忠直清廉之士，文化上多出经学、文学大家，与此关系颇大。这次入选的明清时期各个文化世家，传世文献著述颇丰，都是这方面的反映。例如：明代临朐"冯氏五先生"都以文名著称；新城王氏家族共出30余名进士，不仅仕宦显赫，而且多有著述传世，王渔洋则为清初"诗坛领袖"，而且为官特重"清"、"慎"、"勤"。其他如诸城刘统勋、刘墉父子，清代彪炳文学史册的"南施北宋"之宋琬，以及田雯、赵执信、曹贞吉等，都展示出了山东文化世家特有的文化影响和传承力。

## 二

在《书系》即将出版之时，我们很有必要回顾一下较为曲折的编纂过程。

在项目酝酿策划之初，我们就一直力图将《书系》做成一套有统一组织、有学术方向、有研究规划、有明确要求的学术创新工程。我们主要做了以下两个方面的工作。

（一）制定编纂原则

其一，学术目标。试图通过《书系》的撰写，深入探求中国优秀文化传统在文化世家层面的传承轨迹，挖掘优秀的家学、家风、家训等家族优秀历史文化资源，为当代新型家庭文化建设提供借鉴；通过探讨齐鲁文化在各个时代文化世家中的文化特点、面貌、发展趋势及文化贡献，深化对各历史时期齐鲁文化的研究；通过探求齐鲁历史文化名人的成长与家族文化培育的关系，为新时期人才培养与家庭教育的关系提供历史的范例。

其二，选目标准。通过反复酝酿论证，我们提出入选的文化世家应为山东历史上在政治、社会、思想学术、文学、艺术等方面有代表性的文化家族；家族中应有在中国文化史上产生重大影响的代表人物；家族发展的兴盛时期，曾对时代社会和文化产生过重大影响；应是家族兴旺，功名显赫，人才辈出，延时较长之家族；文献丰富，资料可考，便于研究。

其三，内容设计。我们提出以下五个方面设计内容，作为拟定纲目、撰写内容的参考：一是家族发展源流。强调考察渊源脉络，探究发展演变，述其流风余韵，辨析兴衰之由。二是家族盛世研析。包括兴盛之因的探求，家族内部管理结构、婚姻关系、家庭伦理、生活方式等，亦包括对家族与时代政治、区域社会、社会交游、社会文化的关系影响等的研究。三是代表人物研究。包括成长、成才与家族文化，成就业绩与家族兴衰，著述文献与文化活动，时代贡献与社会地位等。四是家学家风研究。包括形成、特点、传承、影响及重点个案分析等。五是附录部分。包括家族大事年表、支系图表、文献书目、参考文献书目等。

其四，撰写要求。主要强调四点：一是突出学术性。强调研究深度，注重观点创新，严守学术规范，力求成为该课题学术领域的最新代表性成果。二是强调资料性。做到全面搜集，系统梳理，征引翔实，论必有据。强调注重旧家谱、旧方志、考古新发现及他人著述中新材料的发现、辨析和运用。三是显示乡土性。强调写出地方特色、家族个性、乡邦气象、社会风情。要求从齐鲁文化发展史的角度来考察探讨文化世家，从文化世家角度来透析齐鲁文化。四是关注可读性。强调用平实的学术语言写作，史论结合，文笔流畅,避免文白夹杂,资料堆砌。

(二) 抓好编纂过程

《书系》完成大致经历了三个阶段。

其一,策划启动。早在 2005 年,我在主持完成《齐鲁历史文化丛书》(100 种)之后,旋即着手策划编纂《山东文化世家研究书系》30 种。2006 年秋天,起草了规划方案。后专门多次召开专家论证会广泛征求意见,2007 年春天,规划方案在蒙山召开的齐鲁文化研究基地第六届学术委员会会议上通过,并被列入齐鲁文化研究基地"十一五"规划标志性成果项目,但由于所需资金数额巨大,暂时搁置。2009 年春天,山东省华夏文化促进会恢复成立。在会长、省委原副书记王修智的支持下,该项目作为促进会与齐鲁文化研究基地合作的首项学术工程正式启动,并在当年 12 月底前完成了所有前期准备和选聘作者的工作。2010 年 2 月 1 日,召开了第一次作者签约暨《书系》编纂研讨会议,对整个编纂工作进行了部署,为圆满完成编纂任务打下了良好基础。

其二,提纲研讨。我们将各卷纲目的设计、研讨、确立作为落实编纂主旨的关键环节抓紧抓好,将启动后的六个月作为搜寻基本资料、掌握研究动态、确定编纂提纲的阶段。重点采取了以下措施:一是实行主编、副主编分工与作者联络、研讨、沟通制度。二是多次召开主编、副主编会议,就每位作者提交的编纂提纲(章、节、目)进行预审,逐一充分研讨、审查,提出修改意见。共性问题,则提出统一修改原则,指导修改。三是根据提纲编纂情况,于 2010 年 5 月 21 日至 23 日召开了全体作者编纂提纲研讨会。采取逐个汇报、深入交流、相互审议、共同研讨方式,就提纲拟定中把握特点、突出重点、强调创新、提炼观点等问题达成共识,并在会后作者充分修改的基础上,又先后两次召开纲目审定会议,与作者反复沟通,最后逐一确立。

其三,撰稿统稿。从 2010 年 6 月至 2012 年 8 月为主要撰稿和统稿时间。在此期间,我们定期召开主编会议,及时交流情况,解决有关问题。在保持与作者密切联系的情况下,采取了以下具体措施:一是召开样稿研审会议。就每卷提交的一章样稿中发现的布局谋篇、行文表述、资料引用、政治把握等方面存在的 18 条共性问题和各卷个别问题进行了汇总研究,提出了修改意见。选取优秀样稿,印发每位作者参考,取得了很好的效果。二是适时召开作者会议,总结交流撰稿情况。2011 年 4 月 28 日至 30 日,在济南珍珠泉宾馆召开了全体作者参加的编纂中期研讨分析会。就写作进度不平衡、资料搜集单薄、如何辩证看待历史人物以及严守学术规范等问题,充分研讨,达成共识。提出各卷总体质量把握要求:资料要丰,论述要精,线索要清,行文要通。三是在大多数作者完成后,主编、副主编分工审稿与集中通审相结合。先由分管副主编审查提出意见,经作者修改后,由编委会集中统审稿件。其间先后五次召开主编会议,及时沟通解决书稿中存在的问题。2012 年 8 月上旬,在东营市召开统审书稿会议,邀请中华书局冯宝志副总编参会指导,并共同研究,就 22 部已交书稿中存在的体例、规模、图片、内容、附录、引文、宗教、学术争议等问题提出 8 条修改意见。

在 2012 年 9 月至 2013 年 6 月分批送中华书局审稿期间,我们协同中华书局采取了具体编纂规范问题由书局编辑与作者直接联系修改,学术问题和其他重要问题须经由主编会议研究审定修改的原则。其间,先后三次会同中华书局共同研究书稿修改和出版问题,三次召集部分作者研究书稿修改,千方百计保证书稿质量和编纂出版任务的顺利完成。

数易寒暑,在各位作者的辛勤付出和同仁、编辑的共同努力下,《书系》得以顺利出版。此时此刻,作为主持这项编纂工程的主编,我虽有如释重负之感,但仍有一种绵长的遗憾留在心底:由于我个人学术水平和学术领导能力的限制,该《书系》还存在诸多不足,原来制定的学术目标并没有完全实现;由于个别作者原因,清河崔氏、日照丁氏两个家族的研究没有如期完成,致使出版拖期,原设计 30 种而只出版了 28 种;由于作者学养、功力的参差不齐,审稿、统稿时间的仓促,有些稿件存在这样那样的问题,为此,还请学界同仁和广大读者批评指正。

当该《书系》即将出版面世之际,我回顾曲折的编纂过程,内心充满了感激、感动之情:

如果没有省委原副书记、山东省华夏文化促进会原会长王修智同志的鼓励支持,联手启动该《书系》工程很可能被推迟实施或者只是一种让人遗憾的愿景。然而,很痛惜,在《书系》启动不久,王修智同志因病去世,《书系》的编纂因此经历了诸多波折。

如果没有原省长姜大明同志和省委常委、宣传部长孙守刚同志的亲自关心支持,该《书系》就不可能现在顺利出版。

如果没有各位作者四年来的刻苦努力和精诚合作,该《书系》的编纂出版还会遇到更多困难!

我们应该向上述领导和同志们表示诚挚感谢!

衷心感谢中国孔子基金会及其理事长王大千先生的鼎力支持!感谢山东省华夏文化促进会的关注和支持!

当然,我们还应该衷心感谢我的同仁——各位副主编:山东师范大学齐鲁文化研究中心的丁鼎教授、王钧林教授、石玲教授、刘爱敏副教授和山东大学的王洲明教授。四年多来,他们与我夙兴夜寐,竭诚合作,共同努力,才保证了《书系》编纂工作的顺利进行。感谢中华书局副总编冯宝志先生和余佐赞等编辑以及齐鲁文化研究中心同仁们的支持与辛勤努力!感谢山东大学我的老师袁世硕先生、董治安先生和山东师范大学安作璋先生在酝酿策划之初对我的具体指导!感谢我的博士生刘宝春做了大量资料搜集工作!在这里我还要特别感谢省外学者田汉云教授、张其凤教授、谭洁教授、何成博士,他们积极热情地承担相应课题,并以严谨的治学态度,拿出了高质量的成果!感谢孔子研究院原副院长孔祥林研究员,在原作者承担撰稿任务两年后却突然告知无力承担的情况下,毅然接受重担,并以严谨、扎实的治学态度顺利完成了《孔府文化研究》这一最重要的书稿。感谢在该《书系》编纂、出版过程中作出贡献的所有人,例如,各文化世家的故乡及后裔们的大力支持和热情帮助。任何一项学术工程的完成都是众多相识不相识的人从多个方面支持的结果,在完成本《书系》的编纂、出版过程中,我们比任何时候都更深地体会到了这一点!

2012 年 12 月初稿
2013 年 10 月定稿

# 目录

# 导　　言

## 一、琅邪诸葛氏家族研究的历史与现状

诸葛氏家族是中华民族大家庭的重要一员,以智慧和忠贞见长的诸葛氏家族文化,既是中国优秀传统文化的重要组成部分,也为丰富和发展中国优秀传统文化做出了贡献。因而从诸葛氏家族的代表性人物诸葛亮去世至今一直引起有识之士的关注,但研究者的注意力多集中在诸葛亮、诸葛瑾、诸葛诞等人身上,至今尚没有一部系统的研究诸葛氏家族的著作出现。这不能不说是一大遗憾。

自古以来,诸葛亮的研究者众多,陈寿是较早研究诸葛亮的人,他撰写了《三国志·蜀书·诸葛亮传》,并在《三国志·魏书》和《三国志·吴书》中多处涉及诸葛亮的事迹,奠定了诸葛亮研究的基础。宋朝时,新的《诸葛亮传》大量问世。如北宋郑樵的《诸葛亮传》,南宋胡寅的《诸葛孔明传》,张栻的《汉丞相诸葛忠武侯传》,萧常的《诸葛亮传》;元代郝经的《诸葛亮列传》;明朝朱瞻基、李贽、谢陛、黄道周、杨时伟、陈元素的《诸葛亮传》,魏显国、李廷机的《诸葛亮》;清代朱轼的《诸葛亮传》,朱璘的《汉丞相诸葛亮传》,王复礼的《诸葛忠武侯传》,尹于皇的《汉丞相录尚书事假节领司隶校尉益州牧赐金鈇钺曲盖羽葆武乡忠武侯诸葛亮传》,章陶的《诸葛亮列传》,汪鋆的《诸葛公传》,王萦绪《诸葛忠武侯集》附录的《诸葛忠武侯传》,张江的《历代名臣传·诸葛亮列传》,汤成烈的《季汉书·诸葛丞相列传》等。在近代,有关诸葛亮的传记,有孙毓修的《诸葛亮》、寿凌虚的《诸葛武侯秘史》;在现当代,有关诸葛亮的传记和评传较多,有影响的主要有:吕金录、

韩非木、徐楚樵、朱杰勤、祝秀侠、周佐治、王永生、马植杰、徐素、曹增祥、李家林、章依萍、郑孝时及四川人民出版社编的《诸葛亮》，顾旭侯的《诸葛武侯》，王缁尘的《诸葛孔明评传》，刘裕略的《诸葛亮评传》，柳春藩及吉林大学历史系、昆明师院史地系编的《诸葛亮（附年表）》，章映阁的《诸葛亮新传》，曹余章的《一代名相诸葛亮》，朱大渭、梁满仓的《武侯春秋》（上、下册）和《诸葛亮大传》（上、下册），柳春藩的《诸葛亮评传》，张崇琛的《武侯鼎蜀·诸葛亮世家》，周殿富的《诸葛武侯全传》，王瑞功的《诸葛亮志》，余明侠的《诸葛亮评传》，（台湾）陈文德的《诸葛亮大传》以及（日）林田慎之助著、李天送译的《诸葛亮（附年谱）》等。至于研究诸葛亮及诸葛瑾、诸葛诞等诸葛氏名人的论文则难以计数，在此不一一列举。

值得一提的是，为了更好地研究诸葛亮及诸葛氏家族，全国成立了许多学会，如湖北省襄阳市诸葛亮研究会、河南省南阳市诸葛亮研究会、浙江省兰溪市诸葛亮研究会、山东省临沂市诸葛亮研究会、四川省成都市诸葛亮研究会、广西省阳朔诸葛亮研究会、中国国际诸葛亮研究会、江西省南昌市诸葛亮智慧研究会、陕西省三国文化研究中心、四川省成都武侯祠博物馆、广西省阳朔诸葛亮文化研究会等。这些学会组织经常联合组织学术研讨活动，至今已经成功举行了19次全国性的诸葛亮文化研讨会，出版了18本（套）论文集，为研究诸葛亮文化做出了较大贡献。

涉及诸葛氏家族的论著则较少，而且从总体上看，多仅论述一个或几个侧面，或所论述的仅仅是梗概，失之偏颇或宽泛，但皆有较大价值。如龚留柱的《诸葛氏溯源》和王德峰等人的《关于诸葛亮的复姓及世家探源》初步探讨了诸葛氏的来源，认为复姓"诸葛"的由来是因汉文帝的封地而起，最后由单姓"葛"演变为复姓"诸葛"。古之帝王赐姓，或以帝王封地、封爵为姓者在中国历史上不乏其例。葛婴之孙被汉文帝封为"诸县侯"，"食采于诸"、"赐姓诸葛"，此说比较符合史实，也应当为复姓"诸葛"的真正渊源。他们还认为诸葛氏在中国历史上是一个有显赫地位的大家族，自西汉、三国以迄魏晋，代有名人，这与诸葛氏家族特殊的文化传承是分不开的。在诸葛氏这个大家族中，对中国历史最有影响的人物莫过于三国时期蜀国丞相诸葛亮。

　　张崇琛在《诸城文化探微》一书中初步探讨了诸葛氏家族的渊源,得出了"诸葛氏之祖籍在诸县"的论断,论述了琅邪文化与诸葛亮人格形成的关系,尤为可贵的是,他论述了诸葛氏家族的家族文化传统。他认为,"在中国历史上,中华传统文化曾经抚育了一个又一个显赫的大家族。而这些家族的文化传统,又对中华传统文化的丰富和发展产生过重要影响"。"诸葛氏作为中国历史上的一个名门望族,其由诸葛丰发端并经诸葛亮发扬光大。"他将诸葛氏家族的文化传统概括为四点:一是学术思想的兼容性及学风的质朴和经世致用;二是人生精神境界的淡泊、宁静;三是积极入世的从政传统;四是刚直不阿、宁死不屈的高尚气节。

　　王永平在《略论诸葛诞与琅邪诸葛氏"姓族"形成之关系》一文中认为,琅邪诸葛氏在魏晋之际人才辈出,入晋朝后成为名门望族。人们凭想象觉得其地位之获得主要得益于诸葛亮,其实不然。诸葛氏门望之上升主要是指活动于曹魏、两晋的诸葛诞一支。魏晋人曾比喻诸葛亮、诸葛瑾、诸葛诞兄弟为龙、虎、狗,人们多以为以"狗"喻诸葛诞为轻视,实际上则有夸奖的意思。诸葛诞在魏明帝太和年间参与"浮华交会",成为早期玄学化名士,尽管在政治上亲善曹氏,但依然通过与司马氏联姻等方式提升了家族门望,其孙诸葛恢在东晋前期竟与琅邪王氏"争姓族先后"。方诗铭在《三国人物散论》中也认为,琅邪阳都的诸葛氏成为"族姓"发源于曹魏的诸葛诞一系,与蜀之诸葛亮和吴之诸葛瑾无关。东晋之初,诸葛诞之孙诸葛恢始与王导合称"王、葛",成为显赫"族姓"。因而,作为非"族姓"的诸葛亮,在荆州是不可能得到刘表重视的,刘表是不会将这个在南阳"躬耕"的小人物诸葛亮放在眼里的。

　　李安本在《诸葛亮家族浮沉探析》中探讨了诸葛氏家族衰落的原因。他认为,诸葛亮家族是一个深受儒家思想文化熏陶的家族,在乱世中,受名利思想的驱动得以建功立业,扬名于世,但因名缰利锁的拖累,他们中的多数人最终成为旧政权的牺牲品,诸葛氏家族的浮沉演示了旧中国读书人滴洒着鲜血的曲折的仕途轨迹。

　　徐国平在《诸葛亮后裔家族文化》中,较集中地叙述了浙江省兰溪市诸葛镇的诸葛亮后裔家族文化。他认为兰溪市诸葛镇的诸葛氏后裔的家族体系至今非常完整,族人的家族观念十分浓厚,族中世代相袭、长期进行的各类文化活动,形成了独具特色的文化现象,积淀了丰厚的文化底蕴。

## 二、琅邪诸葛氏家族文化研究的范围及资料

### (一) 研究范围

本书主要研究诸葛氏渊源、诸葛氏家族的发展繁荣及兴衰原因、诸葛氏家族的婚姻与交游、诸葛氏家族的家学家风及人才培养、蜀汉丞相诸葛亮、诸葛氏家族的文化遗存、诸葛氏家族的文化及影响。从时间跨度上讲,主要研究诸葛氏家族的兴盛期,即从西汉中后期的诸葛丰到南朝刘宋时期的诸葛长民,约520年左右的时间。隋唐以后,活跃在政治舞台上的诸葛氏族人已无昔日辉煌,且因"琅邪"地名、行政区划名已不复存在,诸葛氏后裔一般也不再以"琅邪诸葛氏"或"阳都诸葛氏"自称,故不在本书的重点研究范围之内。

### (二) 研究资料

本书的研究资料主要分为三类:

一为文献类,主要有诸葛氏遗文和散见于历代正史、稗史中的诸葛氏事迹,以及诸葛氏谱牒。诸葛氏遗文主要有陈寿在《三国志·蜀书·诸葛亮传》中收录的《诸葛氏集》和清乾嘉年间张澍在前人基础上编纂的《诸葛忠武文集》四卷,即中华书局在1960年整理校点出版的《诸葛亮集》等。《诸葛氏谱》的名称最早见于《三国志》的裴松之注。《三国志·蜀书·诸葛亮传》中,曾经讲到诸葛亮的孙子诸葛京,裴松之曾引用《诸葛氏谱》作注。至南朝萧梁时,刘孝标注《世说新语》时曾经引用过《诸葛氏谱》,故可断定《诸葛氏谱》仍存在。隋唐之后,《隋书·经籍志》、两《唐书》《经籍志》、《艺文志》、《宋史·艺文志》、《郡斋读书志》、《直斋书录解题》、《四库全书》等皆收录有谱牒,但均未见《诸葛氏谱》,可见《诸葛氏谱》已佚失。现在见到的诸葛氏族谱主要是宋朝以后的诸葛氏后裔撰修的,如浙江兰溪《高隆诸葛氏宗谱》、江苏丹阳《诸葛氏族重修族谱》、江苏金坛《谨慎堂诸葛氏宗谱》、广西阳朔《诸葛氏族谱》、山东坊坞《全裔堂诸葛氏族谱》、山东葛家山《全裔堂诸葛氏族谱》等。这些族谱多上溯至汉末,以诸葛亮或诸葛

珪为始祖,且补录历代诸葛氏先祖,疑点甚多,但在认真鉴别真伪之后,对研究诸葛氏家族仍有一定的资料价值。

二为古今人的论著类。

三为碑刻类。明代以前,有关诸葛氏家族事迹的碑刻较少,但也发现了一些,如珍藏在临沂市博物馆的隋代《义主都督诸葛子恒合一百人平吴越主陈叔宝纪功碑》(简称《诸葛子恒平陈颂》)、《北齐邑义邴赤齐等造像碑》、《北齐北徐州兴福寺造像碑》、《北齐吕世标等造像残碑》、《北齐许始妻等造像碑》、《北齐于丘郎仁等造像碑》等,皆为研究琅邪诸葛氏家族的珍贵资料。

## 三、琅邪诸葛氏家族文化研究的主要困难与创新

研究琅邪诸葛氏的首要困难是资料少而分散,这也是至今没有一部系统的研究诸葛氏家族的著作出现的主要原因;次要困难是考证诸葛氏家族的迁移和诸葛氏家族兴衰的原因及文化影响。

本书注重材料搜集和整理分析,做过大量的田野调查,并注重对已有文献资料的研读,克服了资料少且分散的困难,在以下四个方面对琅邪诸葛氏的研究有所创新:

第一,系统论证了诸葛氏的渊源,得出了诸葛姓氏源于先古之时的葛天氏,是葛氏的一支——诸县葛氏的后裔,今人多持"葛氏迁徙阳都说"等初步结论。论述了诸葛氏家族的发展、繁荣和兴盛时期诸葛氏族人的交游、婚姻,考证了诸葛氏家族的迁移、分布情况和诸葛氏家族兴衰的表现及原因。

第二,较全面地论述了诸葛氏家族的家学、家风、人才观、人才培养和诸葛氏人才群的特点。

第三,梳理、辨析了诸葛氏家族的文化遗存,如诸葛氏著述、传记、谱牒、碑刻、工艺、遗址、纪念地等,为后续相关研究提供了部分资料。

第四,挖掘了诸葛氏家族文化的内涵,论证了诸葛氏家族文化的影响,并分析了"孔黑"现象的表现、形成原因及危害。

## 四、琅邪诸葛氏家族文化研究的主要目的及意义

研究琅邪诸葛氏家族的主要目的是梳理、研究诸葛氏家族的灿烂历史和文化,进而达到光大、弘扬诸葛氏家族文化,为文化事业建设和文化产业发展服务的目的。同时,试图还原诸葛氏家族作为文化大家族的本来面目,让读者通过本书重新认识诸葛氏家族,更全面地了解诸葛氏家族文化。

研究琅邪诸葛氏家族的意义主要有四点:

第一,本书在前人研究的基础上,首次比较全面地考察和研究了诸葛氏家族,较系统地介绍了诸葛氏家族的文化,利于推介诸葛氏家族,展示诸葛氏家族文化的成就,利于读者全面地了解诸葛氏家族和诸葛氏家族文化。

第二,本书注重研究诸葛氏家族的家学家风、人才观、人才培养和诸葛氏家族兴衰原因,利于当代人才培养和家庭建设。

第三,本书注重挖掘诸葛氏家族的忠贞和智慧方面的案例及诸葛亮在个人修养方面做法及其境界,利于今人继承中华民族的刚健进取、自强不息、维护统一的民族精神和忠贞正直的优秀品德,利于今人正确处理政治品格与道德人格、个人与国家等关系。

第四,从文献学的角度考虑,本书收集、引用了较多的有关诸葛氏家族的文献资料,如诸葛氏著述、传记、谱牒、碑刻、档册、公牍、工艺、遗址、纪念地等,为后续诸葛氏家族及文化研究提供了部分资料。

# 第一章 诸葛氏渊源和家族发展

# 第一节　诸葛姓氏渊源

琅邪诸葛氏家族在兴盛时,带兵为将者盈门[1],且有贤相诸葛亮,因而被称为将相家族。但是,长期以来,学界对"诸葛"姓氏的渊源却众说纷纭,歧见颇多,概括起来,主要有四种说法。

## 一、葛天氏后裔说

诸葛氏是葛氏的一支,为诸县葛氏。其来源,一般多谓出自远古部落"葛天氏"[2]。《全裔堂诸葛氏宗谱》(坊坞手抄本)也载:"诸葛氏,山东老世家也。姓氏之源,自葛天氏始。"[3]非常明确地说明,诸葛氏源于先古之时的葛天氏。

远古时代,葛天氏部落生活在葛地(今河南宁陵),葛天氏草创了一系列的道德规范——礼,还创制了"葛天氏之乐(又叫《牛尾歌》)"。《史记·司马相如传》曰:"奏陶唐氏之舞,听葛天氏之歌,千人唱,万人和。"夏朝末

---

[1] 诸葛瑾为孙吴大将军,诸葛恪以大将军领太子太傅,诸葛攀为蜀国宵至行护军朔武将军,诸葛融为孙吴奋威将军,诸葛亮是蜀国杰出的军事家,诸葛瞻为蜀汉行都护卫将军,诸葛诞为曹魏征东大将军,诸葛靓为吴国右将军,诸葛恢为西晋后将军,诸葛绪参与过灭蜀之战,是魏国灭蜀三大主帅之一,等等。

[2] 张崇琛:《诸城文化探微》,西泠印社出版社,2007年,第27页。

[3] 《全裔堂诸葛氏宗谱》(坊坞手抄本),1962年手抄本,原件现存于山东省临沂市河东区大坊坞村。同名谱还有葛家山手抄本。两种手抄本所记诸葛氏的四世至三十六世差异较大。本书采用坊坞手抄本的记载。

年有小国名为葛,《孟子·滕文公下》载:"汤居亳,与葛为邻。……汤始征,自葛载,十一征而无敌于天下。"这个葛国就是葛姓的祖源地。葛国在夏商时期均为三等爵位——伯诸侯国,由于其以"葛"为国名,且封为"伯爵",因而后人亦称葛伯。春秋时葛国依然存在,如《春秋》桓公十五年载:"葛人来朝。"其国人由葛氏逐渐变为后来的葛姓。战国时期战乱频仍,葛国不存,其地为魏国所有,葛氏后裔四处迁徙。其中的一支迁到了琅邪诸县,继而迁徙至阳都。对此,学界争议不大。

## 二、"詹葛"语讹说

持此观点的人认为,诸葛氏本为詹葛氏,因语讹,把"詹葛"读成了"诸葛"。"詹葛",也作"瞻葛"。南朝梁贾执《姓氏英贤谱》载:"詹葛氏,有熊氏之后。"《世本》载:"瞻葛氏,宋景公有大夫瞻葛祁,其后齐人语讹,以瞻葛为诸葛。"《通志·氏族略》也载:"葛氏有三,嬴氏之后,以国为氏。又诸葛,有熊氏之后,为詹葛氏,齐人语讹,以詹葛为诸葛。"认为诸葛氏是有熊氏之后,为詹葛氏,齐人读错了,把"詹葛"误传为"诸葛"。

但是,由于《世本》是秦汉间人汇编增补而成的,宋朝以后又完全散亡,后代辑文者滥收他书文字不少,故难以尽信。今查核《春秋》、《左传》及司马迁《史记·宋世家》、王符《潜夫论·志氏姓》等,对《世本》之说皆无有效佐证。因而,"齐人语讹"之说,难以令人信服。故裴松之在注《三国志》时,干脆舍弃了《世本》的所谓"詹葛"语讹说,而仅记录了《吴书》和《风俗通义》的相关论述。

## 三、葛氏追封诸县说

《风俗通义》载:"葛婴为陈涉将军,有功而诛,孝文帝追录,封其孙诸县(今山东诸城市西南)侯,因并氏焉。"[①]《全裔堂诸葛氏宗谱》也载:"至秦汉间,有葛婴者,为陈涉将,有功被诛,汉文帝追封其孙为诸县侯,食采于诸,赐姓诸葛。此我复姓诸葛之由来也。"《诸葛氏祖墓碑文》上也有类似的记

---

① 《三国志》卷五十二《诸葛瑾传》裴松之注引,中华书局,1959年,第1232页。

载:"我葛氏家于琅邪,迁于南阳,食禄于诸,以官为姓,殆我复姓诸葛所由始也。"

可见,《风俗通义》的作者应劭的观点和《全裔堂诸葛氏宗谱》《诸葛氏祖墓碑文》的记载基本一致,皆认为,单姓"葛"演变为复姓"诸葛",起源于葛婴之孙被汉文帝追封为诸县侯,即葛氏因被封于诸地而得复姓诸葛。今人也有持此论者。他们认为,古之帝王赐姓,或以帝王封地、封爵为姓者,在中国历史上不乏其例。葛婴之孙被汉文帝封为"诸县侯","食采于诸"、"赐姓诸葛",比较符合史实,应当为复姓"诸葛"的真正渊源。何况《风俗通义》的作者应劭,汉末与诸葛亮的父亲诸葛珪同时在泰山郡为官(应劭为泰山郡守,诸葛珪为泰山郡丞),二人交往甚密,应劭应该了解诸葛氏的家世。①

然而,此说的疑点也很多。首先,《风俗通义》所记葛婴之孙被汉文帝追封为诸县侯就难以令人信服。原因有三: 第一,据《史记·陈涉世家》记载,葛婴是陈涉的将军,"蕲下,乃令符离人葛婴将兵徇蕲以东。……葛婴至东城,立襄彊为楚王。婴后闻陈王已立,因杀襄彊,还报。至陈,陈王诛杀葛婴。"若汉朝皇帝思念他们的亡秦之功而追封其后人,陈涉当在葛婴之上。可是遍查要典,未见追封陈涉后人的记载。《史记·陈涉世家》所载"高祖时,为陈涉置守冢三十家砀",不能理解为刘邦对陈涉的褒奖。因刘邦"置守冢"的措施不是单独针对陈涉的,同时还涉及秦皇帝陵及楚、魏、齐、赵诸国无后之王墓。既如此,汉文帝封葛婴之孙为诸县侯,似乎不合情理。第二,查《史记·惠景间侯者年表》和《汉书》诸表,都没有葛婴的后代被封为侯的任何记载。据《汉书·功臣表》记载,汉文帝一生共封异姓侯10人,计有阳信夷侯刘揭、壮武侯宋昌、樊侯蔡兼、沶陵康侯魏驷、南郈侯起、黎顷侯召奴、铚侯孙单、弓高壮侯韩隤当、襄城哀侯韩婴、故安节侯申屠嘉,并无葛姓。第三,汉代诸县,治所在今山东诸城,西汉隶属琅邪郡,东汉属琅邪国。终汉之世,不曾封过诸县侯。

其次,《全裔堂诸葛氏宗谱》和《诸葛氏祖墓碑文》虽是研究诸葛氏家

____
① 参见王德峰等:《关于诸葛亮的复姓及世家探源》,《山东大学学报》(哲社版)1998年第2期。

族的重要资料,但不可尽信。我们能看到的《全裔堂诸葛氏宗谱》是1962年的手抄本,多有错讹。王汝涛先生在《〈全裔堂诸葛氏宗谱〉之我见》一文中认为,传世的《诸葛氏谱》已于隋代佚失,《全裔堂诸葛氏宗谱》出现于元末明初,却又上溯世系至东汉末,来历不明,所记诸葛氏自4世至36世不可靠。① 而《诸葛氏祖墓碑文》是清康熙五十五年(1716),在今山东省临沂市河东区坊坞村所立的诸葛氏祖墓碑上的碑文,由于年代距今较近,故碑文所载是否完全正确,悬疑待考。

## 四、葛氏迁徙阳都说

韦昭《吴书》载:诸葛瑾"其先葛氏,本琅邪诸县人,后徙阳都。阳都先有姓葛者,时人谓之诸葛,因以为氏"②。此说认为,琅邪诸县的葛氏,迁徙到琅邪阳都后,因当地已有葛姓,为示区别,被称为诸葛氏。

今人持此观点者众多。他们认为,《吴书》作者韦昭曾在三国孙吴朝任尚书郎、太史令、中书郎、博士祭酒、侍中等职,领修国史,其所著《吴书》25卷,虽已亡佚,但此条文字却见于《三国志》裴松之注、被《世说新语·品藻》刘孝标注所引,并为孔平仲《杂记》、贾执《姓氏英贤谱》、陈延炜《姓氏考略》和《姓谱》等书所采信。诸葛氏在孙吴地位显赫,名盛一时,而韦昭《吴书》是以当代人修当代史,对"诸葛"姓氏渊源理应把握得更确切,所以此说"最为可信","近是"③。

此说的反对者认为,在中国古代社会,姓氏乃是维系封建宗族关系的根本,在当时社会上较有地位的葛氏后代,岂能因乡邻之议而改祖宗之姓?自古以来中国就有帝王赐姓于臣民之例,却无因乡邻之议而改祖宗之姓的做法,《吴书》中所谓"阳都先有姓葛者,时人谓之诸葛,因以为氏"之说,与中国传统的封建宗法观念相悖,不合乎情理,此说"难以成立"④。

① 参见王汝涛:《琅邪居文集》,天津人民出版社,1993年,第136—142页。
② 《三国志》卷五十二《诸葛瑾传》裴松之注引,第1232页。
③ 龚留柱:《葛氏溯源》,《寻根》2004年第1期。又见张崇琛:《诸城文化探微》,第21—27页。
④ 王德峰等:《关于诸葛亮的复姓及世家探源》,《山东大学学报》(哲社版)1998年第2期。

### 五、关于诸葛姓氏渊源的初步结论

综上所述可见,关于"诸葛"姓氏的渊源,虽见解不一,但可以初步得出以下结论:

1. 诸葛姓氏源于先古之时的葛天氏,是葛氏的一支——诸县葛氏的后裔;

2. 学界关于诸葛氏渊源的争论,主要集中在诸葛姓氏得名的途径上;

3. 今人多持"葛氏迁徙阳都说"。虽有人认为此说与中国传统的封建宗法观念相悖,不合乎情理①,但无确凿证据,仍有进一步探讨的必要。因为一般来说,秦汉以后,国家以地区划分居民,先秦之人那种以族居和分封形成的血缘纽带逐渐被打破,新姓停止发展,再不能"胙之土而命之氏"②。像魏晋琅邪王氏这样的高贵门第,也只能强调家谱和郡望,已不能再根据聚居地而改称新姓氏了。同样诸葛丰这一支迁到阳都,也不能像先秦那样改称"阳氏",而只能在原有姓上缀以地望,变成复姓"诸葛"。当然,这样的情形是极少的。③

## 第二节　琅邪文化与诸葛氏家族

### 一、琅邪归属与沿革

与诸葛氏有关的诸县和阳都皆属琅邪。琅邪,或作琅琊、琅玡。冠有"琅邪"名称的行政区划,有琅邪邑、琅邪都、琅邪县、琅邪郡、琅邪国等。其治所也屡有变迁。春秋时齐国已在琅邪山下置邑,称琅邪邑。此邑即今天之山东胶南市夏河城遗址,位于琅邪山西北 10 里。此后,越王勾践徙都琅邪,其都址也在这里。秦并六国,设琅邪郡,并改齐国之琅邪邑为琅邪县,

---

① 王德峰等:《关于诸葛亮的复姓及世家探源》,《山东大学学报》(哲社版)1998 年第 2 期。
②《左传·隐公八年》,杨伯峻编著:《春秋左传注》,中华书局,1981 年,第 61 页。
③ 龚留柱:《葛氏溯源》,《寻根》2004 年第 1 期。

其郡、县治所皆在琅邪。汉初，琅邪郡、县属齐。高帝吕后七年（前 181），封营陵侯刘泽为琅邪王，以琅邪为国都。文帝元年（前 179），徙刘泽为燕王。文帝三年（前 177），复琅邪郡名，仍以琅邪为治所。景帝六年（前 151），东武侯郭它有罪弃市，国除。数年后，琅邪郡治由琅邪迁东武（今山东诸城县城），但琅邪县的建制还存在，治所仍在琅邪。新莽天凤元年（14），改琅邪郡为填夷。东汉光武帝建武十五年（39），先封皇子刘京为琅邪公。建武十七年（41），又封刘京为琅邪王。刘京于明帝永平五年（62）始就国，其国都也由东武而改为莒（今山东莒县）。数年后，又由莒迁至开阳①（今山东临沂市北）。琅邪国前后共传七世，至建安二十二年（217），刘京之七世孙刘熙"坐谋欲过江，被诛，国除"②。其间，除刘京之六世孙刘容死后一度国绝外，计前后 140 余年，琅邪国一直绵延不绝，其国都也皆在开阳。

琅邪历史悠久，形成了较有特色的琅邪文化。琅邪文化对诸葛氏家族的发展产生了极为重要的影响，是诸葛氏成为名门望族的文化基础，是诸葛氏被称为琅邪诸葛氏的直接原因。因此，要全面了解琅邪诸葛氏，就必须先了解琅邪文化形成和发展的原因、琅邪文化的主要内容和特征等。

## 二、琅邪文化形成和发展的原因

琅邪文化的形成和发展是由多种因素造成的。

首先，秦汉琅邪郡和琅邪国所辖地域虽大小不一、时有变动，但总体范围乃北靠沂蒙山、泰山，东南濒海，西通与中原相连的齐、鲁、楚等大国之地，这种得天独厚的自然地理和人文地理条件，使琅邪地区自先秦以来就形成了一种既不同于齐、鲁、楚文化，而又兼得三者文化因素的相对独立的文化形态，即琅邪文化。

其次，琅邪地区本来就有着源远流长、深厚发达的东夷文化，而这一文化与同时代由西方的炎、黄族所创造的华夏文化，都处于当时中国文化发展的领先地位。

---

① 开阳本名启阳，春秋鲁哀公三年（前 492）时称启阳邑。西汉初置启阳县，后避景帝刘启讳改称开阳。

② 《后汉书》卷四十二《琅邪孝王京传》，中华书局，1965 年，第 1452 页。

三是琅邪属地中曾有莒、齐、鲁、郯、楚等国,各国之间的战争,客观上推进了文化的频繁交流;同时,相对稳定成熟的齐、鲁、楚文化对琅邪文化的形成影响很大,使琅邪文化既有齐文化的开拓进取、足智多谋,又有鲁文化的敦厚纯朴、仁智好礼,还兼有楚文化的典章华丽、吃苦耐劳等特点。

四是帝王多次巡幸的影响。从现有资料看,先秦时期,除齐桓公东游南至琅邪、齐景公遵海而南放于琅邪外,公元前472年,越王勾践又徙都琅邪,号令秦、晋、齐、楚共同尊辅周室,都琅邪者凡220年。秦统一中国后,始皇帝二十八年(前219),秦始皇东行郡县,南登琅邪刻石纪功;始皇帝二十九年(前218),秦始皇由之罘登琅邪;始皇帝三十七年(前210),秦始皇由左丞相李斯、少子胡亥等随从,第三次巡游琅邪。二世皇帝元年(前209),胡亥东行郡县也到过琅邪,并刻诏书于始皇所立石旁。汉代,汉武帝曾于元封五年(前106)、太始三年(前94)、太始四年(前93)先后三次巡幸琅邪。西汉宣帝和东汉明帝也分别于甘露三年(前51)和永平十五年(72)行幸琅邪。帝王的多次巡幸琅邪,在客观上带来了时代气息和京师文化。这样就开拓了琅邪人的视野,丰富了琅邪文化,使琅邪人不断感受着时代的气息,促进了琅邪文化与全国文化和主流文化的接轨。可以说,世代琅邪人常能得风气之先,且勇于开拓创新,与此不无关系。

五是移民大批汇集的影响。琅邪是一个开放的地区,移民极为普遍。其中较大规模的,如越王勾践在徙都琅邪后的两百余年间,大批南方的兵士与民众来琅邪地区定居,并逐渐与本地人融合,从而将越文化的一些要素也融进了琅邪文化之中;又如始皇帝二十八年(前219),"徙黔首三万户琅邪台下"[1]。这些移民约占琅邪郡人口的1/7。这些"黔首"大都来自全国各地,他们与当地居民逐渐融合,对琅邪文化的形成和发展起到了促进作用。

总之,琅邪地区背山面水的自然环境造成了琅邪人既坚定厚重又视野开阔的特点,琅邪地区东夷文化的深厚积累及其与齐鲁楚文化的交融,孕育出了一种博大深厚而又兼得齐鲁楚文化之长的文化形态,而帝王的多次

---

[1]《史记》卷六《秦始皇本纪》,中华书局,1959年,第244页。

巡幸及移民的大量汇集又进一步促进了多种文化在琅邪地区的融合。于是，发端于先秦的琅邪文化，到了西汉就正式形成了。后历经东汉魏晋南北朝而影响深远。

## 三、琅邪文化的主要内容和特征

### （一）民风古朴敦厚又不乏进取精神

琅邪地区是一块古老、富饶却又并不闭塞、保守的土地，处在山水之间的琅邪人似已深得"乐山"、"乐水"之妙，他们既仁且智，既坚实又不忘进取，从而在民风上兼得了"齐气"与"鲁气"之长。当然，琅邪民风的古朴淳厚并不意味着琅邪人缺乏进取精神。在琅邪文化里，鲁俗的"好儒备于礼"与齐俗的"宽缓阔达而足智"都被融入其中，这就促成了琅邪人外朴厚而内多智的性格。这样的气质是极宜于从政或从事艺术创造的。琅邪人的进取精神在很大程度上也就表现在这两个方面。他们在"耕读"的同时，不但注重日常的学术、艺术修养，从而具有多方面的才华；同时也很"识时务"，密切关注着中原的每一次细微变化，而且一有机会便参与其中，表现出强烈的从政意识。秦汉及以后，琅邪籍名宦重臣层出不穷即是例证。

### （二）学术思想的兼容性及学风的经世致用

琅邪地区学术思想的主流无疑是儒家思想，而且也出过许多著名的经师，尤其是汉代，可谓名师荟萃。值得注意的是，琅邪地区学术的门户之见并不明显，无论齐学、鲁学，还是今文、古文，都可以在这里传播。如传今文《尚书》者有伏氏世家及殷崇，传古文《尚书》者有王璜；传《齐诗》者有伏理、伏湛、伏黯、师丹、皮容，传《鲁诗》者有王扶，传《韩诗》者有王吉，传《公羊春秋》者有王吉、贡禹、王中、公孙文、东门云、左咸、莞路，传《穀梁春秋》者有房凤，等等。至于《易》学，汉代立于官学的三大家即施、孟、梁丘。其中，"梁丘"即梁丘贺、梁丘临父子，是琅邪诸县人；"施"派《易》学的主要传人，也有琅邪人鲁伯与邴丹；"孟"为东海孟喜，是今临沂苍山人。而民间《易》学的两大家（费直、高相）中，琅邪王璜又是费直《易》学的嫡传。尤其值得注意的是黄老思想在琅邪地区的兴起与传播。汉初黄老之学的代表人物盖公就是胶西人，并在琅邪一带讲学。至苏东坡守胶西时，还曾访盖公的坟墓及其子孙,因不可得,遂于密州衙署之中建盖公堂以为纪念。可见黄老之学在这一带的影响之深远了。黄老思想虽源于老子道家,但已对老子的道家作了很多改造,是集阴阳、儒、墨、名、法各家之精华而形成的,故较之老子道家更具有综合性和现实态度。而这种综合性很强的学术思想在琅邪的兴起,又与琅邪地区学术氛围的兼容性是分不开的。

琅邪人治学讲究经世致用,这与琅邪人的"识时务"与进取精神是联系在一起的。琅邪人读书,多半是从书中吸取有益于经国济民的成分,而很少有穷守章句者,如王吉、贡禹、王中等人的治《公羊春秋》,就重在领会其"六合同风,九州共贯"的"大一统"思想①,并贯穿于各自的政治实践中。即使有些经师学问精深,但目的也还是"接世"。如《易》学大师梁丘贺,官至太中大夫、给事中、少府;贡禹以治《公羊春秋》而官至御史大夫;师丹以治《诗》而官至大司空;西汉经学家匡衡,以说《诗》著称,元帝时位至丞相;王璜更以精通《尚书·禹贡》而提出治河方案,为朝廷所采纳。所以从历史上看,琅邪地区虽学者林立,但大都已转化为著名的政治家或军事家,很少有皓首穷经的经学家。

（三）谋略的深远与行动的谨慎

琅邪地区的思想家或政治家,无论从政还是处事,他们常好作深层次的思考,在宏观决策上常常表现出他们的深谋远虑,在具体行动上又认真稳妥。他们不尚空谈,不图虚名,为了确保目标的实现,不愿冒险。当然,一旦琅邪人认为是正确的事情,又是非做不可的事情,他们决不犹豫,决不退缩。应该说,琅邪人的谋略深远与他们的综合性思维方式有关,而综合性的思维方式又与琅邪地区《易》学之风的盛行是分不开的。

汉代琅邪地区是中国的《易》学中心,其影响一直延续于后世。《易》学的最大特点是善于将自然界和人世间的一切事物联系起来,并从中探讨其发展和演变的规律。于是,在此种文化氛围中,琅邪地区从知识分子到普通百姓,都在不知不觉中浸染了些《易》的习气,养成了识大体、顾大局的精神。

至于琅邪人的"谨慎",则主要受黄老思想影响。黄老思想讲求静中寓

①《汉书》卷七十二《王吉传》,中华书局,1962 年,第 3063 页。

动,以静求动,动静相辅而相成,这便养成了琅邪人既坚定厚重又反应灵活的"谨慎"处世态度。

## 四、琅邪文化与诸葛氏家族的关系

诸葛氏家族在汉代,先居诸城后徙阳都,皆处琅邪地区的重要区域,受琅邪文化影响很大。首先,琅邪文化奠定了诸葛氏家学的基础;其次,琅邪文化对诸葛氏家风学风的形成起到了主导作用;最后,琅邪文化是诸葛氏家族人才培养的文化基础。对于以上三点,本书将在后面有专门论述。从另一个角度讲,琅邪文化的传承多半是通过世家大族来完成的,诸葛氏家族也是传承琅邪文化的重要家族。如诸葛氏家族的文化主要有三大特点:一是以儒学为主及在此前提之下的学术思想的兼容性及学风的质朴和经世致用,二是淡泊宁静的人生境界,三是深谋远虑、积极入世的从政传统。这与琅邪文化的基本特征是高度一致的。概言之,琅邪文化对诸葛氏家族影响巨大且深远,而诸葛氏家族文化的发展和传承又丰富和发展了琅邪文化。

# 第三节　诸葛丰支迁徙阳都

## 一、诸葛丰生平事迹考

### (一) 诸葛丰生卒年考

诸葛丰是诸葛氏家族的汉代远祖,《汉书》有传,但未涉及其生卒年。不过,《汉书·诸葛丰传》中谈到"贡禹为御史大夫,除丰为属,举侍御史。元帝擢为司隶校尉";又云"丰以春夏系治人,在位多言其短。上徙丰为城门校尉",最后,因"上书告光禄勋周堪、光禄大夫张猛。上不直丰"。于是,元帝"怜丰之耆老,不忍加刑,其免为庶人"。此前,诸葛丰在一次上书中也谈到自己"年岁衰暮,常恐卒填沟渠"①。可见,诸葛丰出仕时年纪已经很大

---

① 《汉书》卷七十七《诸葛丰传》,第3248—3251页。

了,而他为官后不久便被免为庶人。

《礼记·曲礼上》载:"六十曰耆,指使;七十曰老,而传。"可见,诸葛丰免官时的年龄当在60岁至70岁之间。而从《诸葛丰传》中所记来看,诸葛丰之免官又与他上书告光禄勋周堪及光禄大夫张猛有关。这事在《汉书·刘向传》中也有记载:

> 会城门校尉诸葛丰亦言堪、猛短,上因发怒免丰。语在其传。又曰:"丰言堪、猛贞信不立,朕闵而不治,又惜其材能未有所效,其左迁堪为河东太守,猛槐里令。"①

在诸葛丰上书告周堪、张猛之后,汉元帝既将诸葛丰"免为庶人",又将周堪降为河东太守,张猛降为槐里令。《汉书·百官公卿表》,在汉元帝初元三年(前46)项下,正载有此事:

> 光禄大夫周堪为光禄勋,三年贬为河东太守。②

自汉元帝初元三年后推三年为元帝永光元年,即公元前43年,此即为周堪贬为河东太守之年(是年太仆金赏代周堪为光禄勋亦可证),亦即诸葛丰免官之年。这一年诸葛丰虽已"耆老",但尚未到"致仕"的年龄(古人一般70岁致仕)。倘按此年他65岁计算(当无大误),则其生年便可定在公元前108年,亦即汉武帝元封三年前后。

至于诸葛丰的出仕之年,实即贡禹为御史大夫的那一年。《汉书·贡禹传》云:

> 贡禹,字少翁,琅邪人也。以明经洁行著闻,征为博士……元帝初即位,征禹为谏大夫……以禹为长信少府。会御史大夫陈万年卒,禹

---

① 《汉书》卷三十六《楚元王传》附《刘向传》,第1947—1948页。
② 《汉书》卷十九下《百官公卿表下》,第814页。

代为御史大夫,列于三公。①

据《汉书·百官公卿表》,知陈万年于宣帝甘露三年(前51)为御史大夫,任职7年而卒,7年后即元帝初元五年(前44)。是年下确有这样的记载:

> 六月辛酉,长信少府贡禹为御史大夫,十二月丁未卒。②

据此可知,诸葛丰之出仕当在汉元帝初元五年,亦即公元前44年。这一年,他64岁左右。而一年后,即元帝永光元年(前43),他便被免职了。

《汉书·诸葛丰传》言诸葛丰免官后"终于家",不记其卒年。如以他享年75岁计,则其居家的时间尚有10年左右,约寿终于元帝末年。可见,诸葛丰是一个经历了武、昭、宣、元四朝的历史人物。至此,我们或可对他的生卒年作一个大致的界定了:即生于公元前108年前后,卒于公元前33年左右。

(二)诸葛丰的交游及学术专长

《汉书·诸葛丰传》仅言诸葛丰"以明经为郡文学",而未记其学术思想。但从他所处的时代和琅邪的学术氛围、交游,以及他上书内容中可略见一斑。

诸葛丰所处的琅邪地区,西汉时代是中国的学术中心之一。在学术方面,以儒学为主,他学亦流行。如今文《尚书》的传人济南伏生(胜),其玄孙伏孺在武帝时讲学东武,遂移家琅邪,其后琅邪治《尚书》者始终不断。《易》学方面,东武孙虞(子乘)以《易》授齐人田何,而田何又传《易》于东武王同(子中)。与诸葛丰同为诸县人而年龄稍长的梁丘贺,更为汉代《易》学大家。其子梁丘临亦能传父学,宣帝甘露年间(前53—前50)曾奉使问诸儒于石渠阁,宣帝并选高材郎10人从梁丘临学《易》。同郡

---

① 《汉书》卷七十二《贡禹传》,第3069、3074页。
② 《汉书》卷十九下《百官公卿表下》,第816页。

王吉亦遣其子王骏从梁丘临受《易》。此外，习《鲁诗》者自浮丘伯后有琅邪王扶，习《齐诗》者自辕固后有琅邪人师丹、皮容，习《大戴礼》者有琅邪人徐良、王仲丘，习《公羊春秋》者自胡毋生后有琅邪人王中、莞路、公孙文、东门云、左咸等，习《穀梁春秋》者有不其（琅邪属县）人房凤等。而汉代黄老思想的代表人物胶西盖公就是诸葛丰的同乡前辈。

身处琅邪学术中心的诸葛丰当年的交游情况，限于资料只能考知几位。

关系最密切的当然要数贡禹。贡禹（前124—前44），始事赢公（胡毋生弟子）治《公羊春秋》，终学成于《公羊》大师眭孟（赢公弟子），宣帝时曾征为博士。其上书言事也多引《春秋》、《论语》以立论，以致被元帝称为"守经据古"。贡禹与诸葛丰先后为琅邪郡之"贤良"或"文学"。贡禹虽曾出仕，但为官不久即"去官"，直至元帝即位（前48）之年，他以76岁高龄被征为谏大夫，5年后为御史大夫，列于三公，数月后卒于官。贡禹一生的绝大部分时间都居于故乡琅邪，这不但使他能有机会熟悉小他十几岁的同乡后辈诸葛丰，并最终除其为属；同时，贡禹为人的"质直"以及为官的"不阿当世"①，也给诸葛丰树立了良好的榜样。这种影响甚至延续到了诸葛氏家族的后代。

其次，贡禹的同郡好友王吉亦当与诸葛丰相识。王吉早岁曾被举为"孝廉"、"贤良"，并担任过昌邑王的"中尉"。宣帝时被征为博士、谏大夫，然不久即"谢病归琅邪"。他与贡禹是非常要好的朋友，故世称"王阳（王吉字子阳）在位，贡公弹冠"。王吉比贡禹年龄稍长，所以元帝即位后，遣使征贡禹与王吉，而贡禹就任，王吉则"年老，道病卒"。王吉"兼通五经，能为《邹氏春秋》，以《诗》、《论语》教授，好梁丘贺说《易》"②，可算是琅邪地区的一位通儒了。不过他的学术专长当在《春秋》，观其在给宣帝的上疏中大谈"《春秋》所以大一统者，六合同风，九州共贯"③可知也。而他所习治的

---

① 《汉书》卷七十二《贡禹传》，第3074页。
② 《汉书》卷七十二《王吉传》，第3066页。
③ 《汉书》卷七十二《王吉传》，第3063页。

《邹氏春秋》①，显然也属今文经学的系统，这与贡禹在学术上又可以说是"取舍同也"②。诸葛丰既然与贡禹关系密切，又习治《春秋》，自然也不排除曾向贡禹的好朋友且又是诸葛丰同乡前辈的王吉学习《春秋》的可能。何况诸葛丰还是"以明经为郡文学"。

公羊学方面，琅邪地区还有一位大家，就是王中。王中从眭孟弟子严彭祖受《公羊春秋》，元帝时曾为少府，"家世传业"③。王中又以《公羊春秋》授同郡公孙文、东门云，其中公孙文曾为东平太傅，"徒众尤盛"。而诸葛丰与王中年龄相若，又同治公羊学，并一同在朝为官，相识是没有什么问题的了。而且，诸葛丰之公羊学曾深受贡禹影响，而贡禹与王中的老师严彭祖又俱学成于眭孟，即从学术渊源上来说，他们间也有着相通之处。

至于与诸葛丰同为诸县人的梁丘贺、梁丘临父子，作为同时代的易学大家，连王吉都为他们的学问所倾倒，并遣其子受学，想来诸葛丰也会同他们有过密切交往的。但可惜的是，这方面的具体资料也很难寻觅了。

另外，从诸葛丰上书中所言及的"隐公慈而杀于弟，叔武弟而杀于兄"，以及"伏节死谊"、"杀身以安国，蒙诛以显君"、"灾变数见"等话语来看④，很明显地表现出公羊学的思想。此外，诸葛丰对黄老思想也是接受过的，从诸葛丰的"清宴"⑤中可以感觉到黄老思想的影响。

由上所述可推知，诸葛丰在学术方面，与所处的琅邪地区学术氛围是一致的，即以儒学为主，兼采他学。

（三）诸葛丰的主要事迹

《汉书·诸葛丰传》载：

> 诸葛丰字少季，琅邪人也。以明经为郡文学，名特立刚直。贡禹
> 为御史大夫，除丰为属，举侍御史。元帝擢为司隶校尉，刺举无所避，

---

① 《汉书》卷三十《艺文志》记有《春秋邹氏传》十一卷，第1713页。
② 《汉书》卷七十二《王吉传》，第3066页。
③ 《汉书》卷八十八《儒林传》，第3616页。
④ 《汉书》卷七十七《诸葛丰传》，第3249、3250页。
⑤ 《汉书》卷七十七《诸葛丰传》，第3249页。

京师为之语曰:"间何阔,逢诸葛。"上嘉其节,加丰秩光禄大夫。

　　时侍中许章以外属贵幸,奢淫不奉法度,宾客犯事,与章相连。丰案劾章,欲奏其事,适逢许侍中私出,丰驻车举节诏章曰:"下!"欲收之。章迫窘,驰车去,丰追之。许侍中因得入宫门,自归上。丰亦上奏,于是收丰节。司隶去节自丰始。

可见,诸葛丰"以明经为郡文学",以特别刚直闻名。贡禹任御史大夫,任命诸葛丰为属官,推荐为侍御史,元帝提拔诸葛丰做司隶校尉。侍御史有"绣衣直指"之称,即所谓"指事而行,无阿私也"①,而"衣以绣者,尊宠之也"②。此官为武帝所始制,不常置,其职责是"出讨奸猾,治大狱"③。

　　诸葛丰在侍御史的位置上已表现出杰出的才能,故很快便被元帝擢为司隶校尉。司隶校尉掌"捕巫蛊,督大奸猾","察三辅、三河、弘农"七郡。诸葛丰在司隶校尉任上表现得相当出色,"刺举无所避",故京师为之语曰:"间何阔,逢诸葛。"意思是说,作奸犯科之权贵为何都逃得远远的而见不到呢,那是因为遇上了诸葛丰这样一位毫不留情的司隶校尉。当时有一位侍中许章,"以外属贵幸(元帝母许皇后之亲属),奢淫不奉法度"。其宾客犯事,牵连及他。诸葛丰正准备劾奏其事,适逢许章私出,诸葛丰便停车举节,令许章下车就擒。许章驰车逃去,诸葛丰紧追不歇。最后许章逃入宫门,乞哀于汉元帝,诸葛丰亦上奏此事。但因元帝的袒护,不但未能置许章于法,反而被收回了司隶校尉之"节"。诸葛丰为此"不胜愤懑",旋上书于元帝,表达他"不待时而断奸臣之首,县于都市,编书其罪"的决心。但他"伏节死谊"的报国情怀并不被元帝所理解。"是后所言益不用",且以"春夏系治人,在位多言其短",终被元帝徙为城门校尉,专掌京师城门屯兵。但他继续直言奏事,又上书揭发了光禄勋周堪、光禄大夫张猛"贞信不立"等种种罪行。④ 对此,元帝虽有所"疑",但最终还是以"以求报举。告案无

---

① 《汉书》卷十九上《百官公卿表上》颜师古注引服虔语,第726页。
② 《汉书》卷十九上《百官公卿表上》颜师古注,第726页。
③ 《汉书》卷十九上《百官公卿表上》,第725—726页。
④ 参见《汉书》卷三十六《刘向传》,第1947页。

证之辞,暴扬难验之罪",将诸葛丰削去官职,"免为庶人"①。从此,诸葛丰的仕宦生涯也便结束了,遂病殁于家中。《汉书》作者班固感叹"有刚德者为难也"②。

诸葛丰出仕的时间虽然不长,但他刚直不阿的高尚品格,"刺举无所避"的惩治犯罪的精神,"伏节死谏"、"官尊责重"的敬业精神,"杀身以安国,蒙诛以显君"的忘我牺牲精神,以及进退出处的原则,都对诸葛氏后裔产生了深远的影响,奠定了诸葛家族文化的基本价值取向,而以明经为郡文学则开启了诸葛家族通经致用的学术渊源。

## 二、诸葛丰支从诸县迁阳都

诸葛丰支从诸县迁徙至阳都是诸葛氏家族历史上的第一次较大规模的迁徙。

有关阳都的记载最早见于《春秋·闵公二年》:"齐人迁阳。"③《后汉书·明帝纪》李贤注曰:"阳都……故城在今沂州沂水县南。"④《通典》也记:"沂水县有阳都故城。"⑤《史记地名考·齐地名》也说:"故城今沂水县南,春秋阳国。"⑥因此可初步推定,阳都应该在清代沂水县南部区域,也就是今天的山东省沂南县。

再从考古来看,在今山东省沂南县城界湖镇南 14 公里,东汶河与沂河交汇处南 2 公里的孙家黄疃村与任家庄之间有一座遗址,经考古确认,该城为阳都故城。⑦ 可见,阳都城故址在今沂南县砖埠乡孙家黄疃村附近。

至于诸县葛氏何时徙往阳都,又定居于阳都何处,史籍不载,莫可详考。但从诸葛丰的生卒年推断,诸葛丰支迁徙的时间下限,当不会晚于西汉汉宣帝时。关于上限,我们可以从"诸县"地名的出现来判断。虽然《左

① 《汉书》卷七十七《诸葛丰传》,第 3251 页。
② 《汉书》卷七十七《诸葛丰传》颜师古注,第 3269 页。
③ 杨伯峻编著:《春秋左传注》,第 261 页。
④ 《后汉书》卷二《显宗孝明帝纪》,第 119 页。
⑤ (唐) 杜佑:《通典》卷一百八十《州郡十·古青州》,浙江古籍出版社,2000 年,第 960 页。
⑥ 钱穆:《史记地名考》(上卷),商务印书馆,2001 年,第 1092 页。
⑦ 参见徐淑彬:《山东沂南阳都故城考古调查》,《东南文化》1993 年第 1 期。

传》庄公二十九年（前675）有鲁国"城诸"的记载，但"诸邑"成为"诸县"却是在西汉时。据《史记·建元以来侯者年表》和《汉书·景武昭宣元成功臣表》记载，汉武帝时曾先后两封"众利侯"。一为元朔六年（前123）至元狩二年（前121）封上谷太守郝贤为众利侯，后郝贤因罪国除；一为元狩四年（前119）封匈奴归义王伊即轩为众利侯。伊即轩传国三代，到他孙子辅宗于"始元五年薨，亡后，（众利侯国）为诸县"。按照西汉以县名封侯的惯例，也就是说，诸县原名为众利县，到汉昭帝始元五年（前82）以后才正式立名为诸县。由此可以推断，诸葛丰这一支诸葛氏族人，是在西汉昭帝、宣帝时由琅邪郡诸县迁至琅邪阳都的。

## 三、琅邪阳都望族

司隶校尉诸葛丰支迁至琅邪阳都后，诸葛氏家族便成为琅邪阳都有影响的家族。司隶校尉是汉代国家的监察官，监察权是其主要的权力。在监察权外，还拥有治安、领兵、议政、荐举、社会事务管理等诸多权力。汉武帝刘彻为了加强京城的治安而置司隶校尉，监察京师百官和三辅（京兆尹、左冯翊、右扶风）、三河（河东、河内、河南）及弘农七郡的官员。初置时能持节，表示受君令之托，有权劾奏公卿贵戚。秩为二千石，属官有从事、假佐等，还"以中都中官徒奴千二百人属为一校尉"[1]，地位较高。诸葛丰任司隶校尉对提高诸葛氏家族的地位起到了较大的作用。

至东汉，《后汉书》中没有诸葛氏人物的传记，仅在记载其他人物时涉及诸葛穉、诸葛礼、诸葛珪、诸葛玄等。

诸葛穉，见于《后汉书·刘盆子列传》："盆子居长乐宫，诸将日会论功，争言欢呼，拔剑击柱，不能相一。……兵众遂各逾宫斩关，入掠酒肉，互相杀伤。鞬尉诸葛穉闻之，勒兵入，格杀百余人，乃定。"当时，诸葛穉为鞬尉，是统率卫士守卫宫禁之官。《刘盆子列传》未言明诸葛穉籍贯及履历，从他出场制止长乐宫混乱一事看，应是赤眉军攻入长安后任命的鞬尉。鞬尉同卫尉，即卫将军，秩俸二千石，属于高官行列，不可能是原汉廷官员。赤眉

---

① （唐）虞世南：《北堂书钞》卷六十一，天津古籍出版社，1988年，第242页。

军首领樊崇是琅邪人,王莽天凤五年(18)在莒(今山东莒县)集合饥民起事,称为赤眉军。诸葛稗距诸葛丰约百年左右,当属阳都人。莒与阳都相邻,由此可推,诸葛稗是在家乡加入樊崇赤眉军来到长安并任职卫尉的。

诸葛礼,见于谢承《后汉书·戎良传》:"济阴戎良,字子恭,年十八,为郡门下干吏。良仪容伟丽,太守诸葛礼使阁里写书。从者诬良与婢通,良刳腹,引出肠肝,示礼赤心。"①

济阴人戎良在郡守府衙中做吏员,他容貌俊美,太守诸葛礼很喜欢他,让他做文书工作。其他吏员妒忌戎良,造谣说他和府中的一名婢女私通。戎良感到冤屈,就在诸葛礼面前用刀割开肚子,掏出肝脏,让太守看看自己的一颗赤心。《太平御览》也转载了此事。关于诸葛礼的籍贯和活动的具体年代,《戎良传》没有记述。文中所称"干吏",又简称"干",是汉代百官之下不在品级的办事员。根据《戎良传》所载"济阴戎良""为郡门下干吏",可认定戎良是在本郡即济阴郡任职的,那么诸葛礼是济阴郡太守无疑。故事出自《后汉书》,可推知诸葛礼是后汉人,其籍贯应该是阳都。太守秩俸二千石,属于高官行列。

诸葛珪(?—187),字君贡,任太山郡丞,而诸葛玄(?—197),字胤谊,"素与荆州牧刘表有旧",为袁术所署豫章郡太守。② 可见,诸葛氏家族仍是阳都有名望和影响的家族。

诸葛珪生诸葛瑾、诸葛亮、诸葛均三个儿子及两个女儿。两个女儿为诸葛亮的姐姐。诸葛瑾(174—241),字子瑜,他从小接受儒家思想教育,忠君孝亲,友于兄弟,他"非道不行,非义不言","遭母忧,居丧至孝,事继母恭谨,甚得人子之道"③;他以长兄的身份爱护和教育弟弟妹妹,手足之情笃深;他曾游学京师洛阳,学习、研究《毛诗》、《尚书》、《左氏春秋》等。诸葛亮(181—234),字孔明,3岁时母亲章氏病逝,6岁启蒙,始习儒家经典。8岁时父亲诸葛珪病逝。诸葛瑾、诸葛亮及姐弟由叔父诸葛玄抚养。

---

① (三国吴)谢承:《后汉书》卷八《戎良》,周天游:《八家后汉书辑注》,上海古籍出版社,1986年,第274页。
② 《三国志》卷三十五《诸葛亮传》,第911页。
③ 《三国志》卷五十二《诸葛瑾传》注,第1232、1233页。

诸葛玄没有子女，或者史籍漏载。

此外，这一时期，在阳都诸葛氏家族中还有一位值得一提的人物，他就是诸葛亮的族弟诸葛诞（？—258）。《三国志》载：“诸葛诞字公休，琅邪阳都人。诸葛丰后也。”[①]他以后对诸葛氏家族地位的提升也起到了较大的作用。

从以上史籍中的零星记载看，在两汉时期，诸葛氏家族中，秩俸二千石的官员有诸葛丰、诸葛稈、诸葛礼等，堪称琅邪阳都望族。

## 第四节　诸葛氏迁徙江南

东汉末年，以诸葛玄、诸葛瑾、诸葛亮等为代表的诸葛氏家族的南迁，是诸葛氏家族历史上的第二次较大规模的迁移。

### 一、诸葛氏南迁的背景

东汉顺帝永和五年（140），东汉疆域区划为司隶校尉部，十二州刺史部和西域长史府，各王国、属国按郡制，邑、道、侯国、公国等按县制。其中琅邪国属徐州刺史部。琅邪国，治开阳（今山东临沂北戴城子），领13县：莒县、东安、东莞[②]、姑幕、诸县、东武、琅邪、沟曲、阳都、临沂、开阳、即丘、鄫国。

东汉中期以后，随着中央集权的发展，君主权力进一步加强，外戚、宦官势力滋长，交替专权，造成政治腐败、社会黑暗，统治集团内部矛盾尖锐；在地方，豪强地主势力膨胀，世家地主、豪强地主建立起自给自足的田庄和私人武装，助长了分裂割据的倾向。结果在和帝、灵帝时期，外戚、宦官相互倾轧，交替专权，以官僚、太学生为主体的党人集团反对宦官专权，引发了“党锢事件”，统治阶级内部矛盾上升；加上政治腐败、土地兼并剧烈，阶

① 《三国志》卷二十八《诸葛诞传》，第769页。
② 东莞，古地名，今山东沂水。

级矛盾激化,终于酿成黄巾农民大起义,东汉政权受到致命打击,名存实亡。到少帝、献帝两朝,东汉进入了军阀混战和地方政权相继建立的时期。

灵帝中平元年(184),张角领导的黄巾起义爆发后,各州郡的刺史、郡守纷纷拥兵自卫,以对抗农民起义军。中平五年(188),灵帝接受太常刘焉的建议,把一些重要地区的州刺史改为州牧,由宗室、大臣担任,总掌一州军政大权,以加强对农民起义的镇压。于是,在西汉只是监察特使、东汉始为一级行政机构的刺史,由仅有行政权力,而变为兼有领兵、治民之权。州牧、刺史、郡守因拥有领兵、治民之权,逐渐发展成为割据一方的军阀。与此同时,地方豪族地主也以平黄巾为名,聚众结坞,招兵买马,扩充其武装力量,有的还依附于地方官吏,成为军阀割据的重要力量。各地军阀为争夺地盘和对东汉皇帝的控制权,展开了激烈的混战。

黄巾军主力被镇压之后,由于外部威胁减轻,东汉统治阶级的内部矛盾进一步激化。中平六年(189),灵帝死,大将军何进拥立他的外甥、灵帝长子刘辩为少帝,自己则掌握朝廷大权。何进拉拢豪强地主的代表人物袁绍兄弟,并密召并州牧董卓入京,企图诛杀宦官。不料消息泄露,宦官张让、殷珪等先发制人,杀何进。袁绍、袁术等入宫,又大杀宦官2 000多人。这一事件结束了东汉长期以来的外戚宦官专权的局面,但同时也使东汉中央权力出现了真空。董卓趁机率兵进入洛阳。

董卓入京后,废少帝刘辩,另立9岁的刘协为帝(献帝),自封相国,独揽朝政大权。董卓“性残忍不仁,遂以严刑胁众,睚眦之隙必报”,为政“法令苛酷”①,又打击异己,纵兵杀掠百姓,引起了天下人的不满。

献帝初平元年(190),关东(潼关以东)的一些军阀、豪强不满董卓专政,又企图乘乱争权夺地,便以讨伐董卓为名,纷纷起兵。他们结成联盟,推举袁绍为盟主,史称“关东军”。董卓因受关东军的威胁,为了保存实力,便挟持汉献帝由洛阳迁都长安。初平三年(192),司徒王允收买董卓部将吕布,杀死董卓。董卓的两个部将李傕、郭汜又以替董卓报仇为名,率兵攻入长安,杀死王允,赶走吕布,劫持了汉献帝和公卿大臣。董卓死后,关东

---

① 《三国志》卷六《董卓传》,第174、176页。

豪强地主的军事联盟便宣告瓦解,各割据势力开始互相攻杀吞并,连年混战。经过近10年的混战与兼并,到建安四年(199)时,全国大的割据势力便剩下袁绍(据冀、青、并三州)、曹操(据兖、豫二州)、公孙瓒(据幽州)、孙策(据江东)、刘表(据荆州)、刘璋(据益州)、韩遂和马腾(据凉州)、公孙度(据辽东)等。

　　张角领导黄巾大起义时,徐州也爆发了农民起义。东汉朝廷调陶谦为徐州刺史,率兵击败之,战火没有波及诸葛亮的家乡琅邪。此后,陶谦注意保境安民,使徐州相对安定。史载:"初,京、洛遭董卓之乱,民流移东出,多依徐土。"①"徐方百姓殷盛,谷实甚丰,流民多归之。"②正因为如此,初平四年(193),曹操的父亲曹嵩避难于徐州琅邪郡。曹操占领兖州后,派泰山太守应劭迎曹嵩团聚。但途中被陶谦部将张闿等人所截击。曹嵩被杀,一百多车财物被劫。鉴于此,"初平四年,太祖(指曹操)征谦,攻拔十余城,至彭城大战"③。对于这次曹操攻打陶谦的原因,从裴松之《三国志》注引《吴书》可以明了:"曹公父于泰山被杀,归咎于谦。"《三国志·武帝纪》亦载:初平四年秋,"太祖征陶谦,下十余城……兴平元年春,太祖自徐州还。初,太祖父嵩,去官后还谯,董卓之乱,避难琅邪,为陶谦所害,故太祖志在复仇东伐"。曹嵩的死引发了曹操与陶谦之间的混战。从初平四年(193)至兴平元年(194)夏,曹操两次攻打陶谦,致使琅邪、东海遍遭劫掠,诸葛亮的家乡阳都也备受战争之苦。该地民众纷纷避乱他乡,世居琅邪阳都的诸葛氏家族就是在这种情势下南迁的。

## 二、诸葛氏家族南迁

　　《三国志·诸葛亮传》载:诸葛亮"从父玄为袁术所署豫章太守,玄将亮及亮弟均之官。会汉朝更选朱皓代玄。玄素与荆州牧刘表有旧,往依之。玄卒,亮躬耕陇亩……"意即诸葛亮和弟弟诸葛均是随着叔父诸葛玄到任豫章(今江西大部地区)太守时,迁移到了南方。但诸葛玄的官位不久

---

①《资治通鉴》卷六十,中华书局,1956年,第1945页。
②《后汉书》卷七十三《陶谦传》,第2367页。
③《三国志》卷八《陶谦传》,第249页。

为朝廷正式任命的朱皓所取代，诸葛玄只好去投靠旧友刘表。"建安二年正月，西城民反，杀玄，送首诣繇。"①之后，诸葛亮等迁移到荆州所属之南郡的襄阳隆中耕读，直至刘备三顾茅庐请其出山。

诸葛亮与姐姐、弟弟到达襄阳时，刘表已在襄阳治理荆州三年了。刘表（142—208），史载："刘表字景升，山阳（故治在今山东金乡县西北四十里）高平人，鲁恭王之后也。"②刘表年轻时受到良好的儒家教育，参加过太学生运动。当时，"海内希风之流，遂共相标榜，指天下名士，为之称号。上曰'三君'，次曰'八俊'，次曰'八顾'，次曰'八及'，次曰'八厨'"。刘表与同郡人张俭等八人号"八及"。"及者，言其能导人追宗者也。"③党锢时期，刘表被指为高于"八及"层次的"八顾"，与同郡张俭等24人均受到讪议，刘表被迫逃亡。党锢解除后，大将军何进辟刘表为掾，推荐他再次入朝，出任北军中侯。初平元年（190），长沙太守孙坚杀荆州刺史王睿，诏书以刘表为荆州刺史。

刘表入住荆州时，"荆州管长沙、零陵、桂阳、南阳、江夏、武陵、南郡、章陵"④八郡。八郡之中最重要的城市为南郡的江陵和襄阳。刘表任荆州刺史时，把治所由汉寿移到襄阳。

刘表控制荆州以后，力求励精图治，他"爱民养士，从容自保"⑤。在对外问题上，他采取了拥兵自重的政策，尽量避免发生大的冲突，以免造成老百姓流离失所、生灵涂炭；在经济上，他有效地利用当地各大家族的势力，推行了各种行之有效的措施，使得农业生产得到了很大的恢复和发展，荆州地区的百姓"大小咸悦而服之"⑥。以至于许多士民逃离中原，而选择前往荆州避难。之前寇贼相扇，处处糜沸的荆州，变成了万里肃清的东汉后期的最后一片乐土。这也是诸葛亮避居襄阳的原因。

《三国志·诸葛瑾传》载：诸葛瑾"汉末避乱江东。值孙策卒，孙权姊

---

① 《三国志》卷三十五《诸葛亮传》裴松之注引《献帝春秋》，第911页。
② 《后汉书》卷七十四下《刘表传》，第2419页。
③ 《后汉书》卷六十七《党锢列传》，第2187页。
④ 《后汉书》卷七十四下《刘表传》李贤注引《汉官仪》，第2420页。
⑤ 《后汉书》卷七十四下《刘表传》，第2421页。
⑥ 《后汉书》卷七十四下《刘表传》，第2421页。

婿曲阿弘咨见而异之,荐之于权,与鲁肃等并见宾待,后为权长史,转中司马"①。可见,诸葛瑾是在东汉末年避乱到了江东,并因孙权的姐夫弘咨推荐,在江东做了官。另外,诸葛瑾在谈到自己避乱南下的情景时曾说:"遭本州倾覆,生类殄尽。弃坟墓,携老弱,披草莱,归圣化,在流隶之中,蒙生成之福,不能躬相督厉。"②据此可以了解到,诸葛瑾是在其家乡遭到战争的破坏之后避乱江南的,且避乱时携"老弱"同行,十分艰难。此"老弱"应指诸葛瑾的继母和两个妹妹。同时,也可以推断,东汉末年,诸葛氏家族的南迁是分两次完成的,即第一次由诸葛玄率领诸葛亮、诸葛均迁移到了南方;第二次则是诸葛瑾携其继母和两个妹妹避乱到了江东。

但也有人认为,诸葛氏家族的南迁,第一次由诸葛玄率领诸葛亮、诸葛亮的两个姐姐和弟弟诸葛均迁移到了南方;第二次则是诸葛瑾携其继母避乱到了江东。③

还有人认为,诸葛瑾携"老弱"而离乡避难,不能单纯地解释为仅与其继母,应当是扶老携幼同行。诸葛瑾有两个弟弟和两个妹妹,另有继母和叔父。对于诸葛瑾而言,继母和叔父就是"老",弟弟和妹妹就是"弱"。后来,诸葛瑾在与吴主孙权的对答中,称"瑾与殷模等遭本州倾覆,生类殄尽。弃坟墓,携老弱,披草莱,归圣化……"④恰恰说明他们是全家人一同离开阳都避难江东的。⑤ 这种说法值得商榷,因从总体方面谈迁徙,提到"携老弱"是正常的。诸葛瑾谈及自己与殷模等人的迁徙,这样谈是可以的,但很难由此就确切地断定,诸葛瑾所谈"携老弱"之中的"老"包括他的继母和叔父,因单带其继母也可以称为"携老"。

## 三、诸葛氏南迁时间考

诸葛氏家族具体在什么时间由阳都南迁的,史籍没有明确的记载。但

---

① 《三国志》卷五十二《诸葛瑾传》,第 1231 页。
② 《三国志》卷五十二《诸葛瑾传》,第 1232 页。
③ 参见王汝涛:《诸葛亮故里暨离阳都年代诸异说辨正》,《成都大学学报》(社会科学版)1987 年第 3 期。
④ 《三国志》卷五十二《诸葛瑾传》,第 1232 页。
⑤ 参见许锋:《诸葛瑾、诸葛亮离乡时间考辨》,《临沂师专学报》1999 年第 2 期。

仍然有线索可寻。

《三国志·诸葛亮传》载:

> 亮早孤,从父玄为袁术所署豫章太守,玄将亮及亮弟均之官。会汉朝更选朱皓代玄。玄素与荆州牧刘表有旧,往依之。①

裴松之注引《献帝春秋》曰:

> 汉朝闻周术死,遣朱皓代玄。皓从扬州太守刘繇求兵击玄,玄退屯西城,皓入南昌。②

从上述两段记载中,可以考知诸葛玄从离家去豫章,到被朱皓所逼离开豫章时间的上下限。

袁术署诸葛玄为豫章太守事,发生在他据淮南之后。《后汉书·孝献帝纪》云:初平四年(193),"三月,袁术杀扬州刺史陈温,据淮南。"此是诸葛玄、诸葛亮离阳都的时间上限;因为袁术不杀扬州刺史,不能派人任豫章(属扬州)太守。又,同篇记:"兴平元年……是岁,扬州刺史刘繇与袁术将孙策战于曲阿,繇军败绩,孙策遂据江东。"③此事未记发生于几月。然而孙策渡江后,先攻破刘繇之部将樊能、张英,刘繇才逃往豫章依朱皓,此事必不会迟至年底。谢钟英《三国大事表》记此事于是年七月,可从。据此,可以判定朱皓借刘繇兵去豫章攻诸葛玄,当在七月之前(因为孙策渡江以后,刘繇自己兵力尚嫌不足,便不会借兵与朱皓了)。诸葛玄被迫离开豫章,当时在兴平元年(194)七月之前,这是时间的下限。

从初平四年(193)(时诸葛亮13岁)三月至兴平元年(194)六月,是诸葛玄离开阳都,至豫章任太守,又离开豫章全过程所可能占用的时间。然则在这一年零三个月中,诸葛玄叔侄一行何时离阳都的呢?结论是,至迟

---

① 《三国志》卷三十五《诸葛亮传》,第911页。
② 《三国志》卷三十五《诸葛亮传》裴松之注引《献帝春秋》,第911页。
③ 《后汉书》卷九《孝献帝纪》,第374、377页。

也当在初平四年下半年。理由如下：

第一，袁术之所以离南阳而去淮南，是被曹操与袁绍合谋逼走的。他占有寿春后，便全力抢夺扬州辖区内的地盘以扩充势力。他署诸葛玄为豫章太守便是出于这种考虑。刘繇为扬州刺史，朱皓为豫章太守，虽名为"诏书除授"，实际上是曹操、袁绍派去与袁术争地盘的，因为这时汉献帝正为李傕等所劫持，毫无实权，而"李傕入长安，欲结术为援，乃授以左将军，假节，封阳翟侯"①。他绝不会允许汉献帝下诏派刘繇、朱皓去与袁术争地盘。因此，袁术初平四年三月据淮南，必然会尽快地署诸葛玄为豫章太守，估计任职令（或袁术的书信）到阳都时，不会迟于初平四年的下半年。诸葛玄一行自阳都动身，极有可能是经寿春去见袁术，然后自历阳渡江去豫章（因为曲阿已为刘繇占据了），这样，路上要走至少一两个月。诸葛玄到豫章接任后，略为整顿，也就到了兴平元年。如果他们是 194 年离阳都的，那么在半年之内，长途跋涉赴任，整顿郡务，然后朱皓来攻，朱皓据豫章，笮融又攻朱皓，杀朱皓，刘繇又逃豫章，恐怕短短半年中容不下这许多事。

第二，前面已经提到，诸葛玄一行去豫章时，诸葛瑾独奉继母留在阳都。兴平元年（194）年，曹操第二次攻打陶谦，诸葛瑾"遭本州倾覆，生类殄尽。弃坟墓，携老弱"②，才避难江东。考谢钟英《三国大事表》记"陶谦卒"于兴平元年七月，则曹操部将残破琅邪、东海，定是上半年的事，诸葛瑾离阳都也应是上半年的事。因此，诸葛亮是 13 岁时随其叔父离开阳都故里的，时为初平四年（193），而诸葛瑾离开阳都则是在兴平元年（194）。③

但也有人认为，由于豫章郡远在江南，战乱较少，诸葛玄决定携家南下。但是阳都故里的田园庐墓不能无人照管。于是，他留下已届及冠之年的诸葛瑾及其继母照料一切。献帝兴平元年（194），诸葛玄带着诸葛亮、诸葛均两个侄儿和已达及笄之年的两个侄女兼程南下，这时诸葛亮已经 14 岁了。④

---

① 《后汉书》卷七十五《袁术传》，第 2439 页。
② 《三国志》卷五十二《诸葛瑾传》，第 1232 页。
③ 参见王汝涛：《诸葛亮故里暨离阳都年代诸异说辨正》，《成都大学学报》（社会科学版）1987 年第 3 期。
④ 参见余明侠：《诸葛亮评传》，南京大学出版社，1996 年，第 31 页。

　　还有一种观点认为,诸葛亮全家是在兴平元年(194),即曹操第二次攻打陶谦,琅邪遭劫时一同离开阳都南下的。诸葛玄上任豫章的时间与其携诸葛亮等人离开家乡的时间并不一致。

　　袁术是东汉末年军阀中较有影响的人物之一。董卓进京他逃至南阳,与其他军阀一起组成关东联军反对董卓。后因董卓被杀,关东军鸟散,袁术便以南阳为根据地向外扩张。初平四年(193),袁术进攻曹操,结果为曹操所败,被迫离开南阳南下寿春,占据了淮南。但这一年诸葛玄并未被袁术署为豫章太守。《三国志·诸葛亮传》载:"亮早孤,从父玄为袁术所署豫章太守,玄将亮及亮弟均之官。会汉朝更选朱皓代玄。"①《献帝春秋》曰:"汉朝闻周术死,遣朱皓代玄。"可见豫章太守原为周术,周术死是诸葛玄为豫章太守的前提,也是朱皓代替诸葛玄的前提。即周术死的那一年,应为诸葛玄任豫章太守之年。联想到朱皓上任因诸葛玄先至,朱皓便借扬州刺史刘繇之兵赶走诸葛玄,而后朱皓就任豫章太守,不久又为笮融所杀,笮融又为刘繇所逐的史实可知,诸葛玄上任,朱皓代替诸葛玄,朱皓又被笮融所杀,是在一个不太长的时间内完成的历史过程。《资治通鉴》卷六十一将这一过程同记于兴平二年(195):

　　　　刘繇使豫章太守朱皓攻袁术所用太守诸葛玄,玄退保西城。及繇溯江西上,驻于彭泽,使融助皓攻玄。许劭谓繇曰:"笮融出军,不顾名义者也。朱文明喜推诚以信人。更使密防之。"融到,果诈杀皓,代领郡事。繇进讨融,融败走,入山,为民所杀。

　　《资治通鉴》的记载是可信的。刘繇初为扬州刺史,袁术已据有扬州治所寿春,因此,刘繇被迫渡江治曲阿,此事当在初平四年(193)春以后,即袁术杀原扬州刺史陈温,朝廷更以刘繇继之。虽然刘繇到此并未与袁术对抗,但袁术没有因此而放过他,仍派兵向刘繇进攻,结果是"岁余不下"。时间也到了兴平元年(194)。后来孙策渡江终于打败刘繇。"繇奔丹徒,遂溯

---

① 《三国志》卷三十五《诸葛亮传》,第911页。

江南保豫章,驻彭泽。"①《江表传》曰:"策渡江攻緜牛诸营,尽得邸阁粮谷、
战具,是岁兴平二年也。"②又《献帝春秋》载:"是岁,緜屯彭泽,又使融助皓
讨刘表(当为袁术误——引者注)所用太守诸葛玄。……融到,果诈杀皓,
代领郡事。"因筈融诈杀朱皓,于是,"緜进讨融,为融所破,更复招合属县,
攻破融。融败走入山,为民所杀。緜寻病卒"③。《资治通鉴》所载与《三国
志》及裴松之注所引诸史是一致的。所以,诸葛玄为袁术所署豫章太守的
时间并非在初平四年(193),而是在兴平二年(195)。

兴平二年(195),豫章太守周术死,而刘緜对这一职位觊觎已久,为将
豫章纳入自己的控制之下,袁术便署诸葛玄为豫章太守。于是,诸葛玄携
诸葛亮及诸葛亮弟诸葛均之官豫章,将诸葛瑾及其继母留在了江东。④

另外,应该提到的是,诸葛亮的族弟诸葛诞也在东汉末年因"避乱"从
琅邪阳都迁出,但他没有南迁,而是进入中原,不久即在曹魏任职。

## 四、诸葛氏南迁后的国家形势

诸葛瑾、诸葛亮等在南迁后,安稳生活了十多年。建安十二年(207),
曹操在基本上统一了北方以后,开始把进攻矛头指向了南方长江流域,准
备乘胜统一全国。建安十三年(208),曹操亲率大军南下,兵锋指向孙权、
刘备、刘表、刘璋等。诸葛氏子弟也被卷入了战争的漩涡。

孙权(182—252),字仲谋,吴郡富春(今浙江富阳)人。其父孙坚,曾因
随朱俊镇压黄巾起义有功,被封为乌程侯,任长沙太守。在军阀混战中,孙
坚是袁术的党羽。初平三年(192),孙坚被刘表的部将黄祖杀害,由其长子
孙策代领部曲。兴平二年(195),孙策得到袁术的允许,带领部曲千余人渡
江向江东发展。及至江东,孙策得到了江东朱、张、顾、陆四姓和江北周瑜、
张昭等豪族地主的支持,打败了扬州的割据势力,在江东站稳了脚跟。建
安五年(200),孙策死,其弟孙权袭领旧部。孙权善于团结部下和吸引人

---

① 《三国志》卷四十九《刘緜传》,第1184页。
② 《三国志》卷四十六《孙策传》注,第1103页。
③ 《三国志》卷四十九《刘緜传》,第1184页。
④ 参见许锋:《诸葛瑾、诸葛亮离乡时间考辨》,《临沂师专学报》1999年第2期。

才,此时,鲁肃、诸葛瑾等一批"宾旅寄寓之士"归其麾下①,孙权的统治逐渐巩固。

刘备(161—223),字玄德,汉末涿郡涿县(今河北涿州)人,是汉景帝的儿子中山靖王刘胜的后裔。刘备虽是景帝裔脉,但因相隔年代久远,支系疏远,到他这一代已经沦落到以"贩履织席为业"的平民百姓。他少年丧父,随母贩履织席为生。年十五时,遵从母命,与辽西公孙瓒等人一起去拜同郡人卢植为师,习读经书。但他不大喜欢读书,而"喜狗马、音乐、美衣服"②。他平素寡言少语,喜怒不形于色,但待人和善,好结交豪侠,同龄人多喜欢和他交往。后来,刘备得到了中山大马商张世平、苏双的千金资助,建立了自己的武装。关羽和张飞相继投靠刘备,刘备"与二人寝则同床,恩若兄弟"③。黄巾起义爆发后,他率领自己的队伍,参与镇压黄巾军,屡建战功,很快以军功被提拔为安喜(属中山郡,今河北定县东)县尉,登上了汉末群英争雄的政治舞台。

刘备既有帝胄的光环,又有"外御寇难,内丰财施,士之下者,必与同席而坐,同簋而食,无所简择"④的美誉,还有"万人敌"之称、"恩若兄弟"的关羽、张飞的追随相助,不仅归附他的人越来越多,而且他不论投奔谁都会受到欢迎和重视。

诸葛亮离开阳都老家时,刘备已脱离公孙瓒归附占据徐州的陶谦。陶谦非常器重刘备,不仅将丹阳四千兵交给刘备统领,表刘备为豫州刺史,病重时还将徐州牧让与刘备。袁术、吕布相继攻夺徐州,刘备败走后归附曹操。曹操"厚遇之,以为豫州牧"。表荐刘备"为左将军,礼之愈重,出则同舆,坐则同席"⑤。在一次酒席间闲谈时,曹操对刘备说:"今天下英雄,唯使君与操耳。本初(袁绍)之徒,不足数也。"⑥但刘备已预感到曹操已对自己产生了疑心,待曹操令其阻击袁术时,乘机脱离曹操,袭杀徐州刺史车胄,

① 《三国志》卷四十七《吴主传》,第1116页。
② 《三国志》卷三十二《先主传》,第871页。
③ 《三国志》卷三十六《关羽传》,第939页。
④ 《三国志》卷三十二《先主传》裴松之注引《魏书》,第873页。
⑤ 《三国志》卷三十二《先主传》,第874页。
⑥ 《三国志》卷三十二《先主传》,第875页。

屯兵于沛(今江苏沛县)。曹操深知"刘备,人杰也,今不击,必为后患"①,乃亲自引兵攻击刘备,刘备不得已又投奔袁绍。袁绍是当时最煊赫的大氏族代表和最强大的割据势力,但听说刘备前来,一面遣将沿途迎奉,一面亲自出邺城(今河北临漳)200 里,去跟刘备相见。官渡之战后,曹操又亲自向驻兵汝南一带的刘备发动进攻。刘备转而投奔荆州刘表。刘表又出郊欢迎,待之以上宾之礼,并使之屯新野,以拒曹操。后来因荆州豪杰归附刘备的日益增多,加上刘备素有"枭雄"之名,刘表起了疑心,暗中对刘备有所防备,不予重用。

曹操击败袁绍后,占领了原属袁绍控制的冀、青、幽、并四州,以汉献帝的名义任命自己为冀州牧,才俊归附者日众,谋士如云。这时,孙权继承父兄遗业,也逐步控制了大江以南的地区,巩固和扩大了自己的实力,被曹操以汉献帝的名义封为"讨虏将军,领会稽太守"。反观已届不惑之年的刘备,虽经过几十年的厮杀拼斗,但屡遭挫败,始终栖栖遑遑,辗转依人,没有一块可以立足安身的根据地,"老将至矣,而功业不建"②。

刘备知道襄阳人才荟萃,英贤辈出,寄居在新野期间,他边扩军,边大力招揽人才,得到了诸葛亮等智士的协助,逐渐成为拥有一定实力的军事集团。

刘表为荆州牧,刘璋拥有益州。史称荆州"北据汉、沔,利尽南海,东连吴、会,西通巴、蜀",是极为富庶而又具有战略意义的"用武之国";而"益州险塞,沃野千里",号称"天府之土"③,战略地位十分重要。但刘表、刘璋二人均较平庸,故荆、益二州早已为其余军阀所觊觎。其中,荆州扼长江咽喉,为兵家必争之地,尤为重要。所以,诸葛亮、鲁肃都曾力劝其主早日将荆州据为己有,但捷足先登的是曹操。

曹操军队到荆州前,刘表病死,少子刘琮代立。刘琮不敢与曹操对抗,遂降曹操。曹操不战而得荆州后,收编刘琮水军,声势大振。时刘备屯驻樊城(今湖北襄阳市汉水北),闻讯大惊,急忙率军退往江陵。曹操亲率精

① 《三国志》卷一《武帝纪》,第 18 页。
② 《三国志》卷三十二《先主传》裴松之注引《九州春秋》,第 876 页。
③ 《三国志》卷三十五《诸葛亮传》,第 912 页。

骑昼夜追赶,至长坂(今湖北当阳境)击溃了刘备的军队,攻下江陵。刘备退往夏口(今湖北汉口),并派诸葛亮去柴桑(今江西九江市西南)见孙权,准备联合孙权共同抗曹。

曹操击败刘备后,准备立即顺江而下,扫平东吴。他写信恫吓孙权:他将率80万大军与孙权"会猎于吴"。

局势的急剧变化使孙权"坐江东,观成败"的政策无法继续实行,于是他召集群臣商议对策。以张昭为代表的文臣主张投降,以鲁肃、周瑜等为代表的武将主张抵抗。诸葛亮到柴桑后,和主战派一起给孙权分析了与曹军作战的有利形势,孙权才断然下决心联刘抗曹。

曹操率水陆军由江陵顺江而下,与孙、刘联军相遇于赤壁(今湖北蒲圻县西北),爆发了历史上著名的赤壁之战。当时,曹军有20万,号称80万,孙、刘联军只有5万,从数量上说,曹操占有绝对优势。但孙、刘联军发挥精于水战等优势,用计火烧曹军,逼迫曹操率残兵逃回江陵,打破了曹操迅速统一中国的计划。

曹操一时无力征服南方,便对孙、刘采取了以防御为主的方针。在南面,他放弃江陵,把战线收缩在襄阳、樊城一带,很少主动攻蜀;在东南面,他放弃皖城(今安徽潜山),把战线收缩在合肥一带。在外交上,对孙、刘的方针有所不同。刘备以汉正统自居,诸葛亮也宣布"汉贼不两立",自然没有妥协的可能,曹、刘始终处于敌对状态。而对坐镇江东观望时局的孙权,曹操则极力进行拉拢利用,以破坏孙、刘之间的联合。这些方针直到曹丕时仍继续实行。同时,曹操致力于整顿内部,巩固后方。建安十六年(211),曹操进兵关中,平定了关中的割据势力,韩遂及马腾之子马超逃往凉州(今甘肃和青海的一部分)。曹操继续进军凉州,韩遂被部下所杀,马超投奔刘备,凉州归曹操所有。建安二十年(215),曹操又取得汉中,张鲁战败投降。至此,曹操占领了东汉13州中的9州。建安二十一年(216),曹操晋升魏王,设宗庙百官,形式上已和皇帝没有区别。

刘备占据了荆州在长江以南的武陵、长沙、桂阳、零陵四郡,随后又向孙权借得南郡,占有荆州大部。建安十六年(211)至建安十九年(214),刘备攻占成都,打败刘璋,占领益州。建安二十四年(219),刘备又派大将黄忠在定军山(今陕西勉县西南)大败曹军,杀曹将夏侯渊,夺得汉中。同时,镇守荆州的关羽,进攻襄樊,掳于禁,斩庞德,威震北方。这时,刘备的势力发展到顶峰。

孙权则一方面同曹操争夺荆州和江淮地区,另一方面又派步骘招抚了占据广、交(今两广及越南北部)的士燮兄弟,岭南也归了孙权。

孙、刘之间,围绕荆州也展开了激烈的争夺。赤壁战后,刘备曾从孙权手中借取荆州的南郡(今湖北江陵)、江夏,约定在取得益州后归还。但刘备取得益州之后,根本无意归还,因此双方几乎酿成战争。而关羽在荆州的发展,也引起曹操的不安。慑于曹、孙两方面的压力,刘备与吴相约以湘水为界,平分荆州,湘水以东的江夏、长沙、桂阳划归孙权。但孙权并不以此为满足,决心夺取全部荆州。建安二十四年(219),关羽北上攻曹,占领襄阳,包围樊城,声势浩大,吓得曹操准备迁都以避其锋。不料孙权大将吕蒙乘机袭占江陵,关羽急撤樊城之围,被吕蒙途中擒杀。至此,孙权全部据有荆州。这一行动,将刘备彻底封锁于三峡之内,使刘备两面钳击中原的计划落空。至此,三国鼎立的局面在地域上形成了。

建安二十五年(220),曹操病死,太子曹丕袭位。不久,曹丕夺了献帝之位,改国号魏,史称"曹魏",曹丕自立为帝(魏文帝),追尊曹操为魏武帝,建都洛阳。

221年,刘备在成都称帝,国号汉,史称"蜀"或"蜀汉"。222年,刘备以替关羽报仇为名,倾全国兵力东攻孙权,欲夺回荆州。蜀军顺江而下,准备直扑江陵,军至夷陵(今湖北宜昌东南),沿长江两侧,"树栅连营七百余里"[①]。吴将陆逊坚守不出,待蜀军疲惫,火攻蜀军,大败蜀军于猇亭(今湖北宜都北),刘备几乎全军覆没,狼狈退回白帝城(今四川奉节)。这就是历史上有名的"吴蜀夷陵之战"。不久,刘备死,子刘禅即位,诸葛亮辅政。夷陵之战后,蜀、吴的势力处于均衡状态,但都弱于曹魏。两国为了共抗曹军,在诸葛亮的积极努力下,又互相遣使通好,恢复联盟关系。

222年,孙权称吴王。229年,孙权正式称帝,都建业(今江苏南京),国

---

① 《三国志》卷二《文帝纪》,第80页。

号吴,史称"孙吴"。三国鼎立局面正式形成。此后,三国在争斗、联盟中发展、消亡。

　　总之,在诸葛氏南迁后不久,国家动荡不安,战乱频仍。在这一时期,琅邪诸葛氏后裔扮演了重要的历史角色,诸葛氏家族也进入了重要的繁荣发展时期。

# 第二章

## 诸葛氏家族的繁荣

在东汉末年政治社会动荡，以及三国建立、发展、消亡的历史大动荡、大变革、大发展的时期，具有极强责任感和使命感的诸葛氏后裔以各自的方式，在历史舞台上扮演了重要的角色，做出了无愧于时代和家族的业绩，令人钦羡。

## 第一节　诸葛氏家族的婚姻

诸葛氏家族到达江南后，虽辗转流徙，稍嫌落魄，但毕竟是琅邪阳都望族，所以到达江南后不久，便得到了当地名门望族的青睐。这在婚姻方面体现得较为明显。当然，诸葛氏家族的兴盛也与婚姻有着密切的关系。

### 一、与社会名流联姻

诸葛亮与其姐弟到达的襄阳，交通发达，经济繁荣，是世家名族、富商巨贾的聚集之地。著名的世家大族有庞、黄、蔡、蒯、习、马、杨等，这些大族之间都有着千丝万缕的关系。刘表受任荆州牧时，"江南宗贼大盛，又袁术阻兵屯鲁阳，表不能得至，乃单马入宜城，请南郡人蒯越、襄阳人蔡瑁与共谋画"①。刘表为了巩固和这些士族的联系，还娶了蔡瑁的姐姐为后妻。

诸葛亮的两个姐姐都嫁给了当地的社会名流。诸葛亮的大姐嫁给了

---

① 《后汉书》卷七十四上《刘表传》，第2419—2420页。

襄阳人蒯祺,"(蒯)钦从祖祺妇,即诸葛孔明之大姊也"①。当时,蒯家是刘表统治荆州的重要依靠力量,这个家族的多位成员都在荆州出任要职。在刘表政治集团内,"掌握实权的首为蔡家,次为蒯家"②。与诸葛亮的大姐结婚的蒯祺出仕魏国,官至房陵太守。诸葛亮的二姐嫁给了庞德公之子庞山民。庞氏家族是襄阳的另外一个名门望族。史载:庞德公"其子山民,亦有令名,娶诸葛孔明小姊,为魏黄门吏部郎,早卒"③。庞德公,东汉名士,堪称襄阳的学术领袖。庞德公与当时隐居襄阳的徐庶、司马徽等过从甚密,善于品评人。他称诸葛亮为"卧龙",司马徽为"水镜",庞统为"凤雏",被誉为知人。《楚国先贤传》云:"乡里旧语,目诸葛孔明为卧龙,庞士元为凤雏,司马德操为水镜,皆德公之题也。"可以说,庞德公的品评对诸葛亮名声的传播起到了很大的作用。

诸葛亮的姐姐与当地的社会名流通婚,使诸葛氏家族开始得到当地社会上层的认可。而诸葛亮与沔南名士黄承彦之女结婚,则使诸葛亮直接进入了当地社会的上层,进一步提高了诸葛氏家族的地位。

关于诸葛亮与黄氏家族结为姻亲,史载:

> 黄承彦,高爽开朗,为沔南名士,谓孔明曰:"闻君择妇,身有丑女,黄头黑面,才堪相配。"孔明许,即载送之。时人以为笑乐,乡里为之谚曰:"莫作孔明择妇,正得阿承丑女!"④

东晋史学家襄阳人习凿齿在《襄阳记》中也记载,沔南名士黄承彦主动提议将爱女许配给诸葛亮,诸葛亮欣然应允。黄承彦之女虽"才堪相配",但"黄头黑色",与诸葛亮反差太大,时人以为笑乐。从这些记载中可以看出:一,沔南名士黄承彦欣赏诸葛亮;二,诸葛亮择妻重视才能,不重视外

---

① (东晋) 习凿齿撰,黄惠贤校补:《校补襄阳耆旧记》卷二《人物·蒯钦》,中州古籍出版社,1987年,第52页。
② 余明侠:《诸葛亮评传》,第40页。
③ (东晋) 习凿齿撰,黄惠贤校补:《校补襄阳耆旧记》卷一《人物·庞德公》,第8页。
④ (东晋) 习凿齿撰,黄惠贤校补:《校补襄阳耆旧记》卷一《人物·黄承彦》,第23页。

表,有重才轻色的美德。

但从社会背景和社会关系等方面考虑,则不这么简单。因为诸葛亮的岳父黄承彦不仅是沔南名士,而且与当时荆州襄阳一带的政治势力有着紧密的关系。史载:

> 汉末,诸蔡最盛。蔡讽姊适太尉张温,长女为黄承彦妻,小女为刘景升后妇,瑁之姊也。……瑁,刘表时为江夏、南郡、竟陵太守,镇南大将军军师。①

由此可见,黄承彦的姻亲就是荆州襄阳一带政治势力的代表。诸葛亮与黄氏结为姻亲,实际上拉近了诸葛氏家族与当时雄居江汉地区的蔡氏家族、刘表家族等政治势力的关系,有利于诸葛氏这一外来家族跻身于当地的政治势力当中,有利于诸葛氏家族的生存和兴旺发达,进而为诸葛亮等诸葛氏子孙的发展铺平了道路。这可能是诸葛亮与黄承彦之女结婚并不怕被乡邻耻笑的真正原因。事实也说明,诸葛亮与黄氏丑女结为夫妻,虽得乡邻耻笑,但社会地位不但没有降低,而且由于与名门望族缔结婚姻关系,使他迅速与襄阳当地的政治势力结合,社会声望迅速提高。从另一个角度讲,对正在密切关注时局、分析时局发展方向、积极准备"接世"的诸葛亮来说,正因为有了与黄承彦的这层关系,才使诸葛亮能较方便地与荆州政界和军界的人士接触,便于身居隆中的诸葛亮能够更迅速地了解时局的发展、朝廷重臣和诸侯等各类人物的政治动向以及当时各政治集团的内幕活动信息。这对诸葛亮来说,无疑是至关重要的,为诸葛亮进入政坛并大有作为奠定了坚实的基础。

## 二、与王公贵族联姻

诸葛亮的哥哥诸葛瑾和族弟诸葛诞的婚姻关系不太明了,但他们的子女多与王公贵族联姻。《三国志》载:

---

① (东晋)习凿齿撰,黄惠贤校补:《校补襄阳耆旧记》卷一《人物·蒯钦》,第13页。

（张）承字仲嗣，少以才学知名，与诸葛瑾、步骘、严畯相友善。权为骠骑将军，辟西曹掾，出为长沙西部都尉。讨平山寇，得精兵万五千人。后为濡须都督、奋威将军，封都乡侯，领部曲五千人。承为人壮毅忠谠，能甄识人物，拔彭城蔡款、南阳谢景于孤微童幼，后并为国士，款至卫尉，景豫章太守。……

初，承丧妻，昭欲为索诸葛瑾女，承以相与有好，难之，权闻而劝焉，遂为婿。生女，权为子和纳之。权数令和修敬于承，执子婿之礼。①

　　张承是诸葛瑾的好友，张承的父亲张昭为汉末徐州名士，避难江东，南北共尊，是孙吴政治集团所倚重的核心人物之一。《三国志》卷四十七《吴主传》载：孙权初即位，"待张昭以师傅之礼，而周瑜、程普、吕范等为将率。招延俊秀，聘求名士，鲁肃、诸葛瑾等始为宾客"。张昭的门第显然高于诸葛氏，他主动与诸葛瑾结姻，这是对诸葛氏家族门望的肯定。张承比诸葛瑾小4岁，少以才学知名，中年丧妻。张昭从中撮合，想让张承求诸葛瑾女儿为继妇。张承觉得与诸葛瑾从年轻即为良友，难以启齿。孙权听说后出面保媒，终使张承成为诸葛瑾的女婿。诸葛瑾之女与张承生的女儿，后入宫成为孙权之子孙和的妃子。这样，诸葛氏家族不仅与张家，而且与吴主孙氏家族有了婚姻关系，形成了强有力的婚姻集团。后来陆逊的儿子陆抗又娶张承的女儿为妻，故而《文士传》云："陆景母张承女，诸葛恪外生。"②诸葛恪还为其子诸葛竦娶滕胤之女为妻，所以，当诸葛恪被孙峻杀后，"滕胤以恪子竦妻父辞位"③，而孙峻不许。滕胤家族是北海人，在汉末，"以世扰乱，渡江依缘"。其父备受孙权重视，滕胤"弱冠尚公主。年三十，起家为丹杨太守，徙吴郡、会稽，所在见称。太元元年，权寝疾，诣都，留为太常，与诸葛恪等俱受遗诏辅政。孙亮即位，加卫将军"④。由此，我们也可以看出，滕胤与诸葛恪都属于朝中的重臣，他们联姻有利于各自家族的发展。

① 《三国志》卷五十二《张昭传》，第1224页。
② 《三国志》卷五十八《陆逊传》裴松之注引，第1360页。
③ 《三国志》卷六十四《孙峻传》，第1444页。
④ 《三国志》卷六十四《滕胤传》，第1443页。

诸葛亮的族弟诸葛诞虽然与司马氏有许多过节,但是其女嫁给了司马懿之子司马伷。《三国志》裴松之注引《晋诸公赞》曰:"东安公繇,诸葛诞外孙。"①《晋书·诸葛恢传》云:

> 祖诞,魏司空,为文帝所诛。父靓,奔吴,为大司马。吴平,逃窜不出。武帝与靓有旧,靓姊又为琅邪王妃,帝知靓在姊间,因就见焉。②

因故旧和亲情的关系,诸葛靓在晋朝也受到礼遇。诸葛诞的小女则嫁给了太尉王凌之子王广。王广,字公渊,有风量才学,名重当世。后因王凌事牵连,夫妇同被诛杀。时人赞诸葛诞的女儿不改诸葛氏家风。

在蜀国,诸葛亮的儿子诸葛瞻"年十七,尚公主,拜骑都尉"③。诸葛氏直接与皇族联姻,带有明显的政治性,双方都想通过婚姻来固化业已形成的政治关系。

此外,关于诸葛亮的弟弟诸葛均的婚姻状况,史载不详。据清人张澍《诸葛忠武侯文集故事卷一·诸葛氏谱》注引《诸葛氏谱》记载,诸葛均的妻子系南阳人林氏,是诸葛亮亲自为诸葛均选择的配偶。一年后,生子名望。诸葛均官至蜀汉长水校尉。其他不详。

# 第二节　诸葛氏家族的交游

## 一、诸葛玄、诸葛亮的交游

我国古人重视交游,也善于交游,因为交游是学习知识、增长见识的重要途径,也是观察一个人的重要方面。《管子·权修》载:"观其交游,则其贤不肖可察也。"诸葛氏家族非常重视交游。例如,诸葛玄既有名士的学

---

① 《三国志》卷二十八《诸葛诞传》裴松之注引,第 775 页。
② 《晋书》卷七十七《诸葛恢传》,中华书局,1974 年,第 2041 页。
③ 《三国志》卷三十五《诸葛亮传》,第 932 页。

识,也有名士的眼光,在他结交的朋友中,有实力派人士刘表等。《三国志》载:"玄素与荆州牧刘表有旧,往依之。"①今人朱大渭、梁满仓认为,刘繇是兴平二年(195)打败笮融的,建安三年(198)刘繇病死时,手下还有士众万余人。刘繇并非没有力量攻打诸葛玄,然而从兴平二年到建安二年(197)诸葛玄被反民所杀,"刘繇与诸葛玄竟相安共处两年多"。"刘繇与袁术是政敌,与刘表是盟友。所以只有诸葛玄公开宣布脱离袁术归附刘表,才会出现这种情况。……《献帝春秋》作为传闻异词,把诸葛玄为豫章太守一开始就说成刘表所署固然错误,但它传递的诸葛玄背袁归刘的信息却可能是正确的。"诸葛玄在兴平二年(195)背袁归刘后,"留在豫章,就可以西以刘表为援,伺机向南发展"②。诸葛玄能脱离势力强大的袁术而归附刘表,说明诸葛玄与刘表的关系非同一般。不仅如此,诸葛玄还将诸葛亮的两个姐姐都嫁给了当地的社会名流,这实际上为诸葛亮的交游创造了有利条件。

诸葛亮以其叔叔诸葛玄的故旧和姐姐以及自己的婚姻关系为基础开展了交游活动。他通过刘表、蒯祺等接触到了荆州的政治、军事方面的重要人物。诸葛亮在荆州地主集团中有着特殊的地位,他的妻子是黄承彦之女,岳母蔡氏与刘表的后妻是同胞姐妹。蔡氏是荆州势力最大的显赫家族,蔡氏家族的首领蔡瑁是诸葛亮妻子的亲舅父,为刘表所倚重。从这层亲戚关系来看,诸葛亮与刘表、蔡瑁、刘琮的关系是较为密切的。另外,不被刘表喜爱的长子刘琦"亦深器亮"。史载:

> 表受后妻之言,爱少子琮,不悦于琦。琦每欲与亮谋自安之术,亮辄拒塞,未与处画。琦乃将亮游观后园,共上高楼,饮宴之间,令人去梯。因谓亮曰:"今日上不至天,下不至地,言出子口,入于吾耳,可以言未?"亮答曰:"君不见申生在内而危,重耳在外而安乎?"琦意感悟,阴规出计。会黄祖死,得出,遂为江夏太守。③

---

① 《三国志》卷三十五《诸葛亮传》,第 911 页。
② 朱大渭、梁满仓:《诸葛亮大传》,中华书局,2007 年,第 21—22 页。
③ 《三国志》卷三十五《诸葛亮传》,第 914 页。

　　刘琦虽然遭蔡氏暗算和父亲冷落,但刘表长子的身份决定了他在荆州的地位是举足轻重的,他也是荆州集团中一个不容忽略的重要人物。诸葛亮不愿介入他们的家庭矛盾,所以"辄拒塞,未与处画"。后因刘琦面临危机而且态度诚恳,诸葛亮才对刘琦进行了点拨。诸葛亮虽未直接为刘琦出计,但这一点拨,不仅使刘琦悟出了避祸之计,而且也为后来刘备的败溃逃难预留了一个立足之地。透过这件事,可以看出诸葛亮与刘表一家的交往是比较多的。

　　因此可以说,诸葛亮在荆州集团的上层人物中是左右逢源的。刘备三顾茅庐请诸葛亮出山,除了看重诸葛亮的才能外,在很大程度上也是看中了诸葛亮在荆州政治集团中的特殊地位和他所能发挥的独特作用。

　　诸葛亮还通过庞氏家族和黄氏家族结识到了当地的名士。《襄阳记》载:

　　　　诸葛孔明为卧龙,庞士元为凤雏,司马德操为水镜,皆庞德公语也。德公,襄阳人。孔明每至其家,独拜床下,德公初不令止。①

　　可见,诸葛亮利用二姐嫁给庞德公的儿子庞山民的条件,经常接触庞德公。而庞德公称诸葛亮为"卧龙",对诸葛亮名声的传播起到了很大的作用。不仅如此,诸葛亮还通过庞德公结识了大学者司马徽以及流寓到襄阳的徐庶、崔州平、庞统、石广元、孟公威等,彼此交往甚密。

　　司马徽(？—208),东汉末年著名隐士,名士庞德公送号"水镜先生"。认为司马徽对人物的评价,如水之清,可以鉴影;如水之平,公正恰当。《三国志》载:"颍川司马徽清雅有知人鉴。"②他曾指点诸葛亮读书,对诸葛亮"观其大略"等学习方法的形成影响很大。他对诸葛亮十分器重,对诸葛亮说:"以君才,当访名师,益加学问。"③在这里,司马徽既有自谦的意思,认为自己不是名师,又有激励诸葛亮不断学习的深意。事实上,司马徽也确实

───────────────

① 《三国志》卷三十七《庞统传》,第953—954页。
② 《三国志》卷三十七《庞统传》,第953页。
③ (清)张澍:《诸葛亮集·故事》卷二引《仙鉴》,中华书局,1975年,第229页。

向诸葛亮推荐了他十分看重的汝南灵山隐士酆公玖，他建议诸葛亮师从酆公玖，并亲自为诸葛亮引见。史载：司马徽"引亮至山，拜玖为师，居期年，不教，奉事惟谨。玖知其虔，始出《三才秘箓》、《兵法阵图》、《孤虚相旺》诸书，令揣摩研究"①。司马徽还曾向刘备推荐诸葛亮。建安十二年（207），刘备在荆州求访名士，亲自拜见司马徽。司马徽郑重向刘备推荐了卧龙诸葛孔明。刘备十分信服，亲自前往隆中，请诸葛亮出山。因此才有了刘备与诸葛亮合作的君臣际遇佳话。

《三国志》裴松之注引《魏略》曰：

> 亮在荆州，以建安初与颍川石广元、徐元直、汝南孟公威等俱游学。三人务于精熟，而亮独观其大略。每晨夜从容，常抱膝长啸，而谓三人曰："卿三人仕进可至刺史郡守也。"三人问其所至，亮但笑而不言。后公威思乡里，欲北归，亮谓之曰："中国饶士大夫，遨游何必故乡邪！"②

从字里行间，不仅能看到诸葛亮与徐庶、石广元、孟公威的亲密关系，而且能看到他们相互激励和指点江山的气概与志向。这对诸葛亮走上仕途颇有助益。

徐庶，字元直，颍川阳翟（今河南禹州）人，出身寒门。③幼年行侠仗义，常以仁侠自居。中平末年（188），替人鸣不平，杀人遁迹他乡。从此弃刀剑，遍寻名师，经过刻苦学习，学业大进，终于成为一代名士。他与司马徽、诸葛亮等人为友。当诸葛亮隐居隆中时，徐庶与崔州平经常与诸葛亮畅谈天下形势。徐庶在司马徽的规劝下，投奔刘备，刘备以上宾礼待徐庶，并命为军师，共谋天下大业。后因曹操囚禁母亲，徐庶不得不离开刘备投奔曹操。临行前，徐庶向刘备推荐了诸葛亮。《三国志》载：

① （清）张澍：《诸葛亮集·故事》卷二引《仙鉴》，第229页。
② 《三国志》卷三十五《诸葛亮传》裴松之注引，第911—912页。
③ 《三国志》卷三十五《诸葛亮传》裴松之注引《魏略》有"庶先名福，本单家子"。（第914页）

　　时先主屯新野。徐庶见先主,先主器之。谓先主曰:"诸葛孔明者,卧龙也,将军岂愿见之乎?"①

　　此后徐庶仕魏,官至右中郎将、御史中丞。

　　石韬,字广元,颍川人。初平中,中州兵起,与徐庶南下客居襄阳。孟建,字公威,汝南(今河南平舆县北)人,193年前后避难来到襄阳。崔州平,博陵安平(今河北安平)人。"史失其名,仅以字见。"②其父崔烈,曾历位郡守、九卿。灵帝开鸿都门榜卖官爵时,"入钱五百万,得为司徒"。中平四年(187),任太尉。"及李傕入长安,为乱兵所杀"③。不久,崔州平南下襄阳避难。

　　当时,诸葛亮、徐庶、石韬、孟建、崔州平等风华正茂,意气勃发,经常相聚一起畅谈人生理想,纵论天下大事,相伴求师问教,相互切磋学问,情投意合,堪为知己。徐庶和崔州平特别相信诸葛亮的才能。史载:诸葛亮"每自比于管仲、乐毅,时人莫之许也。惟博陵崔州平、颍川徐庶元直与亮友善,谓为信然"④。

　　当然,徐庶、崔州平对诸葛亮也多有指点,以至多年后诸葛亮还说:"惟徐元直处兹不惑…… 苟能慕元直之十一…… 有忠于国,则亮可少过矣。"又曰:"昔初交州平,屡闻得失,后交元直,勤见启诲。"⑤

　　另外,因徐庶等人的辗转相引,诸葛亮结识的师友遂越来越多。如襄阳宜城人向朗,"少师事司马德操,与徐元直、韩德高、庞士元皆亲善"。《襄阳记》载:诸葛亮因徐庶的关系,得以与这些人结交。《三国志·向朗传》载:

　　　　向朗字巨达,襄阳宜城人也。荆州牧刘表以为临沮长。表卒,归

---

① 《三国志》卷三十五《诸葛亮传》,第912页。
② (晋)袁宏撰,周天游校注:《后汉纪校注》卷三十《后汉孝献皇帝纪》,天津古籍出版社,1987年,第832页。
③ 《后汉书》卷五十二《崔骃传》,第1731—1732页。
④ 《三国志》卷三十五《诸葛亮传》,第911页。
⑤ 《三国志》卷三十九《董和传》,第979—980页。

先主。先主定江南，使朗督秭归、夷道、巫山、夷陵四县军民事。蜀既平，以朗为巴西太守，顷之转任牂牁，又徙房陵。后主践阼，为步兵校尉，代王连领丞相长史。丞相亮南征，朗留统后事。五年，随亮汉中。朗素与马谡善，谡逃亡，朗知情不举，亮恨之，免官还成都。①

从上述记载看，向朗曾与诸葛亮共事，后因"素与马谡善，谡逃亡，朗知情不举，亮恨之，免官还成都"。但他被免官后，潜心研究学问、校勘古籍、积聚篇卷、诱纳后进，令人敬仰。

此外，诸葛亮还与襄阳大姓中的马氏、习氏、杨氏、向氏交谊深厚。襄阳大姓中的不少人还成为诸葛亮出山后辅佐刘备共图大业的得力助手。例如，襄阳宜城的马氏与诸葛亮的交往和情谊是很深的。刘备统领荆州后，即召马良为州府从事，后任左将军掾。刘备、诸葛亮先后相继入蜀，马良留在荆州。当他听到洛城攻克的消息，便写信给诸葛亮表示祝贺。《三国志·马良传》裴松之注引这封信后批注道："臣松之以为良盖与亮结为兄弟，或相与有亲；亮年长，良故呼亮为尊兄耳。"据此可知，诸葛亮在襄阳期间，就已与马良兄弟结下了深厚的友谊。诸葛亮对马良的弟弟马谡的才华尤为偏爱。《三国志》载：

> 良弟谡，字幼常，以荆州从事随先主入蜀。除绵竹、成都令，越嶲太守。才器过人，好论军计，丞相诸葛亮深加器异。先主临薨，谓亮曰："马谡言过其实，不可大用，君其察之！"亮犹谓不然，以谡为参军，每引见谈论，自昼达夜。②

诸葛亮南征时，马谡送诸葛亮几十里远。诸葛亮向他征求良策妙计，马谡便提出了被后世称赞的著名的"心战为上，兵战为下"的战略思想。建兴六年（228），蜀军进军祁山，诸葛亮"违众拔谡"，马谡在前线却"违亮节

---

① 《三国志》卷四十一《向朗传》，第 1010 页。
② 《三国志》卷三十九《马良传》，第 983 页。

度,举动失宜"①,一败涂地,诸葛亮不得不严肃军纪,挥泪斩马谡。马谡临终不仅毫无怨言,而且表达了与诸葛亮之间的深厚感情,感人至深。史载:

> 谡临终与亮书曰:"明公视谡犹子,谡视明公犹父,愿深惟殛鲧兴禹之义,使平生之交不亏于此,谡虽死无恨于黄壤也。"于时,十万之众为之垂涕。亮自临祭,待其遗孤若平生。②

诸葛亮十分重视交游,从关心他的儿子诸葛乔的交游也可以得到旁证。《三国志·蜀书·子弋传》记载:

> 子弋,字绍先,先主末年为太子舍人。后主践阼,除谒者。丞相诸葛亮北驻汉中,请为记室,使与子乔共周旋游处。③

即诸葛亮让子弋与儿子诸葛乔一起交游相处,实际上是让诸葛乔跟随子弋学习。

## 二、诸葛瑾、诸葛诞的交游

诸葛瑾是交游高手。《吴书》载:诸葛瑾"少游京师,治《毛诗》、《尚书》、《左氏春秋》"。他"汉末避乱江东"后,很快与江东权贵和名士结交,并形成了一损俱损、一荣俱荣的关系。《三国志·步骘传》裴松之注引《吴书》载:步骘"与琅邪诸葛瑾、彭城严畯俱游吴中,并著声名,为当时英俊"④。他们的结交,既有生活上的互相周济,学识上的相互启发,更有仕途上相互提携的目的。《三国志》载:

> 孙权姊婿曲阿弘咨见而异之,荐之于权,与鲁肃等并见宾待,后为

---

① 《三国志》卷三十九《马良传》,第984页;《三国志》卷三十五《诸葛亮传》,第922页。
② 《三国志》卷三十九《马良传》裴松之注引《襄阳记》,第984页。
③ 《三国志》卷四十一《子弋传》,第1007页。
④ 《三国志》卷五十二《步骘传》,第1237页。

权长史,转中司马。①

　　对于孙权时所形成的政治集团,傅玄云:"及权继其业,有张子布以为腹心,有陆议、诸葛瑾、步骘以为股肱,有吕范、朱然以为爪牙,分任授职。"②从这段材料中我们可以看出,在孙吴的统治集团中,诸葛瑾占有一席之地。此外,他把女儿嫁给比自己小4岁的好友张承,而诸葛瑾之女与张承生的女儿,长大后又入宫成为孙权之子孙和的妃子。这样,诸葛瑾不仅与重臣之家,而且与吴主孙权有了亲近关系,形成了强有力的人际关系网。需要说明的是,诸葛瑾在孙吴士大夫中具有较高的地位,陆机《辨亡论》将诸葛瑾归为"风雅"之列,说"风雅则诸葛瑾、张承、步骘以名声光国"。《三国志·步骘传》载周昭著书评论吴国士人,以为"论其绝异,未若顾豫章(邵)、诸葛使君(瑾)、步丞相(骘)、严卫尉(畯)、张奋威(承)之为美也",其中评论诸葛瑾的品行,以《论语》的话说:"'望之俨然,即之也温,听其言也厉',使君体之矣。"可见诸葛瑾之亦温亦厉的为人为政作风。他又说:"至于三君(指诸葛瑾、张承、步骘)分好,卒无亏损,岂非古人交哉!"

　　诸葛诞的交游活动很多,最重要是他积极参加了太和"浮华交会",与15位浮华人士交往甚密,成为玄风初起时期的精英人物。《三国志·诸葛诞传》载:

　　　　(诸葛诞)与夏侯玄、邓飏等相善,收名朝廷,京都翕然。③

裴松之注引《世语》曰:

　　　　是时,当世俊士散骑常侍夏侯玄、尚书诸葛诞、邓飏之徒,共相题表,以玄、畴四人为四聪,诞、备八人为八达,中书监刘放子熙、孙资子密、吏

①《三国志》卷五十二《诸葛瑾传》,第1231页。
②《三国志》卷四十七《吴主传》,第1149页。
③《三国志》卷二十八《诸葛诞传》,第769页。

部尚书卫臻子烈三人,咸不及比,以父居势位,容之为三豫,凡十五人。①

《资治通鉴》载:

> 尚书琅邪诸葛诞、中书郎南阳邓飏等相与结为党友,更相题表,以散骑常侍夏侯玄等四人为四聪,诞辈八人为八达。②

由此可见,在魏明帝太和年间(227—233)兴起了一股新士风,一些才俊之士"修浮华,合虚誉",造成了广泛的社会影响。诸葛诞是这些才俊之士的代表人物之一,列为"八达"。

浮华名士,皆为"当世俊士"。所谓"俊士",意在强调其"才"与"名",而与传统的儒士不同。他们年辈较晚,为了在政治上图谋发展,"共相题表","结为党友",其代表人物有"四聪"、"八达"等称誉,这是模仿汉末"党人"的清议品评的风尚,成为一个新的名士群体。其"题表"颇具影响力,以致"收名朝廷,京都翕然",连当时的权臣子弟如刘熙、孙密和卫烈等都想方设法参预其中,称为"三豫"。这一新锐政治群体,主要成员"凡十五人",除上述夏侯玄、诸葛诞、邓飏、刘熙、孙密、卫烈等,可考者还有何晏、李胜、丁谧、毕轨等。概而言之,这一士人群体主要由曹魏年轻一代政治人物组成,他们在思想文化上儒、道兼修,通脱任性,其代表人物后来成为正始玄学的奠基者,开创了魏晋玄风的先河。明帝虽迫于压力,打击浮华名士,但实际上并未真的将他们禁锢终身,一些人很快得到重用,明帝之后,他们便成为曹氏统治的柱石。

史载:"(诸葛)诞既与玄、飏等至亲。"③夏侯玄(209—254),字太初,沛国谯(今安徽亳州)人,曹魏大臣、玄学家夏侯尚之子,夏侯霸之侄,曹爽姑姑之子。夏侯玄少时博学,才华出众,尤其精通玄学,被誉为"四聪"之一,他和何晏等人开创魏晋玄学的先河,是早期的玄学领袖。在政治上,他提

---

① 《三国志》卷二十八《诸葛诞传》裴松之注引《世语》,第769页。
② 《资治通鉴》卷七十一,第2259页。
③ 《三国志》卷二十八《诸葛诞传》,第770页。

出"审官择人"、"除重官"、"改服制"等制度,司马懿认为"皆大善"。《魏略》载:

> 邓飏字玄茂,邓禹后也。少得士名于京师。明帝时为尚书郎,除洛阳令,坐事免,拜中郎,又入兼中书郎。初,飏与李胜等为浮华友,及在中书,浮华事发,被斥出,遂不复用。正始初,乃出为颍川太守,转大将军长史,迁侍中尚书。①

从夏侯玄、邓飏的经历看,夏侯玄、邓飏皆非等闲之辈,其他浮华名士,也皆为"当世俊士"。诸葛诞与他们交往甚密,相互影响,对彼此地位的提高大有裨益。

## 第三节　诸葛氏"一门三方为冠盖"

在三国的历史舞台上,诸葛氏家族曾发挥过重要的作用,孙吴的诸葛瑾、诸葛恪父子,蜀汉的诸葛亮、诸葛瞻父子,曹魏的诸葛诞等,在各国都处于显赫的地位。《三国志·吴书·诸葛瑾传》裴松之注引《吴书》云:

> 初,瑾为大将军,而弟亮为蜀丞相,二子恪、融皆典戎马,督领将帅,族弟诞又显名于魏,一门三方为冠盖,天下荣之。②

《太平御览》卷四百七十引《晋中兴书》曰:

> 诸葛氏……三国之兴,蜀有丞相亮,吴有大将军瑾,魏有司空诞,名并盖海内,为天下盛族。

---

① 《三国志》卷九《曹爽传》裴松之注引,第288页。
② 《三国志》卷五十二《诸葛瑾传》,第1235页。

　　即言,在三国的大动荡、英雄群起的历史时期,诸葛氏子弟分布三国,皆为俊杰,地位重要,声名显赫,不可或缺,甚至影响到了历史的进程。诸葛氏家族"一门三方为冠盖",成为被"天下荣之"的"天下盛族"。

## 一、诸葛瑾、诸葛恪仕吴

### (一)诸葛瑾仕吴

　　诸葛瑾"汉末避乱江东"后,凭借自己的才华和姻亲关系等因素,很快与江东权贵和名士结交,并形成了在生活上互相周济,在仕途上相互提携的局面。建安五年(200),孙策被刺后,孙权继承兄业,广招人才。孙权的姐夫弘咨深知诸葛瑾的为人和才华,就把他推荐给孙权。孙权很器重诸葛瑾,将其与鲁肃等并见宾待。稍后,诸葛瑾被孙权任命为长史,专门负责处理孙权官署的日常事务。诸葛瑾因处理繁冗琐事圆满干练,深得孙权喜爱,又委以中司马之职。从此开始,诸葛瑾虽然不单独统率军队,但已转为以军事工作为主了。建安二十年(215),孙权派遣诸葛瑾为特使到蜀国与刘备通好,求还荆州。虽然诸葛瑾和诸葛亮流寓两国,难得一见,但兄弟俩只是在商议国事时才相会,私下从不交往。史载:

　　　　建安二十年,权遣瑾使蜀通好刘备,与其弟亮俱公会相见,退无私面。①

　　因此,孙权更加器重诸葛瑾。建安二十四年(219),诸葛瑾以中司马的身份随吴军征讨关羽,以军功被封为宣城侯。大将吕蒙死后,诸葛瑾以绥南将军的身份接替吕蒙的南郡太守。蜀章武元年(221),刘备以替关羽报仇为名举兵伐吴。诸葛瑾从吴蜀联盟共同抗曹的利益出发,写信给刘备,劝两家不积私仇,进行和解。当时有人向孙权进谗告密,说诸葛瑾私通刘备。孙权不以为然,十分信任地说:

---

① 《三国志》卷五十二《诸葛瑾传》,第 1231—1232 页。

孤与子瑜有死生不易之誓，子瑜之不负孤，犹孤之不负子瑜也。①

是役，诸葛瑾以绥南将军领南郡太守的身份，领军配合大都督陆逊，惨败刘备于夷陵。吴黄武元年（222），诸葛瑾以军功升为左将军，督公安，假节，封宛陵侯。此后，诸葛瑾便开始独立领军，频繁与魏军作战。黄武八年（229），孙权称帝，改元黄龙，诸葛瑾被任命为大将军、左都护，领豫州牧。至此，诸葛瑾已成为吴国屈指可数的重要将领了。吴赤乌十二年（241），诸葛瑾病逝，享年 68 岁。

诸葛瑾除军事才能外，在政治和外交方面也颇有建树。他的为人甚为时人和后世所称道。韦曜在《吴书》中评价他："才略虽不及弟，而德行尤纯。"陈寿在《三国志》中也称赞"诸葛瑾、步骘并以德度规检见器当世"。

另外值得一提的，是诸葛瑾的谦虚谨慎与坚持原则。由于受琅邪文化和诸葛氏家学家风的影响，诸葛瑾为人处事在十分谦谨的同时，还具有很强的原则性。《三国志·诸葛瑾传》载：

> 与权谈说谏喻，未尝切愕，微见风彩，粗陈指归。如有未合，则舍而及他，徐复托事造端，以物类相求，于是权意往往而释。吴郡太守朱治，权举将也，权曾有以望之，而素加敬，难自诘让，忿忿不解。瑾揣知其故，而不敢显陈，乃乞以意私自问，遂于权前为书，泛论物理，因以己心遥往忖度之。毕，以呈权，权喜，笑曰："孤意解矣。颜氏之德，使人加亲，岂谓此邪？"②

诸葛瑾善于"谈说谏喻"，不张扬，谨慎行事，但在不经意之间使孙权接受建议。诸葛瑾的谨言慎行还表现在对待蜀汉关系的问题上。孙吴与蜀汉之间既是联盟，也存在竞争，特别是赤壁之战后，孙、刘之间为争夺荆州明争暗斗，剑拔弩张。建安末，孙权接受吕蒙、陆逊等人的建议，偷袭关羽，

---

① 《三国志》卷五十二《诸葛瑾传》，第 1233 页。
② 《三国志》卷五十二《诸葛瑾传》，第 1232 页。

全据荆州。在这一过程中,诸葛瑾处在比较复杂的境地。由于其弟诸葛亮为蜀汉丞相,兄弟异国,各为其主,而且诸葛亮早在《隆中对》中已提出"跨有荆、益"的战略构想。因此,战前,"建安二十年,权遣瑾使蜀通好刘备,与其弟亮俱公相见,退无私面"①。另外,《吴书·诸葛瑾传》裴松之注引《吴书》载:"妻死不改娶,有所爱妾,生子不举,其笃慎皆如此。"②诸葛瑾的谨慎,由此可见。

　　但是,应该说明的是,诸葛瑾的谨慎是在有主见、坚持原则的前提下表现出来的,他的谨慎绝不是趋炎附势,明哲保身。例如,在荆州问题上,他无条件地支持孙权的战略规划,征讨关羽,在刘备东下欲争夺荆州时,他写信劝刘备退师。但当孙权做事不当时,他则抵制。如孙权采用"校事"制度专事打击士大夫,特别在黄龙、嘉禾年间,校事吕壹等"用法深刻",穷凶极恶。孙权无奈诛吕壹,并派中书侍郎袁礼"告谢诸大将,因问时事所当损益",但诸葛瑾、步骘等"并以时事当有所先后,各自以不掌民事,不肯便有所陈,悉推之伯言(陆逊)、承明(潘濬)"③。从吕壹被诛后,诸葛瑾等不积极与孙权合作的态度看,他们在校事问题上与孙权是有抵触的。不仅如此,诸葛瑾还敢于直接向孙权进言,特别是在救助处于危难之中的士人的时候。最典型的事例是诸葛瑾替虞翻说情。虞翻是会稽儒学名士,汉末江南清议派的代表,性格狷厉,喜笑怒骂,颇使孙权头疼。结果虞翻被孙权以"狂直流徙"。对此,朝臣中很少有人为他开脱,只有诸葛瑾"屡为之说"。虞翻很感动,与亲友书曰:"诸葛敦仁,则天活物,比蒙清论,有以保分。"④诸葛瑾这样做是需要一点勇气的,体现了他做人的原则性。所以,陈寿在《三国志》中称赞诸葛瑾"以德度规检见器当世"。

　　(二)诸葛恪仕吴

　　诸葛瑾之子诸葛恪(203—253),字元逊,是徙居孙吴的大家族二代的代表人物,深受孙权赏识,弱冠即拜骑都尉,孙登为太子时,诸葛恪为左辅

① 《三国志》卷五十二《诸葛瑾传》,第1231—1232页。
② 《三国志》卷五十二《诸葛瑾传》,第1235页。
③ 《三国志》卷四十七《吴主传》,第1142页。
④ 《三国志》卷五十二《诸葛瑾传》,第1234页。

都尉,是东宫幕僚领袖,曾任丹杨太守,平定山越。陆逊病故,诸葛恪领其兵,为大将军,主管上游军事。孙权临终前为托孤首席辅政大臣。孙亮继位后,诸葛恪掌握吴国军政大权,初期革新政治,并率军抗魏取得大捷,颇孚众望。此后诸葛恪开始轻敌,大举兴兵伐魏,惨遭新城之败。回军后为掩饰过错,更加独断专权。后被孙峻联合孙亮设计杀害,被夷灭三族。

诸葛恪从小就反应快,善言辞,以才显名。《三国志》等史籍上记载了许多类似的故事。

故事一:诸葛瑾脸长像驴,孙权喜欢和他开玩笑。一次,大宴群臣,孙权命人牵来一头驴,在驴脸上挂一标签,上写"诸葛子瑜"。诸葛恪跪着请求给他一支笔,添两个字,征得同意之后,他在"子瑜"之下加了"之驴"两个字,便成了"诸葛子瑜之驴"。引得众人大笑。孙权高兴地把驴赐给了诸葛恪。又有一次,孙权问诸葛恪:"卿父与叔父孰贤?"这一问题表面上是让诸葛恪评价其父诸葛瑾和其叔父诸葛亮谁贤良,实有考问诸葛恪立场的深意。诸葛恪应声回答:"臣父为优。"孙权问其故,诸葛恪说:"臣父知所事,叔父不知,以是为优。"孙权非常高兴。《三国志·诸葛恪传》载:

> 恪父瑾面长似驴,孙权大会群臣,使人牵一驴入,长检其面,题曰"诸葛子瑜"。恪跪曰:"乞请笔益两字。"因听与笔。恪续其下曰"之驴"。举座欢笑,乃以驴赐恪。他日复见,权问恪曰:"卿父与叔父孰贤?"对曰:"臣父为优。"权问其故,对曰:"臣父知所事,叔父不知,以是为优。"权又大噱。[1]

故事二:孙权见诸葛恪善于辩论,想让张昭诘难诸葛恪,于是命令诸葛恪向张昭劝酒。张昭已经有了几分酒意,不肯再喝,诸葛恪执意相劝。张昭便对诸葛恪说:"此非养老之礼也。"孙权说:"卿其能令张公辞屈,乃当饮之耳。"于是诸葛恪反驳张昭说:"昔师尚父九十,秉旄仗钺,犹未告老也。今军旅之事,将军在后,酒食之事,将军在先,何谓不养老也?"张昭无以对,

---

① 《三国志》卷六十四《诸葛恪传》,第 1429 页。

只好饮酒。

　　张昭是孙吴时期最重要的儒学士大夫,对孙吴早期立国和发展有重大影响,为人严正,不苟言笑,是一位典型的礼法之士,他常对孙权的轻脱之举,如酗酒、射猎等提出尖锐的批评,于是孙权、诸葛恪捉弄他。《三国志·诸葛恪传》载:

　　　　(孙权)命恪行酒,至张昭前,昭先有酒色,不肯饮,曰:"此非养老之礼也。"权曰:"卿其能令张公辞屈,乃当饮之耳。"恪难昭曰:"昔师尚父九十,秉旄仗钺,犹未告老也。今军旅之事,将军在后,酒食之事,将军在先,何谓不养老也?"昭卒无辞,遂为尽爵。①

　　故事三:吴、蜀联盟,不断有使节往来。在接待蜀使的过程中,诸葛恪在孙权的支持下,经常嘲难对方。一次,蜀国使者费祎到吴,孙权设宴招待,预先告诉群臣,"蜀使到来,低头饮食,不要起来"。费祎见状,嘲弄他们说:"天上凤凰来翔,麒麟为之吐哺,一群驴骡无知,低头饮食如故。"诸葛恪回敬他:"栽植梧桐,等待凤凰。何来燕雀,也称'来翔'?何不用弹射之,让他返回故乡。"费祎停止吃饼,要笔作《麦赋》,诸葛恪也要笔写了《磨赋》,众人称赞不已。《三国志·诸葛恪传》裴松之注引《恪别传》载:

　　　　权尝飨蜀使费祎,先逆敕群臣:"使至,伏食勿起。"祎至,权为辍食,而群下不起,祎啁之曰:"凤皇来翔,骐𬴊吐哺,驴骡无知,伏食如故。"恪答曰:"爰植梧桐,以待凤皇,有何燕雀,自称来翔?何不弹射,使还故乡!"祎停食饼,索笔作麦赋,恪亦请笔作磨赋,咸称善焉。②

　　故事四:费祎在吴访问时,孙权召见,公卿侍臣都在坐。酒喝到很痛快的时候,费祎和诸葛恪相互嘲弄、刁难。谈到"吴"字和"蜀"字时,费祎问:

①《三国志》卷六十四《诸葛恪传》,第1429—1430页。
②《三国志》卷六十四《诸葛恪传》裴松之注引《恪别传》,第1430页。

"蜀字云何?"诸葛恪回答:"有水者浊,无水者蜀,横目苟身,虫入其腹。"费祎又问:"吴字云何?"诸葛恪说:"无口者天,有口者吴,下临沧海,天子帝都。"诸葛恪代表吴国占了上风。《三国志·吴书·薛综传》裴松之注引《江表传》载:

> 费祎聘于吴,陛见,公卿侍臣皆在坐。酒酣,祎与诸葛恪相对嘲难,言及吴、蜀。祎问曰:"蜀字云何?"恪曰:"有水者浊,无水者蜀,横目苟身,虫入其腹。"祎复问:"吴字云何?"恪曰"无口者天,有口者吴,下临沧海,天子帝都。"①

故事五:诸葛恪曾经献马给孙权,先美化了马的耳朵。范慎当时在座,嘲弄诸葛恪说:"马虽大畜,禀气于天,今残其耳,岂不伤仁?"诸葛恪答曰:"母之于女,恩爱至矣,穿耳附珠,何伤于仁?"太子嘲弄诸葛恪说:"诸葛恪吃马屎。"诸葛恪回答说:"太子吃鸡蛋。"孙权不解,问诸葛恪:"别人让你吃马粪,你却让他吃鸡蛋,这是为什么?"诸葛恪答道:"反正这两样东西都是从一个地方出来的!"孙权大笑。《三国志》诸葛恪本传裴松之注引《恪别传》载:

> 恪尝献权马,先镂其耳。范慎时在座,嘲恪曰:"马虽大畜,禀气于天,今残其耳,岂不伤仁?"恪答曰:"母之于女,恩爱至矣,穿耳附珠,何伤于仁?"太子尝嘲恪:"诸葛元逊可食马矢。"恪曰:"愿太子食鸡卵。"权曰:"人令卿食马矢,卿使人食鸡卵,何也?"恪曰:"所出同耳。"权大笑。②

故事六:蜀国使臣到了,群臣并会,孙权对使臣说:"此诸葛恪雅好骑乘,还告丞相,为致好马。"诸葛恪因下谢,孙权说:"马未至而谢何也?"诸葛

---

① 《三国志》卷五十三《薛综传》裴松之注引《江表传》,第1251页。
② 《三国志》卷六十四《诸葛恪传》裴松之注引《恪别传》,第1430页。

恪回答:"夫蜀者陛下之外厩,今有恩诏,马必至也,安敢不谢?"《三国志》诸葛恪本传载:

> 后蜀使至,群臣并会,权谓使曰:"此诸葛恪雅好骑乘,还告丞相,为致好马。"恪因下谢,权曰:"马未至而谢何也?"恪对曰:"夫蜀者陛下之外厩,今有恩诏,马必至也,安敢不谢?"恪之才捷,皆此类也。①

以上故事,的确显示了诸葛恪的聪明与善辩。但也有讨好孙权家族,开释孙权对诸葛氏家族疑虑的意思,透着伴君之臣的几份辛酸。但无论如何,诸葛恪的聪明、善辩确实赢得了孙权以及东吴群臣的赞扬与器重。如《三国志》载:诸葛恪"名盛当世,权深器异之"②。《三国志·吴书·诸葛恪传》裴松之注引《江表传》:

> 恪少有才名,发藻岐嶷,辩论应机,莫与为对。权见而奇之,谓瑾曰:"蓝田生玉,真不虚也。"③

对诸葛恪的才能,孙权"见而奇之","深器异之",而诸葛瑾却甚为担忧。孙权的器重、欣赏与诸葛瑾的担忧形成了鲜明的对比。究其原因,有文化背景的差异,也有看人的角度不同。孙权受儒家思想影响小,受儒家礼法的约束较小,主要从能力方面欣赏诸葛恪;诸葛瑾则认为诸葛恪的才学、作风与之大异其趣,他从"保家"的角度看待诸葛恪,担忧家族的命运。

孙权赞赏诸葛恪,将诸葛恪作为孙吴侨寓人士新生代的代表加以重点培养,从而使诸葛恪在黄武年后逐步成为孙吴政坛的一个重要人物。首先,孙权将诸葛恪培养成为太子孙登东宫辅政集团中后进之士的领袖人物。黄武元年(222),孙权称吴王,以长子孙登为王太子,黄龙元年(229),孙权称帝,又以孙登为皇太子。孙权对太子的教育及其政治力量的扶持和

---

① 《三国志》卷六十四《诸葛恪传》,第 1430 页。
② 《三国志》卷五十二《诸葛瑾传》,第 1235 页。
③ 《三国志》卷六十四《诸葛恪传》,第 1429 页。

培育是非常重视的,除了精心挑选太师、太傅外,重点选择东宫属吏。《三国志》载:

> 立登为太子。选置师傅,铨简秀士,以为宾友。于是诸葛恪、张休、顾谭、陈表等以选入,侍讲诗书,出从骑射。……登待接察属,略用布衣之礼,与恪、休、谭等或同舆而载,或共帐而寐。……黄龙元年,权称尊号,立为皇太子,以恪为左辅,休右弼,谭为辅正,表为翼正都尉,是为四友。①

> (诸葛恪)弱冠拜骑都尉,与顾谭、张休等侍太子登讲论道艺,并为宾友。从中庶子转为左辅都尉。②

可见,诸葛恪备受重用且与太子的关系极为亲密。由于孙权的安排,诸葛恪不仅成为太子的核心宾客,即所谓"四友"之一,而且深得孙登的依重,孙登视诸葛恪为太子集团中的领袖。孙登曾命侍中胡综作《宾友目》,认为诸葛恪"英才卓越,超逾伦匹"③。孙登病重,去世前力荐东宫人士,以为诸葛恪"才略博达,器任佐时"④。

其次,孙权命诸葛恪负责具体军政事务,意在考察和锻炼诸葛恪的实际才干。《三国志》载:孙权欣赏诸葛恪,"欲试以事,令守节度。节度掌军粮谷,文书繁猥,非其好也"⑤。所谓"欲试以事",既是考验,也是培养,孙权的目的是建立以诸葛恪为核心的辅政集团。对此,诸葛恪的叔父诸葛亮也曾担心过。《三国志》诸葛恪传注引《江表传》载:

> 权为吴王,初置节度官,使典掌军粮,非汉制也。初用侍中偏将军

---

① 《三国志》卷五十九《吴主五子传》,第1363页。
② 《三国志》卷六十四《诸葛恪传》,第1429页。
③ 《三国志》卷五十九《吴主五子传》裴松之注引《江表传》,第1364页。
④ 《三国志》卷五十九《吴主五子传》,第1365页。
⑤ 《三国志》卷六十四《诸葛恪传》,第1430页。

徐详。详死,将用恪。诸葛亮闻恪代详,书与陆逊曰:"家兄年老,而恪性疏,今使典主粮谷,粮谷军之要最,仆虽在远,窃用不安。足下特为启至尊转之。"逊以白权,即转恪领兵。①

孙权对诸葛恪的这一安排,其本意是为了锻炼他处理实际事务的能力。但是,诸葛亮知道后,在百忙中写信表达担忧之心。

再次,孙权支持诸葛恪领兵平定丹杨郡等地的"山越"。孙权有心培养诸葛恪,希望他能够建功立业,树立威望。当时江南丘陵山区生活着数量众多的越人后裔和汉族逃亡人口,时统称之为"山越"。特别是丹杨郡,为孙吴京师所在,又与江淮地区的曹魏统治区毗邻,相互交通,是孙吴严重的潜在威胁,是吴国的大患之一。孙吴立国后,一直致力于剿除山越,几乎所有的将领都参加过对山越的战争,但没有从根本上解决问题。嘉禾三年(234),孙权任命诸葛恪为丹杨太守、抚越将军,"拜毕,命恪备威仪,作鼓吹,导引归家,时年三十二"。孙权以如此特殊的形式对待出征山越的诸葛恪,这是其他将领从未得到过的。诸葛恪主持剿除山越的任务,很有办法。他汲取过去对付山越的成功经验,明令各地军政官员"各保其疆界,明立部伍",把守险要;自己的军队则控制关口要塞,"但缮藩篱,不与交锋",等待粮食作物成熟,抢先收割,"于是山民饥穷,渐出降首",对出降者,"皆当抚慰,徙出外县"②。这不仅从根本上清除了山区的隐患,而且为孙吴增加了大量的军队和劳力。嘉禾六年(237),诸葛恪征讨丹杨山越之事基本结束,"权嘉其功,遣尚书仆射薛综劳军",拜诸葛恪为威北将军,封都乡侯。以讨伐山越受封,事例不少,但享此殊荣,实则少见。此后,诸葛恪便成为孙吴主要的军事将领之一。他先后出镇皖口、柴桑等地。赤乌八年(245),陆逊死,"恪迁大将军,假节,驻武昌,代逊领荆州事"③,成为孙吴主持长江上流军政的主要人物。这也为他后来入京辅政奠定了基础。

由上述可知,自黄武初年以来,诸葛恪进入太子东宫宾友集团,并成为

① 《三国志》卷六十四《诸葛恪传》,第1430—1431页。
② 《三国志》卷六十四《诸葛恪传》,第1431页。
③ 《三国志》卷六十四《诸葛恪传》,第1433页。

其中的领袖人物,至赤乌年间就位列大将军。其地位上升之快、之顺利,权位之重,令人惊讶。

太元元年(251),孙权病重,开始物色孙亮的辅政人员,诸葛恪等人被选。《三国志·吴书·孙亮传》:太元元年冬,"权寝疾,征大将军诸葛恪为太子太傅"。《三国志·诸葛恪传》载:

> 权不豫,而太子少,乃征恪以大将军领太子太傅,中书令孙弘领少傅。权疾困,召恪、弘及太常滕胤、将军吕据、侍中孙峻,属以后事。①

裴松之注引《吴书》载之更详:

> 权寝疾,议所付托。时朝臣咸皆注意于恪,而孙峻表恪器任辅政,可付大事。权嫌恪刚很自用,峻以当今朝臣皆莫及,遂固保之,乃征恪。后引恪等见卧内,受诏床下,权诏曰:"吾疾困矣,恐不复相见,诸事一以相委。"恪歔欷流涕曰:"臣等皆受厚恩,当以死奉诏,愿陛下安精神,损思虑,无以外事为念。"权诏有司诸事一统于恪,惟生杀大事然后以闻。②

当时,"朝臣咸皆注意于恪",说明诸葛恪有一定的政治基础,于是,孙权诏命"诸事一统于恪"。

孙权生前,为提高诸葛恪的声望做了许多工作。但是,诸葛恪主持军国大事,并不顺利。如侍中孙弘便利用孙权之死,图谋秘不发丧,想矫诏诛杀诸葛恪。诸葛恪得到孙峻的帮助才保住权位。诸葛恪在给驻守公安的弟弟诸葛融的信中也表达了他的忧虑和为官的艰难。他说:

> 吾身受顾命,辅相幼主,窃自揆度,才非博陆而受姬公负图之托,

---

① 《三国志》卷六十四《诸葛恪传》,第 1433 页。
② 《三国志》卷六十四《诸葛恪传》裴松之注引,第 1433—1434 页。

惧忝丞相辅汉之效,恐损先帝委付之明,是以忧惧惶惶,所虑万端。且民恶其上,动见瞻观,何时易哉? 今以顽钝之姿,处保傅之位,艰多智寡,任重谋浅,谁为唇齿?①

但是,诸葛恪绝非等闲之辈,他一主政,就为巩固自己的执政地位,在政治、军事等方面采取了一系列措施。

在政治上,诸葛恪主政伊始,便进行了一些改革。首先,在孙权死后,诸葛恪"罢视听,息校官,原逋责,除关税,事崇恩泽,众莫不悦。恪每出入,百姓延颈,思见其状"②。所谓"罢视听,息校官",就是废除为士大夫社会所痛恨的"校事"制度;而"原逋责,除关税",则主要是缓和对人民的剥削,顺应了社会的要求,符合自黄武以来陆逊、顾雍、张昭等人减缓刑罚的主张,有改革弊政之深意。因而深得士民的拥护,"众莫不悦"。

其次,诸葛恪调整统治集团内部的权责分工,特别想把东吴诸王调离政治军事重地。例如孙权第五子齐王孙奋居武昌,"权薨,太傅诸葛恪不欲诸王处江滨兵马之地,徙奋于豫章。奋怒,不从命,又数越法度"。诸葛恪写信重申儒家尊卑之意和法令条禁,批评孙奋"多违诏敕,不拘制度"的恶行,责其迁出军事重镇武昌。③ 诸葛恪这一举动十分坚决,目的是巩固自己的地位。

再次,诸葛恪打算迁都。《吴书·孙亮传》裴松之注引《吴录》载:"诸葛恪有迁都意,更起武昌宫。"④《孙和传》也载:"恪有徙都意,使治武昌宫。"⑤《孙亮传》则载建兴元年(252)冬十二月,诸葛恪新作武昌端门和内殿受灾的情况。东吴国都建业是孙吴皇族及其他既得利益集团的大本营,诸葛恪欲迁都武昌,显然是为了摆脱旧势力的束缚,改善自己的处境。迁都是国家大事,诸葛恪的打算最终没有实施。没有迁都的结果又说明,诸

---

① 《三国志》卷六十四《诸葛恪传》,第 1434 页。
② 《三国志》卷六十四《诸葛恪传》,第 1434 页。
③ 参见《三国志》卷五十九《吴主五子传》,第 1373、1374 页。
④ 《三国志》卷四十八《嗣主传》裴松之注引,第 1152 页。
⑤ 《三国志》卷五十九《吴主五子传》,第 1370 页。

葛恪虽然是孙亮的首辅,但处境和实施改革都是比较困难的。

在军事上,诸葛恪发动了针对曹魏的北伐,想通过建立军事功绩来提高声望,进而巩固和加强权位。建兴元年(252)十月,诸葛恪领兵 4 万,会众于东兴(今安徽巢湖东南),因山势筑坞,巩固城防,并乘魏军不备,乘天寒大雪之机,突袭魏军得胜,魏军死亡数万人,并缴获大量的器械物资。诸葛恪返师,进位阳都侯,加荆、扬二州牧,督中外诸军事。这样,诸葛恪就集孙吴军政大权于一身了。这是他的第一次北伐。第二年春,诸葛恪"复欲出军",派人与蜀汉大将军姜维联系,意欲联合蜀汉攻魏。诸葛恪的这一军事行动,引起了孙吴上下的强烈反对。《三国志》诸葛恪本传称,"诸大臣以为数出罢劳,同辞谏恪,恪不听"。为说服大臣,诸葛恪特地专门说明北伐曹魏的必要性和可行性,并表示一定要效仿其叔父诸葛亮北伐。这样,"众皆以恪此论欲必为之辞,然莫敢复难"。

> 丹杨太守聂友素与恪善,书谏恪曰:"大行皇帝本有过东关之计,计未施行。今公辅赞大业,成先帝之志,寇远自送,将士凭赖威德,出身用命,一旦有非常之功,岂非宗庙神灵社稷之福邪!宜且案兵养锐,观衅而动。今乘此势,欲复大出,天时未可。而苟任盛意,私心以为不安。"恪题论后,为书答友曰:"足下虽有自然之理,然未见大数。熟省此论,可以开悟矣。"于是违众出军,大发州郡二十万众,百姓骚动,始失人心。[1]

第二次北伐后,在前线,诸将领也不支持战争,连吃败仗。但诸葛恪并未认真反省,他"晏然自若",想在浔阳屯守,再兴北伐之举。因诏令接二连三,诸葛恪不得已才班师。建兴二年(253)八月,诸葛恪回到建业,"由此众庶失望,而怨黩兴矣"。即便如此,诸葛恪仍一意孤行,他"改易宿卫,用其亲近,复敕兵严,欲向青、徐"[2]。这样,诸葛恪的官宦生涯实际上也走到了

---

[1] 《三国志》卷六十四《诸葛恪传》,第 1437 页。
[2] 《三国志》卷六十四《诸葛恪传》,第 1438 页。

尽头。孙氏宗室代表人物、曾经极力推荐保举诸葛恪的孙峻，经过精心策划，利用诸葛恪进见孙亮的机会，将其刺杀。诸葛恪的儿子诸葛竦、诸葛建及外甥张震、常侍朱恩等同时收杀，皆被灭三族。

诸葛恪的弟弟诸葛融驻兵在外，孙峻也派人前往拘捕。诸葛融知道后饮药而死，他的三个儿子也都被诛杀。这样，琅邪诸葛氏江东一系遭到覆灭性的打击。

永安元年(258)，孙休(孙权第六子)即位并清除了孙峻等人的势力，才宣布为诸葛恪平反昭雪。孙休的诏书说："诸葛恪、滕胤、吕据盖以无罪为峻、綝兄弟所见残害，可为痛心，促皆改葬，各为祭奠。其罹恪等事见远徙者，一切召还。"①

诸葛融(? —253)，字叔长，诸葛瑾的第三子。性宽容，多技艺，善书法，学为章句，博而不精，善交游、娱乐。拜骑都尉，后为公安督，徙奋威将军。《三国志·吴书·诸葛瑾传》载：

> 摄兵业驻公安，部曲吏士亲附之。疆外无事，秋冬则射猎讲武，春夏则延宾高会，休吏假卒，或不远千里而造焉。每会辄历问宾客，各言其能，乃合榻促席，量敌选对，或有博弈，或有摴蒱，投壶弓弹，部别类分，于是甘果继进，清酒徐行，融周流观览，终日不倦。融父兄质素，虽在军旅，身无采饰；而融锦罽文绣，独为奢绮。孙权薨，徙奋威将军。后恪征淮南，假融节，令引军入沔，以击西兵。恪既诛，遣无难督施宽就将军施绩、孙壹、全熙等取融。融卒闻兵士至，惶惧犹豫，不能决计，兵到围城，饮药而死，三子皆伏诛。②

幸好诸葛瑾的第二个儿子诸葛乔曾过继给诸葛亮为子，才为琅邪诸葛氏江东诸葛瑾一支留下了血脉。诸葛乔到蜀国后，改字伯松，拜为驸马都尉。诸葛乔虽系嗣子，但诸葛亮对他要求非常严格，曾作《诫子书》进行教

---

① 《三国志》卷六十四《孙綝传》，第1451页。
② 《三国志》卷五十二《诸葛瑾传》，第1235页。

育。为了锻炼他的能力,诸葛亮北伐时,将诸葛乔带到前线,安排他担任山区押解军粮的工作。建兴六年(228)街亭战役时,诸葛乔为保护粮草安全,在撤兵过程中,与敌人力战而死,年仅25岁。诸葛乔生子诸葛攀。在诸葛恪被昭雪后,诸葛攀还嗣诸葛瑾,回东吴续宗。史载:

> 乔字伯松,亮兄瑾之第二子也,本字仲慎。与兄元逊俱有名于时,论者以为乔才不及兄,而性业过之。初,亮未有子,求乔为嗣,瑾启孙权遣乔来西,亮以乔为己适子,故易其字焉。拜为驸马都尉,随亮至汉中。年二十五,建兴六年卒。子攀,官至行护军翊武将军,亦早卒。诸葛恪见诛于吴,子孙皆尽,而亮自有胄裔,故攀还复为瑾后。①

诸葛攀回东吴不久就病死了,但是他生子诸葛显,为诸葛瑾支延续了血脉。

## 二、诸葛亮、诸葛瞻仕蜀

建安十二年(207),刘备三顾茅庐,诸葛亮献《隆中对》,结束耕读生活,与刘备共谋大业。

诸葛亮出山后,很快促成了刘备与东吴孙权的联盟,在赤壁大败曹军,刘备趁机夺占了荆州。建安十六年(211),刘备率众入川。建安十九年(214),取成都。继又击败曹军,夺得汉中。刘备称帝后,诸葛亮为丞相录尚书事,假节,主持朝政。接着诸葛亮"南抚夷越",形成了"纲纪粗定,夷、汉粗安"②的政治局面,促进了蜀汉社会经济的发展。刘禅继位后,改元"建兴",封诸葛亮为武乡侯,领益州牧,"政事无巨细,咸决于亮"③。

为了巩固新生的蜀汉政权,诸葛亮审时度势,开始实施"内修政理"的既定方针。通过选贤任能、制定法规、屯田垦荒、重视蜀锦、盐铁官营等措施,发展经济,增加税收,加强蜀汉政权的自身建设,取得了良好的效果。

---

① 《三国志》卷三十五《诸葛亮传》,第931—932页。
② 《三国志》卷三十五《诸葛亮传》裴松之注引《汉晋春秋》,第921页。
③ 《三国志》卷三十五《诸葛亮传》,第918页。

同时,诸葛亮开展积极的外交活动,成功地弥补了因刘备执意伐吴而形成的蜀吴联盟的裂痕,恢复了与东吴的友好往来。从此,蜀吴盟好,两国始终维持友好关系。

在内政外交方面安排就绪之后,诸葛亮便于建兴五年(227)率军北驻汉中,着手实施他既定的北伐曹魏、“兴复汉室,还于旧都”的战略规划。自建兴六年(228)春初次北伐,到建兴十二年(234)秋,诸葛亮共率军进行了五次大规模的北伐行动。建兴十二年(234)八月,诸葛亮终因积劳成疾,病死在五丈原军中,终年54岁。

诸葛亮的长子诸葛瞻(227—263),字思远,从小聪明颖慧,是一个早熟的人才。建兴十二年(234),诸葛亮在军旅中写信给他的哥哥诸葛瑾说:“瞻今已八岁,聪慧可爱,嫌其早成,恐不为重器耳。”①表现出对儿子成长的期望和“恐不为重器”的担心。诸葛亮去世后,诸葛瞻袭爵武乡侯。17岁时,被后主刘禅招为驸马,拜骑都尉。后历任羽林中郎将、射声校尉、侍中、尚书仆射,加军师将军等职。景耀四年(261),为行都护卫将军,与辅国大将军董厥共同执掌尚书事。史传,他记忆力很好,并工于书画,亦有政声。景耀六年(263),魏国三路大军伐蜀。诸葛瞻督军到涪城,恰遇前锋军被邓艾军打败,诸葛瞻收拢残部率领后撤,驻兵绵竹。史载:

> 艾遣书诱瞻曰:“若降者必表为琅邪王。”瞻怒,斩艾使。遂战,大败,临陈死。时年三十七。众皆离散,艾长驱至成都。瞻长子尚,与瞻俱没。②

邓艾派使者以表诸葛瞻为“琅邪王”相诱,劝他投降。诸葛瞻怒斩来使,率军与魏军决战于绵竹,寡不敌众,壮烈战死。享年37岁。诸葛瞻的长子诸葛尚(247—263),与魏军邓艾作战时见父战死,便悲愤地单骑冲入敌阵,英勇战死。年仅17岁。

---

① 《三国志》卷三十五《诸葛亮传》,第932页。
② 《三国志》卷三十五《诸葛亮传》,第932页。

### 三、诸葛诞仕曹魏

汉末,诸葛诞因"避乱"从琅邪阳都进入中原,在魏文帝黄初年间
(220—226)入仕。初以尚书郎为荥阳令,继为吏部郎。魏黄初六年(225),
曹丕训练水师准备伐吴,仆射杜畿受诏制作御楼船,诸葛诞随杜畿在陶河
上试船,突然遭遇风浪,二人都落入水中。卫士游来相救时,诸葛诞大呼
"先救杜侯",自己则被水卷走,后漂流到岸边,绝而复苏。诸葛诞生死关头
显现的人格,深为时人赞誉。诸葛诞既有时誉,又有办事能力,所以逐步升
任御史中丞、尚书。其时,京都时尚"收名之风",即朋友之间相互题表,互
相推举,以求名播于野,引起世人关注。诸葛诞素与散骑常侍夏侯玄、尚书
郎邓飏等人相友善,也尚时风,互相标榜,以夏侯渊等人为"四聪",诸葛诞
等人为"八达"。因影响太大,引起了言官的注意,告于明帝,明帝认为"修
浮华,合虚誉,渐不可长"[1],于是皆以此被免官。明帝去世,齐王曹芳即位
后,在魏正始(240—249)年初,恢复了诸葛诞的御史中丞之职,不久又委任
为扬州刺史,加昭武将军。魏嘉平三年(251),太尉王凌阴谋废曹芳而立楚
王曹彪。太傅司马懿率军前往淮南讨伐王凌,以诸葛诞为镇东将军,假节,
都督扬州诸军事,封山阳亭侯。嘉平四年(252),东吴大将军诸葛恪于东兴
加固大堤,筑东、西二城,以此作为伐魏的前沿基地。魏国遣诸葛诞督军征
伐吴军,于是叔侄大战于东兴,结果诸葛诞失利。还师后,诸葛诞调为镇南
将军,督豫州。

这时,魏国大权已落在司马懿的儿子司马师和司马昭兄弟两人手中。
司马昭、司马师专权,篡位之心,路人皆知。魏少帝曹芳恨透了司马师,想
除掉他。但没等曹芳动手,司马师已经逼着皇太后废了曹芳,另立曹髦为
帝。公元255年,扬州刺史文钦和镇东将军毌丘俭,假冒太后诏书,列举司
马师罪状,起兵声讨司马师,并派使者游说诸葛诞,劝诸葛诞一同举事。诸
葛诞出于对曹魏的忠诚,当即斩了来使,并昭布天下,以明心迹。司马师征
讨毌丘俭,遣诸葛诞督豫州诸军,随讨叛军。是役,诸葛诞首先攻下寿春,

---

[1]《三国志》卷二十八《诸葛诞传》,第769页。

因战功卓著,进封高平侯,食邑 3500 户,转为征东大将军。这时,诸葛诞的女儿早已嫁给了司马懿的庶出之子司马伷,诸葛、司马两家有了联姻关系,司马氏要取代曹魏,便不可忽视诸葛诞。于是,司马昭派人探试诸葛诞,而诸葛诞表示"若洛中有难,吾当死之"①,直率地表示了对曹魏的忠贞。诸葛诞察觉到司马昭准备篡位,便暗中防范。《三国志·诸葛诞传》载:"诞既与(夏侯)玄、(邓)飏等至亲,又王凌、毌丘俭累见夷灭,惧不自安,倾帑藏振施以结众心,厚养亲附及扬州轻侠者数千人为死士"②,并以 10 多万人据守寿春,拥兵淮南。这使司马氏感到威胁很大。甘露二年(257)五月,司马昭采纳谋士贾充的建议,晋升诸葛诞为司空,召其进京,兵权交给扬州刺史乐綝。诸葛诞深知,司空虽然位列"三公",但无实际权力。司马昭升他为司空,实际是明升暗降。这清楚地说明司马昭已对他采取行动了。为了自保,他一方面攻杀扬州刺史乐綝,尽收扬州甲兵及军粮,集于寿春,闭门自守;另一方面以儿子诸葛靓为人质,派长史吴纲到吴求救。东吴闻讯,派魏降将文钦及将军全怿、全端、唐咨、王祚等率兵 3 万驰援,并另行发兵后援。六月,司马昭挟魏帝东征,统率 26 万大军征讨诸葛诞,并遣镇南将军王基及安东将军陈骞围寿春。寿春城破,诸葛诞奋力突围,终被追杀,并被夷灭三族。后人评论,诸葛诞既是威镇一方的帅才,又是曹魏精忠不贰之臣,也是深得民心的官僚。但终其一生,又有"心大志迂,不虑祸难"的功利主义之嫌,以至于"变如发机,宗族涂地"③。但他的一生对提高诸葛氏家族的地位作出了巨大的贡献。

## 四、诸葛氏"龙、虎、狗"释义

《世说新语·品藻》载:

> 诸葛瑾、弟亮及从弟诞,并有盛名,各在一国。于时以为蜀得其龙,吴得其虎,魏得其狗。诞在魏与夏侯玄齐名;瑾在吴,吴朝服其弘量。

---

① 《三国志》卷二十八《诸葛诞传》裴松之注引《魏末传》,第 771 页。
② 《三国志》卷二十八《诸葛诞传》,第 770 页。
③ 《三国志》卷二十八《诸葛诞传》,第 796 页。

即魏晋人曾比喻诸葛亮、诸葛瑾、诸葛诞兄弟为龙、虎、狗。

汉末魏晋之际，琅邪诸葛氏家族人才辈出，特别在三国鼎立时期，诸葛亮为蜀汉之丞相，实为蜀汉最高执政者；诸葛瑾、诸葛恪父子辅助孙权父子，亦为柱石之臣；诸葛诞则出仕曹魏，对魏末军政局势也有一定的影响。对诸葛亮、诸葛瑾、诸葛诞兄弟的评价，魏晋之间人们已形成了比较一致的看法，以"龙"、"虎"分别比喻诸葛亮、诸葛瑾兄弟，自然是一种褒扬和赞誉，而以"狗"比喻诸葛诞，人们则多以为是一种贬斥。余嘉锡先生《世说新语笺疏》于此条下引述明人胡应麟，清人全祖望、李慈铭的观点。如李慈铭说：

> 诞名德既重，身为魏死，忠烈凛然，安得致此鄙薄之称？盖缘公休败后，司马之党，造此秽言，诬蔑不经，深堪发指。承祚之志，世期之注，削而不登，当矣。临川取之，抑何无识！

全祖望也以为"为斯言者，必贾充之徒"。毫无疑问，他们都认为以"狗"喻诸葛诞是一种诋毁和诽谤，并非公允之论。

显然，这一看法是不准确的。对此，余嘉锡先生在《世说新语笺疏·品藻》"诸葛瑾、弟亮及从弟诞，并有盛名"条下有按语云：

> 司马之党必不以孔明为龙。此所谓狗，乃功狗之狗，谓如韩卢、宋鹊之类。虽非龙虎之比，亦甚有功于人。故曰"并有盛名"，非鄙薄之称也。观《世说》下文云"诞在魏与夏侯玄齐名"，则无诋毁公休之意亦明矣。太公《六韬》以文、武、龙、虎、豹、犬为次，知古人之视犬，仅下龙虎一等。凡读古书，须明古人词例，不可以后世文义求之也。①

余氏认为以"狗"喻诸葛诞非但无鄙薄之意，而且是一种表彰："此所谓狗，乃功狗之狗。"其地位仅次于龙、虎。因此，所谓"蜀得其龙，吴得其虎，

① 余嘉锡笺疏：《世说新语笺疏》，中华书局，2007年，第598页。

魏得其狗"云云,是比较诸葛氏兄弟三人对时局影响及其事功的大小。从这个意义上说,以"狗"喻诸葛诞,则是一个褒奖。

实际上,中国人评价杰出人物,常以动物来比拟。其中最著名的是以龙、虎、狗作为人才品第来排座次。龙、虎、狗只是相对比较的结果,喻为"狗"并非是骂人的话。在明朝开国时,也有"龙虎狗"之说,龙为徐达,虎为常遇春,狗为胡大海。在近代,"北洋三杰"也被称为"龙虎狗":王士珍为龙,段祺瑞为虎,冯国璋为狗。近世较著名的是清华"龙虎狗"三杰:龙为钱钟书、虎为曹禺、狗为颜毓蘅。曹禺早著才名,钱钟书晚孚盛望。而颜毓蘅则英年早逝,担任南开大学外文系教授时已才华卓著,当时人言:"狗尚如此,何况龙虎!"因此,以"狗"喻诸葛诞,实际上有夸奖的意思。的确,诸葛诞之声名虽比诸葛亮、诸葛瑾略逊一筹,但他参与"浮华交会",成为早期玄学名士,初以尚书郎为荥阳令,累迁御史中丞尚书,后任扬州刺史,加昭武将军,封山阳亭侯,进封高平侯,转征东大将军,也绝非等闲之辈。

三国时期,除有"龙虎狗"三杰之誉的诸葛瑾、诸葛亮、诸葛诞三门外,见诸史籍的在魏国和吴国任职的诸葛氏族人还有:诸葛璋、诸葛虔、诸葛原、诸葛直、诸葛壹等。

诸葛璋,曾为曹魏谒者仆射。《三国志·诸葛亮传》裴松之注引《诸葛亮集》载:

> 是岁(建兴元年),魏司徒华歆、司空王朗、尚书令陈群、太史令许芝、谒者仆射诸葛璋各有书与亮,陈天命人事,欲使举国称藩。亮遂不报书,作正议曰……①

作为曹魏官吏,诸葛璋曾与曹魏司徒华歆、司空王朗、尚书令陈群、太史令许芝等各自写信给诸葛亮,陈说天命,劝诸葛亮举国向曹魏称臣。但是,诸葛亮没有回信。显然,诸葛亮认为他们的建议不值得一提。

诸葛虔,曹魏将领。《三国志·朱桓传》载:

---

① 《三国志》卷三十五《诸葛亮传》裴松之注引《诸葛亮集》,第918页。

黄武元年,魏使大司马曹仁步骑数万向濡须……仁果遣其子泰攻濡须城,分遣将军常雕督诸葛虔、王双等,乘油船别袭中洲。……①

诸葛原,字景春,三国时期的学士和曹魏官吏,好卜筮,与大术士管辂相善。曾任馆陶县令,官至新兴太守。《三国志·管辂传》载:

馆陶令诸葛原迁新兴太守,辂往祖饯之,宾客并会。②

《三国志·管辂传》裴注引《辂别传》曰:

诸葛原字景春,亦学士。好卜筮,数与辂共射覆,不能穷之。景春与辂有荣辱之分,因辂饯之,大有高谭之客。诸人多闻其善卜、仰观,不知其有大异之才,于是先与辂共论圣人著作之原,又叙五帝、三王受命之符。辂解景春微旨,遂开张战地,示以不固,藏匿孤虚,以待来攻。景春奔北,军师摧衄,自言吾睹卿旌旗,城池已坏也。其欲战之士,于此鸣鼓角,举云梯,弓弩大起,牙旗雨集。然后登城曜威,开门受敌,上论五帝,如江如汉,下论三王,如翩如翰;其英者若春华之俱发,其攻者若秋风之落叶。听者眩惑,不达其义,言者收声,莫不心服,虽白起之坑赵卒,项羽之塞濉水,无以尚之。于时客皆欲面缚衔璧,求束手于军鼓之下。辂犹总干山立,未便许之。至明日离别之际,然后有腹心始终,一时海内俊士八九人矣。蔡元才在朋友中最有清才,在众人中言:“本闻卿作狗,何意为龙?”辂言:“潜阳未变,非卿所知,焉有狗耳得闻龙声乎!”景春言:“今当远别,后会何期? 且复共一射覆。”辂占既皆中。景春大笑,“卿为我论此卦意,纾我心怀”。辂为开爻散理,分赋形象,言征辞合,妙不可述。景春及众客莫不言听后论之美,胜于射覆之乐。景春与辂别,戒以二事,言:“卿性乐酒,量虽温克,然不可保,宁当

① 《三国志》卷五十六《朱桓传》,第1312—1313页。
② 《三国志》卷二十九《方技·管辂传》,第817页。

节之。卿有水镜之才，所见者妙，仰观虽神，祸如膏火，不可不慎。持卿睿才，游于云汉之间，不忧不富贵也。"辂言："酒不可极，才不可尽，吾欲持酒以礼，持才以愚，何患之有也？"①

诸葛直（？—231），三国时吴国人。230年，诸葛直和卫温一起登上今台湾岛。因为没有找到亶洲，回国后和卫温一同以"违诏无功"入狱被处死。《三国志·吴主传》载：

> （黄龙）二年春正月……遣将军卫温、诸葛直将甲士万人浮海求夷洲及亶洲。亶洲在海中，长老传言秦始皇帝遣方士徐福将童男童女数千人入海，求蓬莱神山及仙药，止此洲不还。世相承有数万家，其上人民，时有至会稽货布，会稽东县人海行，亦有遭风流移至亶洲者。所在绝远，卒不可得至，但得夷洲数千人还。
>
> 三年春二月，遣太常潘濬率众五万讨武陵蛮夷。卫温、诸葛直皆以违诏无功，下狱诛。②

诸葛壹，吴国将领，诸葛瑾后代。《三国志·吴主传》裴松之注引《江表传》曰：

> 是岁（赤乌十年）权遣诸葛壹伪叛以诱诸葛诞，诞以步骑一万迎壹于高山。权出涂中，遂至高山，潜军以待之。诞觉而退。③

在赤乌十年（247），孙权派诸葛壹假装叛逃来引诱诸葛诞，诸葛诞率步骑一万在高山迎接诸葛壹。孙权从涂中出军，到了高山，埋伏军队来等待诸葛诞。诸葛诞发觉而退军。诸葛氏各为其主，由此可见一斑。

---

① 《三国志》卷二十九《方技·管辂传》裴松之注引《辂别传》，第817—818页。
② 《三国志》卷四十七《吴主传》，第1136页。
③ 《三国志》卷四十七《吴主传》，第1147页。

# 第四节　并列高门
## ——两晋时期的诸葛氏

### 一、诸葛诞与家族地位的提升

在两汉时期,诸葛氏是琅邪望族,但就全国来讲,诸葛氏家族的地位不是很高。根据琅邪诸葛氏的谱系,自西汉诸葛丰之后,直到诸葛亮、诸葛瑾兄弟,其间已经过两百余年,世系难明,汉末诸葛氏族人的职位不高,最高的仅为二千石。据此推测,琅邪诸葛氏不是世代高官的"世族"、"大族"。一般情况下,依据汉代正常的社会标准和社会发展规律,像诸葛氏这样的家族要出现一流的名士,提升其家族门第,需要经历较长的一段时间。但是,汉末三国社会急剧变化,把才能杰出的诸葛氏后裔推上了历史舞台,给诸葛氏家族带来了快速发展的机会。结果,在三国的历史舞台上,诸葛氏家族发挥了重要的作用,孙吴的诸葛瑾、诸葛恪父子,蜀汉的诸葛亮、诸葛瞻父子,曹魏的诸葛诞等,分布三国,皆为俊杰,地位重要,声名显赫,在孙吴、蜀汉和曹魏分别建立了非凡的功业,史载诸葛氏"一门三方为冠盖",成为"天下荣之"的"天下盛族"。诸葛氏家族的地位达到了前所未有的高度。但是,风云变幻,世事难料,随着诸葛亮的去世和蜀汉的灭亡,诸葛氏家族在蜀汉的影响便明显下降了。至于诸葛瑾一支,在诸葛瑾去世,特别是诸葛恪卷入孙吴内部权力斗争被族诛后,若不是诸葛乔曾过继给诸葛亮,这一支便断绝了,家族地位可想而知。

诸葛诞的声名虽比诸葛亮、诸葛瑾略逊一筹,对家族声望的贡献也比诸葛亮、诸葛瑾稍差一点,最后也兵败被杀。但他的所作所为在魏晋间却对诸葛氏家族的发展至为重要,成为继诸葛亮、诸葛瑾之后支撑诸葛氏家族的重要支柱,为诸葛氏家族在曹魏后期,特别是两晋时期的发展奠定了坚实的基础。

（一）诸葛诞参与"浮华交会"，广结才俊，提升了诸葛氏家族的文化地位

诸葛诞在魏明帝太和年间（227—233）参与"浮华交会"，成为早期玄学名士，并借此结交了大批才俊之士，提升了诸葛氏家族的文化地位。

魏明帝曹叡太和年间，一些刚刚步入仕途的贵族子弟云集于京师洛阳，聚众交游、品评人物、清谈名理，风靡于上流社会的青年士人中，被称作"浮华交会"。

早在魏明帝刚刚登上帝位的太和初年（227），青年士人互相交游清谈的风气就已见端倪。《三国志·荀彧传》注载：

> （荀粲）太和初，到京邑与傅嘏谈。嘏善名理而粲尚玄远，宗致虽同，仓卒时或有格而不相得意。裴徽通彼我之怀，为二家骑驿，顷之，粲与嘏善。夏侯玄亦亲。①

后来荀粲和裴徽都成了著名的玄学人物，但在太和时期，这种交游清谈中最著名的领袖人物还不是他们，而是何晏、夏侯玄、邓飏。

《三国志·傅嘏传》裴松之注引《傅子》曰：

> 是时何晏以材辩显于贵戚之间，邓飏好变通，合徒党，鬻声名于间阎，而夏侯玄以贵臣子少有重名，为之宗主。②

从《傅子》以上评述看，何晏、邓飏和夏侯玄三位活跃人物的特点和作用各不相同。何晏似乎以思想家形象出现，以其突出的"材辩"而驰名于思想界。邓飏善于联系交际，打通各种人事关系，"好交通，合徒党"。夏侯玄则以其人格的内在力量居于"宗主"地位。但是，何晏、夏侯玄、邓飏也非守株待兔，而是四处伸出触角，十分积极地与一切有才能的青年名士交朋友，

---

① 《三国志》卷十《荀彧传》裴松之注引《晋阳秋》，第 320 页。
② 《三国志》卷二十一《傅嘏传》裴松之注引《傅子》，第 623—624 页。

所以,很少有人愿意游离于这个团体之外,当时绝大多数青年士人十分愿意与何晏、夏侯玄交往。出身琅邪望族、才能突出、又是大名鼎鼎的诸葛瑾和诸葛亮族弟的诸葛诞当然也不例外,而且诸葛诞很快成为"浮华"派的重要代表人物。参加"浮华"派的多为才俊之士,他们年轻,一般在 20—30 岁之间,聚集在洛阳,且多数在中央机构任职。他们有的出身于东汉以来的名门,有的属父辈在汉末动乱中随曹操征战而白手起家的暴发户,都是曹魏帝国的新贵。但他们的人格独立性较强,在他们中萌生的新的政治哲学思想又使他们看不起父辈们以名法治国的政绩,于是在京师洛阳的上层青年知识分子中萌发了一种新风气。他们联合起来,互相交游,建立政治关系网络;品评人物,形成自己的人才舆论;探讨社会政治和宇宙人生哲理,以宣泄过盛的思想能量。这种活动对青年士人的巨大吸引力,一方面来自新思想的感召,但更重要的却是其人物品评内容。作为荐举制选官制度的人才依据,汉魏之际人物品评活动十分活跃,来自"民间"的人才清议舆论所形成的声价,直接影响着士人未来的仕途通塞。而引起清议注意的最佳方法,就是加入人物品评中心,结交人才鉴识权威。如果在人物品评活动中获得"知人"美名,意义更为重大,因为有了"知人"能力,才具备参与高层政治活动的资格。从史书记载看,汉魏之际的重要政治家大都被认为有这种政治资本。比如曹操、荀彧、荀攸、诸葛亮等人都以"知人"闻名。所以一旦被舆论界定为"知人",则声价倍增,而参与人物品评活动则是获得此项殊荣的唯一途径。何晏、夏侯玄等人的交游清谈,直接影响了政府的选官活动。史载:

> 是时,当世俊士散骑常侍夏侯玄、尚书诸葛诞、邓飏之徒,共相题表。①

"题表"活动以及新的人才品评标准的出现,是太和时期正在萌动的玄学新思潮的一个组成部分。这种融合儒、道,调和名教与自然,注重形而上

---

① 《三国志》卷二十八《诸葛诞传》裴松之注引《世语》,第 769 页。

哲理探索的新思潮,此时正以人物品评为中心,以清谈论辩为学术交流形式,向政治、哲学等各个学术领域拓展。同时,"浮华"派的出现并盛行与九品中正制的实行又是分不开的。

在九品中正制下,士人们:

> 其有言行修著,则升进之,或以五升四,以六升五;傥或道义亏阙,则降下之,或自五退六,自六退七矣。是以吏部不能审定核天下人才士庶,故委中正铨第等级,凭之授受,谓免乖失及法弊也。①

按照九品中正制的选官路径规定,乡举里选是基础,是各级中正评定品状的依据。士人们欲显达于世,首先必须立足乡里,得到乡里舆论称赞,才会得到各级中正官的承认。这样的选官路径在一个没有战争和考试的环境里,没有办法给士人们提供能够自我表现和显示才德的机会。同时,主持乡里考察士人才德者只能是当地的世家大族和名流,因此,士人们为了自己能够被名流大族认识并给予相当的评价,只好采取四处交游、攀援权贵的方式。浮华交会、相互吹捧也就成为士人们能够选择的唯一出头之路。不管当朝权贵们如何抨击浮华交会,如何整肃九品中正制,但归根到底还是以认定"乡间"、"乡党"、"九族"对人物的评论为划分士人的基础和九品中正制实施的基础。由此可以说,浮华交会是九品中正制发现士人、鉴别士人和品评士人的一种方式。士人们为了让各级中正官认识自己,发现自己与别人的不同并对自己有特别的评价和授以高品,往往就参加浮华交会。这也是曹魏政权在实施九品中正制之初所始料不及的。

自曹魏初制定并实施九品中正制以来,出现了制度带来的矛盾冲突。一方面,曹魏依靠该制度选择、发现和任用统治人才,是统治集团巩固和壮大的保证,满足了垄断统治政权的世家大族的政治需要;另一方面,士人们浮华交会,相互吹捧,攀援权贵,又直接对社会伦理道德、政治权威、纲常秩序产生强烈冲击。因此,制度带来的矛盾冲突迫使曹魏最高统治者作出两

---

① （唐）杜佑:《通典》卷十四《选举二》,中华书局,1988 年,第 328 页。

难选择：要么废除九品中正制，从而根除乡选里举中的浮华交会之风；要么听之任之。但是，在开科考试选拔统治人才的制度建立以前，还没有一种官吏选拔制度能够取代九品中正制。因此，曹魏统治者在选择继续实行九品中正制的前提下，消除浮华交会人士的交游、相互吹捧、抨击时事政治的行为。太和四年(230)，魏明帝下诏：

> 世之质文，随教而变。兵乱以来，经学废绝，后生进趣，不由典谟。岂训导未洽，将进用者不以德显乎？其郎吏学通一经，才任牧民，博士课试，擢其高第者，亟用；其浮华不务道本者，皆罢退之。①

从内容上看，魏明帝想以"学通一经"、"博士课试"来引导士人放弃浮华交会的行为方式。当年十二月魏明帝又下诏"诏公卿举贤良"②。还是针对浮华派。魏明帝的目的是要求知识分子以儒学为本，加强对六经的学习，以崇尚儒术来遏制"浮华"风潮，实际上是对浮华现象的警告；同时，想通过"公卿举贤良"等方式来消弱浮华人士相互"题表"和吹捧的影响。魏明帝没能制定出一套全面系统并且行之有效的方案来代替多年来已经固定化、格式化的选拔、考察、任用士人的九品中正制，因此，"浮华"派不仅没有收敛，反而影响越来越大。魏明帝试图通过诏书清除浮华交会的尝试宣告失败。于是对汉末党锢之祸还记忆犹新的曹魏当权派本能地作出了反应，建安老臣董昭首先出场，上书魏明帝，要求予以严厉制裁：

> 凡有天下者，莫不贵尚敦朴忠信之士，深疾虚伪不真之人者，以其毁教乱治，败俗伤化也。近魏讽则伏诛建安之末，曹伟则斩戮黄初之始。伏惟前后圣诏，深疾浮伪，欲以破散邪党，常用切齿；而执法之吏皆畏其权势，莫能纠擿，毁坏风俗，侵欲滋甚。窃见当今年少，不复以学问为本，专更以交游为业；国士不以孝悌清修为首，乃以趋势游利为

---

① 《三国志》卷三《明帝纪》，第97页。
② 《三国志》卷三《明帝纪》，第97页。

先。合党连群,互相褒叹,以毁訾为罚戮,用党誉为爵赏,附己者则叹之盈言,不附者则为作瑕衅。至乃相谓"今世何忧不度邪,但求人道不勤,罗之不博耳;又何患其不知己矣,但当吞之以药而柔调耳"。又闻或有使奴客名作在职家人,冒之出入,往来禁奥,交通书疏,有所探问。凡此诸事,皆法之所不取,刑之所不赦,虽讽、伟之罪,无以加也。①

魏明帝对董昭的建议迅速地作出了反应。太和六年(232),他下诏严办"浮华"案,对"浮华"派采取了逮捕、禁锢、降职、撤职等严厉制裁措施。结果,诸葛诞首当其冲,被免职。史载:

> 帝于是发切诏,斥免诸葛诞、邓飏等。②

> 当世俊士散骑常侍夏侯玄、尚书诸葛诞、邓飏之徒……凡十五人。帝以构长浮华,皆免官废锢。③

> (诸葛诞)累迁御史中丞尚书,与夏侯玄、邓飏等相善,收名朝廷,京都翕然。言事者以诞、飏等修浮华,合虚誉,渐不可长。明帝恶之,免诞官④。

由此可见,魏明帝想严办"浮华"派。但是,由于该案涉及人数太多,而且这些人的亲友在朝中多为举足轻重的人物,所以,魏明帝感到很棘手,只好陆续释放相关人员。

在浮华案结束后的明帝青龙(233—237)、景初(237—239)时期,"浮华"派的影响仍未消除。青龙四年(236),卢毓出任吏部尚书时,曹叡仍下

① 《三国志》卷十四《董昭传》,第442页。
② 《三国志》卷十四《董昭传》,第442页。
③ 《三国志》卷二十八《诸葛诞传》裴松之注引《世语》,第769页。
④ 《三国志》卷二十八《诸葛诞传》,第769页。

诏提醒要抵制"浮华"分子：

> 前此诸葛诞、邓飏等驰名誉,有四聪八达之诮,帝疾之。时举中书
> 郎,诏曰："得其人与否,在卢生耳。选举莫取其名,名如画地作饼,不可
> 啖也。"①

卢毓对曰：

> 名不足以致异人,而可以得常士。常士畏教慕善,然后有名,非所
> 当疾也。②

卢毓向曹叡建议,应建立考试制度来检验人才,这是用来对付浮华舆
论的最好办法。曹叡接受了卢毓的建议,下令刘邵起草《官吏考课法》以遏
制"浮华交会"的威胁。但是,《考课法》于一年后出台不久,就随魏明帝的
个人生命的结束而一同夭折了。在魏明帝死后不久的正始年间(240—
249),当年的浮华分子卷土重来并控制了政府,著名的正始名士活跃于历
史舞台。

太和浮华之风实质上是魏晋玄学思潮的萌动,尽管这时它还很不成
熟,但是那些士族社会的思想先驱们已经通过他们的活动向社会昭示了新
思潮的即将到来。他们的人格行为、清谈名理和文章诗赋无一不闪烁着玄
理的光耀③。

关于太和"浮华案"的性质问题,贺昌群从汉晋之际思想变迁角度立
论,认为当时所谓"浮华",实指清谈而言：

> 此种风气之日渐兴起,当时认为"合党连群,互相褒叹",或"败坏
> 风俗,侵欲滋甚",而不知有解放之思想,然后有解放之行为,一般社会

---

① 《三国志》卷二十二《卢毓传》,第651页。
② 《三国志》卷二十二《卢毓传》,第651—652页。
③ 参见王晓毅：《论曹魏太和"浮华案"》,《史学月刊》1996年第2期。

即认此解放行为为"浮华",此浮华之新思潮,其来也如万马奔腾,不可遏抑,传统礼法之士,虽欲防微杜渐,其可得乎。①

周一良在《魏晋南北朝史札记》"曹氏司马氏之斗争"条中指出:

所谓浮华,非指生活上之浮华奢靡,而是从政治着眼,以才能互相标榜,结为朋党,标举名号如"四聪"、"八达"之类以自夸。②

王晓毅也指出:

显而易见,这个组织在太和时期就已经形成,它构成了后来正始名士的政治核心。③

陈寅恪在《陶渊明之思想与清谈之关系》和《书世说新语文学类钟会撰四本论始毕条后》等文中虽未专论太和"浮华案",但明确指出早期清谈总是关乎"当日政治上之实际问题,与其时士大夫之出处进退至有关系,盖藉此以表示本人态度及辩护自身立场者"④,而非如后来玄谈纯粹口辩游戏之事,其中才性"四本论"便是如此。

魏明帝时期,政治力量正处于新旧交替的转折关头,统治思想与文化风貌也面临着变革。反映在政治上,一方面汉末以来一度受到冲击的世家大族势力渐趋复兴,另一方面亲附曹氏的新生代政治人物通过"浮华交会"发展自身的势力。作为专制君主,魏明帝对这两支力量采取了控制其间平衡与保持均势的驾驭之道。明帝虽迫于压力,打击浮华名士,但实际上并未真的禁锢其终身,一些人很快得到重用,明帝之后,他们便成为曹氏统治

---

① 贺昌群:《魏晋清谈思想初论》,商务印书馆,1999年,第36页。
② 周一良:《周一良集》第2卷《魏晋南北朝史札记》,辽宁教育出版社,1998年,第52页。
③ 王晓毅:《论曹魏太和"浮华案"》,《史学月刊》1996年第2期。
④ 陈寅恪:《陶渊明之思想与清谈之关系》,《陈寅恪集·金明馆丛稿初编》,生活·读书·新知三联书店,2001年,第201页。

的柱石。

处于这一历史关头的诸葛诞,离开家乡来到中原,想要得到儒学世族社会的重视是很难的,他转而与浮华才俊之士交往,相互品题,以收名誉。正始时期,随着何晏、夏侯玄等人得势,玄风大盛,诸葛诞也得到重用,这有助于其家族门望的上升。此后,尽管司马氏在政治上取得胜利,消灭了曹爽诸人,但玄学风尚已广泛流行。在这一过程中,魏晋时期新的士族门户形成也进入了关键阶段。魏晋之际的士族,依其门望之形成,有所谓"旧族门户"与"新出门户"之别,除了少数汉代以来的高门显族之外,魏晋士族绝大部分是乘时而起的"新出门户",其先辈并非世家大族。诸葛诞积极参与太和"浮华交会",成为玄风初起时期的精英人物。正始年间,他为曹爽所用,尽管受命外任,但他属于玄学名士中的一员则是没有疑问的。诸葛诞的这一思想倾向与政治经历,提升了诸葛氏家族的文化地位,对其家族门第的形成具有奠基的作用。

(二) 诸葛诞仕曹魏,才能超群,精忠不贰,提升了诸葛氏家族的政声

诸葛诞任吏部郎时,在陶河上试船遭遇风浪落水,大呼"先救杜侯"而自己被水卷走,后漂流到岸边复苏,显现出了舍己救人的品格,深为时人赞誉。当曹魏大权落到司马懿的儿子司马师和司马昭兄弟两人手里时,扬州刺史文钦和镇东将军毌丘俭,假冒太后诏书,列举司马师罪状,起兵声讨司马师,并派使者游说诸葛诞一同举事。诸葛诞出于对曹魏的忠诚,当即斩了来使,并督豫州诸军,征讨叛军。司马昭便派人探试诸葛诞,而诸葛诞表示"若洛中有难,吾当死之"①,直率地表示了对曹魏的忠贞。诸葛诞察觉到司马昭准备篡位,便暗中防范。《三国志·诸葛诞传》载:"诞既与(夏侯)玄、(邓)飏等至亲,又王凌、毌丘俭累见夷灭,惧不自安,倾帑藏振施以结众心,厚养亲附及扬州轻侠者数千人为死士。"②并据守寿春,拥兵淮南。这使司马氏感到威胁很大。甘露二年(257)五月,司马昭采纳谋士贾充的建议,

① 《三国志》卷二十八《诸葛诞传》裴松之注引《魏末传》,第771页。
② 《三国志》卷二十八《诸葛诞传》,第770页。

晋升诸葛诞为司空,召其进京,但将兵权交给扬州刺史乐綝。诸葛诞感到司马昭已对他采取行动。于是,他一方面攻杀扬州刺史乐綝,尽收扬州甲兵及军粮,集于寿春,闭门自守;另一方面以儿子诸葛靓为人质,派长史吴纲到吴求救。东吴闻讯,派魏降将文钦及将军全怿、全端、唐咨、王祚等率兵3万驰援。六月,司马昭挟魏帝东征,统率26万大军征讨诸葛诞,并遣镇南将军王基及安东将军陈骞围寿春。寿春城破,诸葛诞奋力突围,终被追杀。

应该指出的是,诸葛诞是亲曹集团中最后一位有实力的人物,在司马氏代魏已成定局的情况下,他举兵抗拒司马氏集团,不是无奈,而是出于对曹魏集团的忠诚,这与诸葛氏家族主流文化是一致的。在遇险时首先想到的是别人,在大势已去时仍忠于政权,显示了诸葛诞的操行,深得民心和后誉。这在无形中进一步提升了诸葛氏家族的政声。

(三)诸葛诞与司马氏联姻,提升了诸葛氏家族的门望

诸葛诞的女儿嫁给司马懿的儿子司马伷,诸葛、司马两家有了联姻关系,这势必影响到政治。事实上,司马氏要取代曹魏,也不可能忽视诸葛诞的势力,诸葛、司马两家联姻也是相互利用的结果。

曹魏后期,在曹魏与司马氏长期的明争暗斗中,诸葛诞在政治上一直是亲曹氏的。在曹爽执政的过程中,诸葛诞受命为扬州刺史,加昭武将军,是曹爽培植的重要军事将领。当时,淮河南北的军政长期由司马懿父子的势力所控制,曹爽如此安排诸葛诞,显然是希望诸葛诞争夺这一地区的军政大权。这与曹爽任命夏侯玄为征西将军掌控关陇军政大权一样。但是,在正始时期,诸葛诞与何晏、夏侯玄等人相比,与司马懿父子的对抗也较缓和。因此,高平陵政变后,诸葛诞没有立即受到迫害。不仅如此,司马懿父子掌权后,还一度利用诸葛诞参与镇压亲曹氏的王凌、毌丘俭在淮南的叛乱。《三国志·诸葛诞传》载:

> 王凌之阴谋也,太傅司马宣王潜军东伐,以诞为镇东将军、假节都督扬州诸军事,封山阳亭侯。……
> 后毌丘俭、文钦反,遣使诣诞,招呼豫州士民。诞斩其使,露布天

下,令知俭、钦凶逆。[①]

司马师带诸葛诞东征,"以诞久在淮南,乃复以为镇东大将军、仪同三司、都督扬州",并以东征功"进封高平侯,邑三千五百户,转为征东大将军"[②]。这说明诸葛诞在司马氏父子掌权后,比较务实,在政治上有靠拢司马氏的倾向。当然,诸葛诞毕竟是党附曹氏的重要人物,司马氏对他心存疑虑。为争取诸葛诞,司马氏的重要举措之一便是与诸葛氏通婚。《晋书·宣五王传》载,司马懿子琅邪王司马伷娶诸葛诞女为妻,后来称为诸葛太妃。

联姻虽然没有彻底把诸葛诞从曹魏集团中争取过来,但也曾使诸葛诞动摇于曹魏集团和司马氏势力之间,并曾一度为司马氏所用。对诸葛氏来讲,这一婚姻关系的确立,虽然没有阻止司马氏诛杀诸葛诞三族,但为诸葛氏家族在两晋之际的崛起奠定了基础。

入晋后,司马伷参与指挥了灭吴战役,功勋卓著,甚得晋武帝司马炎赏识。吴亡后,诸葛诞的儿子诸葛靓归附司马伷。司马伷夫妇在晋武帝面前做了不少工作,以确保诸葛氏的门户地位。《世说新语·方正》载:

> 诸葛靓后入晋,除大司马,召不起。以与晋室有仇,常背洛水而坐。与武帝有旧,帝欲见之而无由,乃请诸葛妃呼靓。既来,帝就太妃间相见。礼毕,酒酣,帝曰:"卿故复忆竹马之好不?"靓曰:"臣不能吞炭漆身,今日复睹圣颜。"因涕泗百行。帝于是惭悔而出。

意思是说灭吴后,晋武帝司马炎主动与诸葛靓见面,并命其为侍中,而诸葛靓则以孝义之名拒之。晋武帝主动邀约诸葛靓,是司马伷、诸葛太妃夫妇与晋武帝预先沟通后所精心策划的,目的在于宣告免除诸葛氏的罪门之名,提高诸葛氏的家族门望。这样,由于琅邪王司马伷、诸葛太妃夫妇的

---

① 《三国志》卷二十八《诸葛诞传》,第769页。
② 《三国志》卷二十八《诸葛诞传》,第770页。

活动,琅邪诸葛氏在西晋没有受到诸葛诞兵变的严重影响,家族地位依然非常重要。更为重要的是,东晋开创者晋元帝司马睿曾为琅邪王,是司马伷的孙子。《晋书·元帝纪》载:"元皇帝讳睿,字景文,宣帝曾孙,琅邪恭王觐之子也。"①由此可见,晋元帝为诸葛太妃的孙子,与其父辈一样对诸葛氏家族怀有很深的感情。故其称帝江东,对诸葛氏家族多有照顾,使诸葛氏家族的地位进一步上升。

综上所述,在魏明帝太和年间,诸葛诞参与"浮华交会",成为名士,有利于家族显名;诸葛诞入仕曹魏,虽在政治态度上亲善曹氏,并举兵抗拒司马氏被诛,但他将女儿嫁与司马懿子司马伷,与司马氏联姻,提升了诸葛氏家族在晋朝的地位。

## 二、诸葛京、诸葛显支移居河东

据《三国志》载:"瞻长子尚,与瞻俱没。次子京及攀子显等,咸熙元年内移河东。"②即诸葛瞻和他的长子诸葛尚都牺牲后,诸葛瞻的次子诸葛京及诸葛攀的儿子诸葛显在咸熙元年内移居河东。咸熙为曹魏末年皇帝曹奂年号,元年是公元264年;河东,郡治在今山西夏县西北。

诸葛瞻是诸葛亮的儿子,诸葛瞻的长子是诸葛尚,次子是诸葛京。《三国志·诸葛亮传》裴松之注曰:

> 案,《诸葛氏谱》云:京字行宗。
>
> 《晋泰始起居注》载诏曰:"诸葛亮在蜀,尽其心力,其子瞻临难而死义,天下之善一也。"其孙京,随才署吏,后为郿令。尚书仆射山涛《启事》曰:"郿令诸葛京,祖父亮,遇汉乱分隔,父子在蜀,虽不达天命,要为尽心所事。京治郿自复有称,臣以为宜以补东宫舍人,以明事人之理,副梁、益之论。"京位至江州刺史。③

---

① 《晋书》卷六《元帝纪》,中华书局,1974年,第143页。
② 《三国志》卷三十五《诸葛亮传》,第932页。
③ 《三国志》卷三十五《诸葛亮传》裴松之注引,第932—933页。

可见,诸葛京相继为郿令、江州刺史,而且政声较佳。

诸葛攀是诸葛乔的儿子,官至行护军翊武将军。诸葛攀的儿子诸葛显于264年和诸葛京移居河东。

### 三、诸葛靓支回迁琅邪

诸葛诞子诸葛靓,字仲思,甘露三年(257)其父举兵反对司马昭时,派长史吴纲带着诸葛靓到吴国称臣求援,故留在吴,曾为吴国右将军,大司马。寿春兵败时,诸葛诞被杀,遭夷灭三族,诸葛靓因在东吴而幸免。据《三国志·孙皓传》载:甘露元年九月,孙皓听从西陵督步阐上表中的建议,迁都武昌,御史大夫丁固、右将军诸葛靓镇守建业。宝鼎元年冬十月,永安山贼施但等人聚众数千人,劫持孙皓庶弟永安侯孙谦从乌程出发,带走孙和陵园上的鼓吹乐队和仪仗伞盖。等到了建业,人数已达万余人。丁固、诸葛靓在牛屯迎战,双方大战,施但等失败逃跑。

干宝《晋纪》载:

> 吴丞相军师张悌、护军孙震、丹杨太守沈莹帅众三万济江,围成阳都尉张乔于杨荷桥,众才七千,闭栅自守,举白接告降。吴副军师诸葛靓欲屠之,悌曰:"强敌在前,不宜先事其小;且杀降不祥。"靓曰:"此等以救兵未至而力少,故且伪降以缓我,非来伏也。因其无战心而尽坑之,可以成三军之气。若舍之而前,必为后患。"悌不从,抚之而进。与讨吴护军张翰、扬州刺史周浚成陈相对。沈莹领丹杨锐卒刀楯五千,号曰青巾兵,前后屡陷坚陈,于是以驰淮南军,三冲不动。退引乱,薛胜、蒋班因其乱而乘之,吴军以次土崩,将帅不能止,张乔又出其后,大败吴军于版桥,获悌、震、莹等。①

从上述记载看,身为吴国副军师的诸葛靓与吴丞相军师张悌、护军孙震、丹杨太守沈莹率领军队三万人渡过长江,将成阳都尉张乔围困在杨荷

---

① 《三国志》卷四十八《三嗣主传》裴松之注引,第1174页。

桥,张乔的军队举白旗告降。诸葛靓想要杀了他们,但被张悌阻止,结果张乔在吴军后面进攻,造成吴军大败。这说明诸葛靓的看法是正确的,可惜张悌不听,结果大败被捉。

《襄阳记》载:

> 晋来伐吴,(孙)皓使(张)悌督沈莹、诸葛靓,率众三万渡江逆之。……吴军大败。诸葛靓与五六百人退走,使过迎悌,悌不肯去,靓自往牵之,谓曰:"巨先,天下存亡有大数,岂卿一人所知,如何故自取死为?"悌垂涕曰:"仲思,今日是我死日也。且我作儿童时,便为卿家丞相所拔,常恐不得其死,负名贤知顾。今以身徇社稷,复何遁邪? 莫牵曳之如是。"靓流涕放之,去百余步,已见为晋军所杀。①

诸葛靓欲救张悌,但张悌决心以身殉国,诸葛靓流泪成全了他。

西晋咸宁六年(280)三月吴灭,诸葛靓被带到京都洛阳。诸葛靓誓不与西晋当权者为伍,许是一直心怀司马氏对其家族杀戮之恨。《晋书·诸葛恢传》说:晋武帝司马炎与诸葛靓有亲戚,他的姐姐是琅邪王司马伷的妃子。晋武帝命诸葛靓任侍中,诸葛靓坚决推辞,"归于乡里",回迁琅邪。直至终老,都不向朝廷所在的洛阳方向对坐,以示其骨鲠之气节和对吴主的忠诚之心。② 他寿终正寝于乡里,葬于诸葛城附近。《临沂县志》载:"诸葛氏阳都人,而城、墓在县境,盖县有阳都地也。"他的长子诸葛颐,为晋元帝所器重,官至太常;次子诸葛恢才能出众,显赫一时。

另据临沂市河东区大坊坞保存的《全裔堂诸葛氏宗谱》载:"京公及显公于咸熙年间由河东还。"诸葛"郹,配萧氏,复归里琅邪"③。其意是诸葛京和诸葛显在咸熙元年内移居河东后,又在咸熙年间由河东回到临沂,诸葛郹复归故里琅邪。此说待考证。

---

① 《三国志》卷四十八《三嗣主传》裴松之注引,第 1175 页。
② 《晋书》卷七十七《诸葛恢传》,第 2041 页。
③ 《全裔堂诸葛氏宗谱》(坊坞手抄本),1962 年手抄本,原件现存于山东省临沂市河东区大坊坞村。

关于诸葛京后来的去向，是史学界争论的焦点，也关系到现在临沂与江南有无诸葛亮后裔的问题。对此，临沂市银雀山汉墓竹简博物馆的杨玲等人做过较为详细的探索，非常值得借鉴。记载诸葛京的资料不多，现不计重复罗列如下：

《三国志·诸葛亮传》裴松之注："京位至江州刺史。"

《三国志》卷四十一《霍峻传》附《霍弋传》裴松之注引《襄阳记》："（泰始）四年三月，从帝宴于华林园，诏问蜀大臣子弟，后问先辈宜时叙用者，（罗）宪荐蜀郡常忌、杜轸、寿良、巴西陈寿、南郡高轨、南阳吕雅、许国、江夏费恭、琅邪诸葛京、汝南陈浴，即皆叙用，咸显于世。"

《四库全书》载宋胡寅《裴然集》卷二十四《诸葛孔明传》："晋泰始中，诏蜀亮孙京为郿令，京后位至江州刺史。"

宋郑樵《通志》卷第十一八上《诸葛亮传》谓诸葛瞻："京入晋，位至江州刺史。"

明李贽明万历刊本《藏书》卷十二《大臣传·忠诚大臣》之《诸葛亮》："京位至广州刺史。"

清王复礼康熙四十一年（1702）刻本江苏广陵古籍刻印社影印之《季汉五志》："后京位至江州刺史。"

查自晋至清以来，为诸葛亮作传者不下十余家，大都以陈寿《三国志·诸葛亮传》为母本，至于诸葛京的最后官职，就有两种记载，到底是"广州任"还是"江州任"？此江州还是彼江州呢？还需地理史料佐证。

《华阳国志·志一》载："江州县，郡治。涂山，有禹王祠及涂后祠。""禹娶于涂山"，"今江州涂山是也，帝禹之庙铭存焉。"《晋书·地理志上》载："巴郡秦置。统县四，户三千三百。江州、垫江、临江、枳。"经查证，此江州是今重庆。另据《华阳国志·志一》载：前11世纪，西周武王伐纣，以强悍的巴族兵丁为前锋，"歌舞以凌殷人"。灭纣之后，武王"封宗姬于巴"，建立巴国，首府设在江州（以濒临两江取名，即今重庆），重庆首次建都。前316年，秦灭巴，设置巴郡，仍以江州为郡治所。秦将张仪筑江州城，这是重庆第一次筑城。东汉献帝建安十八年（213），刘备进川，令军师诸葛亮率张飞、赵云将兵克巴东，破巴郡。建安二十年（215），刘备下公安，六月引兵还江州。蜀汉章武元年(221),刘备在成都称帝,七月"自将伐孙权,留赵云督江州军"。蜀汉刘禅建兴四年(226),江州都护李严筑大城,周46里(约7公里),这是重庆第二次筑城。与此同时,李严上奏朝廷,拟在鹅项岭处切山贯通两江,改三面临江的半岛,为四周环水的江岛,丞相诸葛亮以不利于军事而未准。"咸熙元年,但四县。以镇西参军陇西怡思和为太守,领二部守军。""隋文帝开皇九年(589),因嘉陵江古称渝水,更江州为渝州。"这样看来,重庆之江州名,自西周到隋延续近两千年。

还有一条资料,来自《晋书·地理志下》:

> 惠帝元康元年,有司奏,荆、扬二州疆土广远,统理尤难,于是割扬州之豫章、鄱阳、庐陵、临川、南康、建安、晋安,荆州之武昌、桂阳、安成,合十郡,因江水之名而置江州。①

惠帝元康元年是291年,所立江州辖今江南江西、湖北、湖南等地域。关于广州,《晋书·地理志下》载:

> 广州。案《禹贡》扬州之域,秦末赵他所据之地。及汉武帝,以其地为交阯郡。至吴黄武五年,分交州之南海、苍梧、郁林、高梁四郡立为广州,俄复旧。永安六年,复分交州置广州,分合浦立合浦北部,以都尉领之。孙皓分郁林立桂林郡。及太康中,吴平,遂以荆州始安、始兴、临贺三郡来属。②

考辨:

1. 按《晋书》载,诸葛京自公元264年迁入河东郡任职,到惠帝元康元年(291)立江州,至少27年才得以升迁江州刺史,在如此长的时间里才获升职,使人对他的才能产生了怀疑,似乎于情于理都无法解释,因此,不可

---

①《晋书》卷十五《地理志下》,第462—463页。
②《晋书》卷十五《地理志下》,第466页。

能任职惠帝所立江南之江州。

2. 诸葛京任广州刺史,可能是传本的笔误;也有南方语言"江"、"广"不分之误的可能;公元264—280年间,吴国未平,诸葛京更不可能到吴国管辖的广州任刺史。

3. 诸葛京自幼受传统文化及家族教育,为政清和,入晋后受到重用的话,应该升迁他到其自幼生长,且有过政绩的地方为官;既熟悉民情,又有祖辈好的口碑影响,可以做出更卓越的成就。《三国志》明确记载,罗宪被晋元帝司马炎诏见并推荐了10个人,其中有诸葛京。宋胡寅说:"晋泰始中,诏蜀亮孙京为郿令。"泰始是晋元帝司马炎的第一个年号,时间是公元264年至274年。罗宪推荐诸葛京的时间是"(泰始)四年三月",也就是公元267年;被诏为郿令是在第二年,即"晋泰始中"应为公元268年。所以,诸葛京先在巴蜀一带任郿令,后升迁所任之江州,应该是今重庆之江州。

4. 南阳出版的《草庐对研究新编》一书中,《从刘弘祭亮场所看诸葛亮躬耕地》一文提到明代牛凤的《改正诸葛武侯祠记》碑说,在南阳附近的平山,发现了断石幢,文曰:"(余)既而游观山寺,有断石幢在焉,刻文仅数十字。中云:'此地有诸葛之旧坟墟,在高阳华里。'然后知侯之父若祖,自琅邪避地,曾寓此地而葬焉。躬耕南阳,尚在厥后。"据牛凤考证,石幢年代为隋文帝开皇壬寅(按,壬寅为开皇二年即公元582年)物。他引资料的目的说明诸葛亮的父、祖就在南阳。此说不妥,因提诸葛并未说亮就肯定在此,虽是隋代的记载,但不能否定更早的《三国志》关于诸葛氏的记载。张西庆《平顶山诸葛遗墟及其价值》一文称,河南平顶山发现隋代立石柱,认为这个地方是诸葛氏先祖诞生之地。此说证据不足,与前文所证的可能性只有一种,有可能是诸葛亮的后裔从巴蜀向内地迁徙,滞留此地。①

初步结论:

1. 诸葛京及其子,特别是诸葛京本人是否回迁临沂尚需论证;

2. 诸葛京及其子在其任职的地方,即今四川重庆一带居住的可能性

---

① 参见杨玲:《诸葛亮兄弟后裔分布考》,李遵刚:《诸葛故里论诸葛》,山东省地图出版社,2007年,第237—256页。

较大。

## 四、诸葛恢支南迁

诸葛恢是随其父诸葛靓一起回到故乡琅邪的,还是出生在琅邪,至今未见明确的记载,《晋书·诸葛恢传》只是说:"诸葛恢,字道明,琅邪阳都人也。"他自幼聪慧好学,受琅邪文化和家学的熏陶,"弱冠知名,试守即丘长,转临沂令,为政和平。值天下大乱,避地江左"①。三国两晋时期,临沂、阳都都是琅邪国所管辖的县。诸葛恢为阳都人,曾在即丘、临沂县为官,且"为政和平"。西晋末年,发生了长达16年的"八王之乱",后期北方少数民族纷纷建立政权,永嘉元年(307),琅邪等地的北方百姓为躲避战乱,大量南迁,史称"永嘉南迁"。诸葛恢随司马氏与琅邪王氏等一起到了江东,这是临沂诸葛氏的第三次南迁。

## 五、"王葛"并称

西晋末,诸葛恢随琅邪王司马睿南渡江左,先为司马睿主簿,继而迁江宁令,不久因参与讨伐扬州刺史周馥有功,封为博陵亭侯,迁镇东参军,又任从事中郎兼统记室,出任会稽太守。司马睿称帝后,任诸葛恢中书令等职。太宁二年(324),晋明帝司马绍讨伐王敦,以诸葛恢为侍中,封为建安伯,拜后将军、会稽内史。在会稽内史任上,诸葛恢莅官三年,政清人和,在诸郡中首屈一指,累迁至尚书右仆射,加散骑常侍、银青光禄大夫、尚书令。晋成帝即位后,加其侍中、金紫光禄大夫。晋康帝即位,仍加侍中、金紫光禄大夫。诸葛恢62岁去世,追赠为左光禄大夫、仪同三司,祠以太牢,谥号曰敬。

诸葛恢有二子三女:长子诸葛魁,嗣父爵,官至散骑常侍;次子诸葛虓,赐关内侯。《世说新语·方正》刘孝标注引《诸葛氏谱》称其有子诸葛衡,仕至荥阳太守,娶河南邓攸女。诸葛恢生有三女,长女诸葛文彪,嫁太尉庾亮的长子庾会。丈夫被苏峻杀害后,改嫁江彪。次女(名字不详),嫁泰山郡

---

① 《晋书》卷七十七《诸葛恢传》,第2041页。

望族徐州刺史羊忱之子尚书郎羊楷。小女诸葛文熊,嫁陈郡人尚书谢裒之子谢奕。其事迹主要见于《世说新语·方正》:

> 诸葛恢大女适太尉庾亮儿[1],次女适徐州刺史羊忱儿。亮子被苏峻害,改适江彪。恢儿娶邓攸女。[2]于时谢尚书求其小女婚,恢乃云:"羊、邓是世婚,江家我顾伊,庾家伊顾我,不能复与谢裒儿婚。"及恢亡,遂婚。[3]于是王右军往谢家看新妇,犹有恢之遗法,威仪端详,容服光整。王叹曰:"我在遣女,裁得尔耳。"

诸葛恢才智过人,一生政绩显赫,颇受晋帝赏识和重用。他一生越西、东两晋,历武、惠、怀、愍、元、明、成7帝之多。在朝代更迭频繁的政治大气候下为官,且能做出很好的政绩,可见诸葛恢为官、为政、为人之术是相当精到的。由于诸葛恢的贡献及诸葛太妃等诸葛氏族人的努力,两晋之际,琅邪诸葛氏门望进一步上升,以至于一度成为与琅邪王氏争竞"姓族先后"的显赫门第。

琅邪王氏是我国著名的门阀士族。西汉中期,琅邪王氏家族的地位逐渐提升,东汉末年,王祥、王览兄弟崛起,确立了琅邪王氏的高门地位。西晋时期,琅邪王氏跻身于一流门阀士族之列,至两晋之际,琅邪王氏家族的代表人物王导、王敦等人辅助晋宗室司马睿渡江南下,开创了东晋百年基业,由此奠定了琅邪王氏家族的江南一流高门的根基,出现了"王与马,共天下"的局面,涌现出了王祥、王览、王戎、王衍、王敦、王导、王羲之、王献之等历史名人。

实事求是地讲,琅邪诸葛氏难与琅邪王氏并称,但是,《世说新语·排调》记载:

> 诸葛令、王丞相,共争姓族先后,王曰:"何不言葛、王,而云王、

---

[1] 此条下刘孝标注引《庾氏谱》称:"庾亮子会,娶恢女,名文彪。"
[2] 此条下刘孝标注引《诸葛氏谱》曰:"恢子衡,字峻文,仕至荥阳太守。娶河南邓攸女。"
[3] 此条下刘孝标注引《谢氏谱》曰:"裒子石,娶恢小女,名文熊。"

葛?"令曰:"譬言驴、马,不言马、驴,驴宁胜马邪?"

《晋书·诸葛恢传》也载此事。诸葛恢与王导"争姓族先后",虽有口头争辩,甚或有戏言的成分,但也足见当时琅邪诸葛氏的门望之高。这在诸葛氏的婚姻上也有所表现。诸葛恢长女诸葛文彪,嫁太尉庾亮的长子庾会。丈夫被苏峻杀害后,改嫁江彪。次女,嫁泰山郡望族徐州刺史羊忱之子尚书郎羊楷。小女诸葛文熊,嫁陈郡人尚书谢裒之子谢奕。庾、羊、江氏皆是当时影响较大,且掌握一定军政实权的家族,都与琅邪诸葛氏联姻。而陈郡谢氏在东晋初门望尚低,故谢尚向诸葛恢求婚而不得;随着谢氏地位的上升,才得以与诸葛氏联姻,可见诸葛氏的门第之高。

两晋时期,诸葛氏后裔还有诸葛绪、诸葛冲、诸葛婉、诸葛长民等。

诸葛绪在曹魏时,曾任太山太守、雍州刺史,参与过灭蜀之战,是魏国灭蜀三支大军主帅之一,其间被钟会诬陷而收其军队。入西晋后,曾任太常、卫尉等官。诸葛绪有二子:长子诸葛冲,字茂长,仕西晋,官至廷尉;次子诸葛宏,字茂远,仕西晋,官至司空主簿。诸葛冲有二子一女:长子诸葛铨,字德林,仕西晋官至兖州刺史,散骑常侍;次子诸葛玫,字仁林,仕西晋官至御史中丞。其妻弟周穆,系清河王司马覃舅父。永嘉初年(307),周穆与诸葛玫劝东海王司马越废晋怀帝司马炽立清河王司马覃,司马越不同意,之后他们又多次论及废立之事,招致司马越大怒,将二人斩杀。诸葛冲女诸葛婉,据《晋书·后妃传上》载:"诸葛夫人名婉,琅邪阳都人也。父冲,字茂长,廷尉卿。婉以泰始九年春入宫,帝临轩,使使持节、洛阳令司马肇拜为夫人。"[①]

东晋大臣诸葛长民(? —413),《晋书·诸葛长民传》载:"诸葛长民,琅邪阳都人也。有文武干用,然不持行检,无乡曲之誉。"[②]曾被桓玄用为参军平西军事,因贪厉苛刻免职。晋安帝元兴二年(403),桓玄篡晋,诸葛长民跟随刘裕、何无忌等推翻桓玄,迎晋安帝司马德宗复位,因功升任辅国将

---

① 《晋书》卷三十一《后妃传上》,第963页。
② 《晋书》卷八十五《诸葛长民传》,第2212页。

军、宣城内史。后桓玄三哥桓歆聚众向历阳进攻,被诸葛长民率军击退,继之,又与刘敬宣同破桓歆于苟陂,被封为新淦县公,督淮北诸军事,任青州刺史,领晋陵太守,驻丹徒。卢循、徐道覆领导的起义失败后,诸葛长民转督豫、扬等六郡诸军事、徐州刺史,领淮南太守。义熙八年(412),太尉刘裕西征镇守江陵的荆州刺史刘毅,行前让诸葛长民以监太尉留府事。他骄纵贪侈,不恤政事,搜集珍宝美色,建筑豪华宅第,招致百姓怨怒。刘裕讨平刘毅,诸葛长民更加忧惧,欲举兵作乱,以求脱祸。次年二月,刘裕返京师,将诸葛长民杀掉。诸葛长民的二弟诸葛黎民,自恃骁勇过人,曾一再鼓动诸葛长民速反。诸葛长民被杀后,他全然不惧,奋战良久,力竭而死。诸葛长民的三弟诸葛幼民,曾任大司马参军。其兄被杀后,他逃到山中,被刘裕派兵追擒而杀。诸葛长民的从弟诸葛秀之,也受诸葛长民的株连而遇害。

此外,见于《晋书》的诸葛族人还有:

诸葛攸,字成林,仕至太山太守。

诸葛骧,仕至征西将军。

诸葛侃,仕至督护。

诸葛求,曾为刘牢之参军。

诸葛瑶,王敦爪牙。

# 第五节 波澜不惊
## ——南北朝以降之诸葛氏

## 一、南北朝以降之诸葛氏

自南北朝始,诸葛氏家族进入了平缓发展时期,其后裔虽不乏文才武将,但由于战乱、升迁等原因,史载较少,现择其要列举如下。

南朝齐文学家诸葛勖,永明年间(483—493)为国子生。作《云中赋》,揭露国子学祭酒及以下官员丑恶面目,因此获罪,押在东冶(监狱)。又作《东冶徒赋》,抒发胸中不平。齐武帝萧赜见此赋后,认为此文说理有据且文笔流畅,赦其无罪,放出东冶。①

　　南朝齐、梁学者诸葛璩(? —508),字幼玫,《梁书·诸葛璩传》说他"世居京口"(今江苏镇江市)。他幼年师从学者关康之,"博涉经史",后师从史学家臧荣绪。臧荣绪撰《晋书》,他帮助整理资料,抄写文稿,受到称赞。齐建武初年(494),南徐州行事江祀将诸葛璩推荐给齐明帝说:"璩安贫守道,悦《礼》敦《诗》,未尝投刺邦宰,曳裾府寺,如其简退,可以扬清厉俗。请辟为议曹从事。"齐明帝答应了江祀的请求,但诸葛璩辞而不就。大诗人谢朓时任东海太守,称"处士诸葛璩,高风所渐,结辙前修。"赞扬诸葛璩并给予物质资助。梁武帝天监(502—519)年间,江夏太守萧琛、安成王萧秀、鄱阳王萧恢皆对他很钦佩。诸葛璩遭遇母丧,因居丧过哀而极度瘦弱,萧恢多次慰问。服丧完毕,被推举为秀才,诸葛璩没有接受。诸葛璩"勤于诲诱,后生就学者日至",他"旦夕孜孜,讲诵不辍",被称为一代宗师。梁天监七年(508),梁武帝萧衍欲征用诸葛璩,未及任用,是年卒于家。诸葛璩的学术造诣较高,臧盾年幼时跟随他学习《五经》,精通章句。诸葛璩的学生经常有几十人到一百人。诸葛璩有文章20卷留世,由他的门人刘曒集中抄写而成。②

　　诸葛阐,《南史·宋本纪中》载:

　　　　(元嘉四年三月)壬寅,采富阳令诸葛阐议,禁断夏至日五丝命缕之属。③

　　　　(元嘉二十七年)三月乙丑,淮南太守诸葛阐求减奉禄,同内百官,于是诸州郡县丞尉并悉同减。④

　　诸葛导,《南史·陈显达传》载:

① 参见《南齐书》卷五十二《文学·卞彬传》,中华书局,1971年,第893页。
② 参见《梁书》卷五十一《处士·诸葛璩传》,中华书局,1973年,第744页。
③《南史》卷二《宋本纪中》,中华书局,1975年,第40页。
④《南史》卷二《宋本纪中》,第51页。

（永泰元年）沈攸之事起，显达遣军援台，长史到遁、司马诸葛导劝显达保境蓄众，密通彼此。显达于坐手斩之，遣表疏归心齐高帝。①

诸葛颍，历经南北朝和隋朝。《北史·文苑传》载：

诸葛颍字汉，丹杨建康人也。祖铨，梁零陵太守。父规，义阳太守。

颍年十八能属文，起家邵陵王参军事，转记室。侯景之乱，奔齐，历学士、太子舍人。周氏平齐，不得调，杜门不出者十余年。习《易》、《图纬》、《苍》、《雅》、《庄》、《老》，颇得其要，清辩有俊才。晋王广素闻其名，引为参军事，转记室。及王为太子，除药藏郎。

炀帝即位，迁著作郎，甚见亲幸，出入卧内。帝每赐之曲宴，辄与皇后嫔御连席共榻。颍因间隙，多所谮毁，是以时人谓之"冶葛"。后录恩旧，授朝散大夫。帝尝赐颍诗，其卒章曰："参翰长洲苑，侍讲肃成门，名理穷研核，英华恣讨论。实录资平允，传芳导后昆。"其待遇如此。从征吐谷浑，加正议大夫。从驾北巡，卒于道。

颍性褊急，与柳誓每相忿阋。帝屡责怒之，而犹不止。于后帝亦薄之。有集二十卷，撰《銮驾北巡记》三卷，《幸江都道里记》一卷，《洛阳古今记》一卷，《马名录》二卷，并行于世。有子嘉会。②

（虞）绰恃才任气，无所降下。著作郎诸葛颍以学业幸于帝，绰每轻侮之，由是有隙。帝尝问绰于颍，颍曰："虞绰粗疏人也。"帝领之。③

（王）胄性疏率不伦，自恃才伐，郁郁于官。每负气陵傲，忽略时人。为诸葛颍所嫉，屡谮之于帝，帝爱其才而不罪。④

---

① 《南史》卷四十五《陈显达传》，第1133页。
② 《北史》卷八十三《文苑·诸葛颍传》，中华书局，1975年，第2810页。
③ 《北史》卷八十三《文苑·虞绰传》，第2812页。
④ 《北史》卷八十三《文苑·王胄传》，第2813页。

　　从上述可见,诸葛颍的祖父是诸葛铨,曾任梁零陵太守,诸葛颍的父亲是诸葛规,曾任义阳太守。诸葛颍18岁能属文,曾在梁、齐和隋朝为官,习《易》、《图纬》、《苍》、《雅》、《庄》、《老》,编撰有《銮驾北巡记》、《幸江都道里记》、《洛阳古今记》、《马名录》,清辩有俊才,但性褊急且恃才任气。又据《北史·崔赜传》载:

　　　　赜与河南元善、河东柳䛒、太原王劭、吴兴姚察、琅邪诸葛颍、信都刘焯、河间刘炫相善,每因休假,清谈竟日。所著词、赋、碑、志十余万言,撰《洽闻志》七卷,《八代四科志》三十卷。未及施行,江都倾覆,咸为煨烬。[1]

　　说明诸葛颍为琅邪人,好清谈。

　　隋唐时期,政治舞台上的诸葛氏族人已无昔日辉煌,并因琅邪地名、行政区划名不存,及与先祖时隔久远等,诸葛氏后裔一般不再称为“阳都人”或琅邪诸葛氏后裔。但隋唐时期,进入政界的诸葛氏族人仍不乏显赫者,如《孝经序》作者诸葛循,河阳节度使诸葛爽,诸葛爽之子诸葛仲方,副将诸葛涮,《帝录》作者诸葛忱(《新唐书》作诸葛耽),车骑诸葛德威,功德判官诸葛述,术士诸葛殷,协律郎诸葛畋,南蛮王诸葛地,深州富豪诸葛昂,《平陈颂》作者诸葛子恒,工摹拓古碑帖的诸葛贞,工正书的诸葛思祯,善八分书的道士诸葛鉴元,濠州刺史诸葛祖澄,泗州司马诸葛万,吏部侍郎诸葛廷瑞,世工制笔的诸葛高,丹杨孝子诸葛填,陆九渊之友诸葛诚,长乐县主簿诸葛说,永嘉人、奉化县丞并著有《梅轩集》的诸葛兴,通州通判诸葛直,知郁林的诸葛文,大理评事、藏书家诸葛行仁,福建中书省检校诸葛晋,明溪巡检诸葛泰,陕西参议诸葛伯衡,湖广参议诸葛千,翁源县教谕诸葛商,景泰时知县诸葛绍,阳朔教谕诸葛裔,《两朝平攘录》的作者诸葛元声,湖口知县诸葛应科,肇庆知府诸葛鼎,武举人诸葛永康,铁画名手诸葛生,进士诸葛仪、诸葛行敏、诸葛行言、诸葛憍、诸葛铭、诸葛永龄,宜山训导诸葛世珣,

---

① 《北史》卷八十八《隐逸·崔廓传》附《崔赜传》,第2914页。

象州训导诸葛献,灵川训导诸葛织文等。

## 二、琅邪诸葛氏后裔分布

琅邪诸葛氏后裔主要分布在山东临沂、浙江兰溪、广西阳朔、江苏金坛和丹杨、天津武清等地。

### (一) 浙江兰溪诸葛氏

浙江省兰溪市诸葛村(现名诸葛八卦村)位于兰溪市西部,村中的诸葛族人众多,是迄今发现的诸葛族人较大的聚居村。村原名高隆,明清时期有18座厅、18座堂、18口井及8条主巷。目前保存完好的11座堂是:大公堂、丞相祠堂、崇信堂、崇礼堂、雍睦堂、大经堂、崇行堂、春晖堂、文与堂、燕贻堂和敦复堂。大公堂是诸葛村诸葛族人的议事公堂,丞相祠堂是全村诸葛族人的公祠。大公堂珍存兰溪《高隆诸葛氏宗谱》。据该谱记载,五代唐时,诸葛浰宦游入浙,终寿昌令,为迁浙始祖,其子诸葛青,字显民,继娶叶氏,共生六子,本族遂称大六支。自其父诸葛浰及母高氏去世安葬寿地之后,诸葛青率六子由寿昌徙居兰溪乡之岘山下,遂世居,为兰溪始祖。此外,浙江省建德市、瑞安市、龙游县等地也有诸葛氏后裔居住。

### (二) 江苏丹杨诸葛氏

江苏省丹阳市有大量诸葛氏集居,其中有大泊诸葛氏堂号"三顾堂",大华诸葛氏堂号"余荫堂"。"三顾堂"、"余荫堂"都存有《诸葛氏族重修族谱》。据该谱记载,丹杨诸葛氏始祖是诸葛神力,他是永徽三年进士,官平江尹,是当世书法高手,于唐朝初年迁居丹杨老林。

### (三) 江苏金坛诸葛氏

江苏省金坛市儒林镇的云墅、鲁墅、前笪、厚庄、南阳诸村,集居着诸葛氏族人。云墅村现存有完整的《谨慎堂诸葛氏宗谱》。该谱载,金坛诸葛氏祖出丹杨,是丹杨诸葛氏的分支族人。诸葛翔七世孙诸葛维贤,字孟举,号元登,宋末由丹杨大华里迁金坛东乡永墅(今榆林儒林镇云墅村),为江苏金坛诸葛氏始祖。

### (四) 广西阳朔诸葛氏

广西桂林市和贺州市聚集有诸葛氏族人近两万人,分布在阳朔、临桂、荔浦、富川4县的160余个村内。阳朔县的葡萄镇、白沙镇,临桂县的会仙镇、六塘镇、南边乡居住的诸葛氏族人尤多。其中葡萄镇翠屏村,建于宋绍兴四年(1134),大部分以"诸葛"为姓,是阳朔县内较大的"诸葛村"。阳朔诸葛族人现存有《诸葛氏宗谱》。《阳朔县志》载:"阳朔白沙村诸葛氏之族,乃南阳孔明之后裔也。晋时,裔孙诸葛齐器委任广东,游于广西,见白沙村地可建宅,乃居焉……"遗憾的是诸葛齐器后裔已失考,今阳朔周边诸葛族人皆遵宋代迁居桂林黎获大村的诸葛隆中为始迁祖。《诸葛氏宗谱》载:"我祖系诸葛丰第廿七世孙,原居襄阳城西廿里,地名隆中。宋末迁居于广西桂林黎获大村,乃因出地立名,遂号隆中。隆中公后,子孙繁盛,有陆续移居各地者,皆隆中公之苗也。"诸葛隆中生三子:长仲豪,次仲贤,三仲钦。

（五）山东临沂诸葛氏

琅邪阳都(今山东省临沂市沂南县)是诸葛氏的得姓地、发祥地、祖居地。自始迁祖来阳都后,诸葛氏族人逐渐繁衍,不断分徙播迁,琅邪(沂州)治所及周边县份形成了许多诸葛氏族人聚居村落。《新集天下姓望氏族谱》载:诸葛亮第三十七代孙诸葛大如的儿子为诸葛龙,"至元末明初,有孔明之后三十八代孙龙率四子、领子侄二名,由琅邪郡诸葛城一同迁往莒南县官地村,住不数日,云公之后同修、同善再迁孟家疃,而后名称葛家集(今莒南县岭泉乡)。二公龙带四子,长同新、次同德、三同喜、四同仕再迁金牛官庄,换名葛家山(今莒南县沭边乡)。两处安居乐业,耕读传家。从三十八代迁出时,讳龙称始祖为一世。传至三公(同喜)讳孝纯,孝纯生三子,长从先,次从谦(迁居坊坞村,今属临沂市汤河乡)、三从美(复回诸葛城)。从先生二子,长讳伟,次讳伦,兄弟二人迁居木柞(属郯城)。三支分三处。"

目前,临沂诸葛氏主要分布莒南、河东、临沭、郯城、苍山、费县、平邑等地,人口约10万人。诸葛龙的后裔有迁外地者,例如,明正德年间,第八世诸葛代心的长子诸葛景儒迁海州、次子诸葛景勋迁南京,诸葛代正之子诸葛景云迁赣榆城南,第六世诸葛孝级之子诸葛从志迁安丘等。[①] 其中,临沂市河东区汤河镇大坊坞、后坊坞、西北坊坞、西南坊坞的村民大部分姓诸

---

① 何光岳:《中华民族源流史丛书·秦赵源流史》,江西教育出版社,1994年,第247—249页。

葛,现藏有《全裔堂诸葛氏族谱》。据志书和考古资料记载:"北齐邑义邴赤齐等造像碑"有"诸葛明远"[1]。"北齐北徐州兴福寺造像碑"有"木主诸葛(中缺)"、"主簿诸葛荣叔"、"象主诸葛敬仁"等。"北齐吕世标等造像残碑"、"北齐许始妻等造像碑"、"北齐于丘郎仁等造像碑"都有诸葛氏族人的名字。"隋诸葛子恒等造像碑"有"都督诸葛子恒,别将诸葛子刹那"等百人,"自述从军劳绩,兼颂隋高功德者"。其中记诸葛氏族人者17位之多。这说明,在隋朝诸葛氏在故乡不仅是人口繁盛,而且是有实力的望族。

上述碑刻,现存于临沂市博物馆,是研究诸葛氏家族不可少的珍贵资料。

此外,福建省和天津武清也有诸葛氏居住。970年前后,诸葛氏后裔诸葛晟入居福建北部,为闽北诸葛氏分支始祖。康熙年间,进士诸葛铭入居天津武清,为武清诸葛氏分支始祖。

---

[1]《沂州志·金石》。

# 第三章

# 诸葛氏家族的家学家风与人才培养

家学、家风对一个家族来讲至关重要。对此,陈寅恪曾指出:

> 所谓士族者,其初并不专用其先代之高官厚禄为其唯一之表征,而实以家学及礼法等标异于其他诸姓。……夫士族之特点既在其门风之优美,不同于凡庶,而优美之门风实基于学业之因袭。故士族家世相传之学业乃与当时之政治社会有极重要之影响。①

钱穆也说:

> 当时门第传统共同理想,所希望于门第中人,上自贤父兄,下至佳子弟,不外两大要目:一则希望其能具孝友之内行,一则希望其能有经籍文史学业之修养。此两种希望,并合成为当时共同之家教。其前一项之表现,则成为家风,后一项之表现,则成为家学。②

这些论述对研究诸葛氏家学、家风与人才培养具有指导意义。

---

① 陈寅恪:《唐代政治史述论稿》,生活·读书·新知三联书店,2001年,第259—260页。
② 钱穆:《略论魏晋南北朝学术文化与当时门第之关系》,《中国学术思想史论丛》卷三,安徽教育出版社,2004年,第159页。

# 第一节　诸 葛 氏 家 学

　　家学即一个家族世代传承之学,在中古时期,家学的主要内容有经籍文史、军事、科技等方面。家学的特点主要有三个方面:一是累世相传。赵翼《廿二史札记》卷五"累世经学"条曰:"古人习一业,则累世相传,数十百年不坠……工艺且然,况于学士大夫之习业乎!"①这是家学的一个基本特点,有的学者认为,家学至少传承三世以上,这是有道理的;二是堪称家学者"乃与当时之政治社会有极重要之影响",即家学必关乎社会发展,不仅能指导个人修身、齐家,正确处理个人与群体乃至与整个社会的关系,而且能指导这一历史时期内整个民族的发展,因此家学关乎社会主流文化;三是由以上两点可以看出,家学显然是一种积极向上、催人奋发的学问。因此可以说,家学是一种具备传承性、主流性、向上性的家族文化。诸葛氏家学也具备上述三个特点,诸葛氏世代传承的家学除了包括汉武帝"罢黜百家,独尊儒术"以后已成为主流文化的儒学以外,还包括能够解决当世之务的其他若干学说,具有经世致用、应对世务的特点。

## 一、经学传家,践履笃行

　　诸葛氏所居诸县和阳都县皆属琅邪郡,是儒家思想传播较早的地区。西汉中期以后,琅邪地区即成为著名的儒学文化中心之一。著名的儒学文化家族有伏氏、王氏等。伏氏以传承今文《尚书》、《齐诗》等闻名于世。代表人物有伏孺、伏理、伏湛、伏黯及伏恭、伏无忌等。王氏自王吉率族人迁入琅邪临沂后,世代以儒学传家,子王骏、孙王崇等皆传儒学。琅邪地区在《易》学的传承与研究方面亦成绩斐然。如琅邪东武人孙虞以《易》授齐人田何,田何又传《易》于东武人王同。王同著《易传》,颇受时人推崇。琅邪诸县人梁丘贺曾受《易》于京房,梁丘贺后来成为《易》学大家。其子梁丘临

---

① (清)赵翼撰,黄寿成校点:《廿二史札记》,辽宁教育出版社,2000年,第76页。

亦传父学,宣帝时成为《易》学权威,曾奉使问诸儒于石渠阁,又奉命授徒。此外,琅邪王扶习《鲁诗》,师丹、皮客习《齐诗》,徐良、王仲丘习《大戴礼》,胡毋生、王中、公孙文等习《公羊春秋》,房凤等习《穀梁春秋》等。诸葛氏家族生活在这样的文化氛围中,因而其代表人物自幼即深受儒学的熏陶,步入社会后能学习传承践行儒学,以实现儒家的社会理想为己任。

（一）诸葛丰对儒学的传承与践行

诸葛丰是诸葛氏家族中较早传承和践行儒学的人。史称他"以明经为郡文学"①。这里的"明经"是通晓儒家经典之意。自汉武帝"罢黜百家,独尊儒术"之后,士人皆以修习儒学为务,诸葛丰能以"明经"显世,说明他的儒学造诣是比较深厚的。

诸葛丰对儒学的应用践行,主要有两个方面。一是他作为"郡文学"一官,在州郡之内积极推广儒学教育,促进儒学的进一步传播;二是他在京城任司隶校尉时,践行孔子治国要宽猛相济的思想,对"奢淫不奉法度"②,与其门客犯罪有牵连的外戚许章进行弹劾。

春秋时期,郑国子产认为,治国"唯有德者能以宽服民,其次莫如猛"。子产死后,继任者"大叔为政,不忍猛而宽"。结果"郑国多盗",大叔悔不用子产之言,于是兴兵攻之,使"盗少止"。孔子评论此事说:"善哉！政宽则民慢,慢则纠之以猛。猛则民残,残则施之以宽。宽以济猛,猛以济宽,政是以和。"③这就是说,不仅要坚持以德治国,以德教民,给人民以宽惠,而且对于那些违反国家法制者,必须敢于用暴力手段治理。否则,国家就会发生动乱。诸葛丰继承并践行了孔子的上述思想。

（二）诸葛瑾对儒学的传承与践履

诸葛瑾"少游京师,治《毛诗》、《尚书》、《左氏春秋》。遭母忧,居丧至孝,事继母恭谨,甚得人子之道"④。这里以简洁的语言概述了诸葛瑾传承与践履儒学的状况。

---

① 《汉书》卷七十七《诸葛丰传》,第3248页。
② 《汉书》卷七十七《诸葛丰传》,第3249页。
③ 《左传·昭公二十年》,杨伯峻编著:《春秋左传注》,第1421页。
④ 《三国志》卷五十二《诸葛瑾传》裴松之注引《吴书》,第1232页。

游学京师是当时有志于儒学传承和社会振兴的士族子弟增长才干的重要措施,因为名儒大多集中于京师,同时在京师又可以尽快了解天下大势。诸葛瑾治《毛诗》、《尚书》、《左氏春秋》,也表现出了与其他儒生的不同。当时在琅邪地区,儒士多争习《易》学,且多注重《公羊春秋》与《谷梁春秋》。如孙虞、王同、梁丘父子等治《易》,伏理五世孙伏黯亦习《齐诗》,胡毋生、王中、公孙文、东门云、莞路等习《公羊春秋》,房凤等习《谷梁春秋》等,而诸葛瑾却治《毛诗》、《尚书》、《左氏春秋》。这说明他学习传承儒学,并非随波逐流,而是有所选择,有所侧重,而且力求多样。

诸葛瑾对儒学的践行主要体现在三个方面:

一是努力弘扬孝道,有"曾、闵"(曾子、闵子骞)之风。诸葛瑾在故乡以孝闻名,母亲去世时,他"居丧至孝",后来对继母又十分恭谨,很有曾、闵风范,颇得时人称誉。

二是努力践行与弘扬儒家的中庸之道,促进内外关系的平衡。如在处理与吴王孙权的关系时,诸葛瑾遵循中庸之道,言语颇有分寸。《三国志·诸葛瑾传》载,他"与权谈说谏喻,未尝切愕,微见风彩,粗陈指归,如有未合,则舍而及他,徐复托事造端,以物类相求,于是权意往往而释"。在处理同僚关系时,他本着以和为贵的原则,从不幸灾乐祸或乘人之危、落井下石,并尽量化解文臣武将与吴王孙权之间的矛盾,力促君臣间的和谐。在处理朱治、殷模、虞翻等人的问题时都是如此,很有颜回风范,故孙权赞曰:"孤意解矣。颜氏之德,使人加亲,岂谓此邪?"①在处理对外关系,例如对蜀国的关系时,他亦坚持"和"的原则。在刘备为报关羽之仇而倾全国之力伐吴时,孙权希望讲和,诸葛瑾曾写信给刘备,希望他能从兴复汉室的大局出发,分清轻重,罢兵言和。可惜刘备不听,以兵败而终。还有一点就是诸葛瑾在处理与其弟诸葛亮的关系时亦遵循"和而不同"的原则。据《三国志·诸葛瑾传》裴松之注引《江表传》载,孙权说:

孤尝语子瑜曰:"卿与孔明同产,且弟随兄,于义为顺,何以不留孔

___

① 《三国志》卷五十二《诸葛瑾传》,第1232页。

明? 孔明若留从卿者,孤当以书解玄德,意自随人耳。"子瑜答孤言:
"弟亮以失身于人,委质定分,义无二心。弟之不留,犹瑾之不往也。"①

在这里孙权的意思是要诸葛亮也到吴国,同为吴王之臣,诸葛瑾认为
不宜如此,兄弟二人应各事其主。这在一定程度上也是"和而不同"的
表现。

三是践行与弘扬儒家"先公后私"的原则。儒家以社会责任的实现为
人生价值的第一尺度,故提倡"以天下为己任",处事时要公私分明,先公后
私。诸葛瑾谨奉此道。建安十二年(207),他奉命出使蜀国时,"与其弟亮
俱公会相见,退无私面"②。即诸葛瑾谨守"大夫无私交"之义,兄弟间没有
私人往来。这充分表明他是一位公私分明、先公后私的人。

诸葛瑾对儒学的传承与践行,对吴国的发展起到了重要的作用。

(三) 诸葛亮对儒学的承传、践履与弘扬

诸葛亮出身于儒学世家,父兄皆治儒学,故其自幼即深受儒学影响。
后来他虽然亦涉猎道、法、名等诸家学说并付诸实践,但其思想主旨仍以儒
家为主。学术界对诸葛亮的思想主旨有不同认识,或谓儒体法用,或谓外
儒内法,或谓外法内儒等,这些都无法否定他在儒学传承、践行方面的重要
贡献。

同时还应看到,诸葛亮青少年时期所生活的琅邪地区和荆襄地区都是
儒学氛围十分浓厚的区域。荆襄地区是诸葛亮南渡之后居住与活动的主
要地区。当时由于该地区环境相对安定,加上荆州牧刘表"起立学校,博求
儒术"③,注意招揽人才,使人文荟萃,"鸿生巨儒,朝夕讲论","古典毕集,
充于州闾"④。"关西、兖、豫学士归者盖有千数,表安慰赈赡,皆得资全。"⑤
刘表又使綦母闿、宋忠等撰《五经章句》,令青年士子学习。这使荆襄地区

---

① 《三国志》卷五十二《诸葛瑾传》裴松之注引《江表传》,第 1233 页。
② 《三国志》卷五十二《诸葛瑾传》,第 1232 页。
③ 《后汉书》卷七十四下《刘表传》,第 2421 页。
④ (清) 王先谦:《后汉书集解·刘表传》引《镇南碑》,中华书局,1984 年,第 848 页。
⑤ 《后汉书》卷七十四下《刘表传》,第 2421 页。

成为当时全国儒学文化中心之一。在这样的环境里，诸葛亮的儒学水平大增。

诸葛亮在传承、践行儒学方面的业绩与贡献主要有以下几方面：

1. 笃信、遵循并践行儒家的"大一统"理念，为国家、民族的统一而鞠躬尽瘁，死而后已。

在我国，自西周初年的"普天之下，莫非王土；率土之滨，莫非王臣"，到春秋战国时期孔子的"天下有道"、孟子的"仁者无敌"、"兼济天下"，到荀子的"法先王，统礼义，一制度"、"以一持万"，国家、民族统一的理念，一直在逐步发展、丰富、深化。至秦汉时期，随着国家统一的实际形成，思想学术界更重视"一统"理念的阐述与弘扬。《春秋公羊传》隐公元年曰："何言乎王正月，大一统也。"明确提出了"大一统"的理念。西汉前期，董仲舒进一步发挥这一理念："《春秋》大一统者，天地之常经，古今之通谊也。"①自此以后，追求国家、民族的统一成为一切以天下为己任者为之终生奋斗的政治理想和目标。

应该说，诸葛亮从青年时期即已开始为实现这一理想和目标而不懈努力。著名的《隆中对》就是他为刘备集团设计的实现统一的行动纲领，明确提出了"兴复汉室"目标。

刘备集团的发展起初确如《隆中对》所规划的那样，从无立锥之地发展到占有荆、益二州，成为鼎立三国之一。夷陵之战失败后，诸葛亮及时调整了原来的跨有荆益、两路出兵北伐的战略方针，以攻为守，连年北伐，直到去世。这个过程充分表现了他对儒家的"大一统"之义的笃信、践行与弘扬。

2. 笃信并践行儒学的仁德、义礼、忠信等理论原则。

"仁"是儒学的核心思想，诸葛亮思想中"仁"的成分很明显，他恒以"仁"者自居，视曹操为"不仁"，他称刘备"迈仁树德"，称甘夫人"履行修仁"。他写的《为后帝伐魏诏》称："朕闻天地之道，福仁而祸淫；善积者昌，恶积者丧，古今常数也。是以汤、武修德而王，桀、纣极暴而亡。"②又说："昔

① 《汉书》卷五十六《董仲舒传》，第 2523 页。
② 《三国志》卷三十三《后主传》裴松之注引《诸葛亮集》，第 895 页。

在项羽,起不由德,虽处华夏,秉帝者之势,卒就汤镬,为后永戒。"①显然,在他看来,只有修仁修德才能取得事业的成功,表现了他对修德的重视。他还是一个很有仁爱之心的人,如他任蜀国丞相北伐曹魏时,率军出祁山,收降了陇西、南安郡。接着又围天水,拔冀城,并收降了大将姜维。属下纷纷祝贺,他却面色愀然而忧伤,并说:"普天之下,莫非汉民,国家威力未举,使百姓困于豺狼之吻。一夫有死,皆亮之罪,以此相贺,能不为愧。"②这是诸葛亮仁爱之心的自然流露。

诸葛亮十分重视儒学的"信"、"义"原则。他初见刘备时,即称赞刘氏"信义著于四海",这也是他投靠刘备并为之效力的基本原因之一。他以"信"、"义"为处事原则,如建兴九年(231),他在祁山与司马懿、张郃对阵,形势危急,但他仍坚持让士兵按时更番,参佐们劝其暂缓更代,诸葛亮答曰:"吾统武行师,以大信为本,得原失信,古人所惜;去者束装以待期,妻子鹤望而计日,虽临征难,义所不废。"这样做的结果是"去者感悦,愿留一战,住者愤踊,思致死命","一战大克,此信之由也"③。

诸葛亮在刘备死后,是蜀汉的实际掌权者,但他仍笃守君臣大义,按朝廷礼仪处理君臣关系,故能使君臣和谐,上下一心,国内稳定。其关键是诸葛亮能够始终如一地信奉与坚守儒学所规定的君臣之礼。

对于"忠",诸葛亮亦多次论及。史称他对"尽忠益时者虽仇必赏"。他认为,"人之忠也,犹鱼之有渊,鱼失水则死,人失忠则凶"④。他把"忠"当作一条约己择人的标准。如刘备在白帝城托孤时,诸葛亮曾涕泣曰:"臣敢竭股肱之力,效忠贞之节,继之以死!"⑤他称赞郭修之、费祎、董允"志虑忠纯";称蒋琬"托志忠雅";称姜维"忠勤时事";称陈震有"忠纯之性"。在《与张裔书》中称赞"忠壮者";在《与群下教》中提出要"集众思广忠益",希望群下皆能效徐元直、董幼宰"有忠于国",等等。

---

① 《三国志》卷三十五《诸葛亮传》裴松之注引《诸葛亮集》,第918页。
② 《三国志》卷三十五《诸葛亮传》裴松之注引郭冲四事,第922页。
③ 《三国志》卷三十五《诸葛亮传》裴松之注引郭冲五事,第926页。
④ 梁玉文等:《诸葛亮文译注·兵要》,巴蜀书社,1988年,第215页。
⑤ 《三国志》卷三十五《诸葛亮传》,第918页。

　　总之,诸葛亮的一生是笃信并践行儒家的仁、义、礼、忠、信的一生。他"受任于败军之际,奉命于危难之间",辅刘备,佐幼主,历危难,夙兴夜寐,奋斗不息,直至病逝军中,始终不渝,从未忘记传承与履行儒家的政治理想与道德规范。

　　3. 对儒家尚和、尚贤思想的继承与践履。

　　孔子及其弟子继承和发展了春秋以前学术界关于"和"的思想,明确提出了"和而不同"①的观点。诸葛亮继承之并用以处理刘备集团和蜀国的内政及对外关系。在陈寿所列的诸葛亮著作目录的 24 篇中,即有《贵和》一篇,说明诸葛亮不仅应用"和"的思想于实践,而且有关于"和"的理论著作,惜其文久佚,今已无法窥其全貌。在《隆中对》中,诸葛亮运用"和而不同"的思想分析时局,他所提出的战略思想之一即是"西和诸戎,南抚夷越,外结好孙权",这样,他对东、西、南三股势力皆采取了以"和"为主的方针。实践证明,这样做是正确的。在具体实践中,诸葛亮先有"联吴抗曹"之举后又发展为"联吴抗魏"的基本国策。

　　刘备死后,诸葛亮派一贯主张吴蜀和好的邓芝前往吴国,重新修好两国关系。公元 229 年孙权称帝。当时蜀国有些人以"正统"自居,斥孙权为"僭逆",主张与之绝交。诸葛亮说服众人后,派坚持吴蜀通好的陈震为使,前往祝贺。诸葛亮很欣赏陈震,曾与其兄诸葛瑾书称赞陈震说:"孝起(陈震的字)忠纯之性,老而益笃,及其赞述东西,欢乐和合,有可贵者。"②体现了诸葛亮对吴蜀继续保持和好政策的期望。

　　诸葛亮继承了儒家的用贤思想并付诸实践,他多次与人论及用贤的重要性,突出的如他论述前后汉兴衰的原因时曾说:"亲贤臣,远小人,此先汉所以兴隆也;亲小人,远贤臣,此后汉所以倾颓也。"③当然,历史上的前汉与后汉皆有兴隆与倾颓之时,而且兴衰原因并非完全在此一端。诸葛亮这样分析,目的是强调用贤的重要性。诸葛亮的贤人标准就是能否为兴复汉室、统一国家尽忠效力。凡能为此效力的,不论其出身低微或高贵,身在下

---

①《论语·子路》。
②《三国志》卷三十九《陈震传》,第 984—985 页。
③《三国志》卷三十五《诸葛亮传》,第 920 页。

位或高层以及对诸葛亮本身是亲是疏,资历深浅,诸葛亮都要根据其才能学识加以任用。相反者则加以贬斥。如李严、廖立等即属此种情况。他在蜀国的执政过程中,自始至终坚持了任人唯贤的原则。

4. 按照儒学倡导的"三纲领"、"八条目"修养人生。

《大学》提出了士人处世的"三纲领"即"大学之道,在明明德,在亲(新)民,在止于至善";"八条目"即格物、致知、诚意、正心、修身、齐家、治国、平天下。诸葛亮的一生就是按照"三纲领"、"八条目"的原则奋斗的,他不断追求政治人格、道德人格的完美,做到了立德、立功、立言,成为一代兴国安邦的能臣贤士,成为士人的典范,为后人留下了极为丰富的宝贵经验。当然诸葛亮的人生修养与奋斗过程,不纯粹是在儒学的主导下进行的,他在修身时参用"道家"思想,在治国时在相当大的程度上用法家思想。

诸葛亮在修养与践履儒学的过程中,不断按照儒学的要求追求自己人格的完美,纵观其一生,在这方面主要有:

一是志存高远。

他在诚意、正心、修身、齐家的过程中,强调立志特别是树立与保持高远之志的重要,提出了"志当存高远"的著名论断。

《三国志·诸葛亮传》裴松之注引《魏略》曰:

> 亮在荆州,以建安初与颍川石广元、徐元直、汝南孟公威等俱游学,三人务于精熟,而亮独观其大略。每晨夜从容,常抱膝长啸,而谓三人曰:"卿三人仕进可至刺史郡守也。"三人问其所至,亮但笑而不言。①

"亮但笑而不言",是因为诸葛亮有大志而当时不便说出。另外,与高远之志相联系的是诸葛亮读书方法的特别,"独观其大略"是指站在历史发展的新的起点或新的高度上,从总体上理解把握书意,汲取书的有利于经国济民的有益成分。因此,诸葛亮的读书方法是与其高远之志相配

---

① 《三国志》卷三十五《诸葛亮传》裴松之注引《魏略》,第911页。

合的。

　　志存高远的另一层含义是，不但要树立高远之志，而且要"揭然有所存，恻然有所感"①，即时刻不忘，时刻为之奋斗。人类意识形态发展的历史表明：志向、理想是一种强大的动力。诸葛亮后来的成功不能不说与他青年时期的高远之志有密切关系。

　　二是忠公为国。

　　诸葛亮在其人生修养与实践儒学的道路上，一直公而忘私，忠贞为国。

　　孔子的"仁"学，由"爱人"而推及爱国、爱家、爱物，把社会责任当作衡量人生价值的首要尺度，要求士人以天下为己任，提倡大公无私、先公后私、公忠为国、公而忘私等道德理念。诸葛亮继承并弘扬了这种道德理念。如：孙叔敖是春秋时期的楚国名相，他勤于国事，生活上极为俭朴，史称他"栈车牝马，粝饼菜羹"②。因不治产业，死后其子孙贫不能自给。诸葛亮发布教令，称其贤良，令官员效法，以倡导和培育忠公为国的风气。诸葛亮个人处事也公私分明，他除正当俸禄外，不特治产业，与李严书称："今蓄财无余，妾无副服。"③又上表后主云："至于臣在外任，无别调度，随身衣食，悉仰于官，不别治生，以长尺寸。若臣死之日，不使内有余帛，外有赢财，以负陛下。"④这说明，他坚守公私分明的原则，生活上以俭朴为荣。

　　除生活上的俭朴之外，诸葛亮在平时处事时，亦注意做到公私分明。陈寿称诸葛亮"用心平"，习凿齿以水和镜赞誉诸葛亮之公平："水至平而邪者取法，镜至明而丑者无怒，水镜之所以能穷物而无怨者，以其无私也。"⑤诸葛亮亦自谓"吾心如秤"，即公平无偏之义。

　　在处理君臣关系上，诸葛亮始终坚持公忠为国的原则，因而效果较好。唐人沈迥认为，历史上伊尹相汤、吕望兴周、夷吾霸齐、乐毅昌燕，都是"君臣合德，兴造功业"的著名事例，但从某一方面来说，比之诸葛亮的业绩尚

① 张连科、管淑珍：《诸葛亮集校注·诫外生书》，天津古籍出版社，2008年，第111页。
② 《韩非子·外储说左下》。
③ 张连科、管淑珍：《诸葛亮集校注·又与李严书》，第89页。
④ 《三国志》卷三十五《诸葛亮传》，第927页。
⑤ 《三国志》卷四十《李严传》裴松之注引，第1001页。

有逊色。① 唐人尚驰认为在处理君臣关系方面,诸葛亮超过了历史上的周公、召公。诸葛亮"权倾一国"达二十余年,"职为臣,行令如君,其名近嫌也",后主"位为君,事臣如父,其形近猜也";历史上周公如此辅佐成王,引起"三监"不满,因之发生内乱,成王后来启金縢之诰,始明周公忠君忠国的真相;而诸葛亮"竟能上不生疑心,下不兴流言"②,连刘禅也放心地说"政由葛氏,祭则寡人"③。如果不是事事出以公心、忠贞为国,是不会出现这样的局面的。

三是谨慎谦虚,勤于职守。《论语·学而》要求君子"敏于事而慎于言";《论语·子路》又要求君子"居处恭,执事敬",这些优秀的道德品质在后世得到了继承与弘扬。诸葛亮在这方面堪称楷模。他"一生唯谨慎"(李贽语),曾自称:"先帝知臣谨慎,故临崩寄臣以大事也。受命以来,夙夜忧叹。"④他又要求部下处处谨慎从事,"贵之而不骄,危之而不专,扶之而不隐,危之而不惧"⑤。

与谨慎相联系的是谦虚和善纳人言。诸葛亮位极人臣,但从无骄傲之色,他一方面有恢宏的气度,时时以兴复汉室、统一全国为己任;另一方面又不断查补自己的阙漏之处,认为自己"性鄙薄"、"卑鄙"、"弱才"、"任重才轻,故多阙漏"、"恤事多暗"、"阇于知人"。因此,他多次鼓励部下直言进谏,勤攻己阙。

谦虚又与严于律己联系在一起。严于律己也是儒学在个人修养方面的要求之一。曾子的"三省"、"慎独"等都体现了这一点。诸葛亮亦继承之并加以弘扬。如街亭之役失败,他上疏自贬等。

诸葛亮在儒学的传承与践行方面皆可用"卓越"二字来概括。他有很深的儒学造诣,并根据时代的需要对儒学进行了创新,特别是在如何处理

---

① 参见沈迥:《武侯庙碑铭并序》,张连科、管淑珍:《诸葛亮集校注》附录《古代著名人物评论选辑》,第365页。
② 尚驰:《诸葛武侯庙碑铭》,张连科、管淑珍:《诸葛亮集校注》附录《古代著名人物评论选辑》,第359页。
③ 《三国志》卷三十三《后主传》裴松之注引《魏略》,第894页。
④ 《三国志》卷三十五《诸葛亮传》,第920页。
⑤ 梁玉文等:《诸葛亮文译注·兵要》,第217页。

儒学与其他各家学说的关系方面,他作出了新的探索与贡献,创造了适合三国时期蜀国情况的模式。正如晋人陈寿所说:"然其声教遗言,皆经事综物,公诚之心,形于文墨,足以知其人之意理,而有补于当世。"①实际上,诸葛亮的许多思想至今仍值得认真研究、总结和汲取。

（四）诸葛诞对儒学的传承与弘扬

诸葛诞在儒学的学习和践履方面,虽然不如诸葛瑾及诸葛亮,但由于他出身于儒学世家,所以对儒学的仁、义、孝、忠、节等理念原则亦了然于胸,在儒学的传承和践行方面,仍然有值得称道之处。如,他在初为官时曾认真践行儒家关于舍生取义的理念。在与仆射杜畿陶河试船时,遇到大风,船翻没入水。士兵闻讯,前来救正处危急中的诸葛诞,诸葛诞却命令士兵先去救杜畿。在面临死亡威胁时,诸葛诞毅然把生的机会让给别人,说明此人不愧为"舍生取义"、"杀身成仁"这一理念的忠实践行者。

据《三国志·诸葛诞传》载,诸葛诞为吏部郎时,"人有所属托,辄显其言而承用之,后有当否,则公议其得失以为褒贬,自是群僚莫不慎其所举"②。即他在朝廷任吏部郎时,有嘱托他安排某人职务时,他总是把嘱托者的话公开,然后任用其所推荐的人,并公开评议被任用者的成绩与失误,以实绩决定被评议者的晋升或降职。从此以后,在诸葛诞面前,官员们再也没有不慎重对待推荐问题的了。

儒家主张在不废亲亲的原则下举贤才。如何举贤人,孟子说:"左右皆曰贤,未可也;诸大夫皆曰贤,未可也;国人皆曰贤,然后察之;见贤焉,然后用之。左右皆曰不可,勿听;诸大夫皆曰不可,勿听;国人皆曰不可,然后察之;见不可焉,然后去之。"③孟子的思想是继承了孔子的思想而加以发挥。《论语·卫灵公》记孔子曰:"众恶之,必察焉;众好之,必察焉。"这里提醒人们在选拔人才时,不可盲从他人,必须予以实际考察,然后才能决定如何对待。诸葛诞在吏部的做法是对孟子上述思想的继承。他的选官法有较大的公开性与公正性,对优化当时的官员队伍,无疑起到了良好的作用,同时

---

① 《三国志》卷三十五《诸葛亮传》,第931页。
② 《三国志》卷二十八《诸葛诞传》,第769页。
③ 《孟子·梁惠王下》。

对买官、卖官等不正之风也起到了一定的抑制作用。

诸葛诞在魏国,从任尚书郎、县令起,后任吏部郎、御史中丞尚书、扬州刺史。司马氏在夺取曹魏政权的过程中,曾想利用诸葛诞的力量,多次对诸葛诞封官封赏。诸葛诞也曾为司马氏镇压了反对势力。但当诸葛诞认识到了司马氏的篡代阴谋后,转而扩充军队,对抗司马氏集团。结果诸葛诞兵败被夷三族。在诸葛诞死后,他手下的数百名士兵,坚决不投降,都说:"为诸葛公死,不恨。"①这说明他还是颇得人心的。对诸葛诞"麾下数百人,坐不降见斩",裴松之注引干宝《晋纪》曰:"数百人拱手为列,每斩一人,辄降之,竟不变,至尽,时人比之田横。"即数百人拱手排成一列,每斩杀一人,就劝剩下的人投降,到底没有一个人改变想法,以致于被全部斩杀,当时的人将他们比作田横。

南朝刘义庆在《世说新语·品藻》中持"蜀得其龙,吴得其虎,魏得其狗"论,说明他也承认并赞赏诸葛诞的忠诚。

应该说,诸葛诞的忠于曹魏而"不识时务"、不愿转而投靠司马氏门下,是儒家忠君思想影响的结果。当然,诸葛诞忠于其主或背叛其主,对历史的发展影响甚微,但就诸葛诞本人而言,面对司马氏对曹魏的公然背叛,忠于其主或比背叛其主略有可取之处。

（五）诸葛恪、诸葛瞻、诸葛靓、诸葛恢对儒学的传承与践行。

1. 诸葛恪对儒学的传承与践行

诸葛恪由于出身儒学世家,又受到父亲诸葛瑾和叔父诸葛亮的教诲与影响,故善于运用儒学原理处理若干重大政治、军事事务。

首先,诸葛恪以"和"的方法处理山越问题。

吴国的丹杨郡处于崇山峻岭之中,其居民主要是古代越人后裔。许多罪犯也进入这一地区。他们与山越人一起,"时观间隙,出为寇盗"②。吴国当政者曾多次发兵征伐,但由于丹杨郡与吴郡、会稽、新都、鄱阳四郡相连,"周旋数千里,山谷万重"③,所以,军事手段很难奏效。诸葛恪认为,不用军

---

① 《三国志》卷二十八《诸葛诞传》,第773页。
② 《三国志》卷六十四《诸葛恪传》,第1431页。
③ 《三国志》卷六十四《诸葛恪传》,第1431页。

事手段,也可以解决这一难题,所以多次要求到那里做官,自称三年可以从那里征发四万甲士。不久,孙权即任命诸葛恪为抚越将军,领丹杨郡太守。

诸葛恪到任后,即通知与丹杨相邻的四郡下属的地方官员,"各保其疆界,明立部伍,其从化平民,悉令屯居"①。然后,又命令自己的部下分兵把守各个险阻之处,并修缮篱笆围墙,但不与山越人交锋。等山越人种的庄稼成熟之后,即纵兵抢收,一点也不留下。这样使山越人吃完了往年的粮食后,一点也没有新粮增加,因之饥饿的威胁越来越严重,有些山民坚持不住,就逐渐出山向吴军投降。此时,诸葛恪及时告诫部下:"山民去恶从化,皆当抚慰,徙出外县,不得嫌疑,有所执拘。"②有白阳地方长官胡伉把出山投降的一个叫周遗的山越人逮捕送到丹杨府,因为周遗原来曾作恶多端。诸葛恪认为胡伉的做法违反了自己的教令,影响了解决山越的大局,于是下令将胡伉斩首示众,并将此事向孙权作了回报。

山越民众听说此事后,知道吴国官府只是要求他们出山而已,"于是老幼相携而出"③。这样持续了一年,各部山越人都出山了。诸葛恪从中选拔了一万余人补充到自己的军队中,其他的分配给诸将。

诸葛恪利用"和"的手段,"兵不染锷,甲不沾汗",却取得了"元恶既枭,种党归义,荡涤山薮,献戎十万"④的成果,这使孙权十分高兴,他除派尚书仆射慰劳军队外,还任诸葛恪为威北将军,封都乡侯。

诸葛恪运用"和"的方法处理山越问题,是他对儒学"和"的理论原则的传承与践行。实际上也是他受其叔父诸葛亮《隆中对》所提出的"西和诸戎,南抚夷越"影响的结果。

其次,诸葛恪在用人问题上,反对求全责备、纤微相责。

儒家认为,人皆有过,故对人应赦小过看大节,不可以求全责备,纤微相责。这些思想为诸葛恪所继承与弘扬。

吴赤乌年间(238—247),诸葛恪曾与陆逊讨论用人问题,其中涉及如

---

① 《三国志》卷六十四《诸葛恪传》,第1431页。
② 《三国志》卷六十四《诸葛恪传》,第1431页。
③ 《三国志》卷六十四《诸葛恪传》,第1431页。
④ 《三国志》卷六十四《诸葛恪传》,第1432页。

何看待人的过错与不足问题。他说：

> 愚以为君子不求备于一人，自孔氏门徒大数三千，其见异者七十
> 二人，至于子张、子路、子贡等七十之徒，亚圣之德，然犹各有所短，师
> 辟由喭，赐不受命，岂况下此而无所阙？且仲尼不以数子之不备而引
> 以为友，不以人所短弃其所长也。①

在以上一段中，诸葛恪首先提出了"君子不求备于一人"的观点，然后
用孔子如何正确对待各有不足的弟子这一历史事实，来论证自己观点的正
确。孔子的弟子子张、子路、子贡虽皆有"亚圣之德"，但也都各有不足，孔
子即说过："柴也愚，参也鲁，师也辟，由也喭。"②"回也其庶乎，屡空。赐不
受命而货殖焉，亿则屡中。"③意思是高柴愚笨，曾参迟钝，颛孙师（子张）偏
激，仲由（子路）浮躁鲁莽。颜回心性修养差不多了，聪慧但十分穷困。端
木赐（子贡）不安守天命，而去经商④，以至于"七十子之徒，赐最为饶"⑤，
"家累千金"⑥，经济上颇有成就。在这里，诸葛恪只引用了子张、子路、子贡
的有关情况，说明孔子并未因弟子有缺点就看不到他们的长处，对弟子不
求全责备，不会因为他们有缺点，就不承认他们的长处而排斥他们。诸葛
恪举出孔子的例子，是很有说服力的。

诸葛恪还说：

> 当今取士，宜宽于往古，何者？时务从横，而善人单少，国家职司，
> 常苦不充。苟令性不邪恶，志在陈力，便可奖就，骋其所任。若于小小

---

① 《三国志》卷六十四《诸葛恪传》，第 1432 页。
② 《论语·先进》。
③ 《论语·先进》。
④ 对"货殖"一词的注释，大多数学者解"经商"，而《韩李笔解》云："'货'当为'资'、'殖'当为
　'权'，字之误也。""货殖"，黄怀信先生校作"资□"，谓"殖"当是"睿"字之类，而解为"资质聪
　颖"。参看黄怀信：《论语汇校集释》，上海古籍出版社，2008 年，第 1007—1008 页。本文作者采
　用"经商"之意。
⑤ 《汉书》卷九十一《货殖传》，第 3684 页。
⑥ 《史记》卷六十七《仲尼弟子列传》，第 2201 页。

宜适，私行不足，皆宜阔略，不足缕责。且士诚不可纤论苛克，苛克则彼贤圣犹将不全，况其出入者邪？故曰以道望人则难，以人望人则易，贤愚可知。①

这一段是说，在现实生活中，对人不可苛求细责，只要不是恶人，愿意为国家效力，就应该予以鼓励安置，使其在一定职务上充分发挥作用。对小人的缺点错误，应宽容一些，不要抓住不放，即使是圣贤，细细考察起来，也不是没有缺点。所以说，用最高标准要求求人，那就很难有好人；用现实中人相互比较，那就容易找到好人，也容易分辨贤愚。

诸葛恪又说：

自汉末以来，中国士大夫如许子将辈，所以更相谤讪，或至于祸，原其本起，非为大仇，惟坐克己不能尽如礼，而责人专以正义。夫己不如礼，则人不服。责人以正义，则人不堪。内不服其行，外不堪其责，则不得不相怨。相怨一生，则小人得容其间。得容其间，则三至之言，浸润之谮，纷错交至，虽使至明至亲者处之，犹难以自定，况己为隙，且未能明者乎？……夫不舍小过，纤微相责，久乃至于家户为怨，一国无复全行之士也。②

本段结合东汉末年在士人中品评人物出现若干问题的事实，进一步说明对人不可纤微相责，要舍其小过，看其大节，更不能责人以理想的标准，责己却宽泛无边。那样只能造成矛盾，让坏人渔利。

文中所说的许子将，名许劭，汝南平舆人也。《后汉书》卷六十八有传。"三至之言"即谣言，《战国策·秦策二》记述，有谣言说"曾子杀人"，第一、二次时曾母不信，在谣言"三至"时，曾母亦对儿子产生怀疑，投杼逾墙而走。"浸润之谮"语出《论语·颜渊》，指逐渐渗透的毁谤之言。

再次，诸葛恪对吴国政治经济的改良。

---

① 《三国志》卷六十四《诸葛恪传》，第1433页。
② 《三国志》卷六十四《诸葛恪传》，第1433页。

孙权病重时,以诸葛恪为大将军领太子太傅,与孙弘、滕胤、吕据、孙峻共同辅佐太子,"诸事一统于恪"。诸葛恪辅政后,积极采取措施,缓和孙权晚年的矛盾,改良政治、经济。这些措施主要有"罢视听,息校官,原逋责,除关税"①等。

"罢视听"就是罢除宫中歌舞音乐等原供皇帝声色之娱的设施、人员,以减少国家的开支,从而减轻人民的负担。

"息校官"就是停止原来监视臣民的校事官。在三国时期,魏、吴二国的统治者为加强对臣下的控制,派专人对他们进行刺探、侦察、监视。清俞正燮《癸巳存稿》卷七"校事"条曰:"魏、吴有校事官,似北魏之候官,明之厂卫。……或谓之典校,或谓之校曹,或谓之校郎,或谓之校官。"清杨晨认为魏、吴校事性质不同,将吴校事隶属于中书,并且说:"盖官中书郎而任校事耳。"②唐长孺认为:

> 曹操所置校事,专主刺举。孙权所置校事,其职务是"典校诸官府及州郡文书",属中书,所以称为"中书典校"。典校郎,虽也刺举群臣,名义上却是中书审查文书的郎官,与魏之校事稍有不同。③

吴所置校事,其职在于典校诸官府及州郡文书,属中书,虽刺举群臣,名义上却是中书审查文书的郎官,与魏之校事稍有不同。校官常无中生有,诬告大臣,孙权晚年又疑心重重,所以校事官的诬告往往得逞。孙权特别信任校事吕壹,"壹性苛惨,用法深刻。太子登数谏,权不纳"④。所以连大将军顾雍、诸葛瑾、步骘、朱然、吕岱等都对校事颇感忌恨。后来吕壹的罪行被揭发,因而伏诛。孙权曾引咎自责,他又派官去征求诸葛瑾、步骘等人的意见,诸葛瑾等仍心有余悸,"各自以不掌民事,不肯便有所陈"⑤,这又

---

① 《三国志》卷六十四《诸葛恪传》,第 1434 页。
② (清)杨晨:《三国会要》卷九《职官上》,中华书局,1956 年。
③ 唐长孺:《吐鲁番文书中所见高昌郡县行政制度》,《山居存稿》,中华书局,1989 年,第 349 页。
④ 《三国志》卷四十七《吴主传》,第 1142 页。
⑤ 《三国志》卷四十七《吴主传》,第 1142 页。

受到孙权的指责。诸葛恪废除校事,给了吴国官员一个比较宽松的从政环境,当然会受到欢迎。至孙皓执政时,校事又被恢复,但吴国也很快灭亡了。

"原逋责",责即"债","逋责"即宽放逃债,废除欠债。吴国的下层劳动人民负担沉重,经常欠债。诸葛恪的这一措施,无疑受到广大劳动者的欢迎。

"除关税"就是废除部分关税,减轻工商业者的负担,有利于手工业商业的发展。

诸葛恪的改革,体现了儒家改良政治,反对过分剥削人们的思想,也体现了儒家在君臣关系上臣事君以忠,君待臣以礼的观念。

最后,诸葛恪为实现民族的"大一统"而献身。

诸葛恪深深受到《春秋》"大一统"之义的影响,在受命辅政之后,他想集中吴国的全部力量,并取得蜀国的配合,以消灭魏国,实现国家统一。

建兴元年(252),诸葛恪率众修建孙权时已开始的水利工程,恰在这时,魏国派胡遵和诸葛恪的族叔诸葛诞率军 7 万来攻,并企图破坏吴国的水利工程。诸葛恪率军与魏军作战,结果把魏军打得大败。诸葛恪因功进封为阳都侯,加荆扬州牧,督中外诸军事。

此后,诸葛恪更加坚定了"统一"的决心,但也产生了轻敌之心。第二年又要出兵,众臣力劝,诸葛恪不听,并著长篇文章说明攻打魏国的必要性,表现了统一全国的雄心壮志。其中有"近见家叔父表陈与贼争竞之计,未尝不喟然叹息也"[1]一句,这可能是指诸葛亮的《后出师表》。诸葛恪是要借诸葛亮鞠躬尽瘁一事来激励吴国君臣,以便继续与魏国作战。

诸葛恪继续攻打魏国的计划没有得到吴国众臣的支持,但他仍"违众出军,大发州郡二十万众,百姓骚动,始失人心"[2]。诸葛恪率军攻魏,"意欲曜威淮南,驱略民人",后来围攻魏国的新城,结果"攻守连月,城不拔。士卒疲劳",继之出现饮水问题,士卒病者大半,死伤甚众。诸葛恪不准人谈及此事,对有不同意见者,大加排斥,后在吴国朝廷催促下退军。曾与诸葛恪一起受命辅政的太子太傅、武威将军孙峻见有机可乘,于是与继位的孙

---

① 《三国志》卷六十四《诸葛恪传》,第 1437 页。
② 《三国志》卷六十四《诸葛恪传》,第 1437 页。

亮策划,于建兴二年(353)十月,设计杀死诸葛恪。直到永安元年(258),孙休即位并清除了孙峻等人的势力后,才宣布为诸葛恪平反昭雪。

应该说,诸葛恪坚持《春秋》"大一统"之义,希望尽快统一全国,没有错;但他轻敌冒进是不对的。

2. 诸葛瞻父子杀身成仁。

景耀六年(263)冬,诸葛瞻率军奋力抵抗魏国征西将军邓艾,激战后壮烈殉国,他的长子诸葛尚,亦同时阵亡。《三国志·诸葛亮传》附《诸葛瞻传》裴松之注引《华阳国志》记述诸葛尚殉国的情况:

> 尚叹曰:"父子荷国重恩,不早斩黄皓,以致倾败,用生何为!"乃驰赴魏军而死。①

对于诸葛瞻、诸葛尚父子践履儒学"杀身成仁"的壮烈事迹,时人予以崇高评价。晋干宝曰:

> 瞻虽智不足以扶危,勇不足以拒敌,而能外不负国,内不改父之志,忠孝存焉。②

《晋泰始起居注》记晋武帝司马炎的诏书曰:

> 诸葛亮在蜀,尽其心力,其子瞻临难而死义,天下之善一也。③

以上两条是与蜀国敌对的晋朝君臣的评价,可见"杀身成仁"、"尽忠"、"尽孝"等道德规范,具有普遍的民族性。

3. 诸葛靓思忠孝信并不降其志。

诸葛诞在起兵反对司马氏集团时,曾把自己的少子诸葛靓委质于吴,

---

① 《三国志》卷三十五《诸葛亮传》附《诸葛瞻传》裴松之注引《华阳国志》,第932页。
② 《三国志》卷三十五《诸葛亮传》附《诸葛瞻传》裴松之注引干宝语,第932页。
③ 《三国志》卷三十五《诸葛亮传》附《诸葛瞻传》裴松之注引《晋泰始起居注》,第932页。

故诸葛诞被夷三族时,诸葛靓安然无恙。诸葛靓在吴国官至大司马。《世说新语·言语》载:

> 诸葛靓在吴,于朝堂大会。孙皓问:"卿字仲思,为何所思?"对曰:"在家思孝,事君思忠,朋友思信,如斯而已。"

显然,诸葛靓是儒家之徒。

晋灭吴后,诸葛靓隐匿不出,司马炎任命他为侍中,诸葛靓坚决推辞不受,并终生不面向西晋朝廷所在的方向而坐。

诸葛靓坚决不愿出仕于晋,又终生不向朝廷而坐,这正表现了儒家所提出的"不降其志,不辱其身"①的气节。

4. 诸葛恢主张"尊五美,屏四恶"。

诸葛恢字道明,随琅邪王司马睿渡江,其名声仅次于王导、庾亮。随司马睿渡江的还有颍川的荀闿,字道明;陈留的蔡谟,字道明,这二人名声也较高。时人称他们三人是"中兴三明",并评论说:"京都三明各有名,蔡氏儒雅荀葛清。"②"清"的意思是清正廉明,可见诸葛恢继续了儒家倡导的清廉美德。

诸葛恢在上任会稽太守前曾说:"今天下丧乱,风俗陵迟,宜尊五美,屏四恶,进忠实,退浮华。"③司马睿深表同意。

这里说的"尊五美,屏四恶",语出《论语·尧曰》,原文是:

> 子张问于孔子曰:"何如,斯可以从政矣?"子曰:"尊五美,屏四恶,斯可以从政矣。"子张曰:"何谓五美?"子曰:"君子惠而不费,劳而不怨,欲而不贪,泰而不骄,威而不猛。"子张曰:"何谓惠而不费?"子曰:"因民之所利而利之,斯不亦惠而不费乎? 择可劳而劳之,又谁怨? 欲仁而得仁,又焉贪? 君子无众寡,无小大,无敢慢,斯不亦泰而不骄乎?

---

① 《论语·微子》。
② 《晋书》卷七十七《诸葛恢传》,第 2042 页。
③ 《晋书》卷七十七《诸葛恢传》,第 2042 页。

君子正其衣冠,尊其瞻视,俨然人望而畏之,斯不亦威而不猛乎?"子张曰:"何谓四恶?"子曰:"不教而杀谓之虐,不戒视成谓之暴,慢令致期谓之贼,犹之与人也,出纳之吝,谓之有司。"

以上是孔子回答子张所提问的如何从政以及什么是"尊五美,屏四恶"的问题。孔子认为,在乱世之中,一个君子要想治理好一方,必须做到"尊五美",即恪守五条好的原则,即:第一,惠及百姓而又不造成国家的浪费。孔子提出要想做到这一条,必须"因民之所利而利之",即按人们的愿望去做,使人民得到实惠。第二,劳而不怨,即使人民付出劳动,但无怨言,孔子又解释说要想做到这一点,必须选择那些人民愿意付出劳动的事,即与他们利益攸关的事,让他们劳动,就不会有怨言。第三,欲而不贪,即有正当合理的欲望,但不贪婪。孔子解释说:"本来是想办好事,结果把好事办成了,又怎么会贪腐呢?"第四,泰而不骄,即强大自尊而不骄傲。孔子又解释说,君子无论对付众或寡、小或大都不敢怠慢,这不就是泰而不骄吗? 第五,威而不猛,即威严而不凶猛。孔子又解释说,君子衣冠整洁,合乎礼制,目光高远而不斜视,形象庄重使人敬畏,这不就是威而不猛吗?

同时还须做到屏除四恶:第一,对人们不教化而随意杀戮,这就是残虐;第二,对人民事先不告诫而只看最后的结果,这就是暴政;第三,平日放松进度而突然到了最后限制,这就是害人;第四,给人东西时,犹豫、吝啬,这就是小家子气。只有屏除四恶才能成为君子,也才能搞好与人民群众的关系。

三国时期也是乱世,诸葛恢要践行孔子的"尊五美,屏四恶",是有积极意义的。

## 二、博采众长,应对时务

诸葛氏除以儒学的传承、践履传家之外,还根据时世的变化,博采众长,以应对时务。这方面诸葛亮是一个代表人物。

诸葛亮所处的东汉末年,由于多种因素的作用,出现了儒学相对衰落的局面,《三国志·王肃传》裴松之注引《魏略》载,当时"天下分崩,人怀苟且,纲纪既衰,儒道尤甚"①。因而儒学之外的法术刑名等学说得到迅速发展的机会。诸葛亮分析诸家学说的利弊,说:"老子长于养性,不可以临危难。商鞅长于理法,不可以从教化。苏张长于驰辞,不可以结盟誓。白起长于攻取,不可以广众。"②对道家、法家、纵横家、兵家等都进行了分析,指出了其各自的短长,为其博采众长、应对时务提供了基础。

(一) 对道家思想的汲取运用

诸葛亮认为道家老子的学说长于养性,因此他把道家学说首先用于"修身",提出了"静以修身"的修养方法。

"静"这一哲学范畴,最早是由老子提出的,《老子》上篇有"致虚极,守静笃"的主张,《老子》下篇又有"清静以为天下正"的理念。把"静"的理念应用于治国,提出了"无为而治"的方法。庄子进一步发挥,提出了"虚静恬淡寂漠无为者,天地之平而道德之至"③的观念。

处于老庄之间的宋钘,把老子的"少私寡欲","致虚极,守静笃"的观点加以发挥,提出了"虚壹而静"的认识方法和修身之道。他认为心无欲者,"夫心无欲者,物过而目不见,声至而耳不闻也","毋先物动,以观其则。动则失位,静乃自得"④。诸葛亮显然赞同这些观点,这在《诫子书》、《诫外生书》中不难看出。

《诫子书》曰:

> 夫君子之行,静以修身,俭以养德,非澹泊无以明志,非宁静无以致远。夫学须静也,才须学也,非学无以广才,非志无以成学。⑤

在这里,对"静"的重要意义的认识,与老、庄、宋一脉相承。该篇又云:"淫慢则不能励精,险躁则不能治性。"这显然是"静则得之,躁则失之"⑥等

---

① 《三国志》卷十三《王朗传》附《王肃传》裴松之注引,第 420 页。
② 梁玉文等:《诸葛亮文译注·论诸子》,第 237 页。
③ 《庄子·天道》。
④ 《管子·心术》,郭沫若认为此篇系宋钘所作。
⑤ 梁玉文等:《诸葛亮文译注·诫子书》,第 187 页。
⑥ 《管子·心术》。

思想的发挥。

诸葛亮自称的"苟全性命于乱世,不求闻达于诸侯",也是他遵奉道家的修身原则,宁静致远,不躁不急的表现。

诸葛亮不但用道家"静"的思想修身,而且也用于治国。他汲取了老子"无为而治"的思想,并接受战国时期道家之黄老派的主张,在"以法驭下"的同时,也重视"务农殖谷,闭关息民"①。

在处理君臣关系时,也注意引导后主刘禅"清心寡欲,约己爱民"②。后主的"政由葛氏,祭则寡人"③就是已经接受"无为而治"主张的表现。

当然,"虚"、"静"等概念虽然最早由道家提出,但是后来儒家、法家也接受了这一概念。如《荀子·解蔽》在认识方法上即提出"虚壹而静"的命题。有些法家人物也谈到"静"和"君道无为"的问题。这对诸葛亮也有影响。

（二）对法家思想的汲取应用

诸葛亮重视道家思想,但又认为它"不可以临危难",在汉末和三国鼎立的动乱之时,道家思想是很难独膺救世之重任的,故须求他家思想。当时魏武帝曹操明确提出"拨乱之政,以刑为先"④的观点,对此诸葛亮亦有同感。他认为,"孙武所以能制胜于天下者,用法明也。是以杨干乱法,魏绛戮其仆。四海分裂,兵交方始,若复废法,何用讨贼邪!"⑤这是他对法治重要性的认识。

诸葛亮分析、汲取了前人的法治成果,形成了自己的法治思想体系,主要有:

第一,审势行法,不避权贵。刘备入川后,诸葛亮以严法治国。法正谏曰:

---

① 《三国志》卷三十三《后主传》,第 894 页。
② 诸葛亮:《自表后主》,任继愈:《中华传世文选:古文渊鉴》(上册),吉林人民出版社,1998 年,第 440 页。
③ 《三国志》卷三十三《后主传》,裴松之注引《魏略》,第 894 页。
④ 《三国志》卷二十四《高柔传》,第 683—684 页。
⑤ 《三国志》卷三十九《马良传》附《马谡传》裴松之注引《襄阳记》,第 984 页。

　　昔高祖入关,约法三章,秦民知德,今君假借威力,跨据一州,初有其国,未垂惠抚;且客主之义,宜相降下,愿缓刑弛禁,以慰其望。①

　　诸葛亮不同意他的意见,在答《法正书》中说明当时所处的形势已与高祖入关时的形势不同。当时的情况是,"刘璋暗弱,自焉已来有累世之恩,文法羁縻,互相承奉,德政不举,威刑不肃"。而当地的豪强官僚"专权自恣,君臣之道,渐以陵替"。在这种情况下,如果约法省禁,那么问题就会更加严重,因此,"吾今威之以法,法行则知恩,限之以爵,爵加则知荣;荣恩并济,上下有节。为治之要,于斯而著"②。实践证明诸葛亮的做法是正确的。

　　第二,行法注意宣传。陈寿谓之"劝戒明",或谓"教令为先,诛罚为后"③。当然,其中也有儒家思想的成分。他不但在一般臣民中宣传法治思想,而且还以法家学说教育皇室子弟。如在诸葛亮提倡下,刘禅不但读《汉书》、《礼记》,还学习《商君书》、《六韬》等法家、兵家著作,诸葛亮又专门为他抄写了《申子》、《韩非》、《管子》等法家著作。这清楚地表明诸葛亮重视与取用法家,并注重法治的宣传。

　　第三,执法既严格,不以私亲废国法,又有适当的灵活性。著名的例子是对马谡失街亭的处理和对法正的宽容。马谡是诸葛亮最器重的人物之一,且与之交情甚笃。但在马谡失街亭后,虽有多人说情,诸葛亮仍予以严惩。虽然目前对此事的评价尚有分歧,但诸葛亮不因私亲而废法的做法,则是应该充分肯定的。事后诸葛亮上表检讨"不能训章明法"和"明不知人,恤事多暗"的错误,并请自贬三等,表明了诸葛亮严于律己、勇于承认错误的精神。

　　诸葛亮在坚持"以法驭下"的原则下,处事也有适当的灵活性,如法正在任蜀郡太守后,"一飱之德,睚眦之怨,无不报复,擅杀毁伤己者数人"④。

---

① 《三国志》卷三十五《诸葛亮传》裴松之注引郭冲一事,第917页。
② 《三国志》卷三十五《诸葛亮传》裴松之注引郭冲一事,第917页。
③ 张连科、管淑珍:《诸葛亮集校注·便宜十六策·教令》,第263页。
④ 《三国志》卷三十七《法正传》,第960页。

有人建议诸葛亮报请刘备予以严惩。但诸葛亮从大局出发,讲明了法正对建立蜀国的贡献和对刘备集团的重要作用,极力缓和与化解有关矛盾,表现了执法的灵活性。这也说明,诸葛亮是一位思想与处事皆成熟的政治家。

第四,注重成文法典的修订。陈寿所列《诸葛氏集目录》,共 24 篇,其中有《综核》二篇,《法检》二篇,《科令》二篇,《军令》三篇。诸葛亮对蜀汉法典的制定贡献较大。

实践证明,诸葛亮在以儒学为主导思想的同时,汲取法家思想,用之于治国治政治军,对于蜀国的稳定与发展,起到了重要作用。

（三）对兵学的汲取应用

诸葛亮与其兄诸葛瑾、弟诸葛诞及子侄辈之诸葛恪、诸葛瞻等皆曾率军与敌作战,其行军、布阵、进攻、退守皆有章法。因此,兵学也是诸葛氏家族数代相传的家学内容之一。仍以诸葛亮为例说明。

1. 在战争与国家的关系等问题上,认真汲取前代兵学知识。

战争是敌对双方政治、经济、军事等综合力量的较量,不是单纯的军事行为。在诸葛亮之前的兵学家已认识到这一点。如《孙子兵法·始计篇》曰:"兵者,国之大事,死生之地,存亡之道,不可不察也。"《左传》成公十三年曰:"国之大事,在祀与戎。"这说明战争是关系到国家兴衰存亡的大事。《孙子兵法·作战篇》曰:

> 凡用兵之法,驰车千驷,革车千乘,带甲十万,千里馈粮;则内外之费,宾客之用,胶漆之材,车甲之奉,日费千金,然后十万之师举矣。

这说明战争是以经济为基础的。

诸葛亮汲取前人的认识,针对东汉末年国家分裂、群雄割据的局面,认为战争是扫灭群雄,恢复国家统一的主要手段。例如,他在《隆中对》中,分析了曹操、孙权的情况后,提出了跨有荆、益二州,西和诸戎,南抚夷越,外结好孙权,内修政理,然后从荆、益二州同时出兵北伐,达到"汉室可兴"、"霸业可成"的目的。也就是说,只有通过战争手段,才能使"汉室可兴"、

"霸业可成"。

诸葛亮十分重视战争与经济的关系问题。据《三国志·诸葛亮传》注引《魏略》称：诸葛亮在初入刘备集团后，即提出：

> 今荆州非少人也，而著籍者寡，平居发调，则人心不悦；可语镇南，令国中凡有游户，皆使自实，因录以益众可也。

这说明诸葛亮很早就认识到社会生产的发展、经济的繁荣对战争的胜利具有重要作用。

在《隆中对》中，诸葛亮分析荆、益二州的情况时，亦把两地的经济状况作为重要问题加以考虑，如谓益州"沃野千里，天府之土"，"民殷国富"等。

诸葛亮在蜀国执政与对魏北伐期间，更是十分重视经济的发展。他发展农业，重视水利，实行闭关息民，务殖农谷和分兵屯田的政策；他关注井盐、蜀锦等手工业生产，努力为北伐战争奠定良好的经济基础。

2. 认真汲取前代兵学的"上兵伐谋"思想，重视"人谋"的作用。

《孙子兵法》提出"上兵伐谋"的思想，诸葛亮继承并予以弘扬。他不仅重视天时、地利等因素的作用，而且十分重视"人谋"的作用。如《隆中对》载："曹操比于袁绍，则名微而众寡，然操遂能克绍，以弱为强者，非惟天时，抑亦人谋也。"刘备集团在诸葛亮的策划下，从无立锥之地到建立蜀汉政权的过程即多处显示了"人谋"的作用。在蜀汉建国后，从蜀魏两国当时对峙的客观条件看，无论从人力、物力、国土资源等条件看，蜀均不如魏，蜀国所以能维持40余年，与诸葛亮所制定的"伐谋"策略的实施是分不开的。建兴三年（225）诸葛亮征南中，也是一次以"伐谋"为主要内容的战争。诸葛亮接受马谡"攻心为上，攻城为下，心战为上，兵战为下"[1]的建议，对孟获七擒七纵，并迅速结束战争。历史证明，这是正确的。

---

[1]《三国志》卷三十九《马良传》附《马谡传》裴松之注引《襄阳记》，第983页。

3. 注重汲取前代兵家军队管理的经验,善于治军。

诸葛亮善于军队管理,故陈寿评其"治戎为长"。之所以如此,是因为诸葛亮注意学习、吸收前代兵家的治军经验。他曾说:"孙武所以能制胜于天下者,用法明也。……四海分裂,兵交方始,若复废法,何用讨贼邪!"①他学习汲取孙子、吴起等前代军事家严明军纪的做法,制定了《军令十三则》、《兵要十则》、《兵法》等多篇成文教令,供部队管理与训练之用。又作"八务、七戒、六恐、五惧,皆有条章,以训厉臣子"②。这使蜀国军队数量虽少,但素质较高。《三国志·诸葛亮传》载:"亮身率诸军攻祁山,戎陈整齐,赏罚肃而号令明。"裴松之注引《袁子》也说诸葛亮"其用兵也,止如山,进退如风,兵出之日,天下震动,而人心不忧"。

4. 汲取前代兵家的阵法,作"八阵"并注重改良兵器。

在冷兵器时代,好的阵法是战争取胜的重要基础,故军事家十分重视阵法研究。《孙子兵法》中有多处涉及阵法问题。《孙膑兵法》有专门论述阵法问题的"八阵"篇,该篇提出了"斗一,守二。以一侵敌,以二收"的著名用兵原则。诸葛亮汲取前人关于阵法研究的成果,结合当时的实际情况,作"八阵"。同时,诸葛亮注意改良兵器,制作了连弩、木牛流马和铠甲等,使蜀军的战斗力大为增强。

(四) 其他方面

诸葛氏家族亦以书画传家。《宣和画谱》称诸葛亮是蜀汉有名的书画家。据记载,在南中之战后,诸葛亮还曾为西南地区少数民族作画。当时该地迷信鬼神,常以鬼神为信物赌咒,诸葛亮绘画引之为用,他"先画天地、日月、君臣、城府,次画神龙及牛马、驼羊,后画部主吏乘马幡盖,远行安恤,又画夷牵牛负酒赍金宝诣之,以赐夷,夷甚重之"③。诸葛亮子诸葛瞻亦"工书画"④,可见书画已成为诸葛氏家学的内容之一。

---

① 《三国志》卷三十九《马良传》附《马谡传》裴松之注引《襄阳记》,第 984 页。
② 《三国志》卷三十五《诸葛亮传》裴松之注引《魏氏春秋》,第 928 页。
③ (晋) 常璩:《华阳国志》,金沛霖:《四库全书子部精要》(下册),天津古籍出版社、中国世界语出版社,1998 年,第500 页。
④ 《三国志》卷三十五《诸葛亮传》附《诸葛瞻传》,第 932 页。

# 第二节　诸葛氏家风

诸葛氏家风具有忠正尚廉,躬履笃行,刚健进取,淡泊宁静等内容和特点。

## 一、忠正尚廉

忠正尚廉,是诸葛氏家风的重要内涵,具体体现在家族每个成员身上又各有侧重。

（一）诸葛丰的特立刚直与忠于国家

诸葛丰在任司隶校尉时,对各种违反法纪、有害于国家利益的人和事,"刺举无所避",因而京师为之语曰:"间何阔,逢诸葛。"①这说明诸葛丰有忠于国家、忠于职守的品质。这种"忠"又是与正直、无畏紧密联系在一起的。史称诸葛丰"名特立刚直",即以人格独立,不与邪恶同流合污,刚强、正直、无畏而闻名于世。这种品格在处理外戚许章一事上突出地表现出来。

许章当时任侍中之职,颇得元帝的宠信。许章自恃为外戚,"奢淫不奉法度"②,其宾客犯事,与他有牵连。诸葛丰要对他绳之以法,他跑到皇宫中藏起来。诸葛丰上书说明此种情况,元帝不但不支持,反而收了他的符节。诸葛丰毫不屈服,他再次上书,表面上表示自责,实际上是对元帝提出委婉的批评,他说:

今以四海之大,曾无伏节死谊之臣,率尽苟合取容,阿党相为,念私门之利,忘国家之政。邪秽浊溷之气上感于天,是以灾变数见,百姓困乏。此臣下不忠之效也,臣诚耻之亡已。③

----

① 《汉书》卷七十七《诸葛丰传》,第 3248 页。
② 《汉书》卷七十七《诸葛丰传》,第 3249 页。
③ 《汉书》卷七十七《诸葛丰传》,第 3249 页。

这里所指出的部分朝臣的“念私门之利,忘国家之政”的丑恶现象和上天因之“示警”的问题,根源不在臣下而在于皇帝的昏暗。这样一来,诸葛丰实际上是指出了元帝的错误。

为了缓和君臣关系,诸葛丰在上书中又说:

> 凡人情莫不欲安存而恶危亡,然忠臣直士不避患害者,诚为君也。①

接着他一方面感谢皇帝的“恩深德厚”,另一方面又说:“臣窃不胜愤懑,愿赐清宴”,即以辞职相求。

元帝虽然没有同意诸葛丰辞职,但对他的意见不愿意采纳。于是,诸葛丰再次上书:

> 臣闻伯奇孝而弃于亲,子胥忠而诛于君,隐公慈而杀于弟,叔武弟而杀于兄。夫以四子之行,屈平之材,然犹不能自显而被刑戮,岂不足以观哉!使臣杀身以安国,蒙诛以显君,臣诚愿之。独恐未有云补,而为众邪所排,令谗夫得遂,正直之路雍塞,忠臣沮心,智士杜口,此愚臣之所惧也。②

在这里,诸葛丰列举了历史上的伯奇、子胥、隐公、叔武和屈原蒙冤受屈的事例,批评了为父为君者的昏庸愚昧、不辨良莠。实际上是对元帝提出警告,希望他不要重蹈前人的覆辙,而分清是非,排除谗佞,还正直之士以公平。

这样做的结果,是元帝更加反感,诸葛丰被“免为庶人”,终老其家。

诸葛丰对国家利益的忠贞不贰,对邪恶势力敢于斗争的刚直不阿精神,为诸葛氏的优良家风起到了奠基作用。

---

① 《汉书》卷七十七《诸葛丰传》,第 3249 页。
② 《汉书》卷七十七《诸葛丰传》,第 3250 页。

（二）诸葛瑾的外柔内刚和忠贞不渝

诸葛瑾处事具有外柔内刚的风格,这是刚正品格的另一种表现形式。孙权对部下殷模十分不满,要给以严惩,许多人为殷模说情,反而使孙权更为愤懑。只有诸葛瑾对此默不作声。孙权询问后,诸葛瑾才表达了以下观点:他与殷模都是因为自己的家乡遭受战乱,生灵涂炭,才抛弃祖先的坟墓,扶老携幼,背井离乡,归到孙权的麾下。在流亡之中,幸而蒙受孙权给予的再生之福,这种情况下,没有能互相督厉,以报答孙权的知遇之恩,反而陷入罪过之中。他表示愧疚还来不及,实在是不敢再多说什么了。孙权听后深受感动,于是赦免了殷模的过错。

在处理这件事的过程中,诸葛瑾没有正面与孙权交锋,而是运用动之以情的柔和的方式,达到了保护殷模的目的。这种外柔内刚的处事风格,其基础是对当时的整个国家和诸葛瑾效力的孙权集团的忠贞不渝。

221 年,刘备为惩罚孙权袭杀关羽的错误而率师伐吴,孙权为此向刘备求和,结果刘备不允,诸葛瑾写信劝刘备,其书曰:

> 奄闻旗鼓来至白帝,或恐议臣以吴王侵取此州,危害关羽,怨深祸大,不宜答和,此用心于小,未留意于大者也。试为陛下论其轻重,及其大小。陛下若抑威损忿,暂省瑾言者,计可立决,不复咨之于群后也。陛下以关羽之亲何如先帝? 荆州大小孰与海内? 俱应仇疾,谁当先后? 若审此数,易于反掌。①

这一段的大意是说,忽然听说您率军来到白帝城,可能有人会认为吴王夺取此地,又杀了关羽,吴蜀两家仇恨很深,孙权不会求和吧。这种意见,只是看到了小的方面,而没有看到大的方面。现在我为您分析一下事情的轻重大小。您认为究竟是与关羽亲呢? 还是与先帝(汉献帝)亲呢? 荆州与天下相比究竟谁大? 这两件事(指孙权袭击关羽和曹丕夺取汉朝政权)都应该仇恨,但是哪一件为先,哪一件为后呢? 如果您明白了上述问

---

① 《三国志》卷五十二《诸葛瑾传》,第 1232—1233 页。

题,如何处理当前的事真是易如反掌。在这里主要表现了诸葛瑾既忠于汉朝,又忠于自己服务的孙权集团的道德状况,当然这两方面中,最重要的是忠于孙吴集团。据《三国志》记载,诸葛瑾在写这封给刘备的信时,已有人向孙权打小报告,说诸葛瑾"别遣亲人与备相闻",孙权不相信诸葛瑾会这样做,说:"孤与子瑜有死生不易之誓,子瑜之不负孤,犹孤之不负子瑜也。"①这样才把谗言压下去。

（三）诸葛亮的忠心、法治与尚廉

诸葛亮是"忠"的典型。他忠于国家和人民,为了恢复国家的统一,他提出了"兴复汉室"的口号,并为此而奋斗了终生,虽屡经挫折,但忠心不改,最后于蜀汉建兴十二年(234)八月病逝五丈原,可以说,诸葛亮的一生就是践行"忠"字的一生。虽然历史上及近现代都有部分学者提出"兴复汉室"的口号是一个不应该再坚持的口号,但我们认为"兴复汉室"在诸葛亮那里并非真是要恢复东汉末年的腐朽统治,而是要改革汉末以来的政治,重新实现国家的统一,因此这一口号仍然是应该肯定的,诸葛亮为之奋斗的忠心义胆也是应该肯定的。

"忠"是与"正"紧密联系在一起的,忠于国家的统一大业,必然要反对一切分裂这一事业的不正行径。诸葛亮的"正"主要表现在他与蜀汉内部破坏统一事业的势力的斗争,他敢于"执法",敢于依法处理那些危害国家安全和统一事业的势力。诸葛亮在治理蜀国的过程中,面临着几种影响甚至破坏统一国家的势力:一种势力是原益州地区刘璋的旧部及其社会基础,他们对刘备、诸葛亮的认真执法不满。为此,在统治集团的高层中还发生过一些争论,前面引用的法正对诸葛亮的谏言和诸葛亮的《答法正书》就是这种争论的反映。法正主张"缓刑弛禁",而诸葛亮分析了益州地区执法的历史与现状后,指出只有"威之以法",才能做到"法行则知恩";"限之以爵",才能"爵加则知荣";只有运用"荣恩并济"的方法,才能把握"为治之要"。这样诸葛亮即坚持了严肃执法的原则。另一种势力是原属刘璋集团的人物,但主动投靠了刘备,并在蜀国政府中担任了一定职务,甚至是相当

---

① 《三国志》卷五十二《诸葛瑾传》,第 1233 页。

重要的职务,如李严(平)、廖立、彭羕等人,他们虽然也做过一些好事,但后来却犯了严重错误。对这些人也必须坚持法治原则,依法处理。

建兴九年(231),诸葛亮进军祁山,李严负责督运粮草。秋夏之际,"值天霖雨,运粮不继"。李严派人要诸葛亮退军,在"亮承以退军"后,李严佯装出一副惊异的模样,说:"军粮饶足,何以便归?"企图以这种办法推卸自己未按时把军粮运到前线的责任,并显示出诸葛亮不率军进攻的错误。李严又上书给后主说:"军伪退,欲以诱贼与战。"这似乎又为诸葛亮说好话,但是如果引诱不来敌人,李严可能又会攻击诸葛亮无能。诸葛亮毫不畏惧,把此事的前后因果、李严围绕此事写的书信、说的话都摆了出来,可以明显地看出李严的错误。在这种情况下,李严理屈辞穷,无话可说,只好承认错误,于是诸葛亮上表给后主,将李严废为平民。[①]

对于廖立的处理同样表现了诸葛亮坚持正确的原则,敢于清除内部"害群之马"的精神。廖立,字公渊,在年未 30 岁时,即被任为长沙太守。孙权曾派使者询问诸葛亮"谁相经纬者"时,诸葛亮回答:"庞统、廖立,楚之良才,当赞兴世业者也。"[②]但是,廖立虽有比较突出的才能,但道德修养较差。在建安二十年(215)孙权派兵袭击长沙等郡时,他忘记守土之责,"开门就敌"[③],自己脱身逃走。因他与刘备早就认识,故刘备没有加以深责,还任用他为巴郡太守。在任巴郡太守时,他"暗昧阘茸其事"[④],后任长水校尉。廖立妄自尊大,自以为才名应为诸葛亮之二,故对自己的职务十分不满。经常口出狂言,不仅对朝廷上下官员乱加评论,而且对刘备也乱加指责,因而引起思想上的混乱。诸葛亮认为对此类人物必须加以惩处,他上表给后主,其表云:

　　长水校尉廖立,坐自贵大,臧否群士,公言国家不任贤达而任俗吏,又言万人率者皆小子也;诽谤先帝,疵毁众臣。人有言国家兵众简

---

① 参见《三国志》卷四十《李严传》,第 999—1000 页。
② 《三国志》卷四十《廖立传》,第 997 页。
③ 《三国志》卷四十《廖立传》裴松之注引《诸葛亮集》,第 998 页。
④ 《三国志》卷四十《廖立传》裴松之注引《诸葛亮集》,第 998 页。

练,部伍分明者,立举头视屋,愤咤作色曰:"何足言!"凡如是者不可胜数。羊之乱群,犹能为害,况立托在大位,中人以下识真伪邪?

廖立因此受到应有的惩罚,被废为民。

总之,诸葛亮为巩固蜀汉政权,坚持对各种破坏、违法行为进行了不懈的斗争,表现出了凛然正气。

崇尚廉洁亦是诸葛亮始终重视的问题,他自奉俭约,是尚廉崇俭的典型。他还严格要求子弟家人不得占取公家或他人之利,他在《诫子书》中提出"俭以养德"、"淡泊明志"的修养方法。因此,在诸葛亮那里,廉洁不仅是从政原则,也是一种修养与育才方法。

(四)诸葛恪、诸葛靓、诸葛恢等人的忠贞、正直与廉洁

诸葛恪的忠贞、正直主要表现在他对吴国幼主的辅佐上和对北伐灭曹统一全国这一事业的执着上。如孙权临病召诸葛恪"诸事一以相委",这也是托孤,与三年前刘备白帝托孤的情形十分相似。当时的诸葛恪手握军政大权,完全有能力踢开未继位的太子孙亮而夺取吴国政权,但诸葛恪没有那样做,而是完全按照孙权的遗诏把太子孙亮扶上了皇位。不久,诸葛恪给其弟诸葛融写了一封信,进一步表达了他忠于孙权集团、忠于职守的心情。其信说:

> 今月十六日乙未,大行皇帝委弃万国,群下大小,莫不伤悼。至吾父子兄弟,并受殊恩,非徒凡庸之隶,是以悲恼,肝心圮裂。皇太子以丁酉践尊号,哀喜交并,不知所措。吾身受顾命,辅相幼主,窃自揆度,才非博陆而受姬公负图之托,惧忝丞相辅汉之效,恐损先帝委付之明,是以忧惭惶惶,所虑万端。①

在这里,诸葛恪一方面表达了对孙权之死的沉痛心情;另一方面又感到自己没有西汉霍光那样的能力,承担周公辅佐成王一样的任务;对能否

--------

① 《三国志》卷六十四《诸葛恪传》,第1434页。

取得汉丞相辅佐后主的效果也深感忧惧,因而害怕有损于先帝对自己的信任。应该说这些话不是客套话,是诸葛恪忠于职守、忠于孙权集团的表现。该信的后半部分还表示了对吴国内部局势的忧虑,又提出了防范意外事故的措施,要求自己的弟弟"整顿军具,率厉将士,警备过常,念出万死,无顾一生,以报朝廷"①。总之,这封信表达了诸葛恪忠贞、正直的一面。

诸葛恪的忠贞还表现在他对结束三国鼎立,恢复祖国统一这一伟大事业的追求上。本来在孙权执政时期,孙权实行的主要是务自保全,观望成败的方针,而诸葛恪辅政之后,积极发动对于魏国的作战,其中包括与自己的族叔诸葛诞大军的战争。为统一吴国上下的思想,诸葛恪还专门写了文章分析当时的形势,说明伐魏的有利条件。② 其主要内容是:

1. 认为统一全国是责无旁贷的历史任务,不主动进攻,必然被敌人消灭。

他说:

> 夫天无二日,土无二王,王者不务兼并天下而欲垂祚后世,古今未之有也。……凡敌国欲相吞,即仇雠欲相除也。有雠而长之,祸不在己,则在后人,不可不为远虑也。③

这就是说,对敌人的进攻不能观望姑息,否则会祸及后人,所以必须抓住有利时机,进行统一战争。

2. 指出不主动进行统一战争,怀偷安之计的危害。

他列举了许多例子来说明问题。战国时期,六国自恃兵强和能互相支援,"恣情从怀",结果使秦国迅速强大,吞并了天下。刘表在荆州,"有众十万,财谷如山",对曹操"坐观其强大",结果自己的儿子,在曹军来时"交臂请降,遂为囚虏"。吴王夫差不听伍子胥劝告,自恃强大,结果"越十年生

---

① 《三国志》卷六十四《诸葛恪传》,第 1434 页。
② 参见《三国志》卷六十四《诸葛恪传》,第 1435—1437 页。
③ 《三国志》卷六十四《诸葛恪传》,第 1435—1436 页。

聚,十年教训",最后灭掉吴国,等等①。这都说明,不抓住有利时机,消灭敌人,最后恐怕是要后悔莫及的。

3. 分析吴国的有利因素。

诸葛恪认为,虽然从总体上看,魏比吴、蜀两国要强大,但当时出现了有利于吴、蜀的时机,即:

> 但以操时兵众,于今适尽,而后生者未悉长大,正是贼衰少未盛之时。加司马懿先诛王凌,续自陨毙,其子幼弱,而专彼大任,虽有智计之士,未得施用。当今伐之,是其厄会。圣人急于趋时,诚谓今日。②

诸葛恪又指出,这种时机只是十几年的时间。而十几年后,"其众必倍于今",而我们自己的"劲兵之地",却会空尽,到那时候,"虽复使伊、管图之,未可如何"。诸葛恪在其论著中反复说明这个道理,希望吴国上下能看清这个道理,以尽快出兵伐魏,统一华夏。

4. 希望吴国上下能够学习历史上的汉高祖和蜀丞相诸葛亮以及其他人的进取精神。

文中有"近见家叔父表陈与贼争竞之计,未尝不喟然叹息也"。这里应该是指诸葛亮的《后出师表》。由于该表未见于陈寿所编的《诸葛亮集》,而见于吴人张俨所作的《默记》,而诸葛恪在此提及此事,所以学术界有人认为《后出师表》不是诸葛亮所作,而是由诸葛恪伪造的。这种意见的理由似乎尚嫌不足。

诸葛恪攻打魏国,进行的统一全国的战争,最后以失败告终。这种结局,除客观原因外,诸葛恪的轻敌、急躁也是失败的重要因素。尽管如此,诸葛恪为结束三国鼎立的分裂局面,积极为统一而战,反对苟安、无所作为的精神是应该予以充分肯定的。

此外,诸葛恪在孙权死后所进行的改革,如罢视听、息校官等对于推动

---

① 《三国志》卷六十四《诸葛恪传》,第1436页。
② 《三国志》卷六十四《诸葛恪传》,第1436页。

廉政建设也有重要作用。

诸葛靓作为诸葛诞的儿子,自幼受到其父崇奉儒学的影响,为了反对司马氏夺取曹魏政权,他曾作为人质去吴国,吴国灭亡后,他又回到西晋,但采取了与司马氏不合作的态度,不愿接受司马氏的官爵,并终生不面向司马氏朝廷而坐,表现了正直、无畏的品格。

诸葛恢,字道明,随司马睿渡江后,被称为"中兴三明"之一。东晋初年,他任会稽太守,主张提倡儒家的"尊五美,屏四恶,进忠实,退浮华"。至太兴(318—321)初,他被评为"政绩第一",元帝始发诏表彰他"政清人和"。所谓"政清",自然应包括为政清廉这一方面。这说明诸葛恢是尚廉的典型。

## 二、勤勉谨慎,躬履笃行

勤勉谨慎,躬履笃行是诸葛氏家风的重要内涵之一。这种精神或风气,现代谓之实干精神或敬业精神,因而可以说诸葛氏家族是一个具有实干精神和敬业精神的家族。

诸葛丰从下层的负责文化教育的官员做起,较多地接触实际情况。后因人推荐而被任命为司隶校尉。他认真履行职责,且为此不惜得罪皇帝,更不在乎免职。因此,从诸葛丰开始,诸葛氏家族已开始形成勤勉谨慎,从事实际事务,为国为民践履笃行的家风。

诸葛瑾远涉江左后,与鲁肃并受孙权宾待,成为孙吴集团的重要人物,他有文武之才,以善谏喻、化解上下矛盾为长,在吴国的内政外交中,多有建树。在诸葛瑾身上,同样表现了勤勉谨慎、践履笃行的家风。

诸葛亮更是践履与弘扬这种家风的典范。《论语·学而》曰:"敏于事而慎于言。"《论语·子路》曰:"居处恭,执事敬。"诸葛亮继承并弘扬了这一精神,他处事谨慎勤勉、躬履笃行。他自称:"先帝知臣谨慎,故临崩寄臣以大事也。受命以来,夙夜忧叹,恐托付不效,以伤先帝之明。"①他要求部

---

① 《三国志》卷三十五《诸葛亮传》,第920页。

下,"贵之而不骄,危之而不专"①,谨慎处事。

诸葛亮处事勤勉,坚持躬履笃行的精神,愈到晚年愈为突出。他自校簿书,"罚二十以上亲决"等。对此,虽不无可议论处,但他的勤勉、笃行、敬业的精神是值得充分肯定的。

在诸葛恪、诸葛恢等晚辈中,这种勤勉、谨慎、躬履笃行的风气仍是十分浓厚的。如诸葛恪受诏辅政后,其地位与其叔父诸葛亮在蜀国的地位相似,因此,他在给其弟诸葛融的信中和后来所写的论伐魏必要性的文章中,曾两次提到诸葛亮受刘备托孤及尽力与魏国作战的情况。诸葛恪在勤勉、躬履笃行方面都较好继承了上一辈的传统,只是在处事谨慎方面比其叔父诸葛亮要差一些。诸葛恢除以"政清人和"名闻天下外,还以善于处理实务、躬履笃行而见于史册。《晋书》记载,他"进忠实,退浮华。""进忠实"即提拔任用忠于王事而肯于实干的人;"退浮华"即斥退或罢免华而不实、浮虚无为的人物。提出这样的主张与诸葛氏躬履笃行的家风是一脉相承的。史载:"时四方多务,笺疏殷积,恢斟酌酬答,咸称折中。"②可见,他是一个有能力处理复杂而繁重的实际事务的人。诸葛氏勤勉谨慎、躬履笃行的家风在诸葛恢身上得到了丰富与发展。

## 三、刚健进取,自强不息

刚健进取,自强不息,是中华民族基本的优秀精神之一。《易传》象辞曰:"天行健,君子以自强不息。"就是指这种精神。儒家按照这一精神的这一要求,设计出了修身、齐家、治国、平天下的人生奋斗道路。诸葛亮的一生就是按照这一要求,刚健进取,自强不息的。

诸葛亮自幼即遭遇父母相继亡故和战乱的不幸。但是,国家和家庭的悲剧并未能使年轻的诸葛亮消极颓废,畏缩不前,反而培育了他的刚毅之气。他积极面对现实,在挑起家庭重担、安排好生活的同时,广交名流贤士,博采众长,加强修养,很快博通百家之言,掌握了治国之术,并韬光养

---

① 梁玉文等:《诸葛亮文译注·兵要》,第217页。
② 《晋书》卷七十七《诸葛恢传》,第2042页。

晦,待机而动。

诸葛亮结识刘备后,提出了著名的《隆中对》,正确分析了当时的形势,认为虽然在北方,“操已拥百万之众,挟天子而令诸侯”,在江东孙权“已历三世,国险而民附,贤能为之用”,但并非天下大局已完全确定,因而英雄尚大有用武之地,只要夺取荆州、益州作为立足之地,“兴复汉室”,即大有希望。这种思想的提出,集中体现了诸葛亮所具有的刚健进取精神。夷陵失败,蜀汉退居益州一隅后,诸葛亮面对变局,虽亦深感国家多事,益州疲敝,但仍不气馁。他迅速调整战略,收拾危局,独持国政。他先率军南征,初定南中后,他又“奖率三军”,以图北定中原。他连年用兵,以弱攻强,奋斗不已,直至病逝军中。虽然这种做法,从策略上说,不无可非议之处,但其进取精神,则是难能可贵的。

吴国人张俨作《述佐篇》把诸葛亮与司马懿相比较。其中说:

> 孔明起巴、蜀之地,蹈一州之土,方之大国,其战士人民,盖有九分之一也,而以贡赞大吴,抗对北敌,至使耕战有伍,刑法整齐,提步卒数万,长驱祁山,慨然有饮马河、洛之志。仲达据天下十倍之地,仗兼并之众,据牢城,拥精锐,无禽敌之意,务自保全而已,使彼孔明自来自去。①

唐人裴度亦说:

> 故九州之地,魏有其七,我无其一,由僻陋而启雄图,出封疆以延大敌,财用足而不曰浚我以生,干戈动而不曰残人以逞。②

从上述比较中可以看出诸葛亮所具有的刚健进取精神。在魏、蜀、吴三国中,蜀国最弱,除面积最小之外,从人口兵力来看,蜀国无法与魏国相

---

① 《三国志》卷三十五《诸葛亮传》裴松之注引,第935页。
② 裴度:《蜀丞相诸葛武侯祠碑铭》,张连科、管淑珍:《诸葛亮集校注》附录《古代著名人物评论选辑》,第361页。

比，蜀亡时户籍上的人口只有94万，而当时魏国却有人口443万之多，是蜀国的4倍多；蜀国全国兵力10万左右，而魏国与蜀作战的第一线兵力即20万之多。在这种情况下，诸葛亮敢于发动北伐，攻打曹魏，主要是他的进取精神起了作用。

及时随形势的变化而转变战略策略，永葆进取的势头，是中国古代有作为的人物所具有的品格，也是事业成功的必备条件之一。《淮南子·原道训》曰："禹之趋时也，履遗而弗取，冠挂而弗顾，非争其先也，而争其得时也。"《史记·货殖列传》谓白圭"趋时若猛兽鸷鸟之发"。即说要善于抓住机遇，努力进取，以求事业的成功。诸葛亮继承之，除了践行外，还从理论上作过表述，如其《兵要十则》之四曰：

> 不爱尺璧而爱寸阴者，时难遭而易失也。故良将之趋时也，衣不解带，足不蹑地，履遗不蹑。①

又其《诫子书》曰：

> 年与时驰，意与日去，遂成枯落，多不接世，悲守穷庐，将复何及！②

这也是教育人们抓住时机，努力进取。

诸葛氏的晚辈诸葛恪、诸葛恢等人也继承了这种刚健进取的精神。如诸葛恪从任丹杨太守，较好地解决山越人的问题开始，即一直保持了积极进取的态度。特别是在受命辅佐新主之后，他排除各种干扰与反对意见，积极筹措对魏国作战，以便统一全国，充分表现了他不畏艰难，积极进取的精神。他说：

> 今恪无具臣之才，而受大吴萧、霍之任，智与众同，思不经远，若不

① 张连科、管淑珍：《诸葛亮集校注·兵要》，第147页。
② 张连科、管淑珍：《诸葛亮集校注·诫子书》，第109页。

及今日为国斥境,俯仰年老,而仇敌更强,欲刎颈谢责,宁有补邪?①

这就是说,他承担了萧何、霍光一样的重任,如果不及时为吴国开拓疆土,很快就会年老,而魏国的力量会更强大,到那时即使刎颈自杀,也不会对事情有所补益。这种因想到人生短暂,而要努力为国家建功立业的心态,正是富有进取精神的表现。

## 四、淡泊宁静,志存高远

淡泊宁静,志存高远是诸葛氏家风的又一重要内涵。诸葛亮提出了"非澹泊无以明志,非宁静无以致远"的修身方法与原则。淡泊主要有三层含义:一是指生活上不要过分追求声色犬马,而要恪守俭约恬淡的原则;二是指思想上不要过分追求官爵利禄,诸葛亮曾自谓"苟全性命于乱世,不求闻达于诸侯",这就是一种淡泊;三是即使做高官,也以常人之心处之,同时反对把做官当成攫取利禄的手段。如果做不到以上三点,那就无法使自己的志向明达。这就是"非澹泊无以明志"的意思。"宁静"是指心态安宁空灵,无各种污浊之念。"远"是指全面与长远或指远大目标。如果没有安宁空灵的心态,就无法树立远大的理想和目标。

淡泊宁静,志存高远的风气是从诸葛丰开始的。诸葛丰虽然任司隶校尉,但他不是为做官而做官,为了执法,为了国家利益,他不怕丢官甚至丢掉性命,曾说:"故常愿捐一旦之命,不待时而断奸臣之首,县于都市,编书其罪,使四方明知为恶之罚,然后却就斧钺之诛,诚臣所甘心也。"②这就是说只要能使奸臣受到应有惩罚,他丢官丢性命都是不足惜的。这比之一般的淡泊之态又更进了一步,颇有些杀身成仁的意味了。就志向而论,诸葛丰要驱灭奸臣,而使国家政治清明,这自然是一种高远之志。

诸葛亮是发展和丰富"淡泊宁静,志存高远"这一家风内涵的主要人

---

① 《三国志》卷六十四《诸葛恪传》,第 1437 页。
② 《汉书》卷七十七《诸葛丰传》,第 3249 页。

物。他是这一家风的提出者和优秀的实践者。他出山从政,是为了救国救民,结束动乱与分裂,恢复国家的统一与安定;他"受任于败军之际,奉命于危难之间",做官不是为了个人享受,而是为了奉献自己的聪明才智乃至生命;在蜀国他身处高位,但毫无骄人之色,常以勤勉、谦谨自律;在生活上他终生俭约,遗命薄葬。这些都表现了他的淡泊心态。

淡泊宁静、志存高远的家风,不但影响了诸葛氏家族的后人,而且在社会上也产生了广泛而久远的影响。

# 第三节　诸葛氏家族的人才培养

自诸葛珪始至汉末魏晋时期,诸葛氏家族曾人才辈出且功绩卓著,特别是诸葛亮在多方面有卓越建树,影响深远。之所以如此,是因为诸葛氏家族有正确的人才观和合理科学的人才培养方法。

## 一、诸葛氏家族的人才观

诸葛氏家族的人才观具有丰富的内涵,主要有以下几点:

1. 人才在事业发展中具有重要作用。

如何看待人才的作用,是人才观的重要内容。诸葛氏家族继承了自春秋战国以来重视人才的观念,认为在历史发展过程中,人才具有重要作用。如诸葛亮在其《隆中对》中指出:"曹操比于袁绍,则名微而众寡,然操遂能克绍,以弱为强者,非惟天时,抑亦人谋也。"这就是说曹操之所以能以弱胜强,打败袁绍,不仅因为客观时机(天时)有利,而且也是因为人才谋略的作用。这实际上也是强调人才的作用。诸葛亮在分析孙权之所以能占据江东,三世而不败时,指出其重要原因之一就是"贤能为之用";在分析刘备将来能够成功的条件时,其中重要的是他能"总揽英雄,思贤如渴"。这就是说孙权的能够立足江东,刘备的"霸业可兴",其重要原因之一都是能够招揽和任用贤能。这进一步说明了人才在事业中的作用。

诸葛亮还曾多次称赞人才对于兴复汉室大业的作用,如他称:"庞统、廖立,楚之良才,当赞兴世业者也"①;"蒋琬,社稷之器,非百里之才也。其为政以安民为本,不以修饰为先"②。称赞董厥,"董令史,良士也。吾每与之言,思慎宜适"③。称赞姜维,"姜伯约忠勤时事,思虑精密","姜伯约甚敏于军事,既有胆义,深解兵意。此人心存汉室,而才兼于人"④。从这些称赞中,可以看出诸葛亮对于人才的重视。

2. 人无完人,人才亦只能在某一方面发挥作用,不能因为人有缺点就放弃不用。

金无足赤,人无完人。诸葛亮在《论诸子》中已深刻认识到了这一点。就人才观而论,《论诸子》的观点是,人才只是在某一方面高于众人,而非所有方面皆高于众人,因此用人必须用其所长而避其所短。诸葛恪继承了家族的这一观点,他在给陆逊的信中说:

> 愚以为君子不求备于一人,自孔氏门徒大数三千,其见异者七十二人,至于子张、子路、子贡等七十之徒,亚圣之德,然犹各有所短,师辟由嗲,赐不受命,岂况下此而无所阙?且仲尼不以数子之不备而引以为友,不以人所短弃其所长也。⑤

3. 用人必须坚持德才兼备的原则,注重对被任用者的德与才的培养。

以诸葛亮为代表的诸葛氏家族在用人时,坚持德才兼备的原则。诸葛亮多次论述高尚的道德对于人生和事业的重要意义。例如,他说:

> 人之忠也,犹鱼之有渊。鱼失水则死,人失忠则凶。故良将守之,志立而名扬。⑥

---

① 《三国志》卷四十《廖立传》,第997页。
② 《三国志》卷四十四《蒋琬传》,第1057页。
③ 《三国志》卷三十五《诸葛亮传》附《董厥传》,第933页。
④ 《三国志》卷四十四《姜维传》,第1063页。
⑤ 《三国志》卷六十四《诸葛恪传》,第1432页。
⑥ 张连科、管淑珍:《诸葛亮集校注·兵要》,第147页。

　　这就是说人只有对国家、民族具有忠贞的品德,才能生存,才能立身扬名。

　　道德具有多层面的内涵,除忠、义、信等基本规范外,还涉及如何处理公与私、人与人之间的关系问题。诸葛亮指出:

　　　　言行不同,竖私枉公,外相连诬,内相谤讪,有此不去,是谓败乱。①

　　这就是说,对于那些鼓吹有害于国家利益的言论者,以私害公者,任意攻击他人,在群众中制造混乱者,必须坚决斥退。如果任用这样的人,就是败坏事业。他又说:

　　　　枝叶强大,比居同势,各结朋党,竞进恎人,有此不去,是谓败征。②

　　这就是说,在一个单位,如果基本力量弱小,而附属力量强大,他们相竞发展,各结同党,竞相招揽阴险奸诈之人。这种现象不清除,就是失败的征兆。换言之,就是对德行不好的人,不能任用。

　　诸葛亮在治军理政时,重用德行优良的人士,而贬斥或惩处那些居心叵测的人物。如,诸葛亮在兼领益州牧时,“选迎皆妙简旧德,以秦宓为别驾,五梁为功曹,微为主簿”③。这些人除支持“兴复汉室”的主张外,皆比较有才能学识。如秦宓史称其有“少有才学”,“专对有余,文藻壮美,可谓一时之才士矣”④。五梁,“以儒学节操称”⑤。杜微是著名儒生任安的弟子,诸葛亮对其十分尊敬,因其耳聋,诸葛亮与之交谈时,只好把话写在纸上,曾书曰:“服闻德行,饥渴历时,清浊异流,无缘咨觐。”⑥

　　对于那些虽有某种才能,但居心不良、违法乱纪的人,诸葛亮则坚决予

---

① 张连科、管淑珍:《诸葛亮集校注·兵要》,第 149 页。
② 张连科、管淑珍:《诸葛亮集校注·兵要》,第 150 页。
③ 《三国志》卷四十二《杜微传》,第 1019 页。
④ 《三国志》卷三十八《秦宓传》,第 971、977 页。
⑤ 《三国志》卷四十二《杜微传》附,第 1020 页。
⑥ 《三国志》卷四十二《杜微传》,第 1019 页。

以惩处。如惩治李严、廖立等,即属于这种情况。

诸葛亮在《出师表》中所指出的为政者必须实行"亲贤臣,远小人"的原则,也体现了他用人坚持德才兼备,对有才无德者不予任用的人才观。

4. 重视人才的推荐选拔,特别重视从实践中选才和选才的公开性。

诸葛亮、诸葛诞、诸葛恪皆重视人才的选拔。例如,姚伷原为广汉太守,诸葛亮驻汉中后,辟为掾,他推荐选拔了不少文武之士,诸葛亮称赞说:

> 忠益者莫大于进人,进人者各务其所尚;今姚伷并存刚柔,以广文武之用,可谓博雅矣,愿诸掾各希此事,以属其望。①

由此可以看出,诸葛亮是十分重视人才的选拔的,除由部下向上推荐选拔外,诸葛亮还重视从实践中直接选拔的办法。例如,对杨洪的选拔任用。杨洪字季休,"少不好学问,而忠清款亮,忧公如家,事继母至孝"②。这是一个德行优良而读书不多、资历亦浅的人,但其处理实际事务能力很强且颇有远见,在实践中脱颖而出。他本是犍为太守李严的功曹,后辞职到诸葛亮手下。在刘备夺取汉中时,急需援军,诸葛亮问杨洪是否应该发军,杨洪说:

> 汉中则益州咽喉,存亡之机会,若无汉中则无蜀矣,此家门之祸也。方今之事,男子当战,女子当运,发兵何疑?③

杨洪分析得当,因而受到诸葛亮的赏识,诸葛亮"表洪领蜀郡太守",不久又转为益州治中从事。在刘备白帝托孤时,诸葛亮亦东行,因而成都空虚。时汉嘉太守黄元起兵反叛,杨洪即请太子刘禅派遣自己的亲兵进行讨伐。当时人们分析认为,黄元如果不派兵围成都,就会进据南中。杨洪却认为:

---

① 《三国志》卷四十五《杨戏传》附,第 1087 页。
② 《三国志》卷四十一《杨洪传》,第 1014 页。
③ 《三国志》卷四十一《杨洪传》,第 1013 页。

元素性凶暴,无他恩信,何能办此? 不过乘水东下,冀主上平安,面缚归死;如其有异,奔吴求活耳。敕(陈)曶、(郑)绰但于南安峡口遮即便得矣。①

结果正如杨洪所料,蜀兵生擒了黄元。不久杨洪被赐爵关内侯,复任蜀郡太守,又封忠节将军、越骑校尉。杨洪的政绩,实际上也是对诸葛亮重用杨洪的肯定。因此,"西土咸服诸葛亮能尽时人之器用也"②。

诸葛氏选拔人才注重从实践中选拔,同时注重公开性。如诸葛诞选才就有一定的公开性和公正性,且对中古时期人才选拔制度的改进起到了一定的推动作用。

5. 对人才的评价应注意结合当时具体环境的变化。

关于人才评价,诸葛氏除注重实际绩效之外,还考虑具体的客观环境。这集中表现在诸葛亮的《论光武》一文中。该文开头说:

曹子建论光武,将则难比于韩、周,谋臣则不敌良、平,时人谈者,亦以为然。吾以此言诚欲美大光武之德,而有诬一代之俊异。③

就是说,曹植(子建)评论光武帝说,他的大将难与韩信、周勃相比,谋臣则不如张良、陈平。对这种说法,当时许多人认为是正确的。而诸葛亮认为这种说法是要夸大光武帝的德行,而贬低一代俊异之才,因而是不对的。实际上,光武帝的开国二十八将以及马援等人,"忠贞智勇",各方面都很突出,按实际而论,他们不比西汉的开国将领差。

曹植等评论者为什么会得出那样的结论呢? 诸葛亮认为,这是他们没有看到汉高祖刘邦与光武帝刘秀的不同。刘邦为人"动多阔疏",因而张良、陈平有机会显示并强化自己的忠贞信义,表现自己的才能,彭越、周勃等武将有机会驰骋于外。俗语有"曲突徙薪无恩泽,焦头烂额为上客",这

---

① 《三国志》卷四十一《杨洪传》,第 1013 页。
② 《三国志》卷四十一《杨洪传》,第 1014 页。
③ 张连科、管淑珍:《诸葛亮集校注·论光武》,第 158 页。

句俗语正可以比喻为二祖时的情况。光武帝特别聪慧,富有韬略,天生如此,故在运筹帷幄之时,其他将领无需考虑,各种奇谋不用他人提出,当时只是大家赞同他的意见,共同去为王业奋斗而已。光武帝称赞大将邓禹:"孔子有回,而门人益亲";评价吴汉:"将军差强吾意,其武力可及,而忠不可及。"①显然,光武帝站在更高的位置上评论诸将。在诸臣议事时,光武帝经常叫马援最后发言,这是因为他知道马援的意见每每与他的意见相合,这说明光武帝很了解自己的臣下。光武帝的上将并不比韩信、周勃差,谋臣也不劣于张良、陈平。所以有曹植那样的认识,就是因为光武帝策虑深远,有杜渐曲突之明;汉高祖能力疏稀,所以成就了陈平、张良、韩信、周勃等的焦头烂额之功。所以要正确评价这些问题,就必须结合当时的具体情况进行分析。

文中的曲突徙薪,典出《淮南子·说山训》注及《汉书·霍光传》,主要内容是:传说淳于髡见邻人灶之烟囱直而旁有积薪,即建议改直为曲,并远徙其薪,邻人不听,后失火,幸众人相救而息。邻人杀牛置酒感谢,焦头烂额者为上客,而事先建议其曲突徙薪者竟无功。

## 二、诸葛氏家族的人才培养

诸葛氏家族重视对下一代的培养,对子孙的教育全面且有高度,如有治学之规、立身之道、待人接物等,并努力使之成才,其代表人物是诸葛亮,诸葛瑾、诸葛诞、诸葛恪、诸葛瞻、诸葛恢等也都作出了一定的贡献。

1. 重视对主流文化的学习、传承、把握与践行。

要想使青少年子弟成才,十分重要的一条就是引导教诲他们学习、传承以把握社会主流文化,并对其笃行践履,应用于自己的生活和工作当中,否则他们很难成才,只能"悲守穷庐"②,"永窜伏于凡庸,不免于下流矣"③。

诸葛氏在这方面可谓成就斐然,令人瞩目。诸葛氏家族是一个世代学习传承与践行儒学文化的家族,如诸葛丰年轻时即"以明经为郡文学",后

---

① 张连科、管淑珍:《诸葛亮集校注·论光武》,第 158 页。
② 梁玉文等:《诸葛亮文译注·诫子书》,第 187 页。
③ 梁玉文等:《诸葛亮文译注·诫外书》,第 191 页。

来又提拔为司隶校尉,负责京师七郡的监察治安,他处事以儒学为标准,弘扬了儒学重视社会责任的思想,对不奉法度者坚决予以惩治,同时充分表现了儒学提倡的人格的"正"与"直"。他虽然受到当时邪恶势力的打击压制,被撤职并终老于家,但是由于他坚守了儒学的基本理念,以国家和民族利益为重,因而千百年之后,他仍然受到正直的人们的肯定和崇敬。

诸葛珪、诸葛玄兄弟本身皆因通晓儒学而出仕,又因为能以儒学教育下一代,故能为他们的成才打下良好的基础。诸葛瑾自青少年时起即重视社会主流文化的学习、把握,曾少游京师,与名儒相切磋,努力把握儒学的要义,对《毛诗》《尚书》《左氏春秋》尤有研究,这为他后来的从政、处世提供了良好的条件。

诸葛亮在《论诸子》中,对道家、法家、纵横家等作了一针见血的评论,而唯独没有评论儒学,这表现了他对儒学主导地位的尊重。他在青年时期隐居隆中10年,虽对各家皆有所吸收,但主要是学习、研究、把握了儒家学说,与之交往的主要人物如司马徽、庞德公等都是儒学家。诸葛亮从政以后,以儒家的"大一统"思想为其行动的指导方针,在处理具体事务时参用法家思想,儒法结合治理军政,取得了较好的效果,但其思想主旨仍然是儒家思想。

诸葛诞学习并践行儒家的忠、信、节、义。他从不愿党附司马氏集团到公开反对司马氏夺取曹魏政权,主要是受到儒家忠、义影响的结果。在他反对司马氏集团之前,也算是一位学习、传承儒学而取得成功的人士。

诸葛恪、诸葛瞻、诸葛恢等受到家庭影响,皆学习、传承与践行儒学,所以他们都在一定的时期内取得了一定建树,为祖国历史的发展作出了有益的贡献。

在儒学作为统治者的指导思想,同时占据社会文化的主流地位的时代,教育子孙学习儒学,把握其主旨精髓,可以使他们有可能把握时代的脉搏,站在时代的高度,这会为子孙将来出仕或从事其他行业的建设提供良好的基础,也会为他们个人的发展展现更广阔的前景。

2. 既注重引导下一代到实践的风雨中去经受锻炼考验,又注重引导他们善于寻找时机,在动中求静,专心学习与思考。

诸葛氏家族的人才培养具有善于把"动"与"静"结合,使青年一代的实践能力和理论文化素质都比较高的特点。在这方面,诸葛亮是一个典型。

诸葛亮经过了母亲、父亲相继去世,家乡琅邪一带战乱不止,流落江南,隆中躬耕陇亩等历练,使他认识到社会的现实,经受了锻炼,体会到人生的艰辛,同时也激发了他救民于水火,改变社会无序状况的雄心壮志,激发了他从理论上学习研究救国救民之术的热情。他充分利用了自西汉诸葛丰以来发展起来的家族优势,同时利用了叔父诸葛玄与刘表"有旧"的条件,很快与荆襄地区的名门望族及鸿儒硕学发生了密切的交往,因而很快成长起来。

诸葛亮由动入静以及认真学习思考、汲取群体智慧而终于成才的过程,是诸葛氏培养人才的基本过程。

诸葛亮对待子侄晚辈也运用了这样的方法,由于他们没有经历过上一代那样的艰难困苦、颠沛流离,所以要想成才必须经过实践的锻炼考验。例如,诸葛亮让过继子诸葛乔直接上与魏作战的前线,负责督运粮草工作。诸葛亮给其兄诸葛瑾书曰:

> 乔本当还成都,今诸将子弟皆得传运,思惟宜同荣辱。今使乔督五六百兵,与诸子弟传于谷中。[1]

这种让子弟到实际中锻炼成长的教育方法无疑是正确的。

特别值得一提的是,诸葛亮一门三代忠烈,当与诸葛亮对子女的教育影响有密切关系。如他为儿子取名诸葛瞻,字思远,意欲让儿子高瞻远瞩,志存高远。诸葛瞻自幼聪慧过人,一般为父者见儿子天资聪慧会喜不自禁,但诸葛亮却担心儿子因聪慧过人而放弃了后天的努力,难成拥有大智的栋梁之才。他给哥哥诸葛瑾的信中流露出了这样的忧虑:

> 瞻今已八岁,聪慧可爱,嫌其早成,恐不为重器耳。[2]

---

[1]《三国志》卷三十五《诸葛亮传》附《诸葛乔传》裴松之注引《诸葛亮集》,第932页。
[2]《三国志》卷三十五《诸葛亮传》附《诸葛瞻传》,第932页。

诸葛亮不但对自己的子女要求很严格,对他的亲戚也非常关心爱护。如他给外甥写的《诫外生书》说:

> 夫志当存高远,慕先贤,绝情欲,弃凝滞,使庶几之志,揭然有所存,恻然有所感;忍屈伸,去细碎,广咨问,除嫌吝,虽有淹留,何损于美趣,何患于不济。若志不强毅,意不慷慨,徒碌碌滞于俗,默默束于情,永窜伏于凡庸,不免于下流矣!①

他谆谆告诫他的外甥,要有高尚远大的志向,要能屈能伸,不为小事烦恼,广泛学习别人的长处,要有坚强刚毅的意志,要有振奋昂扬的精神。

诸葛瑾的长子诸葛恪,自幼才学过人,敏思捷对。孙权对他很器重,欲任他为节度官,典掌军粮。诸葛亮知道后,立即给吴国大臣陆逊写了一封信,信中说:

> 家兄年老,而恪性疏,今使典主粮谷,粮谷军之要最,仆虽在远,窃用不安。足下特为启至尊转之。②

孙权见到这封信后,便改变了主意,没有让诸葛恪典主粮谷。大凡做长辈的,都愿意晚辈有大出息,被人重用。但诸葛亮深知自己侄子性格粗疏的毛病,认为他担典粮重任,会出差错,不但误了国家,也会害了自己。从这封信中,可以看出他对诸葛恪的真切爱护。

3. 把树立高远之志作为教育下一代的重点。

诸葛亮在《诫外生书》提出,应教育下一代立高远之志,而反对那种拘泥于"细碎"、"嫌吝"的规规之志。这正表明了诸葛氏家族在教育下一代立志时的见解,即要把一定时期振兴国家、民族的大计作为下一代的高远之志,把个人的前途、命运与国家、民族的命运紧密联系起来。诸葛亮认为,

---

① 梁玉文等:《诸葛亮文译注·诫外生书》,第 191 页。
② 《三国志》卷六十四《诸葛恪传》裴松之注引《江表传》,第 1430—1431 页。

志、学、才三者是相互联系,缺一不可的。立志是成学、成才的前提,他在《诫子书》中明确指出:"才须学也,非学无以广才,非志无以成学。"①而对于如何学习,诸葛亮结合自己的独到经验,对子侄辈提出了明确要求:首先,"学须静"。即学习时应摒除杂念和干扰,做到心境清净,精诚专一。其次,要"慕先贤"、"广咨问"。诸葛亮在《诫外生书》中叮嘱外甥说,要仰慕学习古代的贤人,广泛地向他人请教,不耻下问。最后,要"去细碎","观其大略"。即在学习方法上,不能像一般儒生那样寻章摘句、死记硬背,"务于精熟",要着重掌握文章的精神实质,立足于经世致用、安邦治国。

从历史上看,诸葛氏子弟多为立志高远之人。如诸葛丰关心国家兴衰,对"奢淫不奉法度"的行为,敢于惩治。他对"以四海之大,曾无伏节死谊之臣,率尽苟合取容,阿党相为,念私门之利,忘国家之政"的现象,深感痛恨与耻辱,他为了国家的振兴,"故常愿捐一旦之命,不待时而断奸臣之首,县于都市,编书其罪,使四方明知为恶之罚,然后却就斧钺之诛"②。这说明,他为了振兴国家,不怕牺牲生命。诸葛亮及其兄弟诸葛瑾、诸葛诞等处于国家由分裂到局部统一,再到全国统一的时期,他们兄弟三人为了实现国家的重新统一,民族重新振兴繁荣,各在自己所处的环境中,为之作出了积极的努力。特别是诸葛亮,他不仅全面、透彻地了解与把握了国家大势,而且提出了明确的统一国家的纲领《隆中对》,并为之奋斗一生,影响了一代又一代的仁人志士。

4. 重视礼仪教育。

诸葛氏家族,特别是诸葛亮,在立志、修养、学习知识等大的方面对子孙严格要求,循循善诱,甚至在一些具体事情上,如在待人接物方面对子女也有细微的关怀。诸葛亮在《又诫子书》中说:

夫酒之设,合礼致情,适体归性,礼终而退,此和之至也。主意未殚,宾有余倦,可以至醉,无致迷乱。③

---

① 梁玉文等:《诸葛亮文译注·诫子书》,第187页。
②《汉书》卷七十七《诸葛丰传》,第3249页。
③ 梁玉文等:《诸葛亮文译注·诫子书》,第189页。

意思是说,酒席上酒的摆设,目的在于合乎礼节和沟通感情,以适应身体和性格的需要为度,尽到礼节便可退出,这就达到和谐的极点了。当主人兴致未尽,客人略有倦意的时候,可以饮酒至醉,但不可到昏错迷乱的程度。这是诸葛亮在具体事情上对子女的关怀,颇有道理。

自古以来,爱自己的子女乃是父母的共同心理,但爱有大爱和一般爱的区别。诸葛氏家族,特别是诸葛亮对子女的爱,是一种为他们计之长远的大爱。他们教育子孙不但讲明修身养德的途径和方法,也指明了立志与学习的关系;不但讲明了宁静淡泊的重要,也指明了放纵怠慢、偏激急躁的危害。他们不是让子孙在家中享受安乐,而是把子孙放到为国效命的实践中,锤打锻炼,让子孙为国建功立业。当然,诸葛氏家族也重视具体的礼仪教育,乃至制约饮酒数量的教育,教育内容全面而有高度,值得今人重视和借鉴。

### 三、诸葛氏家族人才群的特点

诸葛氏家族人才群与其他家族人才群相比有许多共同之处,也有自己的特点。例如,诸葛氏家族的人才,较之其他家族,从活动时间上看不算太长,从人才数量上看不算太多,但是人才的德才水平、实际建树和历史影响不小。

1. 诸葛氏家族人才群的活动时间较短。

在汉末和三国魏晋时期,许多家族形成了家族人才群,如曹氏家族的父子(曹操、曹丕、曹植)、孙氏家族的父子(孙坚、孙策、孙权)等。诸葛氏家族的人才群也主要活动在这一时期,见于历史记载的有诸葛珪、诸葛玄、诸葛瑾、诸葛亮、诸葛诞、诸葛恪、诸葛乔、诸葛融、诸葛瞻、诸葛靓、诸葛太妃(诸葛诞之女)、诸葛绰、诸葛竦、诸葛建、诸葛尚、诸葛京、诸葛攀、诸葛显、诸葛恢、诸葛颐、诸葛冲、诸葛婉、诸葛玫、诸葛侃、诸葛魁、诸葛鱥、诸葛绪、诸葛玄、诸葛长民、诸葛黎民、诸葛幼民、诸葛秀之等。

与其他家族的人才群相比,诸葛氏家族的人才群的特点之一是,其历史活动时间不算长,但也不算太短,大约有五百二十年的时间。这比之曹氏人才群、孙氏(孙权一族)人才群在历史上活动的时间要长,比琅邪王氏、琅邪颜氏人才群在历史上活动的时间要短。曹氏、孙氏分别是魏、吴二国的统治集团,随着其统治的结束,曹氏、孙氏人才群的活动也迅速结束。琅邪王氏、琅邪颜氏人才群从汉魏时期开始登上历史舞台到唐代逐渐结束,前后经历了六七百年的时间。

2. 诸葛氏家族人才群的代表人物诸葛亮功勋卓著,影响久远。

诸葛氏家族人才群在历史上的活动时间,虽然比之有些家族要短一些,但其代表人物,如诸葛亮却多有建树,影响久远。

首先,诸葛亮在许多方面都有建树,他在政治、经济、军事、思想、文化、艺术等方面皆有不可磨灭的成就。

在政治上,诸葛亮重视儒学传承与弘扬,并汲取道、法、刑名等学说的精神,形成了适合蜀国的执政方针和政策,他虽然没有完成统一国家的任务,但实现了部分统一,特别是他为全国统一而鞠躬尽瘁的精神感人至深;他在西南、西北地区实行的民族政策,也名垂青史;他在处理君臣关系上的艺术,也堪比周公,因而为许多人所称赞;他在法治方面的公平正直为世人所称道。

在经济方面,他注重辖区内手工业、农业的发展,对手工业在国民经济中的作用有比较正确的认识,又注意水利的维护与兴修。

在军事方面,他重视军事制度建设,改良了兵器、运输工具,如制造了木牛流马,改进连弩等,成绩斐然。

其次,诸葛亮在个人修养方面境界很高,近乎完人。

诸葛亮有坚定的政治人格,为了"兴复汉室",重新恢复国家的统一,民族的振兴,鞠躬尽瘁,死而后已,以自己的言行树立了为政治理想而献身的典型。他有高尚的道德人格,继承了刚健进取、自强不息的民族精神和忠贞正直的优秀品德,处事以儒家仁、义、信、廉为准则,从不谋取私利。在审美方面,他以个体服从群体、情感服从理智为美,强调把个体的感情、心理欲求导入社会伦理道德的规范之中,追求政治人格与道德人格的完美结合。

3. 诸葛氏家族人才群皆注重儒学等治世学说的经世致用。

诸葛氏家族活动的历史时间,除西汉中后期的诸葛丰之外,自诸葛珪开始至诸葛长民兄弟都活动于中国历史的动荡年代。这种历史环境造就了诸葛氏家族的人才皆长于把儒学等治世学说应用于实际,他们不是坐而论道的空头理论家,而是为改变现实而奋斗不息的实干家。换言之,善于经世致用是诸葛氏家族人才群的特点之一。

如诸葛亮自 27 岁受刘备"三顾"之后,即以"兴复汉室",重新统一国家,振兴民族为己任,在此后的 27 年中,他无日无夜不以践行"《春秋》大一统"之义、改变国家分裂局面为其思维与活动的主线,这种"经世"活动直到他生命的终结,最后他病逝于军中。可以说,诸葛亮是一位经世致用的典型。

诸葛瑾、诸葛诞分别在吴国、魏国担任军政职务,他们也是各为了所属政权的利益而奔忙,他们服务的政权都是以儒学为其主导思想的。从总体上看,他们也是在运用儒学的经世性特点来管理与改造社会、民生。

诸葛恪在受诏辅政后,遵照儒学改良政治的要求,实行了"罢视听,息校官,原逋责,除关税"等一系列改革,取得了"众莫不悦"的社会效果。应该说,这是儒家经世致用的一个明显例证。

诸葛氏家族的人才,大多善于处理军政实务,以取得治国治军的实效而为世人所称道。当然也有个别的不肖子孙,虽"有文武干用,然不持行检,无乡曲之誉"①。但这样的诸葛氏子弟毕竟很少,是个别现象,难以影响诸葛氏家族人才群的特点。

---

① 《晋书》卷八十五《诸葛长民传》,第 2212 页。

第四章 蜀汉丞相诸葛亮

诸葛氏家族在三国魏晋时期涌现出了诸葛瑾、诸葛亮、诸葛诞、诸葛恪、诸葛恢等历史名人。他们对时政乃至中国历史都产生了深远的影响，其中，影响最大的是蜀汉丞相诸葛亮。

# 第一节　诸 葛 亮 生 平

　　东汉灵帝光和四年(181)，诸葛亮出生于琅邪阳都。

　　关于诸葛亮出生的具体时间，《三国志·诸葛亮传》没有记载。后世有影响的诞辰日表述有两种：一是181年4月14日，为浙江兰溪诸葛大公堂所存《诸葛氏宗谱》所记；二是181年7月23日，为清道光九年(1829)所修《昭烈忠武陵庙志》所记。以4月14日为诞辰纪念日的代表性地方有：浙江省内的诸葛亮后裔居住地、广西省阳朔县翠屏村及周边诸葛亮后裔居住地、诸葛亮出生地山东省沂南县、湖北襄樊古隆中武侯祠、河南南阳卧龙岗武侯祠、陕西勉县武侯祠和武侯墓等。以7月23日为诞辰纪念日的代表性地方有：云南种茶的少数民族地区、台湾南投县孔明庙等。通观史料记载，诸葛亮的诞辰日应该是后人为之设置的纪念日，并非真正的出生日。

## 一、时代背景

　　诸葛亮生于东汉末年。当时，外戚宦官交互专权，党锢事件屡起，统治集团内部矛盾不断加深，社会矛盾日趋尖锐，导致爆发黄巾大起义，由此开始了军阀割据时期。这在诸葛亮心灵上留下了深深的烙印,对他产生了较大的影响。

(一) 外戚宦官,交互专权

汉光武帝刘秀自称"以柔治天下"①,对外休养生息,对内与功臣联姻,以加强统治。因此,东汉王朝选皇后不出窦融、邓禹、马援、梁统等功臣的家族。这就为外戚专权创造了政治基础。

自汉章帝刘炟(76—88 年在位)以后,继位的皇帝幼小,太后临朝听政,不便接触大臣,便重用娘家父兄来协助处理政事,这就为外戚窃取大权造成了机会。东汉先后有窦、邓、阎、梁、窦、何六个皇太后临朝听政,皇帝的废立直接或间接地为外戚所左右。《后汉书·皇后纪上》记载:

> 东京皇统屡绝,权归女主,外立者四帝,临朝者六后,莫不定策帷帏,委事父兄,贪孩童以久其政,抑明贤以专其威。②

外戚自恃亲贵,骄横擅权,无视幼主,朝中大臣多仰承其鼻息行事。及至皇帝成年懂事,不甘外戚挟持,欲把大权夺回到自己手中,就结纳在身边的心腹宦官,发动政变,除掉外戚。

延光四年(125),宦官曹腾、孙程等 19 人发动宫廷政变,诛灭外戚阎显及其党羽,拥立刘保为帝,改元"永建",朝政全归宦官。后来外戚梁商及其子梁冀相继任大将军,历仕四朝,权倾朝野,飞扬跋扈。延熹二年(159),桓帝与中常侍单超等五人密谋捕杀梁冀全家,清除其重要党羽数百人。单超等五人因诛杀外戚有功,同日封侯,"自是权归宦官,朝廷日乱矣"③。

汉灵帝即位后,汉王朝政治已经十分腐败了,加之旱灾、水灾、蝗灾等天灾不断,因此怨声载道,民不聊生,国势进一步衰落。灵帝对宦官宠信如旧,不但尊张让等人为"十常侍",并常说"张常侍是我公、赵常

---

① 《后汉书》卷一下《光武帝纪》:"帝闻之,大笑曰:'吾理天下,亦欲以柔道行之。'"第68—69 页。
② 《后汉书》卷十上《皇后纪上》,第401 页。
③ 《后汉书》卷七十八《宦者·单超传》,第2520 页。

侍是我母"①。宦官仗着皇帝的宠幸,无所惮畏,胡作非为,结党营私,横征暴敛,不仅加深了统治阶级内部的各种矛盾,而且加剧了统治阶级与下层民众之间的矛盾。

(二)"党锢"屡起,士人寒心

宦官专权,朝政黑暗异常,史称"宦官之为民害最烈,天下无不欲食其肉"②。于是,一批士族地主出身的官员,不满宦官掌权,主张改革朝政,罢斥宦官;还有一批中小地主出身的太学生,因为社会腐败,找不到出路,也要求改革。士族官僚与太学生密切配合,遥相呼应,抨击时政,成为一个与宦官相对立的群体。因此引起宦官的愤恨与打击,斗争结果是宦官占优势,"党人"有的被杀头,有的被禁锢终身不得做官,史称"党锢"事件。久之,幸免于难的士族官僚和太学生多在残酷的现实面前,或闭口不谈政治,以求自保,或隐居山林,躬耕自安。独善其身成为他们遁世避祸的处事原则。诸葛亮青少年时期所结识的襄阳耆老庞德公、沔南名士黄承彦就是这类士人的缩影。

(三)黄巾起义,天下震动

东汉后期,统治集团在内部争权夺利的同时,肆无忌惮地压榨民众,千方百计地搜刮钱财。加之农村经济凋敝,广大农民苦不堪言,纷纷走上反抗的道路,各地起义连年不断。仅从建宁元年(168)到中平元年(184)的十多年间,见于史籍记载的农民起义就十多起。灵帝中平元年(184),爆发了全国范围的农民起义——张角领导的黄巾大起义。结果,"旬日之间,天下响应,京师震动"③。为镇压义军,灵帝在政治上下令大赦"党人",以调整统治阶级内部的矛盾;在军事上则动员全国兵力,分头进剿起义军。黄巾起义失败。虽然如此,汉室却遭受了沉重的打击。

(四)军阀割据,民不聊生

中平五年(188),灵帝接受太常刘焉的建议,将部分刺史改为拥有领兵治民之权的州牧,由宗室或重臣担任,以加强对地方政权的统治。同时,为

① 《后汉书》卷七十八《宦者·张让传》,第2536页。
② (清)赵翼,黄寿成校点:《廿二史札记》卷五《汉末诸臣劾治宦官》,第89页。
③ 《后汉书》卷七十一《皇甫嵩传》,第2300页。

了对付外戚势力,在中央设置新军,置八校尉,以宦官蹇硕为统领。结果出现了地方拥兵自重,群雄互相攻击,逐鹿中原,皇帝在军阀手中如同玩物的局面。中平六年(189),灵帝病死,14岁的刘辩继帝位,一切政事取决于临朝听政的母后和手握兵权的国舅大将军何进,外戚集团势力再次抬头,外戚与宦官集团矛盾升级。何进为全部诛杀宦官,密诏并州牧董卓带兵入京相助。中常侍张让、段圭等宦官们听到风声,抢先在宫中将何进杀死。何进的属下吴匡、张璋、袁术等得到消息,又带兵入宫尽杀宦官。宦官外戚两败俱伤,政权落到了以勤王之名进京的董卓手中。

董卓拥兵秉政,目无少帝。不久,董卓以"皇帝暗弱,不可以奉宗庙,为天下主"①为由,废仅登基九个月的少帝刘辩,立年仅8岁的陈留王刘协为帝。

董卓入朝乱政,各地州牧和豪强地主便乘机勾结,结成同盟军讨伐董卓。董卓见机不妙,挟持汉献帝从洛阳迁都长安。董卓西迁后,讨董同盟破裂,各地州牧和豪强地主趁机扩大地盘,形成一股股割据势力。这些割据势力,为了争夺土地和人口,互相杀伐,给人民带来了无穷的灾难。诸葛亮的家乡——琅邪阳都,也因曹操征讨陶谦而生灵涂炭。

在军阀混战激烈进行之初,徐州刺史陶谦志在保郡安民,徐州一带相对比较安宁。因而徐州成为避难之所,曹操之父曹嵩也来此避难。曹嵩本是宦官曹腾的养子,承袭了曹腾的费亭侯爵位后,官运亨通,曾任司隶校尉、大鸿胪和大司农。中平五年(188),由于外戚势力膨胀,曹嵩被罢太尉。为避乱计,曹嵩回到了老家沛国谯城。同年冬十二月,曹操在陈留郡己吾(今河南宁陵境内)起兵。曹嵩家财万贯,颇为富有,怕祸及自己,"子操起兵,不肯相随,乃与少子疾避乱琅邪"②。曹操起兵后,在济北(今山东长清南)诱降黄巾军30万众,选其精锐,编为青州兵。继而陆续收纳一些豪强地主武装,遂成为割据一方的强大势力。初平四年(193)春,曹操驻军鄄城时,派泰山太守应劭迎接曹嵩前往团聚,徐州刺史陶谦派都尉张闿率兵护

---

① 《后汉书》卷七十二《董卓传》,第2324页。
② 《后汉书》卷七十八《宦者·曹腾传》,第2519页。

送。《三国志·武帝纪》注载：

> 太祖迎嵩，辎重百余两。陶谦遣都尉张闿将骑二百卫送。闿于泰
> 山华、费间杀嵩，取财物，因奔淮南。①

此事《后汉书·陶谦传》则记载：

> 曹操父嵩避难琅邪，时谦别将守阴平，士卒利嵩财宝，遂袭杀之。②

实际上，曹操觊觎徐州已久，曹嵩被杀不论是陶谦的主谋与否，曹操都
想借机兵进徐州，讨伐陶谦。初平四年（193），曹操第一次讨伐陶谦，"过拔
取虑、睢陵、夏丘，皆屠之。凡杀男女数十万人，鸡犬无余，泗水为之不流，
自是五县城保，无复行迹"③。兴平元年（194）夏，曹操再次兵掠徐州，连拔
五城，掠地至琅邪东海。徐州百姓痛恨曹操的残暴，于是，"其子弟念父兄
之耻，必人自为守，无降心，就能破之，尚不可有也"④。曹军攻城难以速克，
便迁怒于民，"所过多所残戮"⑤。

诸葛亮的家乡琅邪，在曹操两次攻打陶谦的过程中，备受兵燹之苦。
当时，诸葛亮虽然还是一个十三四岁的少年，但亲身经历的苦难和乡亲们
对曹操的敌对心态，在他心灵中留下了深刻的影响。

## 二、耕读南阳

曹操攻打陶谦之时，豫章太守周术病逝了。这时，袁术已自领扬州（治
所在今安徽寿春）刺史，急需扩大地盘，扩充势力，便趁机私署诸葛亮的叔
父诸葛玄为豫章（治所在今江西南昌）太守。袁术出身于"四世三公"的名

---

① 《三国志》卷一《武帝纪》裴松之注引韦曜《吴书》，第11页。
② 《后汉书》卷七十三《陶谦传》，第2367页。
③ 《后汉书》卷七十三《陶谦传》，第2367页。
④ 《三国志》卷十《荀彧传》，第310页。
⑤ 《三国志》卷一《武帝纪》，第11页。

门巨族,他敦请诸葛玄出任郡守要职,这不仅说明他们之间的深厚交情,也说明诸葛玄的才能为袁术所器重。

曹操攻伐陶谦的战火已经波及阳都,而扬州在袁术的掌控之下,战乱较少,诸葛玄决定接受邀请。诸葛亮幼年丧母继而丧父后,一直由诸葛玄抚养。因此,诸葛玄留下及冠之年的诸葛瑾照料诸葛亮继母和田园庐墓,自己则与诸葛亮姐弟南下了。

（一）寄居襄阳

诸葛亮姐弟南下后不久到达襄阳。史籍没有直接记载诸葛亮到达襄阳的时间。据考证,诸葛亮到达襄阳的时间有三种说法。

第一种是"随玄说"。持这一说者比较普遍。

王瑞功《诸葛亮志》说:

> 朱皓代玄过程,《诸葛亮传》语焉不详,或有为玄讳饰之嫌。而《献帝春秋》所记虽时间、人物多有谬误,但言取代是用战争手段,该是符合实际的。如诸葛玄初平四年秋到任,是年冬或兴平元年春朱皓率兵攻取,诸葛玄守而朱皓攻,攻占不会轻而易举。朱皓胜而代之,约在兴平元年夏秋之交。诸葛玄失去太守之位,就带着诸葛亮等投奔荆州牧刘表了。[1]

余明侠《诸葛亮评传》说:

> 诸葛玄却是一位忠于汉室的人,他在汉廷委派的正式太守朱皓来到之后,就交卸了印绶,带着侄儿侄女们又辗转前往荆州,去投奔他的旧交荆州牧刘表了。[2]

陈寿的记载是可信的。至于《献帝春秋》所述情况,只能是姑备一

[1] 王瑞功:《山东省志·诸子名家志·诸葛亮志》附录四《诸葛玄任离豫章太守时间考》,山东人民出版社,2001年,第550页。
[2] 余明侠:《诸葛亮评传》,第32页。

说而已。①

第二种是"直达说"。如余鹏飞《诸葛亮在襄阳》,根据《献帝春秋》记载的"初,豫章太守周术病卒,刘表上诸葛玄为豫章太守"认定:"《献帝春秋》记载诸葛玄离开山东直接来到襄阳是可信的。"②

以上两说各有所本,并认为二者必有一误。

第三种是"托付说"。此说首见于朱大渭、梁满仓合著的《诸葛亮大传》。"托付说"认为:

> 毫无疑问,《三国志》的记载是应该相信的,但遗憾的是《三国志》的记载太简略了。而当我们把《汉帝春秋》作为一种有参考价值的异说传闻去分析时,就会发现《献帝春秋》中所传递的某些信息,不但与《三国志》不矛盾,而且还能对其进行一些细节上的补充。③

> 刘繇是兴平二年(195)打败笮融的,建安三年(198)刘繇病死时,手下还有士众万余人。刘繇并非没有力量攻打诸葛玄,然而从兴平二年到建安三年诸葛玄被反民所杀,刘繇与诸葛玄竟相安共处两年多……刘繇与袁术是政敌,与刘表是盟友。只有诸葛玄公开宣布脱离袁术归附刘表,才会出现这种情况。诸葛玄既然脱离袁术,就不会再说自己豫章太守之职是袁术所署,而是称刘表所任。所以刘表署诸葛玄为豫章太守之说不无依据。《献帝春秋》作为传闻异词,把诸葛玄为豫章太守一开始就说成刘表所署固然错误,但它传递的诸葛玄背袁归刘的信息却可能是正确的。④

诸葛玄在兴平二年背袁归刘后,派人护送侄子侄女们到达荆州,

① 余明侠:《诸葛亮评传》,第 35 页。
② 余鹏飞:《诸葛亮在襄阳》,湖北人民出版社,1987 年。
③ 朱大渭、梁满仓:《诸葛亮大传》,第 20 页。
④ 朱大渭、梁满仓:《诸葛亮大传》,第 21 页。

　　而自己仍留在西城。

　　　留在豫章，就可以西以刘表为援，伺机向南发展。①

　　"托付说"应该是可信的。这一结论随之也就解决了襄阳无诸葛玄遗迹记载的问题。

　　诸葛亮与姐姐、弟弟到达襄阳隆中时，刘表已在襄阳治理荆州三年。因他励精图治，襄阳成为东汉后期的最后一片乐土。这为诸葛亮耕读襄阳创造了良好的社会环境。

　　（二）就读官学

　　刘表是儒生出身，对教育十分重视，当他在襄阳站稳脚跟后，"遂起立学校，博求儒术"②。荆州人宋忠为当世可与郑玄比肩的经学大家，刘表聘其为文学，令其"撰立《五经》章句，谓之后定"③。宋忠延聘朋徒，"五载之间，道化大行。耆德故老綦毋闿等负书荷器，自远而至者三百余人"④，"关西、兖、豫学士归者盖有千数"⑤。因此，有学者认为，"荆州学校的规模和制度远远逸出郡国学校的范畴，不妨说是洛阳太学的南迁"，是"效法洛阳太学而设置的，乃是全国唯一的官学"⑥。诸葛亮到达襄阳时，正是这里政治、经济、文化教育等方面逐步复兴的时期。

　　关于诸葛亮与襄阳学业堂的关系，现见最早的记载是南宋王象之《舆地纪胜》。该书卷八十二"学业堂"条载："孔明读书之所，谓之学业堂，在江之南。"诸葛亮的叔父诸葛玄与刘表是老交情，诸葛亮到襄阳后就学于学业堂应是顺理成章的事情。

　　在诸葛亮的师长中，对他影响最大的是庞德公和司马徽。

　　庞德公是襄阳人，比司马徽大 10 岁，被司马徽尊称为"庞公"。他既是襄阳地方世家望族，又是襄阳名士，还是襄阳地区在野士人的领袖。

---

① 朱大渭、梁满仓：《诸葛亮大传》，第 22 页。
② 《后汉书》卷七十四下《刘表传》，第 2421 页。
③ 《后汉书》卷七十四下《刘表传》，第 2421 页。
④ 王灿：《荆州文学记官志》，熊承涤《秦汉教育论著选》，人民教育出版社，1986 年，第 462 页。
⑤ 《后汉书》卷七十四下《刘表传》，第 2421 页。
⑥ 唐长孺：《汉末学术中心的南移与荆州学派》，《襄阳师专学报》1989 年第 2 期。

　　诸葛亮对庞德公事之以师礼,"每至其家,独拜床下,德公初不令止"①。这既说明庞德公与诸葛亮有师生之实,也说明诸葛亮对待老师的诚心和虚心求教的态度。庞德公很赏识诸葛亮,赞誉他为"卧龙"②。汉末,不少有气节的士人不愿意置身浊流,往往遁迹山林躬耕自食以为自全之计。庞德公隐居于襄阳岘山之南,以"琴书自娱",多次拒绝刘表的延聘诚邀。诸葛亮后来到隆中躬耕自食,有庞德公的影响。

　　在学业上对诸葛亮影响最大的是司马徽。两汉期间,并行古文经学和今文经学两大流派。西汉时期,今文学派占据主流。东汉时期,古文学派开始兴盛,今文经学日渐衰落。汉末及三国时期影响最大的是郑玄、宋忠、司马徽三位古文学派大师。郑玄活跃在北方,主要影响在黄河流域。而宋忠和司马徽二人相聚襄阳,执教于"学业堂",从而形成了荆州学派。北方经学重章句训诂,杂以谶讳。荆州学派"讲论义理"。《三国志·尹默传》记载:

　　　　益部多贵今文而不崇章句,默知其不博,乃远游荆州,从司马德操
　　(司马徽)、宋仲子(宋忠)等受古学。③

　　这种南北学风的差异,后来被概括为"南人约简,得其英华;北学深芜,穷其枝叶"④。诸葛亮的哥哥诸葛瑾,治《毛诗》、《尚书》、《左氏春秋》,证明他是治古文经学的人,这应该是家学,诸葛亮自然也不例外⑤。有古文经学基础的诸葛亮,又受到司马徽等人"约简"学风的影响,因而形成了读书不"务求精熟",而是"观其大略"的风格。"观其大略"不是读书粗疏,而是善于从总体上把握文章的精神实质。这是诸葛亮成为伟大政治家、思想家而没成为经学家的基本原因。司马徽以善于识拔人才著称,有"水镜"之誉。

　　① 《三国志》卷三十七《庞统传》裴松之引《襄阳记》,第953—954页。
　　② 《三国志》卷三十七《庞统传》裴松之引《襄阳记》:"诸葛孔明为卧龙,庞士元为凤雏,司马德操为水镜,皆庞德公语也。"第953页。
　　③ 《三国志》卷四十二《尹默传》,第1026页。
　　④ 《隋书》卷七十五《儒林传》,中华书局,1973年,第1076页。
　　⑤ 参见王汝涛:《家学、成才、反思》,丁宝斋:《诸葛亮成才之路》,武汉大学出版社,2000年,第1—14页。

意思是他眼光如镜,分毫必见;评价公允,如水之平。据传,司马徽非常看重诸葛亮,曾指点他进一步拜师学艺:"以君才当访名师,益加学问,汝南灵山酆公玖熟谙韬略,余尝过而请教,如蠡测海,盍往求之。"并引诸葛亮至山,"拜玖为师"①。这些记载,虽然缺乏确凿史料佐证,却反映了司马徽对诸葛亮的喜爱与期望和诸葛亮博采百家之长的基本事实。

(三)躬耕交友

《三国志·诸葛亮传》记载:"玄卒,亮躬耕陇亩。"按照《献帝春秋》记载,诸葛玄是建安三年(198)被杀的。此时,诸葛亮应是19岁。

躬耕地在何处?诸葛亮北伐曹魏临行上表中有"臣本布衣,躬耕于南阳"的说法,所以后世一般记述为"诸葛亮躬耕南阳"。除诸葛亮《出师表》中的自述外,最早记载诸葛亮躬耕地址的是晋人王隐的《蜀记》:"晋永兴(304—306)中,镇南将军刘弘至隆中,观亮故宅,立碣表闾。"②

关于隆中的位置,第一个具体记述的是习凿齿所著《汉晋春秋》:"亮家于南阳之邓县,在襄阳城西二十里,号曰隆中。"③

后世关于诸葛亮躬耕隆中的记述皆源于此。当时,隆中虽然距离襄阳城仅二十里,但属于南阳郡邓县的辖地,而襄阳则归南郡所辖。所以诸葛亮《出师表》所述的"躬耕南阳",与魏晋时期史家对诸葛亮躬耕地的表述并不矛盾。

隆中是一个半封闭的山峪,主峰在北名隆中山,乐山在南,与主峰隔谷相望。整个山势呈回环状,向东有开口平缓而开阔的谷底,可种植庄稼,向阳山坡则宜于造庐而居。

论者多认为,诸葛亮是因为叔父诸葛玄故世才躬耕的。此说甚有道理,但不全面。因按照汉朝律令,年满15岁就是成人,就应承担成人的责任,同时也享有被察举的权利。④ 建安三年(198),诸葛亮19岁了,已属成

---

① (清)徐道:《历代神仙通鉴》二集,王瑞功:《山东省志·诸子名家志·诸葛亮志》附录二《遗闻轶事》,第488页。
② 《三国志》卷三十五《诸葛亮传》裴松之注引《蜀记》,第936页。
③ 《三国志》卷三十五《诸葛亮传》裴松之注引《汉晋春秋》,第911页。
④ 参见丁宝斋:《诸葛亮躬耕何处:有关史料和考证》,武汉大学出版社,1998年,第112页。

人。可以说,无论诸葛亮的叔父是否在世,诸葛亮都应该自立了。诸葛亮虽然可以利用其叔父的关系,在刘表治下求得一官半职,但这既不是诸葛亮的人生目标,也与诸葛亮的政治理想相去甚远。因为刘表作为汉室宗亲又是一方之主,虽然"地方数千里,带甲十余万",却只是"爱民养士,从容自保"①,据地自重,坐观汉献帝颠沛流离而毫无勤王之心,这无疑和诸葛亮的兴复汉室的政治理想大相径庭。二是他不愿委质定分。东汉以来有一种社会风尚,就是长官和下属之间、荐主和被荐者之间的关系逐渐演变成为君臣的关系。背叛故主,必将受到世人的唾弃。为此,汉晋之际较为正直的士大夫,大都有"委质事人,复何容易"②的感叹。处于刘表荫庇下已步入成人之列的诸葛亮,既然不愿委质定分于刘表,最好的办法就是躬耕山林。这样,既可以"苟全性命于乱世",又可以等待时机,托身明主。

诸葛亮在躬耕隆中之余,广交朋友和结识社会名流。他在隆中结交的朋友和社会名流有避居荆襄的青年才俊徐庶、石韬、孟建、崔州平等人;有襄阳权贵和名门才俊,如以刘表为代表的当权派,主要是蔡、蒯两家,代表人物有刘表、刘琦、蒯越、蒯良、蒯琪等。另有庞、黄、马、习、杨诸家,主要代表人物是庞德公、黄承彦、马良、习祯、杨虑等,他们是大族中的在野派。其中,诸葛亮与黄承彦有着姻亲、朋友等特殊关系。

诸葛亮广泛地交往,对于他学识上的切磋交流,天下大势的洞悉把握,政治理想的确立定位,都是极为重要的。

（四）吟啸待时

诸葛亮不是甘愿终生躬耕陇亩老死山林的隐士,而是静观时变、等待机遇、积极入世的有志青年。故诸葛亮在隆中时,"常抱膝长啸","自比于管仲、乐毅",并"好为《梁父吟》"。

人之"啸",一般是指撮口发出的长而清越之声,也就是俗说的吹口哨。诸葛亮之所以"常抱膝长啸",非悠闲无聊之举,实为以"啸"抒发激荡于胸中的豪情之气,抒发成竹在胸的自信之气。他"自比于管仲、乐毅"就是志

---

① 《后汉书》卷七十四下《刘表传》,第2421页。
② 《晋书》卷三十四《羊祜传》,第1013页。

向的显现和自信的体现。

管仲(约前 723 或前 716—前 645)是春秋时期齐国著名的政治家、军事家。齐襄公时,他与鲍叔牙同为齐国公室侍臣。周庄王十二年(前685),在齐国内乱中,管仲佐助公子纠同鲍叔牙佐助的公子小白(齐桓公)争夺君位失败。虽一度为齐桓公所忌恨,但终以经世之才,经鲍叔牙力荐,被桓公重用为卿,主持国政。管仲向桓公提出修好近邻、先内后外、待时而动的治国求霸之策,而桓公未听其言,于次年轻率攻鲁,在长勺之战中被鲁军击败。战后,齐桓公对管仲器重有加,管仲辅佐桓公励精图治,推行旨在富国强兵的改革,终成首创霸业之功。因有殊勋于齐,被桓公尊为仲父。

乐毅是战国后期杰出的军事家。燕昭王屈己礼贤,延聘贤能之士相佐,厚礼于乐毅以为亚卿。当时齐国最为强大,燕昭王欲兴兵伐齐,问计于乐毅。乐毅提出了"联合伐齐"方略。燕王认为可行,以乐毅为上将军,率全国之兵会同赵、楚、韩、魏,以五国之军兴师伐齐。五年间,"下齐七十余城,皆为郡县以属燕。唯独莒、即墨未服"[1]。继燕王位的惠王,为太子时与乐毅有隙,及即位,逼乐毅西向赵国。至齐国田单以火牛阵大破燕军,燕国被逼割地求和后,燕惠王才后悔莫及,"又怨乐毅之降赵,恐赵用乐毅而乘燕之弊以伐燕"[2]。乃遣使持书于乐毅,既示追悔之情,又寓谴责之意。乐毅在史称《报燕惠王书》的复信中,表明了自己对先王的一片忠心和与先王之间的相知相得,辨析了惠王对自己的种种责难、误解,抒发了功败垂成的愤慨,提出了国君用人的思想。

显然,管仲和乐毅是诸葛亮心目中得遇明君、出将入相的楷模。事实证明,在诸葛亮后来的报国实践中,有着许多管仲、乐毅的影子。

关于"好为《梁父吟》",清代学者何焯在《义门读书记》中说:

> 蔡中郎(蔡邕)《琴颂》云:"梁父悲吟,周公越裳。"武侯之志,其有

---

[1]《史记》卷八十《乐毅传》,第 2429 页。
[2]《史记》卷八十《乐毅传》,第 2430 页。

取于此乎！今所传之词，盖非其作。①

宋代学者姚宽在《西溪丛语》中说：

> 《梁父吟》不知何义，张衡《四愁诗》云"欲往从之梁父艰"。注云：泰山，东岳也。君有德，则封此山。愿辅佐君王，致于有道，而为小人谗邪之所阻。梁父，泰山下小山名。诸葛好为此吟，恐取此义。②

可见早在宋朝时，人们已经不知道《梁父吟》是怎么一回事了。
《梁父吟》的具体内容，迄今见于史籍的只有唐代《艺文类聚》所录：

> 步出齐城门，遥望荡阴里。里中有三坟，累累正相似。问是谁家冢，田强古冶子。力能排南山，文能绝地理。一朝被谗言，二桃杀三士。谁能为此谋，国相齐晏子。③

这首古歌词讲述了春秋时齐景公国相晏婴"二桃杀三士"的故事。晏婴用计"二桃杀三士"，后人对此褒贬不一。观陈寿将"好为《梁父吟》"与"自比于管仲、乐毅"二事并提，显然不是表现一般隐士的吟咏消遣之举，而是寓意诸葛亮的情操、志向、抱负和才华。在诸葛亮眼里，晏婴显然绝不是排除异己、陷害忠良的政客，而是一位善于治国、忍辱负重、品行高尚的贤相。自比管乐以俟时势，喜吟《梁父》以明高志，抱膝长啸以抒胸臆，正是互为表里的事情，是诸葛亮情与志的集中反映，从中可窥见诸葛亮隐居隆中时蕴情蓄志的端倪。

另外，诸葛亮字"孔明"，是何时由何人所起定，史籍没有记载。但根据古代惯例，可知是在襄阳期间才有的。在古代，多数人尤其是做官的和知

---

① 黄文荣：《论清代〈三国志〉之研究——以校勘、评论、补注为例》，潘美月、杜洁祥：《古典文献研究辑刊》四编第 16 册，花木兰文化出版社，2007 年，第 107 页。
② （清）梁章钜撰，杨耀坤校订：《三国志旁证》卷二十一，福建人民出版社，2000 年，第 531 页。
③ 《艺文类聚》卷十九《吟部三·讴谣》引《蜀志》诸葛《梁父吟》。

识分子既有"名"又有"字"。"名",是社会上个人的特称,即个人在社会上所使用的符号。"字"往往是名的解释和补充,是与"名"相表里的,所以又称"表字"。《礼记·檀弓上》说:"幼名,冠字。"孔颖达疏云:"始生三月而加名,故云'幼名'也。""年二十,有为人父之道,朋友等类不可复呼其名,故冠而加字。"又《仪礼·士冠礼》:"冠而字之,敬其名也。"释曰:"君父之前称名,至于他人称字也。""孔"字意项之一是大或甚。孔明就是大明、特别明,这显然是与"亮"相表里的。由礼制可知,诸葛亮的字"孔明",是躬耕山林以后才起定的。当然,是诸葛亮自己酌定抑或由师长起定就不得而知了。

## 三、辅佐刘备

诸葛亮隐居隆中时,刻苦学习,研究形势,不断探索"兴复汉室"的途径和方式方法。经过长期的酝酿,终于形成了一套比较完整的忠君报国、中兴汉室的政治主张,一个极具进取精神且操作性极强的战略规划。这就是刘备到隆中求见时,诸葛亮为刘备分析形势并提出的政治纲领和战略规划——《隆中对》,也称《草庐对》。

刘备在新野期间,亲自到襄阳拜访素享声誉的司马徽,意在招揽人才。《三国志·诸葛亮传》裴松之注引《襄阳记》载:

> 刘备访世事于司马德操。德操曰:"儒生俗士,岂识时务? 识时务者在乎俊杰。此间自有伏龙、凤雏。"备问为谁,曰:"诸葛孔明、庞士元也。"[1]

司马徽不但指明了刘备所需人才是"识时务"的俊杰,而不是"儒生俗士",而且高度赞美诸葛亮和庞统,并适度向刘备作了推介。也许是司马徽想有意考验刘备的求贤诚意度和认识人才的水平,谈话中没有告诉诸葛亮的具体情况。

---

[1]《三国志》卷三十五《诸葛亮传》裴松之注引《襄阳记》,第913页。

刘备躬身拜贤、诚信求贤的举动,赢得了士人的青睐。不久,徐庶到新野向刘备自荐,"先主器之"。徐庶见刘备真心求贤,便向刘备介绍了自己的好友诸葛亮:"诸葛孔明者,卧龙也,将军岂愿见之乎?"刘备急切地说:"君与俱来。"徐庶则说:"此人可就见,不可屈致也。将军宜枉驾顾之。"①

司马徽介绍在先,徐庶推荐在后,刘备敏锐地感到诸葛亮就是他创建大业的辅弼良材,"由是先主遂诣亮"②。

躬耕于隆中的诸葛亮对驻扎在新野的刘备比较了解。他不仅知道刘备是汉家皇室后裔中的英杰,也认定他是一个心存汉室的同道,是一个百折不挠的"枭雄",还是一个仗义疏财、与众同甘苦、仁爱厚德之人。但对刘备是否求贤若渴,是否能理解自己的宏图大略,是否能尽其能,尚未全知。因而,才有了"凡三往,乃见"③的历史佳话。

建安十二年(207),47 岁的刘备,在隆中与年仅 27 岁的诸葛亮相遇了。刘备向诸葛亮倾诉了汉朝衰落,奸佞把持朝政,皇上蒙受欺凌和他想伸张大义、平定天下、恢复汉室的志向,并请诸葛亮指点迷津。由此,诸葛亮感受到了刘备求贤的诚意和远大的政治抱负,就把自己对天下大势的分析,和早已酝酿成熟的统一天下的战略规划,毫无保留地交给了刘备:

> 自董卓已来,豪杰并起,跨州连郡者不可胜数。曹操比于袁绍,则名微而众寡,然操遂能克绍,以弱为强者,非惟天时,抑亦人谋也。今操已拥百万之众,挟天子而令诸侯,此诚不可与争锋。孙权据有江东,已历三世,国险而民附,贤能为之用,此可以为援而不可图也。荆州北据汉沔,利尽南海,东连吴会,西通巴蜀,此用武之国,而其主不能守,此殆天所以资将军,将军岂有意乎?益州险塞,沃野千里,天府之土,高祖因之以成帝业。刘璋暗弱,张鲁在北,民殷国富而不知存恤,智能之士思得明君。将军既帝室之胄,信义著于四海,总揽英雄,思贤如渴,若跨有荆、益,保其岩阻,西和诸戎,南抚夷越,外结好孙权,内修政

---

① 《三国志》卷三十五《诸葛亮传》,第 912 页。
② 《三国志》卷三十五《诸葛亮传》,第 912 页。
③ 《三国志》卷三十五《诸葛亮传》,第 912 页。

理；天下有变，则命一上将将荆州之军以向宛、洛，将军身率益州之众出于秦川，百姓孰敢不箪食壶浆以迎将军者乎？诚如是，则霸业可成，汉室可兴矣。①

诸葛亮的《隆中对》，通过对袁绍、曹操、孙权、刘表等军阀割据情况的分析，得出了事业的成功不在"天命"，而在"人谋"的结论。通过对割据现状的分析，提出了建立霸业基地的方针，即对曹操"不可与争锋"，对孙权"不可图"只"可以为援"，在反对曹操这一共同利益的基础上可建立统一战线。在此前提下，先取荆州立脚；后取益州，作为鼎立兴汉的基础。之后采取四项并列措施：一是确保荆、益二州，以为战略基地；二是和抚夷越，以有稳定的后方；三是内修政理，在政治上安民；四是巩固孙刘联盟，保持睦邻友好。最终目标：攻灭曹魏，兴复汉室。这是一个成熟政治家的雄才大略，所以折服了刘备，坚定了刘备与诸葛亮共谋大业的信心。

关于刘备与诸葛亮的相见，魏人鱼豢《魏略》记载有异，提出了诸葛亮"北上见备"之说。司马彪《九州春秋》也有同样记载：

刘备屯于樊城。是时曹公方定河北，亮知荆州次当受敌，而刘表性缓，不晓军事。亮乃北行见备……②

此段记载后接有诸葛亮献"令游户自实"计。对诸葛亮"北上见备"之说，裴松之注在引文后明确表明了否定的态度：

臣松之以为亮表云"先帝不以臣卑鄙，猥自枉屈，三顾臣于草庐之中，谘臣以当世之事"，则非亮先诣备，明矣。虽闻见异辞，各生彼此，然乖背至是，亦良为可怪。③

① 《三国志》卷三十五《诸葛亮传》，第912—913页。
② 《三国志》卷三十五《诸葛亮传》裴松之注引《九州春秋》，第913页。
③ 《三国志》卷三十五《诸葛亮传》裴松之注，第914页。

　　诸葛亮加入刘备集团后,为刘备做的第一件事就是扩充军队。刘备的兵力才几千人,而曹操早已视刘备为“后患”,若曹军压境而讨,绝对不堪一击。为此,诸葛亮向刘备献“令游户自实”计:

　　　　亮遂言曰:“将军度刘镇南孰与曹公邪?”备曰:“不及。”亮又曰:“将军自度何如也?”备曰:“亦不如。”曰:“今皆不及,而将军之众不过数千人,以此待敌,得无非计乎!”备曰:“我亦愁之,当若之何?”亮曰:“今荆州非少人也,而著籍者寡,平居发调,则人心不悦;可语镇南,令国中凡有游户,皆使自实,因录以益众可也。”备从其计,故众遂强。备由此知亮有英略,乃以上客礼之。①

　　此事《三国志·诸葛亮传》未载,乃出自裴松之注引《魏略》。裴松之认为“北上见备”之事“良为可怪”,不足为信,应该是有道理的。但献策一事当为事实,只不过不是所谓诸葛亮北上自荐时所为罢了。
　　按汉廷规定,刘备扩军须经荆州牧刘表同意。当诸葛亮向刘备提出“令游户自实”方案后,刘表因深恐曹操南侵荆州而无力抵御,也就顺水推舟同意了刘备的扩军计划。这样,诸葛亮略施小计就解决了刘备的大难题,使刘备顺利地把兵力扩充到数万人,财力也随之增强了。
　　刘备扩军后,刘表已卧病在床,怕刘备力量太大不好控制,便令刘备从新野移屯樊城,以便于节制。建安十三年(208),曹操统兵南下,继任荆州牧的刘表之子刘琮,在大将蒯越和谋士傅巽的怂恿下,背着刘备派人去新野向曹操乞降。
　　刘琮降曹,曹操便可轻易获得荆州的重镇襄阳,而使诸葛亮向刘备建议的先取荆州为立足之地的计划化为泡影。在这种紧急情况下,诸葛亮为大业计,劝说刘备趁机攻伐刘琮,占据襄阳,以控制荆州。而刘备认为与刘琮既为同宗,又有刘表临终嘱托,不能占据荆襄,便说:“刘荆州临亡托我以

① 《三国志》卷三十五《诸葛亮传》裴松之注引《魏略》,第 913 页。

孤遗,背信自济,吾所不为,死何面目以见刘荆州乎!"①鉴于实力悬殊过大,形势危迫在即,诸葛亮无奈,建议刘备放弃樊城,南撤江陵。因为江陵不仅是荆州大郡,又是刘表的重要军事基地,军需物资充足。若占据江陵,凭据长江天险可以抵御曹操。

襄阳民众得知刘琮降曹而刘备撤向江陵,便纷纷随刘备撤离,刘琮手下的许多将领及士卒也追随刘备南行,加之沿途百姓也陆续加入撤离队伍,走到当阳时,人数已达10余万,辎重车辆达数千辆。人多路狭,拥挤不堪,行进缓慢。诸葛亮料定曹操也知道江陵的重要性,必定兼程追赶而来,即建议刘备派关羽率部分军队从水路先往江陵。果然,曹操怕刘备抢先占有江陵,便弃掉辎重,亲率精骑5 000追赶,昼夜兼程行300余里,终于在当阳的长坂(今湖北当阳县东北)追上并迅速击垮了刘备的军队。刘备与诸葛亮、徐庶、张飞、赵云等数十骑,放弃了占据江陵的计划,奔向汉水方向,与关羽所率领的水军会合后,去江夏与刘琦会合。

刘琦在"后园"的"高楼"上,被诸葛亮以"申生在内而危,重耳在外而安"的历史典故点拨后,"阴规出计",择机向刘表讨得江夏太守一职,离开了争夺继位的是非之地。当他得知刘备被曹军昼夜不停地追赶后,急忙率兵前往接应。两军会合后,同奔夏口。

此时,曹操基本上控制了荆州,实力大增。在曹操看来,刘备已不堪一击,唯一可以与之抗衡的是孙权。于是,曹操直接写信给孙权进行恫吓,希望孙权臣服。这在孙权集团中引起了强烈反响,战、降主张并存且两派展开了激烈的争论。孙权的谋士鲁肃清楚地知道孙权战而无算,和而不甘的矛盾心态,便不失时机地向孙权献出了联刘抗曹之策。孙权非常赞赏并派鲁肃前往游说刘备。

刘备在隆中初见诸葛亮时,就同意了诸葛亮联吴抗曹的战略。在仓皇溃逃不知所向时,面对无条件的联合建议,刘备大喜过望,"从鲁肃计,进住鄂县之樊口"②。此时,诸葛亮的哥哥诸葛瑾已出任东吴孙权的长史。鲁肃

---

① 《三国志》卷三十二《先主传》裴松之注引《汉魏春秋》,第878页。
② 《三国志》卷三十二《先主传》裴松之注引《江表传》,第879页。

见到诸葛亮,便说自己是诸葛瑾的朋友。诸葛亮也深知鲁肃的人品和政治远见,二人一见如故,遂相"交定"。诸葛亮也向刘备建议说:"事急矣,请奉命求救于孙将军。"①刘备"即遣诸葛亮随肃诣孙权,结同盟誓"②。

　　建立吴蜀联盟,是诸葛亮基于"孙权据有江东,已历三世,国险而民附,贤能为之用,此可以为援而不可图也"③的判断而确立的战略措施。从当时的总体情势而言,诸葛亮知道孙权已经处在既不能"以吴、越之众与中国抗衡",又不愿"案兵束甲,北面而事"曹操的两难境地,会"外托服从之名,而内怀犹豫之计"④。因此料定孙刘联盟必成。但在刘琮已降曹,刘备兵败长坂、势力大为削弱,而强大的曹操携新胜之威虎视眈眈之时,达成孙刘联盟也绝非易事。故会谈之时,诸葛亮针对孙权犹豫不决的复杂心理,进行了鼓舞斗志且逻辑严密的分析:"曹操之众,远来疲弊",已成"强弩之末";"北方之人,不习水战";"荆州之民,附操者,逼兵势耳,非心服也";东吴"国险而民附,贤能为之用";刘备尚有"战士还者及关羽水军精甲万人,刘琦合江夏战士亦不下万人";"将军诚能命猛将统兵数万,与豫州协规同力,破操军必矣。操军破,必北还,如此则荆、吴之势强,鼎足之形成矣。"⑤这是诸葛亮从敌我双方情况出发作出的理性判断。

　　孙权方面周瑜也认为,曹操"以疲病之卒,御狐疑之众,众数虽多,甚未足畏"⑥。所以,会谈的结果是:"权大悦,即遣周瑜、程普、鲁肃等水军三万,随亮诣先主,并力拒曹公。"⑦至此,诸葛亮实现了在隆中对策中提出的"东和孙权",建立孙刘联盟的设想,为抗拒曹操的胜利和建立荆州根据地奠定了基础。

　　建安十三年(208),孙刘联军在赤壁以少胜多,大败曹军,史称"赤壁之战"。赤壁战后,诸葛亮以"军师中郎将""住临烝"(今湖南衡阳县)⑧,督察

①《三国志》卷三十五《诸葛亮传》,第915页。
②《三国志》卷三十二《先主传》裴松之注引《江表传》,第879页。
③《三国志》卷三十五《诸葛亮传》,第912页。
④《三国志》卷三十五《诸葛亮传》,第915页。
⑤《三国志》卷三十五《诸葛亮传》,第912、915页。
⑥《三国志》卷五十四《周瑜传》裴松之注引《江表传》,第1262页。
⑦《三国志》卷三十五《诸葛亮传》,第915页。
⑧《三国志》卷三十五《诸葛亮传》裴松之注引《零陵先贤传》,第916页。

零陵、桂阳、长沙三郡，"调其赋税，以充军实"①，第一次担当起了事关刘备集团命脉的行政重任。

建安十四年(209)，刘琦病死，诸葛亮及文武百官拥戴刘备为荆州牧，孙权也上表朝廷予以确认。从此，刘备人气大旺，荆州人士依附刘备者越来越多。其中著名的人士有黄忠、庞统、马良、陈震、廖立、蒋琬、邓方、张存、殷观、习祯、郝普、潘濬等 12 人。"上述诸人中有一类人加入刘备集团，一定程度上是因为他们是诸葛亮的亲友。"②

建安十五年(210)，南郡太守大都督周瑜病逝。刘备乘机去江东亲见孙权，要求孙权让出长江以北被他控制的南郡之地，孙权同意。从此，刘备取得了荆州的大部分地区，基本实现了诸葛亮在隆中战略规划中"跨有荆、益"的第一步，西进益州自然也就提上了日程。

## 四、开府治蜀

为了实现西进益州的规划，刘备任命关羽为襄阳太守、荡寇将军，屯驻江北。任命张飞为宜都太守、征虏将军，驻守江南。安排诸葛亮以军师中郎将身份，襄赞军机，参与决策，谋划西进益州事宜。同时，刘备重用"凤雏"庞统。史载：刘备对庞统"大器之，以为治中从事。亲待亚于诸葛亮，遂与亮并为军师中郎将。"③庞统见刘备委己以重任，便向刘备进言：

> 荆州荒残，人物殚尽，东有吴孙，北有曹氏，鼎足之计，难以得志。今益州国富民强，户口百万，四部兵马，所出必具，宝货无求于外，今可权借以定大事。④

庞统的建议与诸葛亮隆中战略是吻合的。但时任益州牧的是汉室宗亲刘焉，刘备不肯无名出师，只好等待时机。

---

① 《三国志》卷三十五《诸葛亮传》，第 915—916 页。
② 朱大渭、梁满仓：《诸葛亮大传》(上册)，第 162 页。
③ 《三国志》卷三十七《庞统传》，第 954 页。
④ 《三国志》卷三十七《庞统传》裴松之注引《九州春秋》，第 955 页。

益州是东汉时最大的州,下辖汉中、巴郡、广汉、蜀郡、犍为、牂牁、越嶲、益州、永昌以及广汉属国、蜀郡属国、犍为属国等诸郡国①,治所在蜀郡的成都。其辖境相当于今四川省、重庆市全境和陕西省南部、云南贵州两省的北部地区。益州境内有四川和汉中两大盆地,"蜀沃野千里,水旱从人,不知饥馑,时无荒年,天下谓之天府也。"②东汉末年,军阀混战之时,益州因地偏西陲,四周层岩叠嶂,出入路远道险,故未受到太大的影响。因此,诸葛亮在《隆中对》中说:"益州险塞,沃野千里,天府之土,高祖因之以成帝业。"

史载,益州牧刘焉,"徙治绵竹,抚纳离叛,务行宽惠,阴图异计";"遣(张)鲁为督义司马,住汉中,断绝谷阁,杀害汉使。"③从此益州与中央道路不通。他对内打击地方豪强,巩固自身势力,益州处于半独立的状态。

刘焉的儿子刘璋继领益州牧后,各种矛盾日益显现。首先是汉中张鲁骄纵,不听刘璋号令。"璋杀鲁母及弟,遂为雠敌。璋累遣庞羲等攻鲁"④,但屡为张鲁所败。继之益州内乱。刘璋性"暗弱"⑤,在内外交逼之下,闻听曹操征荆州,马上遣阴溥向曹操致敬讨好。曹操为了暂时安抚刘璋,"加璋振威将军,兄瑁平寇将军"⑥。曹操攻占荆州后,刘璋又遣别驾从事张肃给曹操送去"叟兵"⑦300人和杂御物,曹操拜张肃为广汉太守。对曹操的越俎代庖,刘璋不仅没有表示出耻辱之感,而且于赤壁之战前夕,又派张肃的弟弟别驾张松向曹操致意,但遭曹操冷遇。张松甚为恼火,转而投见刘备,并向刘备言明益州的虚实。张松回益州后,不仅劝刘璋与曹操断绝交往,而且极力赞美刘备说:"刘豫州,使君之肺腑,可与交通。"⑧

建安十六年(211),刘璋遥闻曹操遣钟繇等向汉中讨伐张鲁,内怀恐惧。张松见时机成熟,再次劝刘璋用刘备讨伐张鲁。刘璋认为可行,遂"遣

① 《后汉书·郡国志五》,第3505页。
② 《华阳国志》卷三《蜀志》。
③ 《三国志》卷三十一《刘焉传》,第866—867页。
④ 《三国志》卷三十一《刘璋传》,第868页。
⑤ 《三国志》卷三十五《诸葛亮传》,第913页。
⑥ 《三国志》卷三十一《刘璋传》,第868页。
⑦ 叟人,古族名。东汉及三国时叟人被征募为兵者,作战英勇,称为"叟兵"。
⑧ 《三国志》卷三十一《刘璋传》,第868页。

法正将四千人迎先主,先后赂遗以巨亿计"①。刘备、诸葛亮、庞统见法正前来通款,喜出望外,对法正礼遇有加。这为刘备进军益州提供了良机。于是,刘备将留守荆州的大任委托给诸葛亮,留下关羽、张飞、赵云等听候调遣。自己则以庞统从征,参谋军事,亲率大军由水路入川。从这一军事部署看,刘备把诸葛亮和军事主力留在荆州,主要目的是北御曹操,东防孙权。

建安十九年(214),刘备命诸葛亮带兵入川攻打成都。诸葛亮留关羽守荆州,与张飞、赵云率兵溯江而上,分定郡县,与刘备共围成都。仅数十日,刘璋就开城出降。刘备进入成都后,以荆州牧兼领益州牧的身份,以左将军、大司马名义开府治事。拜诸葛亮为军师将军,署左将军,兼任大司马府事。

建安二十二年(217),刘备留诸葛亮坐镇成都,自己以法正从征,参谋军机,率军北伐汉中。诸葛亮在成都,边调集军饷支援前线,边积极恢复和发展社会生产,安定社会秩序,使益州根据地迅速巩固起来。史载:"先主外出,亮常镇守成都,足食足兵。"②

建安二十四年(219),刘备大军击败曹军,夺得汉中。刘备称"汉中王",还治成都,拔魏延为都督,镇守汉中。至此,刘备按照诸葛亮的隆中规划,巧取荆州,谋收西川,夺得汉中,实现了隆中战略中的"跨有荆、益"的第一个重要目标。从此,正式形成了与北方曹魏、江东孙吴三足鼎立的局面。

刘备称王后,拜关羽为前将军,假节钺。同年,关羽在魏吴夹击下,失守荆州,兵败被杀,使诸葛亮隆中战略中之两路出兵钳击中原的计划流产。

建安二十五年(220)正月,曹操病逝,子曹丕继位魏王。十月,曹丕废汉献帝自立为帝,建立了魏国。建安二十六年(221)四月,刘备在成都称帝,国号"汉",史称蜀汉或季汉,改元章武,以诸葛亮为丞相录尚书事(张飞死后,兼领司隶校尉)。刘备称帝后,执意伐吴,为关羽报仇,众臣劝阻无用。刘备命诸葛亮辅佐太子刘禅守成都,欲择日起兵御驾亲征。张飞奉命

---

① 《三国志》卷三十二《先主传》,第881页。
② 《三国志》卷三十五《诸葛亮传》,第916页。

率兵万人,自阆中会师江州。临发兵,帐下将张达、范强割下张飞的头颅,投奔了孙权。刘备把张飞被害的账也算到了孙权身上,立即传旨起驾东征。章武二年(222)秋,东征大军兵败夷陵,刘备退守鱼腹县白帝城,改鱼腹为永安。对此,诸葛亮似乎早有预感。因为刘备东征之时,不仅是义气超过了理智,而且更重要的是没有大才辅佐此行。所以,得知刘备兵败病笃的消息后,诸葛亮叹道:"法孝直若在,则能制主上,令不东行;就复东行,必不倾危矣。"①章武三年(223)二月,诸葛亮奉诏带皇子鲁王刘永、梁王刘理,到永安见驾。四月,刘备弥留之际,"托孤于丞相亮,尚书令李严为副"②,并对诸葛亮说:"君才十倍曹丕,必能安国,终定大事。若嗣子可辅,辅之;如其不才,君可自取。"诸葛亮涕泣答曰:"臣敢竭股肱之力,效忠贞之节,继之以死!"③然后,刘备命内侍宣读"敕后主遗诏"。诏曰:

> 朕初疾但下痢耳,后转杂他病,殆不自济。人五十不称天,年已六十有余,何所复恨,不复自伤,但以卿兄弟为念。射君到,说丞相叹卿智量,甚大增修,过于所望,审能如此,吾复何忧!勉之,勉之!勿以恶小而为之,勿以善小而不为。惟贤惟德,能服于人。汝父德薄,勿效之。可读《汉书》、《礼记》,间暇历观诸子及《六韬》、《商君书》,益人意智。闻丞相为写《申》、《韩》、《管子》、《六韬》一通已毕,未送,道亡,可自更求闻达。④

刘备为诏敕后主曰:"汝与丞相从事,事之如父。"⑤临终时,又叮咛鲁王刘永:"吾亡之后,汝兄弟父事丞相,令卿与丞相共事而已。"⑥

从遗诏可知,诸葛亮曾亲手抄写了《申》、《韩》、《管子》、《六韬》四部书,并派人专程送往成都给太子刘禅阅读,但在路上遗失了,未能送到。诸

---

① 《三国志》卷三十七《法正传》,第962页。
② 《三国志》卷三十二《先主传》,第891页。
③ 《三国志》卷三十五《诸葛亮传》,第918页。
④ 《三国志》卷三十二《先主传》裴松之注引《诸葛亮集》,第891页。
⑤ 《三国志》卷三十五《诸葛亮传》,第918页。
⑥ 《三国志》卷三十二《先主传》裴松之注引《诸葛亮集》,第891页。

葛亮辅导刘禅用心之辛勤和希望之殷切,可见一斑。对此事,宋人唐庚在《三国杂事》中评论说:

> 后主宽厚仁义,襟量有余,而权略智调是其所短,当时识者咸以为忧。《六韬》述兵权奇计,《管子》贵轻重权衡,《申子》核名实,《韩子》引绳墨、切事情,施之后主,正中其病矣。药无善恶,要以对病为妙。万金良药,与疾不相值,亦复何补哉![1]

唐庚的评论的确中肯,诸葛亮确实了解刘禅的优劣长短,深知《申》、《韩》、《管子》、《六韬》四部书对刘禅的作用。唐庚的评论,实际上也是对诸葛亮会"用药"、善辅佐的赞扬。

章武三年(223)四月,刘备卒。五月,刘禅即位,改元"建兴",封诸葛亮为武乡侯,"开府治事。顷之,又领益州牧。政事无巨细,咸决于亮"[2]。

关于武乡侯之"武乡",清人卢弼《三国志集解·蜀书·诸葛亮传》在"武乡侯"下注引多条资料。其中引潘眉说:"考武乡,乃县名,前汉属琅邪郡,中兴省,至建安中,严干已封武乡侯,可知武乡(侯)虽省改于中兴,而实复置于汉末矣。三国时封爵之制,皆以本郡邑为封土……诸葛(亮)琅邪郡人,因以琅邪之武乡封之,犹张桓侯涿郡人,封西乡侯。西乡,涿郡县名。皆邑侯,非乡侯也。"卢弼认为:"潘说极是。"[3]考《汉书·地理志第八》(上)载:"琅邪郡……县五十一……武乡,侯国。莽曰顺理。"在诸葛亮的故乡琅邪郡确实有"武乡"存在。关于三国时期封侯与食邑之事,《事物纪原》载:"魏黄初间,爵自关内侯食邑,但虚封而已。"蜀汉之制亦当类同。虚封而不食邑的制度与诸葛亮遥封于琅邪武乡是相佐证的。

刘禅即位后,益州豪族雍闿、夷人首领孟获等杀太守正昂,反蜀投吴。在他们的煽动下,牂牁太守朱褒、越巂夷王高定皆起兵响应。蜀汉处境艰

---

① 唐庚:《三国杂事》卷上《诸葛亮丞相为后主写申韩管子六韬各一道》,张建业:《李贽全集注》第1册,社会科学文献出版社,2010年,第233页。

② 《三国志》卷三十五《诸葛亮传》,第918页。

③ (清)卢弼:《三国志集解》卷三十五,中华书局,1982年,第760页。

难,诸葛亮命助手李严给叛乱首领雍闿写信,劝他权衡利害,停止叛乱,以图抚而不讨,遭到雍闿拒绝。诸葛亮因蜀军夷陵新败,刘备方亡,后主幼弱,统治面临危急,所以对南中的叛乱分子采取了克制态度,暂不出兵,而把重点放在了修复吴蜀联盟上。

诸葛亮"深虑权闻先主殂陨,恐有异计,未知所如"①。遂于建兴元年(223)十月,"遣尚书郎邓芝固好于吴"②。邓芝不辱使命,促使孙权与曹魏断绝关系,进而达到"吴王孙权与蜀和亲使聘,是岁通好"③。建兴二年(224)春,诸葛亮致力于"务农殖谷,闭关息民"④,民安食足而后用之。同年夏,孙权派辅义中郎将张温赴蜀"报聘","蜀复令芝重往",两国联盟逐渐巩固。孙权与诸葛亮书曰:"和合二国,唯有邓芝。"⑤仅此事,就足见诸葛亮在恢复吴蜀关系方面的措置之当和用人之准。

诸葛亮成功地与东吴恢复邦交,切断了南中叛军的外援。遂上书后主刘禅,决心平定南中叛乱。建兴三年(225)春,兵分三路,进军南中。诸葛亮率主力西路攻打越巂的高定,门下督马忠率东路军攻打牂柯的朱褒,庲降督李恢率中路军直指益州的雍闿。临行,参军马谡献策:

> 南中恃其险远,不服久矣;虽今日破之,明日复反耳。今公方倾国北伐以事强贼,彼知官势内虚,其叛亦速。若殄尽遗类以除后患,既非仁者之情,且又不可仓卒也。夫用兵之道,攻心为上,攻城为下,心战为上,兵战为下,愿公服其心而已。⑥

诸葛亮纳其计,进军顺利,至秋,全部平息叛乱。夷人首领孟获叹服曰:"公,天威也,南人不复反矣。"⑦

---

① 《三国志》卷四十五《邓芝传》,第1071页。
② 《三国志》卷三十三《后主传》,第894页。
③ 《三国志》卷三十三《后主传》,第894页。
④ 《三国志》卷三十三《后主传》,第894页。
⑤ 《三国志》卷四十五《邓芝传》,第1072页。
⑥ 《资治通鉴》卷七十《魏纪二》,第2222页。
⑦ 《三国志》卷三十五《诸葛亮传》裴松之注引《汉晋春秋》,第921页。

为巩固蜀国对南中的统治,诸葛亮按"众建诸侯而少其力"①的思路,将南中四郡分为六郡,叛乱中心建宁郡被分得最细,"皆即其渠率而用之"②。对此做法,有人疑虑。诸葛亮解释:

> 若留外人,则当留兵,兵留则无所食,一不易也;加夷新伤破,父兄死丧,留外人而无兵者,必成祸患,二不易也;又夷累有废杀之罪,自嫌衅重,若留外人,终不相信,三不易也;今吾欲使不留兵,不运粮,而纲纪粗定,夷、汉粗安故耳。③

为加强对南中的监控,诸葛亮又设立庲降都督,掌管军政。同时,"移南中劲卒青羌万余家于蜀,为五部,所当无前,号为飞军"④。十二月,诸葛亮率军回到成都。此后,重点实施"内修政理"的既定方针。通过选贤任能、制定法规、屯田垦荒、重视蜀锦、盐铁官营等措施,发展经济,增加税收,加强蜀汉政权的自身建设。同时,准备北伐曹魏。

诸葛亮"内修政理"的政策收到了良好的效果。西晋袁准赞曰:"亮之治蜀,田畴辟,仓廪实,器械利,蓄积饶,朝会不华,路无醉人。"⑤信哉,斯言!

## 五、北伐曹魏

魏黄初七年(226)五月,曹丕病逝。七月,孙权征江夏围石阳,不克而还。诸葛亮认为这是蜀汉进击中原的良机,于是遣费祎出使东吴为吴蜀联合行动奠定基础。为了确保大本营的稳定和后方接应的方便,委派长史张裔和参军蒋琬"统留府事",调李严移屯江州(今重庆),派护军陈到驻防永安,仍归李严节制。

临行前,诸葛亮上奏疏,言辞诚恳地开导后主,不厌其烦地布置朝政,

---

① 《汉书》卷四十八《贾谊传》,第2237页。
② 《三国志》卷三十五《诸葛亮传》裴松之注引《汉晋春秋》,第921页。渠率:魁首。
③ 《三国志》卷三十五《诸葛亮传》裴松之注引《汉晋春秋》,第921页。
④ (晋)常璩:《华阳国志》卷四《南中志》。
⑤ 《三国志》卷三十五《诸葛亮传》裴松之注引《袁子》,第935页。

坦诚光明地表明心意。其中特别希望刘禅广开言路,执法公平,亲贤远佞。奏疏曰:

先帝创业未半而中道崩殂,今天下三分,益州疲弊,此诚危急存亡之秋也。然侍卫之臣不懈于内,忠志之士忘身于外者,盖追先帝之殊遇,欲报之于陛下也。诚宜开张圣听,以光先帝遗德,恢弘志士之气,不宜妄自菲薄,引喻失义,以塞忠谏之路也。宫中府中俱为一体,陟罚臧否,不宜异同。若有作奸犯科及为忠善者,宜付有司论其刑赏,以昭陛下平明之理,不宜偏私,使内外异法也。侍中、侍郎郭攸之、费祎、董允等,此皆良实,志虑忠纯,是以先帝简拔以遗陛下。愚以为宫中之事,事无大小,悉以咨之,然后施行,必能裨补阙漏,有所广益。将军向宠,性行淑均,晓畅军事,试用于昔日,先帝称之曰能,是以众议举宠为督。愚以为营中之事,悉以咨之,必能使行陈和睦,优劣得所。亲贤臣,远小人,此先汉所以兴隆也;亲小人,远贤臣,此后汉所以倾颓也。先帝在时,每与臣论此事,未尝不叹息痛恨于桓、灵也。侍中、尚书、长史、参军,此悉贞良死节之臣,愿陛下亲之信之,则汉室之隆,可计日而待也。

臣本布衣,躬耕于南阳,苟全性命于乱世,不求闻达于诸侯。先帝不以臣卑鄙,猥自枉屈,三顾臣于草庐之中,谘臣以当世之事,由是感激,遂许先帝以驱驰。后值倾覆,受任于败军之际,奉命于危难之间,尔来二十有一年矣。先帝知臣谨慎,故临崩寄臣以大事也。受命以来,夙夜忧叹,恐托付不效,以伤先帝之明,故五月渡泸,深入不毛。今南方已定,兵甲已足,当奖率三军,北定中原,庶竭驽钝,攘除奸凶,兴复汉室,还于旧都。此臣所以报先帝,而忠陛下之职分也。

至于斟酌损益,进尽忠言,则攸之、祎、允之任也。愿陛下托臣以讨贼兴复之效;不效,则治臣之罪,以告先帝之灵。若无兴德之言,则责攸之、祎、允等之慢,以彰其咎。陛下亦宜自谋,以谘诹善道,察纳雅言,深追先帝遗诏。臣不胜受恩感激,今当远离,临表涕零,不知所言。①

---

① 《三国志》卷三十五《诸葛亮传》,第919—920页。

这篇奏疏,陈寿编辑《诸葛氏集》时称之为《北出》篇,南朝梁昭明太子萧统录入《文选》时,定名为《出师表》。

建兴五年(227)三月,诸葛亮率领大军北驻汉中。自建兴六年(228)春,诸葛亮初次北伐,到建兴十二年(234)秋,诸葛亮病死于前线五丈原军中,六七年间,诸葛亮以汉中为根据地,前后进行了六次大规模的对魏作战,其中五次进攻,一次防御。对此,《资治通鉴纪事本末》标目为"诸葛亮出师",今学界多称"诸葛亮北伐",而文艺作品多谓"六出祁山"。

祁山位于甘肃礼县东侧,绵延约25公里。境内重峦叠嶂,罗峰竞峙,有"九州之名阻,天下之奇峻"①之誉。祁山地处陇右蜀陇过渡地带,是氐、羌少数民族集居的地区。当时,已经氐、羌化了的凉州兵团,是三国政治舞台上不可忽视的军事政治集团,诸侯群雄无不侧目视之。蜀魏两国都想挟氐、羌以自重,使陇右一带成为自己的势力范围,进而一统天下。但是在争取这一地带少数民族的手段和方式上,曹魏和蜀汉统治者却采取了不同的政策。曹操对陇右少数民族的反抗,很少采用安抚的政策,主要采取镇压、掠夺、迁徙的手段,所以陇右一带的居民及将领对曹魏"外虽怀附,内未可信"②,与魏国统治集团的关系一直不和谐。而蜀汉在"取凉州"计划的实施中,始终遵循诸葛亮"西和诸戎"的方针,对陇右的氐、羌民族,在政治上利诱,在心理上抚慰,对与陇右有密切关系的军官给予高官厚禄。诸葛亮选取首出祁山的目的,就是使陇右一带纳入蜀汉实际的控制范围之内,进而东进中原,实现恢复汉室的政治理想。

建兴六年(228)春,诸葛亮第一次伐魏,先扬声由斜谷道攻取眉县,使赵云、邓芝率一队兵马为疑军,依据箕谷吸引魏军主力曹真部,而自己则亲率大军攻祁山。曹魏"以蜀中惟有刘备。备既死,数岁寂然无声,是以略无备预;而卒闻亮出,朝野恐惧"③。因为有与孙吴和抚的基础,加之诸葛亮大军戎阵整齐,赏罚肃而号令明,南安、天水、安定三郡顿时叛魏而响应诸葛亮,关中为之响震。为此,魏明帝曹睿亲自到长安坐镇,派张郃领兵5万抵

---

① 陈桥驿译注,王东补注:《水经注》卷二十《漾水、丹水》,中华书局,2009年,第157页。
② 《三国志》卷二十一《卫觊传》裴松之注引《魏书》,第611页。
③ 《三国志》卷三十五《诸葛亮传》裴松之注引《魏略》,第922页。

抗诸葛亮。

当时,胜负的关键在于守住由关中入陇的咽喉要地街亭。因此,诸葛亮遣马谡到街亭设防。可惜马谡既未遵诸葛亮的部署,又不接受副将王平的劝阻,弃城不守,上山设阵。张郃将蜀军包围在山上,切断水源。蜀军缺水,陷于混乱。张郃再督军大举进攻,蜀军大败,马谡逃走,街亭失守,北伐军失掉了进攻的据点和有利形势。同时,赵云在箕谷出兵不利,诸葛亮只好"拔西县千余家,还于汉中"①。天水、南安、安定三郡又归附曹魏。诸葛亮把违犯军令、导致街亭失守的马谡收狱。蒋琬亲到汉中为马谡求情,诸葛亮为军令计,挥泪斩马谡,并对有功的王平给予封赏。同时,诸葛亮上书自贬三级。

建兴六年(228)冬,吴国的鄱阳太守周鲂假意向魏国投降,以诱敌深入。魏将曹休中计,率领10万骑兵、步兵往皖县(今安徽省潜山县)接应周鲂。结果在石亭遭遇吴军突袭,几乎全军覆没,大败而归。魏兵备道兼程救援,关中空虚。诸葛亮认为这是北伐的又一大好时机,便奏请再次北伐。奏疏曰:

> 先帝虑汉、贼不两立,王业不偏安,故托臣以讨贼也。以先帝之明,量臣之才,故知臣伐贼,才弱敌强也;然不伐贼,王业亦亡,惟坐待亡,孰与伐之? 是故托臣而弗疑也。

> 臣受命之日,寝不安席,食不甘味。思惟北征,宜先入南,故五月渡泸,深入不毛,并日而食。臣非不自惜也,顾王业不得偏全于蜀都,故冒危难以奉先帝之遗意也,而议者谓为非计。今贼适疲于西,又务于东,兵法乘劳,此进趋之时也。

> 谨陈其事如左:高帝明并日月,谋臣渊深,然涉险被创,危然后安。今陛下未及高帝,谋臣不如良、平,而欲以长计取胜,坐定天下,此臣之未解一也。刘繇、王朗各据州郡,论安言计,动引圣人,群疑满腹,众难塞胸,今岁不战,明年不征,使孙策坐大,遂并江东,此臣之未解二也。

① 《三国志》卷三十五《诸葛亮传》,第922页。

曹操智计殊绝于人，其用兵也，仿佛孙、吴，然困于南阳，险于乌巢，危于祁连，逼于黎阳，几败北山，殆死潼关，然后伪定一时耳，况臣才弱，而欲以不危而定之，此臣之未解三也。曹操五攻昌霸不下，四越巢湖不成，任用李服而李服图之，委夏侯而夏侯败亡，先帝每称操为能，犹有此失，况臣驽下，何能必胜？此臣之未解四也。自臣到汉中，中间期年耳，然丧赵云、阳群、马玉、阎芝、丁立、白寿、刘郃、邓铜等及曲长屯将七十余人，突将、无前、賨叟、青羌、散骑、武骑一千余人，此皆数十年之内所纠合四方之精锐，非一州之所有，若复数年，则损三分之二也，当何以图敌？此臣之未解五也。今民穷兵疲，而事不可息，事不可息，则住与行劳费正等，而不及今图之，欲以一州之地与贼持久，此臣之未解六也。

夫难平者，事也。昔先帝败军于楚，当此时，曹操拊手，谓天下以定。然后先帝东连吴、越，西取巴、蜀，举兵北征，夏侯授首，此操之失计而汉事将成也。然后吴更违盟，关羽毁败，秭归蹉跌，曹丕称帝。凡事如是，难可逆见。臣鞠躬尽力，死而后已；至于成败利钝，非臣之明所能逆睹也。①

诸葛亮在表文中，针对刘禅的疑虑及一些大臣的不同意见，据理力争，剖肝沥胆，言辞果断。此表，陈寿《三国志·诸葛亮传》未载，裴松之注引自《汉晋春秋》，并记曰："此表，《亮集》所无，出张俨《默记》。"此表既为《诸葛亮集》所无，复不见于《诸葛亮传》，其真伪遂成为学者聚讼之点，后人也颇有疑此表为伪作者。但《三国志·诸葛恪传》记载，吴建兴二年（253）诸葛恪说："近见家叔父表陈与贼争竞之计，未尝不喟然叹息也。"所说"家叔父表陈与贼争竞之计"，似因《后出师表》而言。又两《出师表》言辞、情感非常一致，后表当不可能是伪作。

诸葛亮第二次伐魏，出兵散关，包围陈仓。曹真已派将领郝昭屯兵陈仓，加上陈仓地势险要，易守难攻，双方激战 20 余日未分胜负。这时，蜀军

---

① 张连科、管淑珍：《诸葛亮集校注·后出师表》，第35—36页。

在运粮上出现问题,又闻魏援军快到,只好再退汉中。在退师途中,伏杀了前来追击的魏将王双。

建兴七年(229)春,诸葛亮第三次伐魏,遣陈式进攻武都、阴平,曹魏大将郭淮领兵救援,未成功,蜀军顺利占领二郡。诸葛亮利用战争间隙,修筑城防,改进兵器,加强了北伐基地汉中的防务。又派魏延入羌,抚慰羌众,结好诸戎,扰乱魏国后方,取得了预想的效果。诸葛亮安抚好当地的氐人、羌人后,留兵据守,自己率军回汉中。后主因诏策诸葛亮曰:

> 街亭之役,咎由马谡,而君引愆,深自贬抑,重违君意,听顺所守。前年耀师,馘斩王双;今岁爰征,郭淮遁走;降集氐、羌,兴复二郡,威镇凶暴,功勋显然。方今天下骚扰,元恶未枭,君受大任,干国之重,而久自挹损,非所以光扬洪烈矣。今复君丞相,君其勿辞。①

同年,孙权称帝,诸葛亮权衡利弊,说服群臣,遣卫尉陈震为使庆贺孙权正号。孙权十分高兴,与蜀使"升坛歃盟,交分天下:以徐、豫、幽、青属吴,并、凉、冀、兖属蜀,其司州之土,以函谷关为界"②。因为有了这次盟约,直至诸葛亮去世,两国之间未发生大的冲突。

魏太和四年(230),曹真接替曹休,迁为大司马,遂上表伐蜀,魏明帝采纳。曹真率主力军由子午道进发;大将军司马懿率军从汉水而上,欲与曹真军会师汉中;郭淮、费曜等从褒斜道、陇右武威进兵,直指汉中。诸葛亮得知魏军来攻后,立即加强城固、赤阪等要地的防守,要求李严率2万人赶赴汉中阻击敌人,表李严子李丰为江州都督。后因汉中艰险,适逢雨季,栈道遭雨水冲刷断绝,曹真行军缓慢。朝中大臣华歆、杨阜、王肃等都上疏劝魏明帝下诏撤军。九月,曹真受诏撤退。与此同时,诸葛亮派魏延、吴壹入南安,魏延攻破郭淮,吴壹攻破费曜,防守反击结束。

建兴九年(231)春,诸葛亮第四次伐魏,以木牛运粮,包围祁山。恰曹

---

① 《三国志》卷三十五《诸葛亮传》,第924页。
② 《三国志》卷三十九《陈震传》,第985页。

真去世，魏明帝急调司马懿为督军抵抗。诸葛亮留下王平继续领军攻打祁山，自己率主力迎战司马懿。郭淮及费曜等部袭击蜀军，被诸葛亮击破。蜀军乘势抢先收割上邽屯田熟麦，获得军粮。司马懿深知蜀军远道而来，粮食后勤有限，亦知"关中连遭贼寇，谷帛不足"[1]，遂凭险坚守，拒不出战。魏军将领指责司马懿懦弱惧敌，司马懿只好出战。诸葛亮派大将魏延、高翔、吴班分三路领兵拒敌，大败魏军，司马懿再不出战。相持至六月，诸葛亮收到北伐军撤退的诏命，遵旨退军。司马懿派张郃领兵追击，不料被蜀军伏兵射杀于木门。之前，诸葛亮怕军需不济，乃选颇有才干的中都护李平(即李严)催督粮草。但他粮运不济，又假传后主口谕，要诸葛亮撤军。诸葛亮撤军后，查明事实真相，将李平贬为庶人。

建兴十二年(234)春，诸葛亮再率10万大军出斜谷口，以流马运送军事物资。同时派使臣到东吴，联络孙权一起攻魏。四月，蜀军到达郿县，在渭水南岸的五丈原下扎营寨。五月，孙权派陆逊、诸葛瑾率兵屯江夏、沔口(今湖北汉口)，进攻襄阳，孙权率大军围合肥新城。魏明帝亲率水军东征，诏令西守的司马懿坚守不战，让蜀军粮尽自退。孙权得知魏主的意图后，即令全线撤军。诸葛亮鉴于以往的教训，对垒之初，就分兵屯田，作好了长期驻守的准备。司马懿则率领魏军背水筑营，两军相峙百余日。其间诸葛亮多次派人挑战，司马懿军始终坚守不出。诸葛亮"又致巾帼妇人之饰，以怒宣王"[2]。"先是，大将军司马宣王数请与亮战，明帝终不听。"[3]诸葛亮深知司马懿之谋："彼本无战情，所以固请战者，以示武于其众耳。将在军，君命有所不受，苟能制吾，岂千里而请战邪！"[4]分析得非常透彻。

八月，诸葛亮因积劳成疾，病情日益恶化。消息传到成都，刘禅派李福前往军营探望诸葛亮，并询问此后国家大计。诸葛亮也对各将领交代后事，要杨仪和费祎统领各军撤退，由魏延、姜维负责断后。不久，诸葛亮在五丈原军营中与世长辞。杨仪、姜维按照诸葛亮临终的部署，秘不发丧，整

---

① 《晋书》卷三十七《宗室·安平献王孚传》，第1083页。
② 《三国志》卷三《明帝纪》裴松之注引《魏氏春秋》，第103页。
③ 《三国志》卷二十五《辛毗传》，第699页。
④ 《晋书》卷一《宣帝纪》，第8页。

顿军马从容撤退。司马懿认为诸葛亮已死,率军追击,杨仪回军向魏军做出进击的样子,司马懿恐为诸葛亮引诱魏军出击之计,赶紧撤退,不敢再追赶。于是蜀军从容退去,进入斜谷后,才讣告发丧。"及军退,宣王案行其营垒处所,曰:'天下奇才也!'"①司马懿退兵,"百姓为之谚曰:'死诸葛走生仲达。'或以告宣王,宣王曰:'吾能料生,不便料死也。'"②

诸葛亮临终,"遗命葬汉中定军山,因山为坟,冢足容棺,敛以时服,不须器物"。后主刘禅诏策:"赠君丞相武乡侯印绶,谥君为忠武侯。"③诸葛亮"兴复汉室,还于旧都"的政治理想没有实现,但却使人对他无比崇敬与爱戴,留下了"出师未捷身先死,长使英雄泪满襟"的千古慷慨悲歌。

# 第二节　诸葛亮的思想

成长、建树于汉末乱世和三国政治舞台的诸葛亮,在各种文化思想的激荡下,汲取各家之长,在实践中形成了以儒家为主、法家为治、道家为养、兼容其他诸家的思想体系。他的文论和实践充分体现了他的思想主张。他的思想主要包括政治思想、军事思想、经济思想、法治思想等方面。

## 一、诸葛亮的政治思想

诸葛亮的政治思想主要表现在主张"兴复汉室"、"内修政理"和"南抚夷越"的政策等方面。

### (一)"兴复汉室"的政治理想

"兴复汉室"是诸葛亮政治思想的核心,也是蜀汉建国的政治纲领,更是诸葛亮为之奋斗终生的政治理想。诸葛亮在他的重要文论及宣言中,都坚定地表达了"兴复汉室"的政治思想。如隆中规划的最终目标是"汉室可兴";《出师表》中说,出师北伐的目标是"兴复汉室,还于旧都";《为后帝伐

---

① 《三国志》卷三十五《诸葛亮传》,第925页。
② 《三国志》卷三十五《诸葛亮传》裴松之注引《汉晋春秋》,第927页。
③ 《三国志》卷三十五《诸葛亮传》,第927页。

魏诏》中说,要"龚行天罚,除患宁乱,克复旧都"。他一生的言行和实践都始终如一地表达了同样的思想和目的。

诸葛亮"兴复汉室"的内涵是中兴汉祚。诸葛亮青年时代所处的隆中,属南阳郡辖境。东汉光武帝刘秀起兵南阳,中兴汉室的成功实践,对诸葛亮政治理想的确立产生了积极的影响。如诸葛亮在《论光武》一文不仅赞美刘秀在战略上"神略计较,生于天心,故帷幄无他所思,六奇无他所出",而且赞美刘秀在用人上"策虑深远,有杜渐曲突之明"[1]。光武中兴,为他树立了君臣谋合议同,共济中兴大业的成功范例。从诸葛亮的政治实践看,他"兴复汉室",就是要效仿东汉刘秀的中兴,重新实现统一。

诸葛亮"兴复汉室"的外在形式是建立汉国。在诸葛亮看来,刘备不仅是汉室宗脉,而且自幼就有乘"羽葆盖车"[2]的志向;及至年长,因百折不挠的毅力而获得"枭雄"的称号,是"弘毅宽厚,知人待士,盖有高祖之风,英雄之器"[3];在志向上与同样是汉室宗脉的刘表、刘璋有着天壤之别,是既能"贤亮"又能"尽亮",能实现其政治理想的明主。因此,诸葛亮"兴复汉室",并非是助刘备在消灭曹魏后奉汉献帝复辟,而是以刘备为帝绍续汉统。所以,当曹丕未废献帝而自立之前,诸葛亮只劝刘备"以旧典"即位王位,吊民伐罪,声讨国贼。曹丕篡汉自立后,诸葛亮立即率群臣拥戴刘备"即帝位,以篹二祖,绍嗣昭穆"[4],国号"汉",公开以汉朝皇统的合法继承者昭示天下。

诸葛亮"兴复汉室"的道路是北伐曹魏,还于旧都。在诸葛亮看来,刘备虽已在成都称帝建汉国,但"汉、贼不两立,王业不偏安","王业不得偏全于蜀都",只有中原才是天子面南之地,必须"冒危难以奉先帝之遗意"[5]。所以,诸葛亮内修政理,外联孙吴,南抚夷越,西和诸戎都是以北伐曹魏,还于旧都为目的的。

---

① 张连科、管淑珍:《诸葛亮集校注·论光武》,第158页。
②《三国志》卷三十二《先主传》,第871页。
③《三国志》卷三十二《先主传》,第892页。
④《三国志》卷三十二《先主传》,第889页。
⑤《三国志》卷三十五《诸葛亮传》裴松之注引《汉晋春秋》,第923页。

与诸葛亮"兴复汉室"的思想连在一起的是他的鞠躬尽瘁的忠君思想。诸葛亮认为"人之忠也,犹鱼之有渊。鱼失水则死,人失忠则凶"①。他无限忠于刘备和刘禅,做到了鞠躬尽瘁,死而后已。以至《三国志》裴松之注引袁准的评论说,诸葛亮"摄一国之政,事凡庸之君,专权而不失礼,行君事而国人不疑"②。诸葛亮之忠于后主,有的论者指其为愚忠,认为既然刘禅"不才",诸葛亮"可自取"皇位。其实,这是诸葛亮忠君报国,忠、正、善的体现,也是千百年来诸葛亮受人称颂有加的原因。诸葛亮如不忠于刘禅而是取而代之,也是与诸葛亮"兴复汉室"的政治思想相悖的。

(二)"内修政理"的管理思想

诸葛亮在《隆中对》中提出了"内修政理"的管理思想主张。观其一生,他的"内修政理"思想主要包括民本思想、举贤任能、循名责实、廉洁奉公以及虚心纳谏等方面。

1. 民本思想。

诸葛亮的思想以儒家为主,他对儒家的仁政学说体会很深,认为得民心者得天下,失民心者失天下,主张"以安民为本"。因此,诸葛亮在隆中初见刘备时就说:将军倘能占有荆、益,"内修政理"、以"大德"治世,使人民安居乐业,争取民心,然后率师北伐,以仁义之师可所向披靡,不战而胜,即可兴复汉室,统一天下。为了达到上述目的,诸葛亮兢兢业业、恪尽职责。他赏识并重用蒋琬,是因为"其为政以安民为本,不以修饰为先"③。诸葛亮南征,从军事战略上看,是为了北伐曹魏时免除后顾之忧,但从政治上看,则有除患宁乱以安百姓的深意。他在出师北伐时,则明言要拯救人民于危难之境。他说:"普天之下,莫非汉民",而"百姓困于豺狼之吻","皆亮之罪"④。

诸葛亮认为"以安民为本",必须了解人民的疾苦。否则,"人有饥乏之

---

① 张连科、管淑珍:《诸葛亮集校注·兵要》,第 147 页。
② 《三国志》卷三十五《诸葛亮传》裴松之注引《袁子》,第 934 页。
③ 《三国志》卷四十四《蒋琬传》,第 1057 页。
④ 《三国志》卷三十五《诸葛亮传》裴松之注引郭冲四事,第 922 页。

变,则生乱逆"①,将会动摇统治基础。因此,他主张"存恤"百姓。他认为刘璋治下的益州,所存在的弊政是"民殷国富而不知存恤"②。所以,诸葛亮修明法制,锄强扶弱;严肃政纪,黜退贪渎,富民养民。

2. 举贤任能

诸葛亮从国家安危、祸福的高度认识举用贤能,曾说:"治国犹于治身,治身之道,务在养神,治国之道,务在举贤。是以养神求生,举贤求安。"③"若夫国危不治,民不安居,此失贤之过也。"④他认为,"柱以直木为坚,辅以直士为贤,直木出于幽林,直士出于众下"⑤。即贤才具备正直公正的品质,往往出于民众之中。因而要善于发现人才,善于选拔人才。

建兴二年(224),诸葛亮开府治蜀时,就非常注重选拔人才,所选人才,皆为蜀中英贤,甚得人望。史载,他"辟尚书郎蒋琬及广汉李邵、巴西马勋为掾,南阳宗预为主簿,皆德举也。秦宓为别驾,犍为五梁为功曹,梓潼杜微为主簿,皆州俊彦也。而江夏费祎、南郡董允、郭攸之始为侍郎,赞扬日月"⑥。可以说,举贤任能,是诸葛亮能够获得蜀民敬爱的重要原因之一。诸葛亮还鼓励群下推荐文武之才,他曾表彰姚伷说:"忠益者莫大于进人,进人者各务其所尚",希望群下都能以姚伷为榜样,积极推荐贤才,"以属其望"⑦。

在用人的原则上,诸葛亮"外举不避仇,内举不避亲",重视实践经验和思想品德。如,刘巴曾积极帮助曹操招纳长沙、零陵、桂阳三郡,直接与刘备、诸葛亮为敌,而且到益州劝刘璋抵抗刘备。但是,刘备占据益州后,诸葛亮却一再称赞刘巴的贤能,曾在《论荐刘巴》中说:"运筹策于帷幄之中,吾不如子初远矣!"⑧劝刘备予以重用。又如将军向宠,曾参加刘备伐吴之

---

① 张连科、管淑珍:《诸葛亮集校注·便宜十六策·治人》,第235页。
②《三国志》卷三十五《诸葛亮传》,第913页。
③ 张连科、管淑珍:《诸葛亮集校注·便宜十六策·举措》,第240页。
④ 张连科、管淑珍:《诸葛亮集校注·便宜十六策·举措》,第241页。
⑤ 张连科、管淑珍:《诸葛亮集校注·便宜十六策·举措》,第240页。
⑥ (晋) 常璩:《华阳国志》卷七《刘后主志》。
⑦《三国志》卷四十五《杨戏传》附,第1087页。
⑧ 张连科、管淑珍:《诸葛亮集校注·论荐刘巴》,第172页。

役,"秭归之败,宠营特完",故得到刘备的嘉许。诸葛亮特向后主推荐向宠是"性行淑均,晓畅军事",认为军营之事,"悉以咨之",定可胜任其职。①诸葛亮选拔姜维,不仅因他"敏于军事","深解兵意",还因为他"心存汉室",富有"胆义"②。诸葛亮还在《出师表》中向后主刘禅推荐了一批忠于汉室的"贞良死节之臣",希望予以重用。反之,对蜀汉存有二心的臣僚,他则坚决黜革,对廖立、彭蒙等人的处理就是如此。

诸葛亮在用人时,能够不拘一格,量才使用。他说:"为人择官者乱,为官择人者治。"③史称诸葛亮"取人不限其方"④,即不拘一格,不抱成见地用人才。董和、黄权、李严等原为刘璋旧属,吴壹、费观等则为刘璋姻亲,诸葛亮"皆处以显任,尽其器能"⑤。他还注意从基层选拔人才,如提拔"州书佐"蒋琬任广都长、什邡令、尚书郎、东曹掾、参军等职。正因为诸葛亮能够不囿于门第族阀、不论资排辈选录人才,"是以西土咸服诸葛亮能尽时人之器用也"。⑥

3. 循名责实。

"循名责实"是诸葛亮政治思想的一个特点。他主张对各级官吏严加考察,"循名责实,虚伪不齿"⑦。没有考察就不可能奖善罚恶,明辨是非。《韩非子·定法》篇云:"因任而授官,循名而责实。"即根据所担任的官职及必须完成的任务,进行审查。诸葛亮主张"循名责实",故能"庶事精练,物理其本",作风踏实,反对浮夸,各尽其职,遂使蜀汉境内,"善无微而不赏,恶无纤而不贬"⑧。

当然,大小官员各有专司,职位也有高下之别,故所提要求亦有不同。他对朝中大臣是否各尽其责,也曾向后主提出建议。例如,他在《出师表》

---

① 《三国志》卷四十一《向朗传》附《向宠传》,第 1011 页。
② 《三国志》卷四十四《姜维传》,第 1063 页。
③ 张连科、管淑珍:《诸葛亮集校注·便宜十六策·举措》,第 241 页。
④ (清)张澍:《诸葛亮集·故事·用人》,第 252 页。
⑤ (清)张澍:《诸葛亮集·故事·用人》,第 252 页。
⑥ 《三国志》卷四十一《杨洪传》,第 1014 页。
⑦ 《三国志》卷三十五《诸葛亮传》,第 934 页。
⑧ 《三国志》卷三十五《诸葛亮传》,第 934 页。

中说,侍中、侍郎郭攸之、费祎、董允等日侍君侧,有辅弼朝廷之责,"若无兴德之言,则责攸之、祎、允等之慢,以彰其咎"。对自己也从严要求:"愿陛下托臣以讨贼兴复之效,不效,则治臣之罪,以告先帝之灵。"

4. 廉洁奉公。

廉洁奉公是诸葛亮的美德。首先,诸葛亮主张节俭,认为"静以修身,俭以养德"①。史载,诸葛亮十分赞赏楚相"栈车牝马,粝饼菜羹,枯鱼之膳,冬羔裘,夏葛衣"②的节俭做法,曾发布"教令"说:"昔孙叔敖乘马三年,不知牝牡,称其贤也。"③意即号召部属向孙叔敖学习,养成节俭的作风。他自己除了受赐的以外,没有私蓄,家人生活简朴,以至于妻妾没有副服。清人张澍感慨:"侯之妾乃无副服,其俭德可师矣。惜妾之姓不传。"④诸葛亮还对刘禅说:"臣死之日,不使内有余帛,外有赢财,以负陛下。"⑤诸葛亮在五丈原谢世后,"如其所言"。⑥ 他遗命:"因山为坟,冢足容棺,敛以时服,不须器物。"⑦廉洁奉公之情操令人感叹。

5. 虚心纳谏。

诸葛亮虚心纳谏,勇于承认和改正错误。他的《街亭自贬疏》、《劝将士勤攻己阙教》等文即是明证。早在隆中耕读时期,他就虚心听取别人的意见,能接受崔州平、徐元直的指点、教诲。至任蜀汉丞相,他位高权重,怕别人不敢指出自己的错误,往往谦逊地自称是"弱才"、"东方下士"、"猥以空虚"、"姿性鄙暗"、"恤事多暗"等,藉以表示自己也会有过错,希望别人能指出来。为此,他表扬董和对自己的犯颜直谏:"前参军董幼宰,每言辄尽,数有谏益。"董和"参署七年,事有不至,至于十反"。又说:"未有忠于国如幼宰者。亮可以少过矣。"⑧。他还主动"布所失于天下",欢迎僚属们多多

---

① 张连科、管淑珍:《诸葛亮集校注·诫子书》,第 109 页。
② 《韩非子·外储说左下》。
③ 张连科、管淑珍:《诸葛亮集校注·教》,第 125 页。
④ 段熙仲、闻旭初编校:《诸葛亮集》,中华书局,1960 年,第 160 页。
⑤ 《三国志》卷三十五《诸葛亮传》,第 927 页。
⑥ 《三国志》卷三十五《诸葛亮传》,第 927 页。
⑦ 《三国志》卷三十五《诸葛亮传》,第 927 页。
⑧ 张连科、管淑珍:《诸葛亮集校注·与参军掾属教》,第 123 页。

批评自己的缺误。他的《与群下教》充分表达了这一思想。他说：

> 夫参署者，集众思广忠益也。若远小嫌，难相违覆，旷阙损矣。违覆而得中，犹弃敝蹻而获珠玉。然人心苦不能尽，惟徐元直处兹不惑，又董幼宰参署七年，事有不至，至于十反，来相启告。苟能慕元直之十一，幼宰之殷勤，有忠于国，则亮可少过矣。①

　　希望臣僚们效法徐元直、董幼宰进忠言、指过失。他还希望后主刘禅能主动纳谏，要"开张圣听，以光先帝遗德"，不要"引喻失义，以塞忠谏之路"②，若"人君拒谏，则忠臣不敢进其谋，而邪臣专行其政，此为国之害也"③。证之以蜀汉末年，后主宠信宦官黄皓等，终致国破家亡，足见诸葛亮主张虚心纳谏的重要性。

　　（三）"西和诸戎，南抚夷越"的民族政策

　　诸葛亮主张"西和诸戎，南抚夷越"，即对益州西方毗邻的少数民族要实行和好政策，以保持边境的安宁；对益州南部境内（今贵州省、云南省一带）的少数夷越民族要实行安抚政策，以保持蜀汉境内后方的安定。这些民族政策是诸葛亮政治思想的重要组成部分。

　　在蜀汉政权控制下的南中地区，居住着"叟"、"青羌"、"僚"、"濮"等少数民族，一般称之为"夷越"。这一地区自然资源十分丰富，其面积约占蜀汉全境的一半。刘备兵败孙吴后，国力大损，南中的叛乱遂以燎原之势到处蔓延。刘禅建兴三年（225）春，诸葛亮亲率大军，采纳了马谡"攻心为上"的思想主张，南下平叛，至秋悉平。历史充分证明，"攻心为上"的指导思想是完全正确的。诸葛亮用兵南中，深得夷汉人民的拥护，因而所至之处望风归服。他打击的重点也只是少数负隅顽抗的反叛首领，如高定、朱褒等人。以安抚代替杀戮，以"攻心"代替"攻城"，这是他对待少数民族不同于两汉以及曹魏、孙吴统治者的以残酷镇压为主的政策之处。

---

① 张连科、管淑珍：《诸葛亮集校注·与群下教》，第120—121页。
② 《三国志》卷三十五《诸葛亮传》，第919页。
③ 张连科、管淑珍：《诸葛亮集校注·便宜十六策·纳言》，第229页。

　　在治理南中时,诸葛亮主张"夷、汉粗安",以稳定局势为重。诸葛亮对于南中地区的治理,其指导思想是"纲纪粗定,夷、汉粗安"①。南中平定后,诸葛亮决定"不留兵,不运粮",以保持蜀汉政权与南中地区的和平稳定之局。由于"不留兵",故无民族征服之迹,可以减少心理上的创伤和矛盾;"不运粮",可以减少负担,有利于蜀汉全力进行北伐。在行政上,除郡县长官由蜀汉中央政府委派外,"南中平,皆即其渠率而用之"②。这样,既可尊重其民族感情,又可消除派遣汉吏所造成的风俗习惯及心理上的隔阂。同时,诸葛亮加强蜀汉中央对南中地区的统治,采取了一些有力的措施,如分原来的南中四郡(益州、牂牁、越嶲、永昌)为建宁(益州)、牂牁、越嶲、永昌、云南、兴古、朱提七郡,以适应人口繁衍、经济发展的需要;削弱地方豪强、夷帅的势力,或将其迁徙,或收其精锐部曲入蜀;奖赏对蜀汉忠贞不贰的夷越等族显要人物,如建宁郡爨习、朱提郡孟琰等皆入蜀,位列朝班;对世代居于深山丛林的夷族人民,则派人进行晓谕,"渐去山林,徙居平地",从事农业生产,逐步改变了原有的落后的狩猎方式,等等。这些措施,既有利于蜀汉中央政府对南中地区的统治,也有利于经济生产的发展,还可以促进夷汉人民之间的交往融合,从而使诸葛亮南抚夷越的政策思想能够更好地贯彻。

　　在实施"南抚夷越"民族政策的同时,诸葛亮也积极推行"西和诸戎"的民族政策,以获得氐、羌等少数民族的支持。在推行"西和诸戎"的民族政策时,在军事方面,诸葛亮善于借助在氐、羌族中颇具威望和较大影响力的马超、姜维两位将军,以赢得氐、羌等当地少数民族的支持。同时,对陇右的氐、羌民族,在政治上利诱,心理上抚慰,对与陇右有密切关系的军官给予高官厚禄。但军事镇压多于和抚,"西和诸戎"的民族政策不如"南抚夷越"的民族政策执行得好。

　　总之,诸葛亮的民族政策思想主要体现在蜀汉民族政策当中,其核心思想是他在《隆中对》中提出来的"西和诸戎,南抚夷越"。具体地讲,有以

---

① 《三国志》卷三十五《诸葛亮传》裴松之注引《汉晋春秋》,第921页。
② 《三国志》卷三十五《诸葛亮传》裴松之注引《汉晋春秋》,第921页。

下几点：

1. 战和并用。

针对南中少数民族的叛乱，诸葛亮坚持攻心为上、心战为上的指导思想，如蜀军攻克越巂郡，但对夷将孟获以"服其心"为主，收到了使孟获及其残部反叛之心无存，甘愿诚心归汉的结果。在推行"西和诸戎"的民族政策时，也是战和并用。在军事方面，诸葛亮借助在氐、羌族中有颇具威望和较大影响力的马超、姜维两位将军，以赢得氐、羌等当地少数民族的支持。而对氐、羌等民族的治理，诸葛亮则委派马忠、张嶷等到当地任职，积极推行温和安抚政策，对陇右的氐、羌民族，在政治上利诱，心理上抚慰，对与陇右有密切关系的军官给予高官厚禄，但军事镇压多于和抚。即使如此，在诸葛亮看来，军事手段始终服从和服务于和抚手段，战的目的是和抚，是以战止战。

2. 民族自治。

诸葛亮在实施"西和诸戎，南抚夷越"民族政策的过程中，在官吏任用方面采用了具有现代意义的民族自治政策。如平定南中叛乱之后，诸葛亮在选派熟悉少数民族地区并在当地较有影响的蜀汉贤能之人为少数民族地区官员的同时，特别注意选拔重用那些拥护蜀汉政权而有较高威望的少数民族大姓首领，让他们到蜀汉中央朝廷中任职。如孟获官至御史中丞，孟琰官至辅汉将军，爨习官至领军将军等。吸收南中大姓中的代表人物或夷越首领到蜀汉中央任职的积极作用至少有两点：一是显示了蜀汉对少数民族地区领袖人物的信任，有利于蜀汉对少数民族地区的统治；二是少数民族的首领中的确有人有反叛之心，诸葛亮将他们迁至成都，有利于就近管束。同时，诸葛亮在东汉益州、牂牁、越巂、永昌四郡的基础上增设云南、兴古、朱提三郡，并设立庲降都督加以统管。庲降都督是蜀汉政权在南中地区设立的最高统治机构，与临时都督（如关中都督、广武都督、犍为都督）配合，在蜀汉的南、东、北三方构成较为稳固的防御体系。

在少数民族地方上，诸葛亮权衡利弊，采用了让少数民族自己管理自己的办法，选拔各个部族中的上层分子担任其地各级政府的官吏，保留原来的部落组织，承认原来少数民族的头领、酋长的统治权力，给予新的封号，并世袭官职。结果达到了"夷、汉粗安"的目的，给后人留下了宝贵的精神财富。

3. 发展经济。

南中等少数民族地区土地广袤,物产丰富。但生产水平低下,经济文化落后。为了改变这种状况,诸葛亮积极推广汉族地区先进的农业生产技术和生产方法。如命人教打牛以取代原始的刀耕火种,使夷越诸族逐渐掌握了利用铁制农具进行生产的技术。明代《滇考·诸葛武乡侯南征》记载,诸葛亮到达滇西的永昌(今保山),"大兵俱渡江与吕凯等会,树旗台,按八门,休兵养士,命人教打牛以代力耕,彝众感悦"。又说:"丞相在南中邓彝筑城堡,务农桑,诸彝感慕德化,皆自山林徙居平壤。"也就是说,诸葛亮除教农民如何种植水稻等农耕生产技术外,还教农民栽桑养蚕,并将他们从山区迁居坝区,改游牧为农耕;设置盐铁官,重视对手工业商业的发展;改进交通条件,便利物资交流等。兴修水利是诸葛亮重视南中地区发展的又一突出表现。南中地区多为山地,农田灌溉主要依靠自然力量,这样农业收成好与坏,地利和天时是决定性因素。诸葛亮为改变南中靠天吃饭的现状,发动当地官吏和民众积极兴修水利工程,引水灌溉农田。这些措施促进了南中等少数民族地区经济的开发,加强了边远地区同内地的联系,体现了"富国安民、以民为本"的思想。

4. 文化建设。

南中等少数民族地区文化落后,没有文字,遇有重大事件以盟誓为信。《庆符县志》记载:在庆符县(今四川高县西北)的武侯祠内有一块"诸葛武侯南征誓蛮碑",表明诸葛亮尊重他们的习俗,利用鬼神来同他们诅咒盟誓。诸葛亮在尊重夷人风俗习惯的同时,还通过图谱将封建国家的道德伦理观念和价值观念灌输给少数民族。这种尊重民族风俗习惯,因势利导,传播汉族的先进文化的做法,体现了教刑并重,以教为先,重视教化的思想。同时,诸葛亮还允许汉族人迁徙南中地区,以加强汉族人与少数民族的经济、文化等方面的联系。

## 二、诸葛亮的军事思想

诸葛亮是一个崇尚儒家忠义道德而又不墨守成规的正统的军事思想

家,他既重视战略战术,又重视军事后勤保障供应,崇尚正义,重视人谋且较实用。

（一）诸葛亮的整体战略思想

诸葛亮的整体战略思想分前期和后期两部分,诸葛亮前期的战略思想主要体现在《隆中对》中,主要包括四点:一是占有荆州、益州,奠定三分天下的立国基础,然后内修政理,蓄积力量,准备北伐中原;二是孤立曹操,"结好孙权",组成反曹的统一战线。同时,"南抚夷越"、"西和诸戎",搞好益州境内南中及西陲边区各少数民族之间的关系,减少阻力,增强助力;三是利用"人心思汉"的正统观念、刘备"帝室之胄"的身份,高举"兴复汉室"的大旗,讨伐曹操;四是选择"天下有变"的最有利时机,大举北伐。荆州之军进攻宛(南阳)洛(洛阳);益州之师取关陇,然后再以高屋建瓴之势东出潼关,两路大军以钳形攻势会师于洛阳(东汉故都),以实现"霸业可成,汉室可兴"的目的。从208年到219年,刘备基本上按照隆中决策实现了第一步战略计划。攻取汉中,即位汉中王,是他一生志业的顶峰,同时也证明了诸葛亮前期战略思想的预见性与正确性。

但是,由于种种原因,隆中战略没有完全实现。刘备死后,诸葛亮的战略思想发生了变化,概括起来主要有四点:一是"兴复汉室,还于旧都";二是捐弃前嫌,与吴国重修盟好,集中力量进行北伐;三是安定后方,"南抚夷越","西和诸戎",争取助力;四是内修政理,开辟财源,为对外用兵奠定基础。①

（二）"王者之兵"和以人谋取胜的战争观

诸葛亮认为,战争的性质和人的努力对胜败影响重大,弱者拥有正义和人谋的优势也可以战胜强者。

首先,诸葛亮认为,"王者之兵,有征无战,尊而且义,莫敢抗也",正义者必胜。昔者项籍,"总一强众,跨州兼土,所务者大,然卒败垓下,死于东城,宗族焚如,为笑千载,皆不以义,陵上虐下故也"②。而刘秀"创迹旧基,

---

① 参见余明侠:《诸葛亮评传》,第338页。
② 张连科、管淑珍:《诸葛亮集校注·为后帝伐魏诏》,第12页。

奋羸卒数千,摧莽强旅四十余万于昆阳之郊。夫据道讨淫,不在众寡"①。北伐中原是"龚行天罚,除患宁乱","天命既集,人事又至,师贞势并,必无敌矣"②。

其次,诸葛亮充分肯定人的主观能动性在战争中的重要作用。他认为,官渡之战中曹操"以弱为强者,非惟天时,抑亦人谋也"③。而在曹操饮马江汉,志在一举吞吴灭刘时,诸葛亮则认为"曹操之众,远来疲弊",若孙权"协规同力,破操军必矣"④。诸葛亮主政后,蜀、魏力量对比悬殊,客观条件十分严峻,"然不伐贼,王业亦亡"。留给他唯一可供选择的办法,只剩下主观努力。面对这一现实,诸葛亮认为"惟坐而待亡,孰与伐之"⑤。由于诸葛亮充分发挥了主观能动性,制订并实施了卓有远见的谋略,收到了一定的效果。

（三）以质为胜的建军思想

诸葛亮的军队建设是为兴复汉室服务的。蜀国弱小,仅"带甲将士十万二千",仅是魏军数量的1/4强。显然,完成北伐大业,只能通过精心治理,走以质取胜的道路。诸葛亮投入极大精力探索这条道路。

诸葛亮重视制度建设。他认为,军队的制度建设带有根本性质,在一定意义上比人治更重要,要提高军队的整体作战能力,首先需要制定一套完整的军事制度,让将士们遵照执行。"有制之兵,无能之将,不可败也;无制之兵,有能之将,不可胜也。"⑥在他看来,军队的军令制度和作风纪律养成,比将领才能更加重要,是关乎军队成败的重要因素。这是对长坂溃逃、荆州失守等战役的深刻反思而新创立的建军思想,具有重要意义。

在制度建设上,诸葛亮制定新的法令,仅其战斗条令,就涉及陆战、船战、阵法、行军、后勤、纪律、祭祀等方面。在《诸葛亮集》中,就有《军令》15条、《兵要》10条以及《治军》和教令等。

① 张连科、管淑珍:《诸葛亮集校注·正议》,第68页。
② 张连科、管淑珍:《诸葛亮集校注·为后帝伐魏诏》,第12页。
③《三国志》卷三十五《诸葛亮传》,第912页。
④《三国志》卷三十五《诸葛亮传》,第915页。
⑤《三国志》卷三十五《诸葛亮传》裴松之注引《汉晋春秋》,第923页。
⑥《唐太宗李卫公问对》卷上引诸葛亮语。

《军令》内容具体细致,明确了将士行军、作战等具体做法,要求将士按令行动,服从命令,违者则严惩不贷。例如:

> 始出营,竖矛戟,舒幡旗,鸣鼓角。行三里,辟矛戟,结幡旗,止鼓角。未至营三里,复竖矛戟,舒幡旗,鸣鼓角。至营,复结幡旗,止鼓角。违令者髡。[1]

> 闻雷鼓音,举白幡绛旗,大小船进战,不进者斩。闻金音,举青旗,船还。若贼近,徐还;远者,疾还。[2]

> 闻鼓音,举黄帛两半幡合旗,为三面陈。[3]

> 凡战临陈,皆无讙哗,明听鼓音,谨视幡麾,麾前则前,麾后则后,麾左则左,麾右则右,不闻令而擅前后左右者斩。[4]

诸葛亮还提出:

> 赏不可不平,罚不可不均。赏赐知其所施,则勇士知其所死;刑罚知其所加,则邪恶知其所畏。故赏不可虚施,罚不可妄加,赏虚施则劳臣怨,罚妄加则直士恨。[5]

此外,诸葛亮还提出军队"七禁",严禁轻视军纪、怠慢军令、强盗恶习、欺哄蒙蔽、违背军令、行军混乱、疑惑部队等七种错误倾向。

诸葛亮强调训章明法。他认为,军队建立起典章制度后,还要训章明

---

① 张连科、管淑珍:《诸葛亮集校注·军令》,第133页。
② 张连科、管淑珍:《诸葛亮集校注·军令》,第131页。
③ 张连科、管淑珍:《诸葛亮集校注·军令》,第131页。
④ 张连科、管淑珍:《诸葛亮集校注·军令》,第135页。
⑤ 张连科、管淑珍:《诸葛亮集校注·便宜十六策·赏罚》,第256页。

法,即对部队进行典章制度的教诲,在执行典章制度的过程中申明法令,以便使部队遵守纪律,养成良好的作风。诸葛亮北伐时,戎阵整齐,赏罚肃而号令明,就是诸葛亮长期教育、训练的结果。

训章明法的核心是严格执法。一是对主帅严。如街亭败后,诸葛亮既按军令追究主帅马谡的责任,又自贬三等,向天下公布失误。二是对军务大臣严。李严以中都户署丞相府事,运粮不继,且作假掩盖其失职行为。尽管李严受遗诏辅政,诸葛亮也认为不可姑息养奸,危害统一大业,于是上表弹劾,把他废为平民。诸葛亮主张用法不但要严,而且要明,只根据事实,绳以法律,不夹杂其他因素,即“心如秤,不能为人作轻重”①。

诸葛亮提倡作良将。他认为,在精心治理、以质取胜的努力中,将帅的作用是不可忽视的。欲作良将,首先要“广忠益”,即同部属建立真挚的友情,欢迎部属评论治军得失,并主动批评自己的过失。其次要“守忠”。在为人上,要像璧玉那样没有污点,地位显赫不骄傲,受委任不专断,有人扶植不依赖,面临危难不畏惧。在战事上,要以衣不解带、足不沾地、鞋掉了顾不得拾的紧迫感,去捕捉机遇。在处理军中事务时,让别人选择该提拔的人。在衡量部队战功时,不凭自己臆测说了算。第三要重视战术研究和装备的改进。为了弥补国小兵少的缺陷,他重视战术和装备。如诸葛亮创制了坚守阵地设伏破敌的“八阵法”、一次连发十支八寸铁箭的“元戎”、宜于山地运输的“木牛流马”等。他认为用质量差的武器对敌,会败坏军事行动,主张生产的钢铠达到 5 折(锻造次数)、矛达到 10 折的质量标准。他作为将帅,如此重视军事技术,并取得突破性成功,在三国最为突出,在历代也是屈指可数的。

(四) 以弱胜强的战争指导思想

诸葛亮根据正义可胜、人谋可胜的战争观,形成了转弱为强、以弱胜强的战争指导思想,并以此指导实践。

一是实施战略防御,避免与曹魏正面接触。首先尽快建立、经营好自己的根据地,有条件时再直接同曹魏作战。刘备寄寓荆州时,兵微将寡,就

---

① 张连科、管淑珍:《诸葛亮集校注·杂言》,第 187 页。

避开曹操,向曹操势力达不到的益州发展。待刘备夺取荆、益根据地后,就固守险要,积极整军备战,使根据地成为兴复汉室的战略基地。

二是由战略防御转变为战略进攻,实现北定中原的战略目标。刘备拥有益州之后,荆州失守,《隆中对》设想的两条出击路线的条件已经不具备。诸葛亮认为,魏国已逐步强大,魏强蜀弱的趋势还将进一步加大,时间不利于蜀国。因此,应该实行战略转变,并以励精图治、积极备战弥补国力不足,然后北伐。

三是以军事斗争为主辅以外交斗争。诸葛亮始终如一地坚持联吴抗曹的外交原则,通过形成有利的外交关系,获得"犄角之援"的重大战略利益。他认为,若东吴"以同盟之义,命将北征,共靖中原,同匡汉室"①,必然迫使曹魏两线作战。若联盟在,即使孙权不出兵配合,只要与刘备和睦相邻,也可使"我之北伐,无东顾之忧",魏军"河南之众不得尽西"②。因此,在处理与东吴的矛盾时,始终奉行灵活的外交原则,必要时作出重大让步。如在刘备伐吴失败后,以承认东吴袭占荆州的既成事实,换取联盟的恢复;在孙权称帝后,宁愿暂时损害蜀国的汉统地位,也要对孙权称帝给予承认,以维护并巩固这一联盟等。历史事实证明,这是正确的。

(五)谨慎用兵和攻心为上的战略战术思想

蜀国的经济实力和军事实力,决定了诸葛亮必须实施谨慎用兵和攻心为上的战略战术思想。

首先,力求稳妥,不肯冒险。诸葛亮战略思想的主旨是战略进攻,但作战指导思想是审时度势,谨慎从事。他认为:

> 夫用兵之道,先定其谋,然后乃施其事。审天地之道,察众人之心,习兵革之器,明赏罚之理,观敌众之谋,视道路之险,别安危之处,占主客之情,知进退之宜,顺机会之时,设守御之备,强征伐之势,扬士

---

① 张连科、管淑珍:《诸葛亮集校注·与孙权书》,第99页。
② 张连科、管淑珍:《诸葛亮集校注·绝盟好议》,第73页。

卒之能,图成败之计,虑生死之事,然后乃可出军任将,张禽敌之势,此为军之大略也。[1]

诸葛亮为人做事谨慎,故采取"十全必克而无虞"的战法,缺乏神出鬼没的用兵之法。如在北攻魏国时,他在战略上取进攻态势,在战术上力求稳健取胜,积小胜为大胜。自建兴六年(228)开始的五次北伐,都是在这种思想指导下进行的。所以魏延出奇兵直取长安的计划虽然诱人,但他认为:"不如安从坦道,可以平取陇右,十全必克而无虞,故不用延计。"[2]诸葛亮谨慎的用兵思想,被魏将曹真、郭淮等人了如指掌。如第二次北伐时,尚未出兵,曹真就料到诸葛亮"后必出从陈仓,乃使将军郝昭等守陈仓,治其城"[3]。事实果然如此,郝昭只率3 000人马,便挡住蜀汉数万大军。

其次,力求主动,减少损失。在作战指导上,他精心挑选魏军无备或东下的良机出兵,通过转换攻击方向,夺取战场主动权。有利就打,不利或粮尽就退兵回国,避免陷入被动。在进攻中以阵地战和野战相结合,以便消灭魏军于被动中。

最后,诸葛亮重视阵法。在北伐中,他将八阵图法用于实战,取得了一定的效果。

诸葛亮"北定中原",以失败告终。《三国志》评价诸葛亮"于治戎为长,奇谋为短,理民之干,优于将略"[4];"连年动众,未能成功,盖应变将略,非其所长"[5]。所谓"治戎为长",是说诸葛亮擅长于军队的管理;"奇谋为短",是说他在战术方面缺乏奇计。凡此,是符合实际的。

## 三、诸葛亮的经济思想

三国时期,蜀汉弱小,为了求富求安,自立自强,更为了对抗曹魏,进而

---

① 张连科、管淑珍:《诸葛亮集校注·便宜十六策·治军》,第247页。
②《三国志》卷四十《魏延传》裴松之注引《魏略》,第1003页。
③《资治通鉴》卷七十一《魏纪三》,第2244页。
④《三国志》卷三十五《诸葛亮传》,第930页。
⑤《三国志》卷三十五《诸葛亮传》,第934页。

一统天下，诸葛亮在开源节流的同时，主张大力发展经济，实行了以农为本、重视水利设施、盐铁官卖、发展蜀锦等方针政策。

（一）以农为本思想

诸葛亮以农业经济作为蜀汉立国的基础，大力扶植和发展州郡农业，即州郡管理下的个体农户经济。他在阐述自己的治国思想时曾说："闭境勤农，育养民物，并治甲兵"①；"唯劝农业，无夺其时；唯薄赋敛，无尽民财"②。刘备既定益州，刘备和诸葛亮采纳赵云"田宅皆可归还，今安居复业，然后可役调，得其欢心"③的建议，达成了蜀汉发展社会经济的基本策略。从此，蜀汉统治者通过这种方法，恢复社会秩序，促进生产，征调赋役。为此，诸葛亮采取了安抚流亡、打击豪强、轻徭薄赋、闭关息民、育养民物等措施。诸葛亮在各种物资中特别重视关系到国计民生及用兵的粮食，曾说："粮谷军之要最"④，不可一日或缺。为了节约粮食，他提出了"丰年不奢"，"秋有余粮"⑤的主张，还采取禁止酿酒以减少浪费等项措施。他的劝农务本思想及其政策措施是积极的，富有成效的。正如时人袁准所言："亮之治蜀，田畴辟，仓廪实，器械利，蓄积饶，朝会不哗，路无醉人"，是以"本立故末治"⑥。

诸葛亮在发展州郡农业经济的同时，大力主张屯田以作为州郡农业的补充。见于记载的，诸葛亮最后一次北伐时屯田于渭滨。⑦ 除军屯外，又有民屯，且民屯长官由同级行政官员兼领。这对减省军粮转运之烦，减少民众的经济负担，是有积极意义的。

与重视农业相一致的，是诸葛亮极为重视水利设施的建设和维护。如诸葛亮对都江堰十分重视，他说："此堰农本，国之所资。"说明此堰的重要地位是关系到国家之休戚。当时蜀汉人口不过百万，而又多集中于蜀地。

① 《三国志》卷四十二《杜微传》，第 1019 页。
② 张连科、管淑珍：《诸葛亮集校注·便宜十六策·治人》，第 235 页。
③ 《三国志》卷三十六《赵云传》裴松之注引《赵云别传》，第 950 页。
④ 张连科、管淑珍：《诸葛亮集校注·与陆逊书》，第 98 页。
⑤ 张连科、管淑珍：《诸葛亮集校注·便宜十六策·治人》，第 235—236 页。
⑥ 《三国志》卷三十五《诸葛亮传》裴松之注引《袁子》，第 935 页。
⑦ 参见《三国志》卷三十五《诸葛亮传》，第 925 页。

因而只要都江堰灌溉地区每年的收获可以保证,即能基本上满足军需民食的供应。因此,除承前制在都江堰设置堰官外,诸葛亮还"征丁千二百人主护之"①。这在都江堰管理史上是空前之举。

除了维护都江堰主体水利设施外,诸葛亮还在成都之西修九里堤,"其地湮下,诸葛武侯筑堤九里,以防冲啮"②,即筑堤以防洪水,以免农田屋舍受到损害。这些举措都收到了良好的效果,多被称赞,如左思在《蜀都赋》中,就热情地赞扬了诸葛亮的兴修农田水利之功。他说:

> 其封域之内,则有原隰坟衍,通望弥博,演以潜沫,浸以绵雒。沟洫脉散,疆里绮错,黍稷油油,粳稻莫莫。指渠口以为云门,洒滮池而为陆泽。虽星毕之滂沱,尚未齐其膏液。③

这是蜀土旱涝保收、五谷丰登的真实写照。

(二)重视盐铁业

经营盐铁,在诸葛亮的经济思想中占有重要地位。史载诸葛亮治蜀,"置盐府校尉,较盐铁之利"④,实行了官卖政策,富国利民。

盐是维持人体正常营养所必需的物品。治家不能无盐,治国亦然,治国者多异常重视。昔管仲佐齐,"连五家之兵,设轻重鱼盐之利"⑤。"煮沸水以籍于天下。"⑥巴蜀物产富饶,井盐久享盛名,因此,诸葛亮以管仲为楷模经营盐业。他设立盐府,置"司盐校尉,较盐铁之利"⑦,实行榷盐政策,杜绝商人的囤积居奇。他选拔勤于职守善于理财的王连为司盐校尉,又选拔

---

① 《水经注·江水》。
② 张连科、管淑珍:《诸葛亮集校注》附录第四部分《诸葛亮的遗迹及传记》引《成都府志》,第443页。
③ 罗宗强、陈洪:《中国古代文学作品选》第二卷《魏晋南北朝隋唐五代卷》,高等教育出版社,2004年,第103页。
④ 《三国志》卷三十九《吕乂传》,第988页。
⑤ 《史记》卷三十二《齐太公世家》,第1487页。
⑥ 《管子·地数篇》。
⑦ 《三国志》卷四十一《王连传》,第1009页。

吕乂、杜祺、刘干等"并为典曹都尉"①，成为高级盐官。在诸葛亮和盐官们的努力下，井盐生产兴旺，盐业之利不断增加。史载"利入甚多，有裨国用"②。因而王连等人接连升迁，吕乂、杜祺、刘干诸人"皆至大官"。尤其是王连，他被擢升为蜀郡太守、兴业将军，但仍然"领盐府如故"③。这一方面反映了诸葛亮对他的倚重，另一方面反映了诸葛亮对井盐生产的高度重视。

　　当时，蜀国在成都附近和巴东地区皆有许多盐井。据载：长宁县宝屏山，有"诸葛盐井十四处"。宋人苏轼也写了有关"诸葛盐井"的诗句。④ 盐井以"诸葛"命名，显然是在褒扬诸葛亮的大力倡导之功。

　　在铁业方面，诸葛亮设"司金"，置"司金中郎将"，委派有"干理敏捷"之名的张裔司其职，"典作农战之器"⑤，"利权悉归于上"⑥。对盐铁管理成绩优秀者，提拔重用。张裔管理盐铁生产成效卓著，后来升为丞相长史。铁是制造农具和兵器的重要原料，诸葛亮重视铁业，利于蜀汉发展。

　　（三）发展蜀锦

　　西汉时期，成都的织锦业已十分发达。蜀汉时期，植桑养蚕仍然是成都平原农民的主要收入来源。诸葛亮深知，与强大的魏国为敌，维持庞大的军费开支，蜀锦之利极为重要。他说："今民贫国虚，决敌之资，惟仰锦耳。"⑦为扩大蜀锦产量，诸葛亮将其作为系统工程，从源到流全面重视，采取了一系列卓有成效的措施：一是奖励农桑，主张以耕织为本，"劝分务稼"⑧，即劝民以农为分，倡导以谷桑为本；二是设立锦官，加强管理，增加蜀锦收益。蜀汉的丝织业，分为官办和民办两种，民办中又有工商专业户经营和农民副业两类。诸葛亮治蜀时始设锦官，专门管理蜀锦生产。在诸葛

---

① 《三国志》卷三十九《吕乂传》，第988页。
② 《三国志》卷四十一《王连传》，第1009页。
③ 《三国志》卷四十一《王连传》，第1009页。
④ 参见（晋）常璩：《华阳国志》卷一《巴志》注引《蜀广记》。
⑤ 《三国志》卷四十一《张裔传》，第1011页。
⑥ （清）杨晨：《三国会要》卷十九《食货》。
⑦ 张连科、管淑珍：《诸葛亮集校注·教》，第126页。
⑧ 张连科、管淑珍：《诸葛亮集校注·为后帝伐魏诏》，第11页。

亮的努力下,蜀锦生产数量、质量和工艺水平达到了空前水平,成为蜀汉重要的出口商品。曹操曾"前遣人到蜀买锦"①,说明蜀锦远销国外,蜀锦收入成为蜀汉政府开支的一大来源。终蜀之世,锦和其他丝织品的产量一直较高。以至蜀亡之时,库存"锦绮彩绢各二十万匹"②。

蜀锦之利加强了蜀汉政府的财政收入,为诸葛亮的北伐等提供了经济上支援。同时,蜀锦的发展为蜀汉民众增加了收益,体现了诸葛亮所追求的"富国安民","以阜民财"的理想。

## 四、诸葛亮的法制思想

诸葛亮的法制思想主要体现在制定《蜀科》和他的法制言行中。

### (一)《蜀科》的制定及其立法思想

刘备取益州之后,即命诸葛亮负责制定法令,诸葛亮与法正、刘巴、李严、伊籍等四人"共造《蜀科》"③。《蜀科》渗透了诸葛亮的思想观点,遗憾的是,因具体律文湮于史海已久,无法准确了解。但从现存的零星文献资料中,还是可以了解到以下内容:一是《蜀科》体现了时势性,即根据益州的现实状况,从严立法,临之以威刑;二是体现了集权性,即打击桀骜不驯之徒,重振君臣之道;三是体现了权威性,即威之以法,整肃纲纪,树立朝廷的权威性和凝聚力。这是诸葛亮立法思想的主要内容。

### (二)诸葛亮法制思想的主要内容和特点

1. 因时制律,审时立法。

诸葛亮主张"应权通变,弘思远益"④。入蜀之初,法正曾以"昔高祖入关,约法三章,秦民知德,今君假借威力,跨据一州,初有其国,未垂惠抚;且客主之义,宜相降下"为由,提议"缓刑弛禁,以慰其望"⑤,主张把法律放得宽一些,以恩德来感化蜀人。诸葛亮认为,汉高祖之所以实施德治,是

---

① 《后汉书》卷八十二下《方术·左慈传》,第2747页。
② 《三国志》卷三十三《后主传》裴松之注引《蜀记》,第901页。
③ 《三国志》卷三十八《伊籍传》,第971页。
④ 《三国志》卷三十五《诸葛亮传》裴松之注引《汉晋春秋》,第923页。
⑤ 《三国志》卷三十五《诸葛亮传》裴松之注引郭冲一事,第917页。

因为秦代的法律过于残酷和苛刻,需要加以缓和。而刘焉和刘璋父子滥施恩惠,致使蜀人失去了对于法律的畏惧之心,"所以致弊,实由于此"。要改变蜀地的混乱局面,必须"威之以法,法行则知恩,限之以爵,爵加则知荣;荣恩并济,上下有节"①。

2. 教刑并重,以教为先。

诸葛亮积极推行法治,但反对不教而诛,十分重视教化,明确指出:"明君治其纲纪,政治当有先后,先理纲,后理纪,先理令,后理罚"②;"以教令为先,诛罚为后"③。为达此目的,他认为必须形成一种宣传教化的风气,做到"非法不言,非道不行"④,即有悖于法令的话不说,触犯法制的事不做。如果仍然有人"作奸犯科"以身试法的话,那就要绳之以刑,"不从令者诛之"⑤,决不宽贷。换言之,刑罚只是在教化无效之后方才加以施行。在此基础上,他进一步要求各级执法官吏以身作则,"正己教人"。他说:"先正其身,然后乃行其令。身不正则令不从,令不从则生变乱。"⑥他还专作"八务、七戒、六恐、五惧,皆有条章,以训厉臣子"⑦。

3. 赏罚必信,刑不择贵。

诸葛亮认为赏罚的功能是"赏以兴功,罚以禁奸"。"赏赐知其所施,则勇士知其所死;刑罚知其所加,则邪恶知其所畏。"要实现赏善罚恶的功能,就必须公正无私,"无偏无党","赏不可不平,罚不可不均",做到"赏赐不避怨雠","诛罚不避亲戚"。如果"赏罚不明,教令有不从",会导致"必杀可生,众奸不禁","忠臣死于非罪,而邪臣起于非功"的严重后果,给国家带来危害⑧。他主张赏罚既不能因人而异,也不能以任何借口违背成言,必须以诚信对待部属,以赏罚来约束部伍,"决之以赏罚,故人知信"⑨。诸葛亮

---

① 《三国志》卷三十五《诸葛亮传》裴松之注引郭冲一事,第917页。
② 张连科、管淑珍:《诸葛亮集校注·便宜十六策·治乱》,第261页。
③ 张连科、管淑珍:《诸葛亮集校注·便宜十六策·教令》,第263页。
④ 张连科、管淑珍:《诸葛亮集校注·便宜十六策·教令》,第263页。
⑤ 张连科、管淑珍:《诸葛亮集校注·便宜十六策·斩断》,第267页。
⑥ 张连科、管淑珍:《诸葛亮集校注·便宜十六策·教令》,第263页。
⑦ 《三国志》卷三十五《诸葛亮传》裴松之注引《魏氏春秋》,第928页。
⑧ 张连科、管淑珍:《诸葛亮集校注·便宜十六策·赏罚》,第256—257页。
⑨ 张连科、管淑珍:《诸葛亮集校注·将苑·善将》,第302页。

在处理街亭失守事件时,诛马谡、赏王平、自贬三等的做法,就是他司法实践的名例。

诸葛亮主张公平执法,有罪必究,决不宥赦。公开宣称自己"吾心如秤"①,"尽忠益时者虽雠必赏,犯法怠慢者虽亲必罚"②,并力主做到"进有厚赏,退有严刑,赏不逾时,刑不择贵"③。不因为身份地位的不同而曲法徇情。他说:"宫中府中俱为一体,陟罚臧否,不宜异同。若有作奸犯科及为忠善者,宜付有司论其刑赏,以昭陛下平明之理,不宜偏私,使内外异法也。"④在他治蜀期间,对当时的一些重臣的违法犯科行为毫不宽恕,均给予了严惩;相反,位卑者如平民兵士,只要立有功劳,亦得厚赏,真正做到了"赏不遗远,罚不阿近;爵不可以无功取,刑不可以贵势免"⑤。

4. 实行"德政",兼用"威刑"。

诸葛亮鉴于刘璋父子统治下的益州,"文法羁縻,互相承奉,德政不举,威刑不肃"⑥的情况,强调实行"德政"和实施"威刑"的重要性。这与诸葛亮法制观中的儒家思想因素有关。诸葛亮治蜀时力求做到宽猛相济、德刑并用。

5. 参酌态度,量刑轻重。

诸葛亮的法制思想还具有严而不酷、达情知变的特点。他还接受了《易经·系辞下》中的变通观点,主张审情度势,灵活运用,不拘泥于常法而有所"变通"。如孟达叛蜀降魏,依法应连坐其妻子,但诸葛亮则因孟达之叛降,在很大程度上是受了刘封之逼,遂宥其妻子。又如鲁国人刘琰,生活奢糜,爱好声乐,对军国大事毫不关心,且影响军威将誉。诸葛亮拟加以严惩,但刘琰上书请罪,态度诚恳,对自己所犯错误的认识也比较深刻,所以诸葛亮特予宽宥,未予惩处。可见,诸葛亮在坚持基本原则的情况下,能够根据犯罪情节、认罪态度综合考虑量刑的轻重,表现出了一定的灵活性。

---

① 张连科、管淑珍:《诸葛亮集校注·杂言》,第 187 页。
② 《三国志》卷三十五《诸葛亮传》,第 934 页。
③ 张连科、管淑珍:《诸葛亮集校注·将苑·将材》,第 278 页。
④ 《三国志》卷三十五《诸葛亮传》,第 919 页。
⑤ 《三国志》卷四十一《张裔传》,第 1012 页。
⑥ 《三国志》卷三十五《诸葛亮传》裴松之注引郭冲一事,第 917 页。

对此,陈寿评论说,诸葛亮对"服罪输情者虽重必释,游辞巧饰者虽轻必戮"①,给予肯定。

## 第三节　诸葛亮的文学艺术成就

诸葛亮是我国古代杰出的政治家、思想家和军事家,同时,他在文学、书法、绘画、音乐等方面的成就也较突出,堪称我国古代卓有成就的文学艺术家。

### 一、诸葛亮的文学成就和散文特点

（一）诸葛亮的文学成就

诸葛亮是一个文学家,甚至可以说是一个著名的文学家。郭沫若曾作对联"志见出师表,好为梁父吟"②来肯定诸葛亮的文采。郭沫若还说过:"如武侯终身隐居,致力于诗,谅亦不逊于陶令也。"③将诸葛亮与隐居的陶渊明作了对比。当然,也曾有人认为诸葛亮功业虽高,但文学水平却低,这似乎有点偏颇。

诸葛亮的文学作品较多,《三国志·诸葛亮传》载:

> 亮言教书奏多可观,别为一集。
> 诸葛氏集目录:《开府作牧》第一,《权制》第二,《南征》第三,《北出》第四,《计算》第五,《训厉》第六,《综核上》第七,《综核下》第八,《杂言上》第九,《杂言下》第十,《贵和》第十一,《兵要》第十二,《传运》第十三,《与孙权书》第十四,《与诸葛瑾书》第十五,《与孟达书》第十六,《废李平》第十七,《法检上》第十八,《法检下》第十九,《科令上》第二十,《科令下》第二十一,《军令上》第二十二,《军令中》第二十三,

---

① 《三国志》卷三十五《诸葛亮传》,第934页。
② 这是郭沫若1964年为隆中"诸葛草庐"题写的对联。
③ 崔瑛、吕伟俊:《清官鉴》,中国方正出版社,2008年,第173页。

《军令下》第二十四。右二十四篇，凡十万四千一百一十二字。

论者或怪亮文彩不艳，而过于丁宁周至。①

《隋书》卷三十五《经籍志》载：

蜀丞相《诸葛亮集》二十五卷（梁二十四卷……）。

严可均编纂《全上古三代秦汉三国六朝文》，其中《全三国文》卷五十八、卷五十九为诸葛亮文，载五十六篇，除已见上文者外，还有《教张君嗣》、《转教》、《教》、《作斧教》、《军令》、《自表后主》、《表》、《闻孙权破曹休魏兵东下关中虚弱上言》、《笺》（以上卷五十八）、《与吴王书》、《与陆逊书》、《书》、《诫外生》、《诫子》、《交论》、《兵要》、《兵法》、《黄陵庙记》、《阴符经序》、《季主墓碑赞》、《南征纪功碑背铭》及《石刻誓文》（以上卷五十九）。以体裁分为教、表、疏、上言、笺、书、论、议、兵要、兵法、记、叙、赞、铭等。

从学术的角度看，诸葛亮的文集以清人张澍辑本《诸葛忠武侯文集》较为完备，且错误较少，中华书局曾校点出版，名为《诸葛亮集》。

写于蜀汉建兴五年（227）的《出师表》，是诸葛亮最具代表性的作品之一。刘勰曾对《出师表》给予很高的评价：“孔明之辞后主，志尽文畅。”他还把《出师表》与孔融的《荐弥衡表》并称之为“表之英也”。唐代诗人白居易在读《出师表》后写道：“前后出师遗表在，令人一览泪沾襟。”

宋代文学家苏东坡在评价《出师表》时写道：“孔明出师二表，简而且尽，直而不肆，大哉言乎！与《伊训》、《说命》相表里，非秦汉而下，以事君为悦者所能至。”绍兴戊午年（1138），爱国名将岳飞过南阳武侯祠，读壁上石刻《出师表》时，“不觉泪下如雨，是夜竟不成眠，坐以待旦”，足见《出师表》感人之深。陆游曾多次写诗赞扬《出师表》。淳熙六年（1179），他在成都游诸葛书台时写道：“《出师》一表千载无，远比管、乐盖有余。”淳熙十三年（1186），已是年过花甲的他在《书愤》一诗中再次写道：“出师一表真名世，

---

① 《三国志》卷三十五《诸葛亮传》，第927、929、931页。

千载谁堪伯仲间？"史学家司马光在编撰《资治通鉴》和著名学者朱熹在编纂《资治通鉴纲目》时，对旧史中之表章、奏议，无不大加删除淘汰，独对《出师表》一文"均五更削"，全文照录。近代学者王缁尘在分析这一现象时指出："出师之表，檩烈千古，二千数百年历史中，欲求其二，而亦不可得……盖文之至者，用字措句，均不可移易，亦如宋玉之赋美人：'增之一分则太长，减之一分则太短，施朱则太赤，敷粉则太白'，美文美人，皆生于天然，非人之工力所能随便加饰也……而对于《出师表》之慷慨激昂，复兼以缠绵悱侧，且句练字适，无一瑕疵，心爱之极，不能割舍。"

明人吴之鹍把《出师表》比作《楚辞》。他在其《谒武侯祠》诗中写道："古今多将相，谁者是吾师？意气如公旦，文章似《楚辞》。"

清代于光华在《文选集评》中，引用郭明龙的评论说《出师表》"忠义自肺腑流出，古朴真率，字字滴泪，与日月争光"。刘永济在《文心雕龙校释》中写道："《出师表》首言国事危急，使后主自知负荷之重；中间痛恨恒、灵，以为倾颓之鉴；反复喻令自谋，以警其昏庸。情真词挚，故曰'志尽文畅'。"并说："《出师表》风力遒上，古意未漓……以为楷式也。"

这一切评论，绝不是溢美之词，而是对《出师表》的文学价值和艺术魅力的恰当评价。《出师表》的确不愧为我国古典文学中的不朽名篇。

此外，诸葛亮的《隆中对》、《诫子书》等名篇和他写给下属官吏和士兵的一些文件，即"教"，历代也同样给予很高的评价。如刘勰说："教者，效也，言出而民效也……若诸葛孔明之详约……并理得而辞中，教之善也。"这一评价是十分中肯的。

从上述足以看出，诸葛亮的文学成就较大，在我国文学史上理应有一定的地位。

（二）诸葛亮的散文特点

诸葛亮在文学上的成就，主要表现在散文方面。总起来讲，诸葛亮的散文有以下特点：

1. 简约严明，语重心长。

诸葛亮的散文有对、策、表、书、教、论、答、诏、铭、令等，它们大多含有明显的说理成份，既在内容上反映了强烈的时代精神，也在艺术上形成了自己的特色。诸葛亮继承和发扬了春秋战国时期诸子百家的散文和秦汉时期散文的优良传统,从中汲取了丰富的营养,从而形成了自己的风格:自然流畅、简约严明、志尽文畅。《与群下教》是诸葛亮对下属进行教诲的一篇文章,作为丞相,问题考虑的既全面,又语重心长。

> 夫参署者,集众思广忠益也。若远小嫌,难相违覆,旷阙损矣。违覆而得中,犹弃敝蹻而获珠玉。然人心苦不能尽,惟徐元直处兹不惑,又董幼宰参署七年,事有不至,至于十反,来相启告。苟能慕元直之十一,幼宰之殷勤,有忠于国,则亮可少过矣。①

《与群下教》是希望部下诸位能畅所欲言,发表不同的意见,从而使自己的决策减少失误。参署是参与政府机关的事务。作者的态度非常诚恳,希望部下要集思广益,如果因小小的嫌疑,不愿提出不同的意见,工作就要受损失。广泛听取意见,合适采纳,如丢掉破草鞋而获取珠玉,比喻非常鲜明。文中特别提出的两位榜样,徐庶和董和,都是群下们所熟悉的,这样写当时的人读起来就会感到很亲切。董和"参署七年",更加能够成为群下的榜样。《三国志·董和传》说:

> 先主定蜀,征和为掌军中郎将,与军师将军诸葛亮并署左将军大司马府事,献可替否,共为欢交。②

诸葛亮在另外一篇文章中又曾表扬他"每言则尽"③,给予极高的评价。诸葛亮虽然身居高位,却非常注意倾听下级的意见特别是不同的意见,这在古代是难能可贵的。这篇文章处处可见作者以国事为重的高尚风格,言简意赅,至今仍有教育意义。

建兴五年(227),诸葛亮屯于汉中,准备北伐。出屯以前,发布了《为后

---

① 张连科、管淑珍:《诸葛亮集校注·与群下教》,第120—121页。
② 《三国志》卷三十九《董和传》,第979页。
③ 张连科、管淑珍:《诸葛亮集校注·与参军掾属教》,第123页。

帝伐魏诏》,突出地体现了诸葛亮爽健沉雄的艺术特色。该文以刘禅的口吻,先历数曹氏父子篡汉之罪:

> 曹操阶祸,窃执天衡,残剥海内,怀无君之心。子丕孤竖,敢寻乱阶,盗据神器,更姓改物,世济其凶。

写得义正辞严,慷慨激昂。在这种情况下,蜀汉政权合天意,顺民心,讨伐曹魏水到渠成:

> 昭烈皇帝体明睿之德,光演文武;应乾坤之运,出身平难。经营四方,人鬼同谋,百姓与能,兆民欣戴。

作者分析了后主嗣位以来面临的严峻形势,然后写到:

> 是以夙兴夜寐,不敢自逸。每从菲薄以益国用,劝分务稽以阜民财;授方任能以参其听,断私降意以养将士。欲奋剑长驱,指讨凶逆,朱旗未举,而丕复陨丧,斯所谓不燃我薪而自焚也。

此段笔锋犀利,气势雄健,长自己之锐气,灭敌人之威风,气概恢宏。而后庄严宣称:

> 诸葛丞相弘毅忠壮,忘身忧国,先帝托以天下,以勖朕躬。今授之以旌钺之重,付之以专命之权,统领步骑二十万众,董督元戎,龚行天罚,除患宁乱,克复旧都,在此行也。①

弘毅忠壮之情跃然纸上,忧深责重之心溢于言表。通篇充溢着英武果敢、不畏强敌的英霸之气。句法沉郁凝练,行文豪爽无拘,不失为诸葛亮散文

---

① 张连科、管淑珍:《诸葛亮集校注·为后帝伐魏诏》,第11页。

中的力作之一。

《诸葛亮集》中较多信函、军令一类的短作,字数在几十至数百,这些尺寸之作,也是精粹可读,为人喜闻乐道。如《与张裔教》:

> 去妇不顾门,萎韭不入园,以妇人之性,草莱之情,犹有所耻,想忠壮者意何所之?①

"教"是文体的一种,为上对下的告谕。张裔为益州太守,雍闿反,缚送张裔于吴。223年刘备去世后,诸葛亮遣邓芝使吴,"从权请裔"。孙权接见后,"有器裔之色。裔出阁,深悔不能阳愚,即便就船,倍道兼行。权果追之,裔已入永安界数十里,追者不能及"②。此信或即邓芝转交于张裔者,诸葛亮劝张裔速回。文仅有31字,有比喻,有激励,语重心长,委婉深挚。

再如《答蒋琬教》:

> 思惟背亲舍德,以珍百姓,众人既不隐于心,实又使远近不解其义,是以君宜显其功举,以明此选之清重也。③

据《三国志·蒋琬传》载,建兴元年(223),"丞相亮开府,辟琬为东曹掾。举茂才,琬固让刘邕、阴化、庞延、廖淳,亮教答"④,即此。文仅有42字,针对蒋琬辞让他人之事,指出背叛亲友不讲道德,是残害、灭绝百姓,选举蒋琬担任重要职位的举动是公正庄重的,将权重责大论述得很透彻。

2. 正气凛然,凝练深沉。

诸葛亮的散文,有的刚正不阿,无私无畏,气盛言宜,充满了一心为国的凛然正气。《正议》篇是在刘备初亡,魏司徒华歆、司空王朗、尚书令陈群、太史令许芝等人先后写信给诸葛亮,劝蜀汉降魏称臣的条件下写的。

---

① 张连科、管淑珍:《诸葛亮集校注·与张裔教》,第117页。
② 《三国志》卷四十一《张裔传》,第1012页。
③ 张连科、管淑珍:《诸葛亮集校注·答蒋琬教》,第115页。
④ 《三国志》卷四十四《蒋琬传》,第1057页。

文章正气凛然地驳斥魏国众臣拥曹篡汉,"起不由德",不得人心,并表示自己忠于蜀汉,"据正道而临有罪",必定要完成统一大业的坚定意志,表现了诸葛亮威武不屈的高贵品质。文曰:

> 昔在项羽,起不由德,虽处华夏,秉帝者之势,卒就汤镬,为后永戒。魏不审鉴,今次之矣;免身为幸,戒在子孙。而二三子各以耆艾之齿,承伪指而进书,有若崇、竦称莽之功,亦将偪于元祸苟免者邪!
>
> 昔世祖之创迹旧基,奋赢卒数千,摧莽强旅四十余万于昆阳之郊。夫据道讨淫,不在众寡。及至孟德,以其谲胜之力,举数十万之师,救张郃于阳平,势穷虑悔,仅能自脱,辱其锋锐之众,遂丧汉中之地,深知神器不可妄获,旋还未至,感毒而死。子桓淫逸,继之以篡。纵使二三子多逞苏、张诡靡之说,奉进驩兜滔天之辞,欲以诬毁唐帝,讽解禹、稷,所谓徒丧文藻烦劳翰墨者矣!夫大人君子之所不为也。又《军诫》曰:"万人必死,横行天下。"昔轩辕氏整卒数万,制四方,定海内,况以数十万之众,据正道而临有罪,可得干拟者哉!①

这是一篇援古证今、凝练深沉、义正辞严的出色政论文。首先,以曹氏比项羽,虽处中原之地,但"起不由德",最终难逃灭亡的命运。接着,又把华歆、王朗等人比做帮助王莽篡汉的陈崇、张竦之流,都是犯下滔天大罪的元凶巨恶,将会受到惩罚而难以"苟免"。文中作者用正反对比,先以世祖刘秀初起兵时只有弱兵数千,昆阳之战败王莽40万大军,曹操雄兵强将,却败绩于汉中。通过对比证明正义之师"据道讨淫",不在人数的多寡,光复旧京平定四海的任务是可以完成的。至若曹丕(字子桓)篡汉,罪恶更大。华歆、王朗等人虽然玩弄似苏秦、张仪以及驩兜之流诡诈的说辞,也只是徒费口舌,无损于尧、舜、禹、稷的光明正大。最后,诸葛亮以斩钉截铁的语气表明自己的决心:"万人怀必死之心,即可横行天下",何况蜀汉有数十万之众,又是以正道来讨伐有罪呢! 诸葛亮的《正议》反映了他意气凛然"威武不能屈"

---

① 张连科、管淑珍:《诸葛亮集校注·正议》,第68页。

的高贵品质,充分表达了他忠于蜀汉平定四海的坚强意志,也表达了他对华歆、王朗等汉朝旧臣背主求荣的鄙视,是一篇优秀的论辩文章。

3. 结构严谨,质朴实用。

诸葛亮的散文,表现了敏锐的政治洞察力,分析问题条缕清晰,有严密的逻辑结构,《草庐对》(即《隆中对》)是一篇脍炙人口的政论性散文,文章不仅显示出诸葛亮作为战略家和政治家的深谋远虑与英雄气概,同时也体现出他超凡逸群的文学功力。他对形势了如指掌,与刘备纵论时局分析高屋建瓴:

> 今操已拥百万之众,挟天子而令诸侯,此诚不可与争锋。①

具体对策之一:曹操不可争。

> 孙权据有江东,已历三世,国险而民附,贤能为之用,此可以为援而不可图也。②

具体对策之二:孙权不可图。

> 荆州北据汉、沔,利尽南海,东连吴、会,西通巴、蜀,此用武之国,而其主不能守,此殆天所以资将军,将军岂有意乎?③

具体对策之三:荆州可取。

> 益州险塞,沃野千里,天府之土,高祖因之以成帝业。刘璋暗弱,张鲁在北,民殷国富而不知存恤,智能之士思得明君。④

---

① 《三国志》卷三十五《诸葛亮传》,第912页。
② 《三国志》卷三十五《诸葛亮传》,第912页。
③ 《三国志》卷三十五《诸葛亮传》,第912页。
④ 《三国志》卷三十五《诸葛亮传》,第912—913页。

具体对策之四：益州可居。

> 将军既帝室之胄，信义著于四海，总揽英雄，思贤如渴，若跨有荆、益，保其岩阻，西和诸戎，南抚夷越，外结好孙权，内修政理；天下有变，则命一上将将荆州之军以向宛、洛，将军身率益州之众出于秦川，百姓孰敢不箪食壶浆以迎将军者乎？诚如是，则霸业可成，汉室可兴矣。①

具体对策之五：积蓄力量，相机进攻，完成大业。

对中原"不可争"，对江东"不可图"，"不可"相同，"争"、"图"有别；对荆州"可取"，对益州"可居"，虽为两"可"，然"取"、"居"有异。"保"有保策，"攻"有攻法，统观全局，以事明理，论证充分，逻辑严密。历史证明，诸葛亮的预见是符合实际的。文章虽仅300余字，但言简意赅，包含了十分丰富的内容，这不仅是诸葛亮长期博览群书，潜心观察天下形势的结果，同时也是其具有深厚文学修养的具体体现。

魏晋南北朝是门阀世族社会。世家大族多以门第相标榜，而以文化传家形成一定的家学，是其清高自标的资本之一。名门大族中累世学业相袭的现象十分普遍。唐长孺在《魏晋南北朝史论丛》中说："魏晋之学多仍家门传习之旧"②。嵇康《难自然好学论》中有"聚族献议，唯学为贵"③之语，亦指家学而言。由于社会的变动，尤其是世家大族的迅速兴起和文化教育格局的巨大变化，使"家诫"得以大量的涌现和日益流行，并成为当时家族教育又一重要内容。"家诫"，又称"家训"、"诫子书"等，往往是世家大族与名臣仕宦训诫子孙后代及族人的说教。诸葛亮的《诫子书》、《诫外生书》即是著名的家诫文章。他以儒家的伦理价值观念为依据，整合当时的社会价值观念，将道德品质教育贯融其中，表现了长辈对晚辈的拳拳爱心和殷切期望，对后世产生了积极的影响。

---

① 《三国志》卷三十五《诸葛亮传》，第913页。
② 唐长孺：《读抱朴子推论南北学风的异同》，《唐长孺社会文化史论丛》，武汉大学出版社，2001年，第68页。
③ 夏明钊：《嵇康集译注》，黑龙江人民出版社，1987年，第145页。

"静以修身,俭以养德"是《诫子书》的主旨,"非澹泊无以明志"承"俭"而来,"非宁静无以致远"承"静"而下。要想求学就必须心境宁静,而要心境宁静又须恬淡寡欲。如果世俗利禄的欲望过重,精神就必然轻浮险躁,骚动不宁。"澹泊以明志,宁静以致远"已经成为妇孺皆知的名言。大约因为儿子和外甥的具体情况不同,《诫外生书》的内容稍有差别,告诫外甥要志存高远,不要陷于琐碎;要严于律己,不要贪图享受;要意志坚强,不要意不慷慨,这显然体现了因材施教的原则。这两篇文章虽短小,但切切之情、殷殷之语,感人至深,某些内容对我们今天的教育特别是家庭教育仍有相当的借鉴价值。诸葛亮此类短小精粹的书简不少,如《答关羽书》、《答李岩书》、《与张裔书》等,写得都很出色。

4. 文贵情真,志尽文畅。

《庄子·渔父篇》说:

> 真者,精诚之至也,不精不诚,不能动人。故强哭者虽悲不哀,强怒者虽严不威,强亲者虽笑不和。

诸葛亮的散文感情真挚,系肺腑之言,体现了沂蒙人的忠厚、诚实、淳朴。著名的《出师表》就体现了这些特点。《出师表》作于蜀汉建兴五年(227),诸葛亮用了数年的时间,外联东吴,内平南越,立法施度,整顿戎旅,在此年誓师北伐,开始了新的一轮艰苦的奋斗。在出师北伐之前,给后主刘禅上了一封奏章。一个46岁的大臣,面对20岁的后主,出征之前说什么,怎样说,确有难处。说重了后主有威胁之感,说轻了又显阿谀奉承之疑,但诸葛亮很好地把握了分寸,以情感人。文章以"先帝创业未半,而中道崩殂"开头,追念先帝功业,引起人们对先帝的思念之情,用忠挚之情统领全篇;继而以"天下三分"分析形势,时局危艰,不可掉以轻心。在分析形势的基础上提出第一项建议:"诚宜开张圣听"。接着直截了当提出第二项建议:刑赏严明,不宜偏私。在荐文臣、举武将的基础上提出第三项建议:亲贤臣,远小人。三项建议,项项肺腑之言,不仅情真理足,郑重严肃,而且委婉诚挚,不失君臣之礼,表达了诸葛老臣率军出征在即,关照幼主的眷眷情怀。同时,三项建议的提出,笔法灵活,行文富于变化,文势自然,摇曳多姿,可谓文情并茂。文章后半部分陈述生平和伐魏的意义,反击"贪功生事"的谬论,着重表达"兴复汉室,还于旧都"的决心。叙述自己的生平和抱负,似有画蛇添足之嫌,实则有深刻寓意。一是追溯殊遇,说明进言纯属忠谏。二是谈创业艰难,警醒后主念守业更难,不可前功尽弃。三是委婉劝谏后主,要效法先帝知人善任。四是表达自己效力蜀汉政权的决心。此段自叙,字字酸楚,句句血泪,叙事之言均带情,抒情之句皆含理,刘禅必然会受到震动和启发。作者在叙说追随先帝21 年的遭际之后,紧承上文续写受托以来的心迹与行动,勇敢承担领导北伐的重任,再次劝谏后主"陛下亦宜自谋,以谘诹善道,察纳雅言"。进谏的忠国之忧,自叙的低抑悲苦,一路情感发展,推向极致,最后临表涕零,如肺腑中流出,不见斧凿之痕迹。诸葛亮的《出师表》,熔议论、叙事、抒情于一炉,而感情尤为浓烈。追忆先帝的创业功绩,抒发的是深切的思念之情;叙述先帝对自己的知遇之恩,洋溢着对蜀汉的忠诚之情;陈述北伐打算,承担北伐责任,流露出完成先帝遗愿的急切之情;结尾"临表涕零,不知所言",表达了对后主的惜别之情。真是句句衷心之言,字字真挚之意,语言恳切平易,语重心长,不藉辞藻而明白如话,不用典实而其情弥真。诚宜……不宜,宜 ……不宜……必能、愿、当、宜等句式,情真辞切,感人至深,既不自卑,也不张扬,显得非常得体。章懋功《古文析观解》卷五引苏轼的话说:

　　读《出师表》不下泪者,其人必不忠;读《陈情表》不下泪者,其人必不孝;读《祭十二郎文》不下泪者,其人必不友。然其惨痛悲切,皆出于至情之中,不期然而然也。①

　　评价可谓一语中的。无怪乎南朝文学理论大家刘勰在《文心雕龙·章

_____

① 据赵与时《宾退录》卷九记载,此语出自青城山隐士安子顺,苏轼集今亦不裁此语,然章懋勋言之凿凿,不知何据。参见查金萍:《宋代韩愈文学接受研究》,安徽大学出版社,2010 年,第161 页。

表》中说：

> 文举之荐祢衡，气扬采飞；孔明之辞后主，志尽文畅。虽华实异
> 旨，并表之英也。①

诸葛亮的散文，包含着正心、立身、待人、治国、治军、用兵等丰富而深邃的内涵，以其雅博的思想和真淳的爱心，给人们心灵深处以极大的撞击和感召力。在蜀国文坛上，诸葛亮以独特的风格大放异彩，结构严密，简约严明，情感真挚，其散文虽写于南方，但其质朴坦率的风格，却充分体现出琅邪乡风对他的深刻影响。

## 二、诸葛亮的书法成就

诸葛亮所处的时代，是我国书法流派纷呈，风格多样，书法艺术趋向成熟的时代。在他出生前四年，汉灵帝熹平六年（177），首次把书刻文字称作"书法"。这标志着作为交流工具的"写字"，与作为美学欣赏与实用相统一的"书法"有了区别，并使后者逐步发展成为一门独特的艺术——书法艺术。

诸葛亮喜爱书法，在青少年时代就进行过刻苦的训练，能写多种字体，篆书、八分、草书都写得很出色。南朝·梁陶弘景是一位书法家，他在《刀剑录》中载："蜀章武元年辛丑（221），采金牛山铁，铸八铁剑，各长三尺六寸，……并是孔明书作风角处所。"虞荔《古鼎录》载："诸葛亮杀王双，还定军山，铸一鼎，埋于汉川，其文曰：定军鼎。又作八阵鼎，沉永安水中，皆大篆书。""先主章武二年（222），于汉川铸一鼎，名克汉鼎，置丙穴中，八分书……又铸一鼎于成都武担山，名受禅鼎；又铸一鼎于剑山口，名剑山鼎。并小篆书，皆武侯迹。""章武三年（223）义作二鼎，一与鲁王，文曰：'富贵昌，宜侯王'。一与梁王，文曰：'大吉祥，宜公王。'并古隶书，高三尺，皆武侯迹。"北宋时周越所著《古今法书苑》也记载："蜀先主尝作三鼎，皆武侯篆隶八分，极其工妙。"

---

① （南朝梁）刘勰：《文心雕龙》卷五《章表》，河南大学出版社，2008 年。

上述记载是可信的,特别是南朝陶弘景,距诸葛亮仅二百余年时间,他的见闻和记述应是有事实依据的。宋徽宗宣和内府的《宣和书谱》卷十三记载:诸葛亮"善画,亦喜作草字,虽不以书称,世得其遗迹,必珍玩之"。又说:"今御府所藏草书一:《远涉帖》。"这说明到北宋末期(1119—1125)在皇宫内府还珍藏有诸葛亮的书法作品,并奉为"法帖"。如南宋陈思在《书小史》中载:诸葛亮"善其篆隶八分,今法帖中有'玄漠太极,混合阴阳'等字,殊工"。

## 三、诸葛亮的绘画成就

唐·张彦远在《历代名画记》中写道:"诸葛武侯父子皆长于画。"张彦远还在《论画》中记载了当时绘画收藏与销售的情况:"今分为三古以定贵贱,以汉、魏三国为上古,则赵岐、刘褒、蔡邕、张衡、曹髦、杨修、桓范、徐邈、曹不兴、诸葛亮之流是也。"以晋、宋画家为中古,以齐、梁、陈、后魏、后周、北齐的画家为下古,隋和唐初的画家则称之为近代。近代画家作品的价格与下古画家作品价格相近,而以上古画家作品价格为最高。

张彦远记述当时一些近代画家如阎立本、吴道子等人绘画作品的售价:"屏风一片值金二万,坎者售一万五千,""一扇值金一万。"并说汉魏三国(即上古)画家的作品,在唐代已是"有国有家之重宝","为希代之珍"。张彦远出身于宰相世家,官至大理寺卿,家藏法书名画非常丰富,有其阅览和调研法书名画的有利条件,所以他的《历代名画记》,向有"画史之祖"的称誉,他的记载和论述,在中国绘画史上一直是信史。从他的记述中,大致可以看到诸葛亮在中国美术史上的地位和艺术成就。另,东晋史学家常璩的《华阳国志》记载:"南中,其俗征巫鬼,好诅盟,投石结草,官常以诅盟要之。诸葛亮乃为夷作图谱,先画天地日月君长城府,次画神龙,龙生夷及牛马驼羊。后画部主吏,乘马幡盖,巡行安恤。又画夷牵牛负酒赍金宝诣之之象,以赐夷,夷甚重之。""永昌郡,古哀牢国……世世相继,分置小王,往往邑居,散在溪谷,绝域荒外,山川阴深,生民以来,未尝通中国,南中昆明祖之,故诸葛亮为其图谱也。"从以上两段记载也可以看出,诸葛亮的的绘画才能。

### 四、诸葛亮的音乐成就①

诸葛亮精通音律,喜欢操琴吟唱,有很高的音乐修养。如陈寿《三国志·诸葛亮传》记载:诸葛亮"好为梁父吟"。习凿齿《襄阳耆旧记》载:"襄阳有孔明故宅……宅西面山临水,孔明常登之,鼓瑟为《梁父吟》,因名此山为乐山。"《中兴书目》载:"《琴经》一卷,诸葛亮撰述制琴之始及七弦之音,十三徽取象之意。"谢希夷《琴论》也载:"诸葛亮作《梁父吟》。"《舆地志》载:"定军山武侯庙内有石琴一,拂之,声甚清越,相传武侯所遗。"从以上记载就足以看出:诸葛亮在音乐方面有着很全面的修养和很高的艺术成就。他既长于声乐——会吟唱;又长于器乐——善操琴;同时他还进行乐曲和歌词的创作,而且还会制作乐器——制七弦琴和石琴。不仅如此,他还著有一部音乐理论专著——《琴经》。

# 第四节　历代对诸葛亮的评价

谭良啸认为,对诸葛亮的评价,魏晋至隋唐时期,评论者重才德功绩,称诸葛亮为贤相、名将。如陈寿在《三国志》中明确指出,诸葛亮"可谓识治之良才,管、萧之亚匹矣"②。吴国的张俨著《默记》说:诸葛亮"亦一国之宗臣,霸王之贤佐也"③。晋武帝向群臣询问诸葛亮的治国之道,樊建回答说:"闻恶必改,而不矜过,赏罚之信,足感神明。"④西晋张辅认为,诸葛亮"殆将与伊、吕争俦,岂徒乐毅为伍哉!"⑤南朝梁将陆法和在白帝城对人说:"诸

---

① 诸葛亮的文学、书法、绘画、音乐成就参照了姚让利的《简论诸葛亮的文学、书法、绘画、音乐成就》。参见谢辉、罗开玉、梅铮铮:《诸葛亮与三国文化(四)》(上),四川科学技术出版社,2011年,第301—317页。
② 《三国志》卷三十五《诸葛亮传》,第934页。
③ 《三国志》卷三十五《诸葛亮传》裴松之注引《述佐篇》,第935页。
④ 《三国志》卷三十五《诸葛亮传》裴松之注引《汉晋春秋》,第933页。
⑤ 张辅:《乐葛优劣论》,张连科、管淑珍《诸葛亮集校注》附录第一部分《古代著名人物评论选辑》,第354页。

葛孔明可谓名将,吾自见之。"①

唐代对诸葛亮评价的调子升高,但仍着眼于政治才德。唐太宗曾对大臣房玄龄说:

> 汉魏已来,诸葛亮为丞相,亦甚平直,尝表废廖立、李严于南中,立闻亮卒,泣曰:"吾其左衽矣!"严闻亮卒,发病而死。故陈寿称:"亮之为政,开诚心,布公道,尽忠益时者虽雠必赏,犯法怠慢者虽亲必罚。"卿等岂可不企慕及之?②

唐代诗人讴歌诸葛亮形成一个高潮,其中以诗圣杜甫为最。他的"诸葛大名垂宇宙,宗臣遗像肃清高"、"伯仲之间见伊吕,指挥若定失萧曹"等,已成为千古传诵的名句。诗人们的吟唱,也多是称颂诸葛亮的才识、功绩。

宋代以降,对诸葛亮的评价,则从政治、军事、才能方面转到了重视伦理道德上。在宋代,理学和反理学之间曾关于王霸、义利问题展开了一场大辩论。王霸和义利的含义与关系当如何理解呢?著名理学家朱熹认为,二者互为表里,区分王霸的标准是讲仁义还是倡功利,行仁义就是王道,倡功利就是霸道。因此,理学家重义理轻功利,主张立公去私,存理去欲,并把这种主张作为社会重要的教条与人的伦理道德行为规范沟通起来,要求人人必须遵守。在王霸、义利之辨中,诸葛亮作为一个有影响的历史人物,他的思想言行有着浓厚的伦理成分,因此被拉入这场大辩论。在辩论中,理学家极力夸大诸葛亮言行中的伦理成分,故意避而不谈他的历史功过,一步步地把诸葛亮推向伦理道德的顶峰。

苏轼说:

> 仁义诈力杂用以取天下者,此孔明之所以失也。③

---

① 《北齐书》卷三十二《陆法和传》,中华书局,1972年。
② 《贞观政要》卷五《公平第十六》,上海古籍出版社,1978年,第165页。
③ 苏轼:《诸葛论》,顾之川校点:《苏轼文集》(上),岳麓书社,2000年,第72页。

朱熹则反驳说：

> 论三代而下，以义为之，只有一个诸葛孔明。若魏郑公，全只是利。汉唐之兴，皆是为利。须是有汤武之兴始做得，太宗亦只是为利，亦做不得。[1]

与朱熹、吕祖谦并称为"东南三贤"的宋代著名理学家张栻详细阐述朱熹的观点说：

> 自五伯功利之说兴，谋国者不知先王仁义之为贵，而竞于末图。秦以势力得天下，然遂以亡；汉高祖起布衣，一时豪杰翕然从之，而其所以建立基本、卒灭项氏者，乃三老董公，仁不以勇、义不以力之说也。相传四百余年，而曹氏篡汉。诸葛忠武侯当此时，间关百折，左右昭烈父子立国于蜀，明讨贼之义，不以强弱利害贰其心，盖懔懔乎三代之佐也。侯之言曰："汉、贼不两立，王业不偏安"；又曰："臣鞠躬尽瘁，死而后已，至于成败利钝，非臣之明所能逆睹"。嗟乎！诵味斯言，则侯之心可见矣。虽不幸功业未究，中途而陨，然其扶皇极、正人心，挽回先王仁义之风，垂之万世，与日月同其光明，可也。夫有天地则有三纲，中国之所以异于戎狄，人类之所以别于庶物者，以是故耳。若汩于利害之中，而忘夫天理之正，则虽有天下，不能一朝居，此侯所以不敢斯须而忘讨贼之义，尽其心力，至死不悔者也。
>
> 方天下云扰之初，侯独高卧。昭烈以帝胄三顾其庐，然后起而从之。则其出处之际，固已有大过人者。其治国立经陈纪，而不为近图；其用兵正义明律，而不以诡计。凡其所为，悉本大公，曾无纤毫姑息之意，类皆非后世之所可及。至读其将殁自表之辞，则知天下物欲，举不足以动之。所为者深，则所发者大，理固然矣。曾子曰："士不可以不弘毅。"若侯者，其所谓弘且毅者欤？孟子曰："富贵不能淫，贫贱不能

---

[1]（明）诸葛羲、诸葛倬辑：《诸葛孔明全集》卷十七，第306页。

移,威武不能屈,此可谓大丈夫。"若侯者,名为大丈夫非邪。侯既殁,蜀人追思之,时节祭于道,后主用廷臣之议,立庙沔阳,使得申其敬。去侯千有余岁,蜀汉间往往有祠奉祀不替,侯之泽在人者深矣![①]

宋儒洪迈也说:

> 诸葛孔明千载人,其用兵行师,皆本于仁义节制,自三代以降,未之有也。[②]

明代理学家宋濂说:

> 三代而下,有合于先王之道者,孔明一人。而其师以正动,义也;委身事君,忠也;开诚布公,信也;御众以严,知也;其功不能成,天也。议者则谓其应变将略,非其所长;又谓其所出师,不攻瑕而攻坚,出师乃与魏氏角,其亡则宜;又谓其仁义诈力杂用以取天下,所以失之。是皆以权谋术数测孔明,而孔明明白正大之心,初未尝知之也。若三者之议,真蛇鼠之见哉![③]

明代理学家方孝孺说:

> 孔明以布衣至于为相,而人不以为速;以讨贼为己任而不任将帅,人不以为自用;兵败而功不成,人不以为无勇;一国之政,赏罚予夺无所贷,人不以为专。世皆谓孔明才智之可以服人,不知其不自肆其才智而取诸人,此孔明之所以服人也。当是之时,天下一孔明耳,而无所与让。及其为相,顾乃深有资于僚佐,而恳恳求忠益之言。以孔明之贤,岂待乎僚佐求益;举全蜀之士,岂复有出于孔明智虑之右者乎?贤

---

① (明)诸葛羲、诸葛倬辑:《诸葛孔明全集》卷十七,第307—308页。
② 洪迈:《容斋随笔》卷八。
③ (明)诸葛羲、诸葛倬辑:《诸葛孔明全集》卷十八,第318页。

人君子之用心也远而期待也大,常自见其不足,而不见其有余;常恐己阙之不闻,而不敢谓人言为不可。孔明之为相,欣然虚己以求闻己之过,秦汉以下为相者皆不及。不幸而功不成,天也! 安得以成败论孔明哉?①

谭良啸进而认为,理学作为一种社会思潮,是宋代社会经济、政治制度的产物,是为适应宋王朝重建纲常而兴起的。唐末五代的战乱和分裂,造成了人伦纲常的破坏和道德的沦丧。宋王朝为了维系民心、人心,实现长治久安,极力重建纲常,表彰气节和节操。其中关于王霸、义利的争论,其实际意义也正在于此。理学的价值取向是重精神境界,认为道德需要是人的一种最为迫切的需要;以"先王之道"和"圣人古训"作为价值判断的尺度。理学家们对诸葛亮的评论正是从这种价值观出发的。王霸、义利之辨最终是以理学家的胜利而结束的,诸葛亮也就作为伦理道德典范的形象确定并流传了下来②。

事实上,对诸葛亮的评价,始终存在着争论,评论者多囿于自己的认识或从个人及社会需要的角度出发去评价诸葛亮,至今亦如此。但总的来讲,对诸葛亮是肯定的,而且评价越来越接近历史真实,越来越科学,认为诸葛亮是蜀汉贤相,是三国时期我国著名的政治家、军事家和思想家。同时,在科技和文学方面诸葛亮也有一定的成就,在我国科技史和文学史上应当占有一席之地。按照《左传》襄公二十四年之"太上有立德,其次有立功,其次有立言"的"三不朽"说评价诸葛亮,可以说诸葛亮是一个"三不朽"式的人物。

---

① (明)诸葛羲、诸葛悼辑:《诸葛孔明全集》卷十八,第318—319页。
② 参见谭良啸:《诸葛亮与传统价值观散论》,《社会科学研究》1994年第3期。

第五章

# 诸葛氏家族的文化遗存

从两汉到南北朝时期，诸葛氏家族是名门望族，曾一度人才辈出，涌现出了诸葛丰、诸葛稗、诸葛礼、诸葛珪、诸葛玄、诸葛瑾、诸葛亮、诸葛诞、诸葛恪、诸葛瞻、诸葛恢、诸葛虑、诸葛绪、诸葛𬜬等历史名人。他们的文治武功、文集著述、工艺发明及后人纪念等，留下了宝贵的文化财富。

# 第一节　诸葛氏著述

## 一、诸葛亮文集

诸葛亮一生虽然没有刻意著述，但由于发号施令、训教部属、上书陈述等公文需要，留下了不少笔墨文字。陈寿于晋武帝泰始十年（274）在平阳侯相任上时，编成《诸葛氏集》24 篇，是年二月上表奏于朝廷（史称《进〈诸葛亮集〉表》）。表中说：

> 臣寿等言：臣前在著作郎，侍中领中书监济北侯臣荀勖、中书令关内侯臣和峤奏，使臣定故蜀丞相诸葛亮故事。亮毗佐危国，负阻不宾，然犹存录其言，耻善有遗，诚是大晋光明至德，泽被无疆，自古以来，未之有伦也。辄删除复重，随类相从，凡为二十四篇。①

———————————

① 《三国志》卷三十五《诸葛亮传》，第 929—930 页。

陈寿在《三国志·诸葛亮传》中记录了他所编《诸葛氏集》(后世又称《诸葛文集》或《诸葛亮文集》)的情况。这是首次见于史籍的《诸葛亮文集》篇目。

《华阳国志》载:"时寿良亦集,故颇不同。"[1]"寿良,字文淑,蜀郡成都人也。""治《春秋》三传,贯通五经。澡身贞素。州从事,散骑、黄门侍郎。"后官"郡主簿,上计吏"[2]。寿良为蜀汉后期文士才俊之一,是与陈寿同时的蜀汉旧臣,他对诸葛亮著作和事迹应该比较熟悉,当不会虚录。他所编《诸葛亮集》,在时间上与陈寿同时或稍前已难确考。既然两人所集"颇不同",大概是陈寿收录者,寿良未录,而寿良收录者,陈寿又未收录所致。事实上,陈寿所编《诸葛亮集》确实因所见资料有限而不够完备,并非全集。至于寿良所集早佚,无从考据。

《诸葛亮传》收录的《诸葛氏集》24篇,篇目和顺序是:开府作牧、权制、南征、北出、计算、训厉、综核上、综核下、杂言上、杂言下、贵和、兵要、传运、与孙权书、与诸葛瑾书、与孟达书、废李平、法检上、法检下、科令上、科令下、军令上、军令中、军令下,共24篇,计104 112字。

陈寿辑录的《诸葛氏集》,到唐朝时还未散失,到宋朝时已散失不全。后人辑录诸葛亮文,现存者最早为明人王士骐辑《武侯全书》。明代辑录诸葛亮文者,还有张燮、郭惟贤、杨时伟诸人。清代有朱璘《诸葛丞相集》、张鹏翮《忠武志》、张伯行《诸葛武侯文集》、王蒙绪《诸葛忠武侯集》等诸葛亮文集刊行。清乾嘉年间,张澍在前人基础上编纂《诸葛忠武文集》四卷。其所纂文集,分体裁"对"、"诏"、"表"、"书"等编排。卷一、卷二收文131篇,卷三为《十六策》,卷四为《将苑》50篇,卷五、卷六为附录。卷五附录刘备、刘禅下于诸葛亮的诏书,曹操、孙权、司马懿等人给诸葛亮的书信;卷六选录历代所撰诸葛亮论赞及碑文、庙记等。又辑《故事》五卷,开始单行,后合为一书。张澍所辑诸葛亮文,较为完备且错误较少,故中华书局于1960年8月整理校点出版,名为《诸葛亮集》,1974

---

[1]《三国志》附《华阳国志·陈寿传》,第1475页。
[2]（晋）常璩:《华阳国志》卷十一《后贤志·寿良》。

年 7 月再版。①

　　流传于世的诸葛亮言论、教令、书信、奏疏及兵要等,个别篇章为前人伪作或辑录者误收、阑入。《山东省志·诸子名家志·诸葛亮》在前人辑录的基础上慎重考证,剔除伪作或误收、阑入之文,并补入失收的作品,存文计 106 篇。另附真伪有争议及作者、出处不明的作品 5 篇。

　　成文时间可考的 81 篇,篇目名称是(按时间顺序排列):《隆中对》(207 年)、《答刘琦》(207 年)、《上言令游户自实》(207 年)、《说孙权》(208 年)、《与刘巴书》(209 年)、《称庞统廖立》(212 年)、《赞秭陵》(212 年)、《荐刘巴》(214 年)、《与刘巴论张飞书》(214 年)、《答关羽书》(214 年)、《为法正答或问书》(约 214 年)、《论来敏》(214 年)、《请重察蒋琬》(215 年)、《答法正书》(约 215 年)、《论黄忠与关、马同列》(219 年)、《说汉中王即帝位》(221 年)、《与群下教》(221 年)、《与参军掾属教》(221 年)、《又与群下教》(221 年)、《思法正》(222 年)、《请宣大行皇帝遗诏表》(223 年)、《上言追尊甘夫人为昭烈皇后》(223 年)、《答蒋琬教》(223 年)、《与张裔教》(223 年)、《正议》(223 年)、《与杜微书》(224 年)、《答杜微书》(224 年)、《称殷礼》(224 年)、《与兄瑾言殷礼书》(224 年)、《答惜赦教》(224 年)、《弹廖立表》(225 年)、《又弹廖立表》(225 年)、《南征教》(225 年)、《南征表》(一)(225 年)、《南征表》(二)(225 年)、《荐吕凯表》(225 年)、《汉嘉金书》(225 年)、《谕谏》(225 年)、《与孟达书》(226 年)、《与李严论白帝兵书》(226 年)、《与孟达论李严书》(226 年)、《与张裔书》(约 226 年)、《出师表》(227 年)、《与兄瑾言子乔书》(227 年)、《黜来敏教》(227 年)、《称姚伷教》(227 年)、《与孙权书》(228 年)、《与陆逊书》(约 228 年)、《祁山表》(228 年)、《与张裔蒋琬书》(一)(228 年)、《与张裔蒋琬书》(二)(228 年)、《与张裔蒋琬书》(三)(228 年)、《论斩马谡》(228 年)、《自贬疏》(228 年)、《劝将士勤攻己阙教》(228 年)、《与兄瑾言赵云烧赤崖阁道书》(228 年)、《与兄瑾言大水赤崖桥阁悉坏书》(228 年)、《与兄瑾言治绥阳谷书》(228 年)、《谢贺者》(229 年)、《答李严书》(229 年)、《绝盟好

————————
① 参见王瑞功:《山东省志·诸子名家志·诸葛亮》,第 89—100 页。

议》(229年)、《与兄瑾论陈震书》(229年)、《评张温》(230年)、《与李平三策》(231年)、《答司马懿书》(231年)、《谕参佐停更》(231年)、《弹李严[平]表》(一)①(231年)、《弹李平表》(二)(231年)、《公文上尚书》(231年)、《又称蒋琬》(231年)、《与李丰教》(231年)、《与蒋琬董允书》(231年)、《与兄瑾言孙松书》(231年)、《师徒远涉帖》(234年)、《作木牛流马法》(234年)、《答姜维》(234年)、《与兄瑾言子瞻书》(234年)、《自表后主》(234年)、《与步骘书》(234年)、《举蒋琬密表》(234年)、《答李福》(234年)。

　　成文时间不可考的25篇,篇目是(以类分):《论交》、《论光武》、《论诸子》、《论让夺》、《诫子书》、《又诫子书》、《诫外生书》、《司马季主墓碑铭》、《军令十六条》、《贼骑来教》、《兵要九则》、《兵法二则》、《八阵图教》、《作斧教(二则)》、《作匕首教》、《作钢铠教》、《仰锦教》、《转教》、《教》、《与李严书》、《又与孙权书》、《杂言》、《算计》、《朝发南郑笺》、《称董厥》。

　　真伪有争议及作者、出处不明的作品5篇,篇目是:《称许靖》、《答李恢书》、《与张鲁书》、《为后帝伐魏诏》、《后出师表》。

## 二、其他

### (一)诸葛丰文

诸葛丰遗文仅见于《全汉文》录本传《书》二篇。

**上书谢恩**

　　臣丰驽怯,文不足以劝善,武不足以执邪。陛下不量臣能否,拜为司隶校尉,未有以自效,复秩臣为光禄大夫,官尊责重,非臣所当处也。又迫年岁衰暮,常恐卒填沟渠,无以报厚德,使论议士讥臣无补,长获素餐之名。故常愿捐一旦之命,不待时而断奸臣之首,县于都市,编书其罪,使四方明知为恶之罚,然后却就斧钺之诛,诚臣所甘心也。夫以

---

① 建兴八年(230),李严改名李平。

布衣之士，尚犹有刎颈之交，今以四海之大，曾无伏节死谊之臣，率尽苟合取容，阿党相为，念私门之利，忘国家之政。邪秽浊溷之气上感于天，是以灾变数见，百姓困乏。此臣下不忠之效也，臣诚耻之亡已。凡人情莫不欲安存而恶危亡，然忠臣直士不避患害者，诚为君也。今陛下天覆地载，物无不容，使尚书令尧赐臣丰书曰："夫司隶者刺举不法，善善恶恶，非得颛之也。勉处中和，顺经术意。"恩深德厚，臣丰顿首幸甚。臣窃不胜愤懑，愿赐清宴，唯陛下裁幸。①

## 复上书

臣闻伯奇孝而弃于亲，子胥忠而诛于君，隐公慈而杀于弟，叔武弟而杀于兄。夫以四子之行，屈平之材，然犹不能自显而被刑戮，岂不足以观哉！使臣杀身以安国，蒙诛以显君，臣诚愿之。独恐未有云补，而为众邪所排，令谗夫得遂，正直之路雍塞，忠臣沮心，智士杜口，此愚臣之所惧也。②

### （二）诸葛瑾文
诸葛瑾文仅见于其本传中的《疏》、《笺》、《书》。

## 连名上疏请为周胤复爵

故将军周瑜子胤，昔蒙粉饰，受封为将，不能养以之福，思立功效，至纵情欲，招速罪辟。臣窃以瑜昔见宠任，入作心膂，出为爪牙，衔命出征，身当矢石，尽节用命，视死如归。故能摧曹操于乌林，走曹仁于郢都，扬国威德，华夏是震，蠢尔蛮荆，莫不宾服。虽周之方叔，汉之信、布，诚无以尚也。夫折冲捍难之臣，自古帝王，莫不贵重。故汉高帝封爵之誓曰："使黄河如带，太山如砺，国以永存，爰及苗裔"；申以丹书，重以盟诅，藏于宗庙，传于无穷。欲使功臣之后，世世相踵，非徒子

---

① （清）严可均辑：《全汉文》卷四十七，商务印书馆，1999年，第482—483页。
② （清）严可均辑：《全汉文》卷四十七，第483页。

孙,乃关苗裔,报德明功,勤勤恳恳,如此之至,欲以劝戒后人,用命之臣,死而无悔也。况于瑜身没未久,而其子胤降为匹夫,益可悼伤。窃惟陛下钦明稽古,隆于兴继,为胤归诉,乞匀余罪,还兵复爵,使失旦之鸡,复得一鸣,抱罪之臣,展其后效。①

### 与刘备笺

奄闻旗鼓来至白帝,或恐议臣以吴王侵取此州,危害关羽,怨深祸大,不宜答和,此用心于小,未留意于大者也。试为陛下论其轻重,及其大小。陛下若抑威损忿,暂省瑾言者,计可立决,不复咨之于群后也。陛下以关羽之亲,何如先帝?荆州大小,孰与海内?俱应仇疾,谁当先后?若审此数,易如反掌。②

### 与陆逊书

大驾已旋,贼得韩扁,具知吾阔狭,且水干,宜当急去。③

## (三) 诸葛诞文
诸葛诞文仅见于《全三国文》中的《表》一篇。

### 杀乐綝表

臣受国重任,统兵在东,扬州刺史乐綝专诈,说臣与吴交通,又言被诏当代臣位,无状日久。臣奉国命,以死自立,终无异端。忿綝不忠,辄将步骑七百人,以今月六日讨綝,即日斩首,函头驿马传送。若圣朝明臣,臣即魏臣;不明臣,臣即吴臣。不胜发愤有日,谨拜表陈愚,悲感泣血,哽咽断绝,不知所如,乞朝廷察臣至诚。④

---

① (清) 严可均辑:《全三国文》卷六十五,《全上古三代秦汉三国六朝文》第 3 册,第 623—624 页。
② (清) 严可均辑:《全三国文》卷六十五,第 624 页。
③ (清) 严可均辑:《全三国文》卷六十五,第 624 页。
④ (清) 严可均辑:《全三国文》卷四十,第 415 页。

（四）诸葛恪文

诸葛恪文有《诸葛子》五卷,另有《全三国文》中的《笺》、《书》等。

## 敕下四部属城

山民去恶从化,皆当抚慰,徙出外县,不得嫌疑,有所执拘。①

## 谏齐王孙奋笺

帝王之尊,与天同位,是以家天下,臣父兄,四海之内,皆为臣妾。仇雠有善,不得不举;亲戚有恶,不得不诛。所以承天理物,先国后身,盖圣人立制,百代不易之道也。

昔汉初兴,多王子弟,至于太强,辄为不轨,上则几危社稷,下则骨肉相残。其后惩戒,以为大讳。自光武以来,诸王有制,惟得自娱于宫内,不得临民,干与政事。其与交通,皆有重禁,遂以全安,各保福祚。此则前世得失之验也。近袁绍、刘表各有国土,土地非狭,人众非弱,以適庶不分,遂灭其宗祀。此乃天下愚智所共嗟痛。大行皇帝览古戒今,防芽遏萌,虑于千载。是以寝疾之日,分遣诸王,各早就国,诏策殷勤,科禁严峻,其所戒敕,无所不至,诚欲上安宗庙,下全诸王,使百世相承,无凶国害家之悔也。

大王宜上惟太伯顺父之志,中念河间献王、东海王强恭敬之节,下当裁抑骄恣荒乱,以为警戒。而闻顷至武昌以来,多违诏敕,不拘制度,擅发诸将兵治护宫室。又左右常从有罪过者,当以表闻,公付有司,而擅私杀,事不明白。大司马吕岱,亲受先帝诏敕,辅导大王,既不承用其言,令怀忧怖。华锜先帝近臣,忠良正直,其所陈道,当纳用之,而闻怒锜,有收缚之语。又中书杨融,亲受诏敕,所当恭肃,云"正自不听禁,当如我何?"闻此之日,大小惊怪,莫不寒心。里语曰:"明镜所以照形,古事所以知今。"大王宜深以鲁王为戒,改易其行,战战兢兢,尽敬朝廷,如此则无求不得。若弃忘先帝法教,怀轻慢之心,臣下宁负大

---

① （清）严可均辑:《全三国文》卷六十五,第624页。

王,不敢负先帝遗诏;宁为大王所怨疾,岂敢忘尊主之威,而令诏敕不行于藩臣耶? 此古今正义,大王所照知也。

夫福来有由,祸来有渐,渐生不忧,将不可悔。向使鲁王早纳忠直之言,怀惊惧之虑,享祚无穷,岂有灭亡之祸哉? 夫良药苦口,惟疾者能甘之;忠言逆耳,惟达者能受之。今者恪等惓惓,欲为大王除危殆于萌芽,广福庆之基原,是以不自知言至,愿蒙三思。①

## 与丞相陆逊书

杨敬叔传述清论,以为方今人物雕尽,守德业者不能复几,宜相左右,更为辅车,上熙国事,下相珍惜。又疾世俗好相谤毁,使已成之器,中有损累;将进之徒,意不欢笑。闻此喟然,诚独击节。

愚以为君子不求备于一人。自孔氏门徒,大数三千,其见异者七十二人,至于子张、子路、子贡等七十之徒,亚圣之德,然犹各有所短,师辟由嗲,赐不受命,岂况下此,而无所阙? 且仲尼不以数子之不备,而引以为友,不以人所短,弃其所长也。加以当今取士,宜宽于往古,何者? 时务从横,而善人单少,国家职司,常苦不充。苟令性不邪恶,志在陈力,便可奖就,骋其所任。若于小小宜适,私行不足,皆宜阔略,不足缕责。且士诚不可纤论苛克,苛克则彼贤圣犹将不全,况其出入者耶? 故曰以道望人则难,以人望人则易,贤愚可知。自汉末以来,中国士大夫如许子将辈,所以更相谤讪,或至于祸,原其本起,非为大仇,惟坐克己不能尽如礼,而责人专以正义。夫已不如礼,则人不服;责人以正义,则人不堪。内不服其行,外不堪其责,则不得不相怨。相怨一生,则小人得容其间。得容其间,则三至之言,浸润之谮,纷错交至,虽使至明至亲者处之,犹难以自定,况已为隙,且未能明者乎? 是故张、陈至于血刃,萧、朱不终其好,本由于此而已。夫不赦小过,纤微相责,久乃至于家户为怨,一国无复全行之士也。②

---

① (清) 严可均:《全三国文》卷六十五,第625页。
② (清) 严可均:《全三国文》卷六十五,第625—626页。

### 与弟公安督融书

今月十六日乙未，大行皇帝委弃万国，群下大小，莫不伤悼。至吾父子兄弟，并受殊恩，非徒凡庸之隶，是以悲恸，肝心圮裂。皇太子以丁酉践尊号，哀喜交并，不知所措。吾身受顾命，辅相幼主，窃自揆度，才非博陆，而受姬公负图之托，惧忝丞相辅汉之效，恐损先帝委付之明，是以忧惭惶惶，所虑万端。且民恶其上，动见瞻观，何时易哉？今以顽钝之姿，处保傅之位，艰多智寡，任重谋浅，谁为唇齿？近汉之世，燕盖交遘，有上官之变，以身值此，何敢怡豫邪？又弟所在与贼犬牙相错，当于今时整顿军具，率厉将士，警备过常，念出万死，无顾一生，以报朝廷，无忝尔先。又诸将备守，各有境界，犹恐贼虏闻讳，恣睢寇窃。边邑诸曹，已别下约敕，所部督将，不得妄委所戍，径来奔赴。虽怀怆怛不忍之心，公义夺私，伯禽服戎，若苟违庆，非徒小故。以亲正疏，古人明戒也。[1]

### 题论后为书答聂友

足下虽有自然之理，然未见大数。熟省此论，可以开悟矣。[2]

### 出军论

夫天无二日，土无二王，王者不务兼并天下而欲垂祚后世，古今未之有也。昔战国之时，诸侯自恃兵强地广，互有救援，谓此足以传世，人莫能危。恣情从怀，惮于劳苦，使秦渐得自大，遂以并之，此既然矣。近者刘景升在荆州，有众十万，财谷如山，不及曹操尚微，与之力竞，坐观其强大，吞灭诸袁。北方都定之后，操率三十万众来向荆州，当时虽有智者，不能复为画计，于是景升儿子，交臂请降，遂为囚虏。

凡敌国欲相吞，即仇雠欲相除也。有仇而长之，祸不在己，则在后人，不可不为远虑也。昔伍子胥曰："越十年生聚，十年教训，二十年之

---

① （清）严可均辑：《全三国文》卷六十五，第 626 页。
② （清）严可均辑：《全三国文》卷六十五，第 626 页。

外,吴其为沼乎!"夫差自恃强大,闻此邈然,是以诛子胥而无备越之心,至于临败悔之,岂有及乎?越小于吴,尚为吴祸,况其强大者耶?昔秦但得关西耳,尚以并吞六国,今贼皆得秦、赵、韩、魏、燕、齐九州之地,地悉戎马之乡,士林之薮。今以魏比古之秦,土地数倍,以吴与蜀比古六国,不能半之。然今所以能敌之,但以操时兵众,于今适尽,而后生者未悉长大,正是贼衰少未盛之时。加司马懿先诛王凌,续自陨毙,其子幼弱,而专彼大任,虽有智计之士,未得施用。当今伐之,是其厄会。圣人急于趋时,诚谓今日。若顺众人之情,怀偷安之计,以为长江之险可以传世,不论魏之终始,而以今日遂轻其后,此吾所以长叹息者也!

自(本)〔古〕以来,务在产育,今者贼民岁月繁滋,但以尚小,未可得用耳。若复十数年后,其众必倍于今,而国家劲兵之地,皆已空尽,唯有此见众,可以定事。若不早用之,端坐使老,复十数年,略当损半,而见子弟数不足言。若贼众一倍,而我兵损半,虽复使伊、管图之,未可如何。今不达远虑者,必以此言为迂。夫祸难未至,而豫忧虑,此固众人之所迂也。及于难至,然后顿颡,虽有智者,又不能图。此乃古今所病,非独一时。昔吴始以伍员为迂,故难至而不可救。刘景升不能虑十年之后,故无以诒其子孙。今恪无具臣之才,而受大吴萧、霍之任,智与众同,思不经远,若不及今日为国斥境,俯仰年老,而仇敌更强,欲刎颈谢责,宁有补邪?

今闻众人或以百姓尚贫,欲务闲息,此不知虑其大危而爱其小勤者也。昔汉祖幸已自有三秦之地,何不闭关守险,以自娱乐,空出攻楚,身被创痍,介胄生虮虱,将士厌困苦,岂甘锋刃而忘安宁哉?虑于长久不得两存者耳!每览荆邯说公孙述以进取之图,近见家叔父表陈与贼争竞之计,未尝不喟然叹息也。

夙夜反侧,所虑如此,故聊疏愚言,以达二三君子之末。若一朝陨殁,志画不立,贵令来世知我所忧,可思于后。①

---

① (清)严可均辑:《全三国文》卷六十五,第626—627页。

**诸葛子**

若能力兼三人,身与马如胶漆,手与箭如飞虻,诚宜宠异。①

# 第二节　诸葛氏工艺

诸葛氏家族的工艺以诸葛亮为主,或者说多与诸葛亮有关。诸葛亮是政治家、军事家,也具有科学家的潜质。《三国志·诸葛亮传》对他的科技才能是这样记载的:"亮性长于巧思,损益连弩,木牛流马,皆出其意","整理戎旅,工械技巧,物究其极,科教严明"②。

## 一、木牛流马

《三国志》在两个传中有木牛流马的记载。一是《诸葛亮传》记载:

> (建兴)九年,亮复出祁山,以木牛运,粮尽退军……十二年春,亮悉大众由斜谷出,以流马运,据武功五丈原,与司马宣王对于渭南。③

二是《后主传》记载:

> (建兴)九年春二月,亮复出军围祁山,始以木牛运。
> 十年,亮休士劝农于黄沙,做流马木牛毕,教兵讲武。
> 十二年春二月,亮由斜谷出,始以流马运。④

---

① (清)严可均辑:《全三国文》卷六十五,第627页。《隋书·经籍志》载:"梁有《诸葛子》五卷,吴太傅诸葛恪撰。亡。"清人马国翰有辑本。张澍误认"诸葛子"为诸葛亮,故录入《诸葛亮集》。
② 《三国志》卷三十五《诸葛亮传》,第927、930页。
③ 《三国志》卷三十五《诸葛亮传》,第925页。
④ 《三国志》卷三十三《后主传》,第896—897页。

从中可见诸葛亮以木牛、流马运粮的历史事实。

关于木牛、流马的基本形态和制作方法，《三国志·诸葛亮传》裴松之注引《诸葛氏集》记载：

> 木牛者，方腹曲头，一脚四足，头入领中，舌著于腹。载多而行少，宜可大用，不可小使；特行者数十里，群行者二十里也。曲者为牛头，双者为牛脚，横者为牛领，转者为牛足，覆者为牛背，方者为牛腹，垂者为牛舌，曲者为牛肋，刻者为牛齿，立者为牛角，细者为牛鞅，摄者为牛鞦轴。牛仰双辕，人行六尺，牛行四步。载一岁粮，日行二十里，而人不大劳。流马尺寸之数，肋长三尺五寸，广三寸，厚二寸二分，左右同。前轴孔分墨去头四寸，径中二寸。前脚孔分墨二寸，去前轴孔四寸五分，广一寸。前杠孔去前脚孔分墨二寸七分，孔长二寸，广一寸。后轴孔去前杠分墨一尺五分，大小与前同。后脚孔分墨去后轴孔三寸五分，大小与前同。后杠孔去后脚孔分墨二寸七分，后载克去后杠孔分墨四寸五分。前杠长一尺八寸，广二寸，厚一寸五分。后杠与等版方囊二枚，厚八分，长二尺七寸，高一尺六寸五分，广一尺六寸，每枚受米二斛三斗。从上杠孔去肋下七寸，前后同。上杠孔去下杠孔分墨一尺三寸，孔长一寸五分，广七分，八孔同。前后四脚，广二寸，厚一寸五分。形制如象，靬长四寸，径面四寸三分。孔径中三脚杠，长二尺一寸，广一寸五分，厚一寸四分，同杠耳。

《作木牛流马法》摘选于《诸葛氏集》。从内容看，应是摘自关于木牛和流马的两篇文章。"木牛"部分重点介绍形态和功能，流马部分详细记述制作"流马"的尺寸。两部分内容当属"事宜存录者""毕取以补其阙"，非"并皆抄内以备异闻"，也非"矫违正以惩其妄"[①]。从上文表述方法可以看出，"流马尺寸之数"是对实物测量记录下来的资料。由此可推测，这是建兴十年（232）诸葛亮在黄沙休士劝农期内，对木牛结构进行改进，然后选择性能

---

① （晋）裴松之：《上三国志注表》，《三国志》附，第1471页。

相对较好的样品作为定型的产品。

从现有文字的记载看，至少可以得到以下结论：

第一，木牛和流马是两种运输工具。这与《三国志》中先有木牛后有流马的记载是相吻合的。

第二，流马是木牛的改进。诸葛亮对木牛只是简要地描述了外形和基本构造，没有具体尺寸。而对流马的记述则不厌其烦，详细到每一个部件的具体尺寸。之所以对流马的记述偏重，显然因为流马是对木牛的成功改进版，是诸葛亮认为可以定型推广的运输工具。

第三，流马载重量小于木牛。木牛能"载一岁粮"，流马有"板方囊二枚……每枚受米二斛三斗"。一斛即一石。据《居延汉简释文》卷二载：汉代士卒大约每人每月口粮为一石八斗，一年即为二十一石六斗。新莽和东汉时，1石约为27.2市斤。[1] 又，《隋书·律历志》载，魏（三国）斛大于王莽斛2.6%[2]。据此推知，木牛可载粮约603市斤，流马可载粮约128市斤。

第四，木牛载重多但行进速度较慢。"特行"，是指单独行走，"群行"是前后多个同时运行。一长串同行会比单独行走要慢，一天仅行进20里。单独行走一天行进"数十里"，估计也不过是三四十里或四五十里。因此"宜可大用，不可小使"。

第五，木牛流马行进的动力是人力。诸葛亮在对木牛的说明中涉及人力，他说："牛仰双辕，人行六尺，牛行四步。载一岁粮，日行二十里，而人不大劳。"对流马的说明虽然未提到有人同行，也未提到一日走多远，极有可能是前边已经提到人力了，后边就省略了。毫无疑问，载重量轻、行进速度快的流马，同样必由人作为动力，只不过更省力罢了。

《南齐书·祖冲之传》记载：

---

① 刘复：《新嘉量之校量及推算》，《辅仁学志》一卷一期，1928年。
② 《隋书》卷十六《志第十一》"嘉量"条载："魏陈留王景元四年，刘徽注《九章商功》曰：'当今大司农斛圆径一尺三寸五分五厘，深一尺，积一千四百四十一寸十分之三。王莽铜斛于今尺为深九寸五分五厘，径一尺三寸六分八厘七毫。以徽术计之，于今斛为容九斗七升四合有奇。'此魏斛大而尺长，王莽斛小而尺短也。"

（祖冲之）博塞当时独绝，莫能对者。以诸葛亮有木牛流马，乃造一器，不因风水，施机自运，不劳人力。①

既然造出了"不劳人力"的"木牛流马"，而未普及和流传下来，只能是奇巧而不实用的缘故。此后，对于木牛流马定性的研究未见记载。直到宋代，才有人提出是一种木制独轮车的看法。北宋诗人陈师道首先将其定性为独轮车，他说：

蜀中有小车，独推，载八石，前如牛头；又有大车，用四人推，载十石。盖木牛流马也。②

继而同时代的高承《事物纪原》也认为：

木牛，即今小车之有前辕者；流马，即今独推者是，而民间谓之江州车子。③

宋人的这一观点，为后世所广泛接受。如清代满族水利专家麟庆也认为，木牛和流马是两种不同的独轮运输工具：

《稗编》蜀相诸葛亮出征，始造木牛流马以运饷。木牛，即今小车之有前辕者；流马，即今独推者是。④

木牛流马是一种木制的轮式人力运输车，对此古今认识基本一致，分歧在于是几轮车。清代张澍说："《蜀书》引亮'作木牛流马法'綦详，与独

---

① 《南齐书》卷五十二《文学·祖冲之传》，第 906 页。
② （宋）陈师道：《后山谈丛》卷四，金沛霖：《四库全书子部精要》下，第 690 页。
③ （宋）高承：《事物纪原》卷八，中华书局，1989 年，第 404—405 页。
④ 《河工器具图说》卷四。

轮车制绝不相类,是高、陈、唐三说皆误。"①到底是哪一类? 张澍没有结论。20 世纪中叶,机械学家和机械工程教育家刘仙洲在《中国农业机械发展史》中肯定了"木牛流马是独轮车"的观点。他认为:木牛流马是汉晋时代的鹿车,只是诸葛亮等人对鹿车"有所改进,并给它起了一个新颖的名称,叫做'木牛'或'流马'"。英国的中国科技史学家李约瑟也认为,"木牛流马即木制独轮车"。② 范文澜在《中国通史简编》中,则明确认定:"木牛就是一种人力独轮车……流马是改良的木牛……即人力四轮车"③。

考诸历史,木牛流马的出现乃属昙花一现。

在此之前,蜀地就有独轮车,时称鹿车。关于使用鹿车的记载,《后汉书》有六处,而且全部表述为"推"而前行。《三国志》中共有四处,其中《魏书·司马芝传》中一处,记为"以鹿车推载母"④;裴松之注引文中二处,一为"蹇蹇驱鹿车驰也"⑤,一为"乘鹿车伺寿"⑥;《蜀书·费祎传》一处,记载用车的过程较细。大体是:许靖丧子,董允与费祎欲一同去其葬所。董允将这件事告诉父亲请求用车,董父"遣开后鹿车给之。允有难载之色,祎便从前先上。及至丧所,诸葛亮及诸贵人悉集,车乘甚鲜,允犹神色未泰,而祎晏然自若"⑦。从这段记录可知,一是当时鹿车很鲜见,坐在车上也不舒服;二是载重量并不大,一车仅载一人;三是诸葛亮亲见了鹿车载人的状况。这四处记载都在诸葛亮北伐之前。《华阳国志》记载了三处,其中二处是后汉之事,只有一处内容是记晋时之事。陈寿将诸葛亮作木牛流马并用于北伐运粮之事,郑重地写入志书,显然是一项重大的发明创新,而不会是鹿车的简单改进。在此之后,木牛流马即销声匿迹,运粮仍用鹿车。《华阳国志》记载:"元康六年……关中氐及马兰羌反,寇天水、略阳、扶风、始平、武都、阴平。发梁州及东羌、镇西讨之,不克。益州遣牙门马玄、尹方救援

① (清) 张澍:《诸葛忠武侯故事》卷四。
② 李约瑟:《中国科学技术史》第一卷第六章,科学出版社,1975 年。
③ 范文澜:《中国通史简编》第 2 编,人民出版社,1964 年,第 207 页。
④ 《三国志》卷十二《司马芝传》,第 386 页。
⑤ 《三国志》卷十六《苏则传》裴松之注引《魏略》,第 493 页。
⑥ 《三国志》卷十八《庞淯传》裴松之注引皇甫谧《列女传》,第 549 页。
⑦ 《三国志》卷四十四《费祎传》,第 1060 页。

之。以鹿车运成都米给军粮"①。

木牛流马的消失并非因为技术失传,而是因为它是特殊条件下的产物,没有普遍意义。陈寿在西晋泰始十年(274)编《诸葛亮集》,就收录了《作木牛流马法》一文,而"以鹿车运成都米"一事发生在西晋元康六年(296)。如果说同时代、同地区的人读不懂相关文字,造不出木牛流马来,显然是不成立的。合理的解释是,诸葛亮在鹿车的基础上,先创造了可装载一个士卒一年口粮的大型独轮车,车有前辕,用人力或畜力驾辕拉动,后如鹿车可人力推动。因为载重量大,行进慢,故称之为木牛。此车"载多而行少,宜可大用,不可小使"。在木牛基础上,又研制了可载128市斤的四轮人力车。因为载少而行快,故称之为流马。木牛和流马都是装运粮食的,需要有"箱囊";因用于山路运输,需要刹车装置,所以结构复杂。因为称之为木牛或流马,所以车的构件也就用了一些牛马器官的称谓。木牛流马虽是创新,但效果并非十分理想。陈寿记载木牛流马运粮之事,仅是佐证诸葛亮"长于巧思"而已,并没有对效果的赞美之言,也可为佐证。试想,如果一个流马的载重量仅如鹿车(可载一个人)相差无几,利弊自然十分明显了。因此,它不是一种广泛适用的理想的运输工具,没有能够替代当时流行的木制独轮车——鹿车,并且很快就被淘汰,在历史舞台上销声匿迹了。

近几年,对轮式运转前进说也有疑议之音,主要观点有"腿行说"。有不少研究者,造出了有四条腿的木牛或流马。这些木牛或流马有一个共同的特点,就是可以走台阶。但是,也有一个共同的弱点,就是行走太慢。别说是群行,就是"特立独行",也达不到"群行者二十里"的最低速度。

## 二、诸葛连弩

《三国志》中有关弩的记载比比皆是,但有关连弩的记载仅见两处:一是《魏书·公孙度传》记载:景初"二年春,遣太尉司马宣王征渊。……雨

---

① (晋)常璩:《华阳国志》卷八《大同志》。

霁,起土山、修橹,为发石连弩射城中。渊窘急"①。二是《蜀书·诸葛亮传》记载:"亮性长于巧思,损益连弩,木牛流马,皆出其意。"②

其他史籍有关诸葛连弩的记载和评价,主要见于裴松之《三国志》注的引文。《蜀书·诸葛亮传》裴注引《魏氏春秋》,对经诸葛亮"损益"的连弩作了如下表述:"亮……损益连弩,谓之元戎,以铁为矢,矢长八寸,一弩十矢俱发。"裴注还全文引了《蜀记》记载的镇南将军刘弘命太傅掾李兴撰写的《诸葛丞相故宅碣表》。其中有赞叹诸葛连弩的文句:"英哉吾子,独含天灵……神弩之功,一何微妙!"③《三国志·杜夔传》裴松之注引傅玄序,对经诸葛亮"损益"的连弩作了客观且比较全面的评价:

> 马先生,天下之名巧也……见诸葛亮连弩,曰:"巧则巧矣,未尽善也。"言作之可令加五倍。……傅子曰:"……马氏所欲作者,国之精器,军之要用也。费十寻之木,劳二人之力,不经时而是非定。难试易验之事而轻以言抑人异能,此犹以己智任天下之事,不易其道以御难尽之物,此所以多废也。马氏所作,因变而得是,则初所言者不皆是矣。其不皆是,因不用之,是不世之巧无由出也。夫同情者相妒,同事者相害,中人所不能免也。故君子不以人害人,必以考试为衡石;废衡石而不用,此美玉所以见诬为石,荆和所以抱璞而哭之也。"于是安乡侯悟,遂言之武安侯,武安侯忽之,不果试也。此既易试之事,又马氏巧名已定,犹忽而不察,况幽深之才,无名之璞乎?后之君子其鉴之哉!马先生之巧,虽古公输般、墨翟、王尔,近汉世张平子,不能过也。公输般、墨翟皆见用于时,乃有益于世。平子虽为侍中,马先生虽给事省中,俱不典工官,巧无益于世。用人不当其才,闻贤不试以事,良可恨也。④

---

① 《三国志》卷八《公孙度传》,第254页。
② 《三国志》卷三十五《诸葛亮传》,第927页。
③ 《三国志》卷三十五《诸葛亮传》裴松之注引《蜀记》,第928、936页。
④ 《三国志》卷二十九《杜夔传》裴松之注引,第807—808页。

诸葛连弩能连发十矢,矢长只有八寸。这两个实质性的数据在当时是绝无仅有的。显然,诸葛亮是在已有连弩的基础上进行增减、改革,使之成为一种新型的连弩。这种损益具有质的飞跃和创新,因此,西晋镇南将军刘弘发出了“神弩之功,一何微妙”的由衷赞叹;西晋时期伟大的发明家马均大赞其“巧”,认为还可演进,希望朝廷立项,让他试验并推广;西晋著名的思想家傅玄,认为诸葛亮连弩是“国之精器,军之要用也”,对朝廷未能批准马均立项,重新研制诸葛亮连弩感到非常遗憾,甚至非常气愤。

将连弩称之为“元戎”,仅见之于《魏氏春秋》。是诸葛亮自己将“损益”后的连弩命名为“元戎”,还是他人将其誉之为“元戎”?至今未在史籍中找到答案。但是,从吴蜀之战、南征战役中未见使用诸葛连弩的记载,魏蜀之战罕有使用诸葛连弩的表述这几方面分析,被后人称作神器的诸葛连弩,并没有大量装备军队而使之成为常规武器,仅仅作为一种高效的神秘的精良武器出现在战场上。

陈寿《三国志·诸葛亮传》把诸葛亮制造的连弩定性为“损益连弩”。“损益”一词,在古代文献中都是增减、改进的意思,说的是量上的变化,而非质的飞跃。实际上,诸葛连弩首先使用了连杆、箭匣,利用杠杆原理,实现了快速连发,取掉了弩机和望山,在历史上首先创造出能连续发射的弩,远远超出了“损益”的范畴,与以前的连弩已有本质的区别,是一种全新的半自动武器。

## 三、五折钢铠、筒袖铠

诸葛亮《作钢铠教》云:“敕作部皆作五折钢铠、十折矛以给之。”[1]这种“五折钢铠”是选用锻打五次的钢片锻造而制成的。据说诸葛亮还监造过一种名叫“筒袖铠”的铁甲,选料精良,制作考究,流传几百年。这种铠甲不仅能抵御一般的锋矢,甚至连“二十五石弩射之不能入”。可见其防护功能之强。

《宋书·王玄谟传》记载:

---

[1] 张连科、管淑珍:《诸葛亮集校注·作刚铠教》,第129页。

明帝即位,礼遇甚优。时四方反叛,以玄谟为大统,领水军南讨,以脚疾,听乘舆出入。寻除车骑将军、江州刺史,副司徒建安王于赭圻,赐以诸葛亮筒袖铠。①

《南史·殷孝祖传》记载:

明帝初即位,四方反叛……御仗先有诸葛亮筒袖铠、铁帽,二十五石弩射之不能入,上悉以赐孝祖。②

## 四、诸葛鼓

《三国志》及裴松之注未涉及诸葛鼓,但后世史籍却不乏诸葛鼓的记述。

《诸葛亮集·故事》卷四制作篇引《益部谈资》载:

诸葛鼓乃铜铸,面广一尺七寸,高一尺八寸,边有四兽,腰束下空,旁有四耳,花文甚细,色泽如瓜皮,重二十余斤,县于水上,用楠木槌击之,声极圆润,乃孔明禽孟获时所制。昔伐九丝城,得十余面,今在成都府库中,一名镎于鼓。③

引《游梁杂记》载:

诸葛鼓乃铜铸者,其形圆,上宽而中束,下则敞口,大约如今樝斗之倒置也。面有四水兽,四周有细花文,其色不甚碧绿,击之,彭彭有声如鼓,云置水上击之,其声更巨。④

① 《宋书》卷七十六《王玄谟传》,中华书局,1974 年,第 1976 页。
② 《南史》卷三十九《殷孝祖传》,第 999—1000 页。
③ (清)张澍:《诸葛亮集·故事》卷四《制作篇》,第 283 页。
④ (清)张澍:《诸葛亮集·故事》卷四《制作篇》,第 283 页。

引《蛮司志》载：

万历元年，四川巡抚曾省吾荡平九丝城都蛮，俘获诸葛武侯铜鼓九十三面，择有声者六十四面以献。疏略云："都蛮呼铜鼓曰诸葛鼓，相传以为宝器，审阿大丑等，执称：鼓有剥蚀，有声响者为上上鼓，易牛千头，次者七八百头，递有等差，藏至二三面者，即得雄视一方，僭称王号。每出劫，击鼓高山，诸蛮顷刻云集，集则椎牛数十头飨蛮，乃出劫，劫数胜，益以鼓为灵。臣等细观所铸，皆奇文异状相错蟠，仅可辨者，雕蟧刻鹭，间缀虾蟆，其数皆四。缙绅父老云，诸葛制以镇蛮，若曰鼓去则蛮运终，理或然也。"①

引《戎州志》载：

铜鼓旁范八卦及四蟾蜍，状似覆盆，县而击之，下映以水，其声非钟非鼓，都掌夷相传为孔明铸者，直数十镒，次者数镒。②

## 五、诸葛行锅

杨慎《丹铅录》记载：

井研县有掘地者，得一釜，铁色光莹，将来造饭，少顷即熟，一乡皆异。有争之者，不得，白于县令，命取看，未至堂下，失手落地，分为二，中乃夹底，心县一符，文不可辨，旁有八分书"诸葛行锅"四字。又麻城毛柱史凤韶为予言：近日平谷县耕民得一釜，以凉水沃之，忽自沸，以之炊饭，即熟，釜下有"诸葛行锅"四字。乡民以为中有宝物，乃碎之，其复层中有"水火"二字，即前物也。异哉！③

---

① （清）张澍：《诸葛亮集·故事》卷四《制作篇》，第283—284页。
② （清）张澍：《诸葛亮集·故事》卷四《制作篇》，第284页。
③ （清）张澍：《诸葛亮集·故事》卷四《制作篇》，第287页。

白寿彝《中国通史》记载：

> 据说，汉献帝建安年间，出现了一种复层的"诸葛行锅"，熟饭很快。①

据史载及文物可知，所谓"诸葛行锅"的主要特点就是双层底，熟得快，不糊锅，至于"心悬一符，文不可辨"，"其复层中有'水火'二字"等说法恐有演绎成分。建安是汉献帝的年号，时在公元196—220年间。这个时间，诸葛亮尚未单独领兵作战，不可能根据战场需求发明所谓"诸葛行锅"。既然建安年间就已经出现，是否为诸葛亮所发明还需考证。白寿彝《中国通史》用"据说"二字来表述，是有道理的。

## 六、馒头

魏晋时期我国始有馒头。早期的面食统称为"饼"，可能最早见于《墨子·耕柱篇》②。吃面食的风习大约从战国才开始的，汉、魏时期面食种类增多，但都不是发面的。馒头最早出现于魏晋时期，是使用面粉加水调匀发酵后蒸熟而成的食品，当时称为"蒸饼"。若蒸饼内包进"馅"，则称之为"馒头"。

关于"馒头"与诸葛亮相关的记载，最早见于宋人高承《事物纪原》：

> 诸葛公之征孟获，人曰："蛮地多邪术，须祷于神，假阴兵以助之，然其俗必杀人以其首祭，则神享为出兵。"公不从，因杂用羊豕肉，而包之以面，象人头以祀，神亦享焉，而为出兵。后人由此为馒头。③

---

① 白寿彝：《中国通史》第四卷《中古时代·秦汉时期》，上海人民出版社，2007年，第744页。
② 《墨子·耕柱篇》：子墨子谓鲁阳文君曰："今有一人于此，羊牛刍豢，维[雍]人但割而和之，食之不可胜食也。见人之作饼，则还然窃之，曰：'舍余食。'不知(日月)[甘肥]安不足乎？其有窃疾乎？"
③ （清）张澍：《诸葛亮集·故事》卷四《制作篇》，第286页。

诸葛亮征服孟获,改革当地用人头祭神的恶习,用面包着牛、羊、猪肉来代替,"后人由此为馒头"。

另有诸葛亮用馒头祭祀泸水神的记述:

> 诸葛亮平蛮回至泸水,风浪横起兵不能渡,回报亮。亮问,孟获曰:"泸水源猖神为祸,国人用七七四十九颗人头并黑牛白羊祭之,自然浪平静境内丰熟。"亮曰:"我今班师,安可妄杀? 吾自有见。"遂命行厨宰牛马和面为剂,塑成假人头,眉目皆具,内以牛羊肉代之,为言"馒头"奠泸水,岸上孔明祭之。祭罢,云收雾卷,波浪平息,军获渡焉。①

录此备考。

## 七、诸葛笔

诸葛笔,是唐宋文人对以诸葛高为代表的诸葛氏制笔世家所制名笔的誉称,又名三幅笔、散卓笔。

唐代,宣州的制笔业主要分散于家庭制作,未能形成较大生产规模,但其工匠的技艺却甚为精湛,而且父子相传,渐成世袭家传的制笔工艺。唐朝后期,宣州陈氏的制笔业趋向没落,起而代之者则是诸葛氏家族,很快占据宣笔制造业的头把交椅,成为跨时唐宋两代的制笔世家。

唐时诸葛氏笔已为诗人书家所推崇。郑文宝《江表志》中载:李煜弟宜春王从谦"喜书札,学晋二王楷法,用宣城诸葛笔,一枝酬十金,劲妙甲于当时,从谦号为'翘轩宝帚'"②。李煜的妻子娥皇生前专用诸葛笔,特命名为"点青螺"③。

① 朱伟:《考吃》,中国人民大学出版社,2005 年,第 60 页。
② 邓之诚:《五石斋小品》,北京出版社,1998 年,第 8 页。
③《十国春秋》卷一百一十五《拾遗》说昭惠后"所用笔曰点青螺,宣城诸葛氏所造",参见张剑光:《唐五代江南工商业布局研究》,江苏古籍出版社,2003 年,第 216 页。

　　诸葛氏制笔，传到北宋诸葛高时，名声达到顶巅，许多文人诗客都深知诸葛高之名，并把这位绝世笔工载入著述篇章，给以极高的评价。

　　北宋时文学家梅尧臣是宣城人，他赋诗高度赞美诸葛笔：

　　　　诸葛久精妙，已能闻国都，紫毫搜老兔，苍鼠拔长须。露笭何明净，烟丸事染濡，班超投此去，死作玉关夫。①

又诗曰：

　　　　沉香细杆天通中，束毫为呼诸葛翁。②

　　梅尧臣还曾多次将家乡特产"诸葛笔"送给欧阳修，二人互为答诗，皆有对诸葛笔的赞誉之词。如梅尧臣诗曰：

　　　　公负天下才，用心如用笔，端劲随意行，曾无一画失。因看落纸字，大小得疏密，笔工诸葛高，海内称第一。频年值我来，我愧不堪七，安能事墨研，欲效前人述。懒性真嵇康，闲坐喜扪虱，是以持献公，不使物受屈。果然公爱之，奇踪写名实，岂惟播今时，当亦传异日。嗟哉试笔诗，藏不容人乞。③

欧阳修非常高兴，题诗赞曰：

　　　　圣俞宣城人，能使紫毫笔。宣人诸葛高，世业守不失。紧心缚长毫，三副颇精密。硬软适人手，百管不差一。京师诸笔工，牌榜自称

① （宋）梅尧臣：《宣州杂诗二十首》，朱东润：《梅尧臣集编年校注》下，上海古籍出版社，2006年，第769—770页。
② （宋）梅尧臣：《汤珙秘校遗沈水管笔一枝》，王赛时：《古代宣州的制笔业》，《志苑》1994年第1期。
③ （宋）梅尧臣：《次韵永叔试诸葛高笔戏书》，朱东润选注：《梅尧臣诗选》，人民文学出版社，1980年，第250页。

述。累累相国东,比若衣缝蛩。或柔多虚尖,或硬不可屈。但能装管榻,有表曾无实。价高仍费钱,用不过数日。岂如宣城毫,耐久仍可乞。①

苏轼特别钟情诸葛笔,多有赞誉之言:

宣州诸葛氏笔,擅天下久矣。纵其间不甚佳者,终有家法。②

散卓笔,惟诸葛能之。他人学者,皆得其形似而无其法,反不如常笔。如人学杜甫诗,得其粗俗而已。③

近日都下笔皆圆熟少锋,虽软美易使,然百字外力辄衰,盖制毫太熟使然也。鬻笔者既利于易败而多售,买笔者亦利其易使。惟诸葛氏独守旧法,此又可喜也。④

杜叔元君懿善书,学李建中法。为宣州通判。善待诸葛氏,如遇士人,以故为尽力,常得其善笔。余应举时,君懿以二笔遗余,终试笔不败。其后二十五年,余来黄州,君懿死久矣,而见其子沂,犹蓄其父在宣州所得笔也,良健可用。君懿胶笔法,每一百枝,用水银粉一钱,上皆以沸汤调研如稀糊。乃以研墨,胶笔永不蠹,且润软不燥也。非君懿善藏,亦不能如此持久也。⑤

唐林夫以诸葛笔两束寄仆,每束十色,奇妙之极。非林夫善书,莫

---

① (宋) 欧阳修:《圣俞惠宣州笔戏书》,李之亮笺注:《欧阳修集编年笺注》,巴蜀书社,2007 年,第480 页。
② (宋) 苏轼:《书诸葛笔》,顾之川校点:《苏轼文集》上,第 299 页。
③ (宋) 苏轼:《书诸葛散卓笔》,顾之川校点:《苏轼文集》上,第 300 页。
④ (宋) 苏轼:《记都下熟毫》,顾之川校点:《苏轼文集》上,第 300 页。
⑤ (宋) 苏轼:《书杜君懿藏诸葛笔》,孔凡礼点校:《苏轼文集》卷七十《题跋》,中华书局,1986年,第 2234 页。

能得此笔。林夫又求仆行草,故为作此数纸。元丰六年十月十五日,醉中题。①

久在海外,旧所赍笔皆腐败,至用鸡毛笔。拒手狞劣,如魏元忠所谓骑穷相驴脚摇镫者。今日忽于孙叔静处用诸葛笔,惊叹此笔乃尔蕴藉耶!②

蔡絛的《铁围山丛谈》记载了诸葛笔的历史:

宣州诸葛氏,素工管城子,自右军以来世其业,其笔制散卓也。吾顷见尚方所藏右军《笔阵图》,自画捉笔手于图,亦散卓也。又幼岁当元符、崇宁时,与米元章辈士大夫之好事者争宝爱,每遗吾诸葛氏笔,又皆散卓也。及大观间偶得诸葛笔,则已有黄鲁直样作枣心者。鲁公不独喜毛颖,亦多用长须主簿,故诸葛氏遂有鲁公羊毫样,俄为叔父文正公又出观文样。既数数更其调度,由是奔走时好,至与挈竹器,巡闾阎,货锥子,入奴台,手妙圭撮者,争先步武矣。政和后,诸葛氏之名于是顿息焉。吾闻诸唐季时有名士,就宣帅求诸葛氏笔,而诸葛氏知其有书名,乃持右军笔二枝乞与,其人不乐。宣帅再索,则以十枝去,复报不入用。诸葛氏惧,因请宣帅一观其书札,乃曰:“似此特常笔与之耳。前两枝,非右军不能用也。”是诸葛氏非但艺之工,其鉴识固不弱,所以流传将七百年。向使能世其业如唐季时,则诸葛氏门户岂遽灭息哉!此言虽小,可以喻大。③

诸葛氏笔属于散卓笔。关于散卓笔的具体情况,黄庭坚《笔说》记载得比较详细:

---

① (宋)苏轼:《书唐林夫惠诸葛笔》,孔凡礼点校:《苏轼文集》卷七十《题跋》,第2234—2235页。
② (宋)苏轼:《书孙叔静诸葛笔》,孔凡礼点校:《苏轼文集》卷七十《题跋》,第2236页。
③ (宋)蔡絛:《铁围山丛谈》卷五,《中华野史》卷四《宋朝卷上》,三秦出版社,2000年,第3579页。

歙州吕道人作墨池,含墨而锋圆,佳作也。宣州诸葛家撚心法如此,唯倒毫净便是其妙处,盖倒毫一株便能破笔锋尔。宣城诸葛高系散卓笔,大概笔长寸半,藏一寸于管中,出其半削管,洪纤与半寸相当,其撚心用栗鼠尾,不过三株耳,但要副毛得所,则刚柔随人意,则最善笔也。①

综合以上记载可以看出,诸葛笔以鼠毫类健毫掺用几种略微柔软的副毫制成。之所以又称"三副笔",是因为三种副毫的适当使用。诸葛笔发明以前,已有长锋柱心笔,即内有柱心(笔柱)外包笔被。诸葛氏在长锋柱心笔的基础上创制的"无心散卓笔",即在原加工过程中,省去加柱心的工序,直接选用一种健毫,掺用三种副毫,散立扎成较长的笔头,并将其深埋于笔腔中,从而达到坚固、劲挺、贮墨多的效能。这种无心、长锋、笔头深埋的形制,是对长锋笔的一种改良,标志着制笔技术的又一次重大转变,在毛笔史上具有里程碑的意义。也可以看出,散卓笔制作较难,用毫的成本也很大,因此难以推广,后世主要还是沿用披柱法制笔。

诸葛笔又名"散卓笔",但"散卓"究竟为何意,向无专论。从现有文献记载的看,似为:将卓坚的健毫散立于笔心,制成笔似有心而实无心,相对于当时流行的将健毫团扎成柱心的笔而言称散卓笔。

散卓笔是诸葛氏家族制笔工匠集体智慧的结晶,其中以诸葛高最著名,后世中的诸葛元、诸葛渐等也是承继祖业的制笔名匠。

## 八、诸葛氏铜印

张斌海、徐家伦在《寂寞千秋孰与从,古来大匠多拙工——芜湖铜印世家诸葛氏考》一文中认为,中国刻铜印的人以皖人为多,"从清初至清中期,最有影响的当属芜湖铜印世家诸葛氏"。"诸葛氏以善刻铜印名天下……诸葛氏除了在创作上追求汉人遗韵外,更主要的是他们有揉铜为泥的精湛

---

① (宋)黄庭坚:《山谷别集》卷六《笔说》,王中焰、杜玉印注评:《黄庭坚书论》,江苏美术出版社,2009年,第449页。

技艺。在印章的制作,纽饰上也极尽巧工之能事,精铸细雕。"他们"曾收藏一方铜印,黄铜质。印面为直式长方形,提梁花纽朱文'非宁静无以致远,非淡泊无以明志',语出诸葛亮《诫子书》,字口较深,笔画金石味颇浓。边款三行,行二字:'诸葛寅安篆。'笔意神韵俱佳,十分难得"①。

## 九、孔明灯

孔明灯又叫天灯,相传是由三国时的诸葛亮所发明的。相传,当年诸葛孔明被司马懿围困于阳平,无法派兵出城求救。孔明算准风向,制成会飘浮的纸灯笼,系上求救的讯息,其后果然脱险,于是后世就称这种灯笼为孔明灯。另一种说法则是这种灯笼的外形因像诸葛孔明戴的帽子而得名。

# 第三节 诸葛氏遗址、纪念地

东汉及三国时期,诸葛氏后裔先后经过了由琅邪阳都南迁入仕孙吴、蜀汉,西迁入仕曹魏等多次迁徙,留下了数量众多的遗址、纪念地。从刘裕建立的刘宋朝开始,中国历史进入了南北朝时期,这期间及此后诸葛氏家族虽然有不少成员活跃在政治舞台上,但由于历史的变迁和个人影响比诸葛亮小等原因,多数已淹没于历史的尘埃之中,遗留下来的遗址、纪念地多为诸葛亮的。

## 一、诸葛氏遗址

### (一)阳都故城遗址

阳都城是诸葛姓氏的发源地、诸葛家族的祖居地、诸葛亮的出生地和少年生活地。阳都故城遗址在今山东省沂南县砖埠镇孙家黄疃、任家庄一

---

① 张斌海、徐家伦:《寂寞千秋孰与从,古来大匠多拙工——芜湖铜印世家诸葛氏考》,《书法世界》2004 年第 12 期。

带。遗址坐落在沂河西岸的第一阶地上,地貌呈凸突缓丘状,系冲积平原,西部为山丘。在孙家黄疃村北的河堤坝外侧,有一段石砌护坡,是阳都城东城墙基,城内面积约 8 万平方米。遗址有大量龙山文化及西周、春秋战国至秦汉时文物出土。1982 年,沂南县人民政府公布为县级文物保护单位。1992 年,沂南县在阳都故城遗址上新建了诸葛亮故里纪念馆。

（二）诸葛亮遗址

诸葛亮一生足迹所至涉及地域甚广,虽不少遗址与遗迹已被史尘淹没,但据《大清一统志》记载,仅名为诸葛城或武侯城的遗迹就达 8 处,名为诸葛营垒与寨的遗址有 16 处。汉中、祁山一带遗迹或遗址最多。现在比较著名的遗迹或遗址尚有:

1. 诸葛故宅遗址

在今湖北襄樊古隆中。晋习凿齿《襄阳记》载:"襄阳有孔明故宅,有井,深五丈,广五尺,曰葛井。堂前有三间屋地,基址极高,云是避暑台。宅西面山临水,孔明常登之,鼓瑟为《梁父吟》。因名此为乐山。嗣有董家居此宅,衰殄灭亡,后人不敢复憩焉。"[1]鲍坚《南雍州记》载:"隆中诸葛亮故宅,有旧井一,今涸无水。"[2]今水井犹在。

2. 沔阳武侯读书台

在今湖北省仙桃市西南沔阳故城北门外。据传,诸葛亮在隆中隐居期间,多次到沔阳向沔南名士黄承彦求教。后人因此建读书台以示纪念。今台上阁楼已废,仅存台址和八角井以及伏卧石狮等。

3. 诸葛岭

在今湖南省东安县紫溪东南隅岭顶。据传,赤壁之战后,诸葛亮住临烝督零陵、桂阳、长沙三郡粮赋时,曾在此扎营督办。岭下有一巨石刻有"汉营古迹",为明万历七年(1579)刻石遗存。

4. 诸葛亮营遗址

位于云南省保山市城南 4 公里诸葛营村东侧。相传诸葛亮南征,留下

---

① 房立中:《诸葛亮全书》,学苑出版社,1996 年,第 907 页。

② 房立中:《诸葛亮全书》,第 906 页。

汉兵在此聚居,形成村寨。遗址呈长方形,东西长 350 米,南北宽 300 米,四周夯筑城墙。现存墙底面宽 14.5 米。1987 年,诸葛亮营遗址被公布为云南省文物保护单位。

5. 七星关

在今贵州省毕节县西南 45 公里处。相传,诸葛亮南征班师回朝时路过此地,见群峰如七星排列,即举行仪式祭拜。由于诸葛亮恩威于边,遗爱于民,后人将此关名为七星关,并在关上建祠祭祀。

6. 擒孟获处

在今云南省大理市西北约 5 公里处。相传,诸葛亮在此擒过孟获,现存清光绪三十二年(1906)立"汉诸葛武侯擒孟获处"刻石。

7. 会盟处

亦称古盟台。在今云南省嵩明县城南郊。据传,诸葛亮南征降服孟获后,曾在此共同立誓结盟。旧有武侯祠,现存明万历四十年(1612)刻立的《新建诸葛武侯祠碑记》,称诸葛亮"盟留七纵,厥功伟矣"。

8. 弥牟八阵图遗址

在今四川省成都市青白江区弥牟镇。据传,诸葛亮治蜀期间,曾在此布八阵图六十四垒,以操练蜀军。后人在遗址旁曾修有武侯祠以示纪念。今仅存土垒 6 处。

9. 武侯坪八阵图遗址

在今陕西省勉县城南定军山下。北魏郦道元《水经注·沔水注》记载:"定军山东名高平,是亮宿营处,营东即八阵图也。遗基略在,崩褫难识。"今遗址犹存。

10. 奉节八阵图遗址

在今重庆市奉节县白帝山下长江岸边。北魏郦道元《水经注·江水注》记载:江边"石碛平旷,望兼川陆,有亮所造八阵图,东跨故垒,皆累细石为之。……今夏水漂荡,岁月消损,高处可二三尺,下处磨灭殆尽。"

11. 孔明碑

在今湖北省巴东县境巫峡的集仙峰上。宛如一方石碑的岩壁上刻有"重岩叠嶂巫峡"六个大字。碑内小字传为诸葛亮当年所书。碑文奉劝东吴大将陆逊以联合抗曹为重,休要进兵西蜀。今小字已难辨识。

12. 筹笔驿

在今四川省广元市筹笔乡。这里是川蜀要道上的古驿站。建兴五年(227),诸葛亮率军北上伐魏时,曾在此驻兵并筹谋北伐大计,故得此名。今故址犹存。

13. 古阳平关城址

在今陕西省勉县老城镇。古阳平关是汉中盆地西部门户的重要关隘,诸葛亮北伐驻汉中时,屯兵"沔北阳平、石马"地即指此地。现城址犹存,西、南、北残垣断壁仍在。

14. 诸葛军垒

在今甘肃省天水市城郊。建兴九年(231),诸葛亮第四次北伐,曾与魏将司马懿在此对垒。今故址立有清代刻立的《诸葛军垒碑》。

15. 陈仓城遗址

在今陕西省宝鸡市东5公里。建兴八年(230)冬,诸葛亮率军"出散关,围陈仓",进行第二次北伐。魏将郝昭死守陈仓,蜀军攻城20余日不克,魏将张郃又率兵增援,诸葛亮只好退军回汉中。现陈仓城故址与残垣断壁犹存。

16. 木门道伏兵湾

在今甘肃省天水市牡丹乡木门村。建兴九年(231)六月,蜀军从上邽(天水)撤退时,诸葛亮在此设伏,射杀追击的魏将张郃。在今木门道的伏兵湾峡谷约150米长的山坡两侧,有很多土穴洞窟清晰可见,传为当年蜀兵埋伏藏身处。

17. 山河堰遗迹

在今陕西省汉中市褒城镇。据载,刘邦为汉王时,萧何在此创修山河堰。建兴十年至十一年(232—233),诸葛亮在汉中"休士劝农"发展生产时,曾对山河堰"踵迹增筑"。堰址上汉代遗物犹存。

18. 汉城遗址

在今陕西省勉县城南的牟营、元山镇一带。建兴七年(229),诸葛亮在"遣陈式攻取武都、阴平二郡"之后,为加强防御,又在汉中"增筑汉、乐二城"。据史载,昔日汉城"周长三十里"。今城址犹存,常有三国兵器等文物出土。

### 19. 乐城遗址

在今陕西省城固县庆山赤土坡上。建兴七年(229),诸葛亮为加强防御,在汉中"增筑汉、乐二城"。今城址犹存。

### 20. 定军山古战场

在今陕西省勉县定军山。山西北麓有一大平坝,名曰武侯坪。诸葛亮曾在坪上设督军坛,垒石为八阵图,治戎讲武,因而有"高坪故垒"之称。

### 21. 陕西诸葛城遗址

在今陕西省宝鸡市石羊乡千河西岸土坡上。诸葛亮"围陈仓"时,曾在此筑土城以拒魏援兵,史称此城为诸葛城,亦名石鼻城。今故址犹存。

### 22. 祁山点将台

在今甘肃省礼县祁山堡北坡上。建兴六年(228)和九年(231),诸葛亮两次"出祁山"北伐曹魏,都曾在此筑台调兵遣将,故世称此台为"诸葛点将台"。今台尚在。

### 23. 观阵堡遗址

位于祁山堡南侧约两公里的一座山头上。山顶四周为坚固的土城墙。向着祁山堡的一方有三个特别加固了的瞭望口。据考证,观阵堡长约100米,宽约50米。

### 24. 九谷堆

在今甘肃省礼县祁山堡东侧土原上。据传,诸葛亮北伐曹魏时,因"每患粮不济"而授意马谡在此堆起9个大土堆,上面撒上粮食,伪装成粮垛,以示粮足,既骗魏军又安蜀兵人心,故称"九谷堆",后人又称"诸葛面谷堆"。今遗存2个土堆,高约2米,直径约12米。

### 25. 褒斜栈道遗址

在今陕西省汉中市褒城镇褒谷口至眉县的斜谷口。褒斜栈道全长250公里,是两汉三国时期秦蜀间的主要通道。诸葛亮第一次北伐,"扬声由斜谷道取郿",建兴十二年(234)春的第五次北伐"由斜谷出",皆指褒斜道。同年八月,诸葛亮病逝于五丈原军中后,其遗体仍由此道运回汉中葬定军山下。

26. 诸葛亮制木牛流马处

在今陕西省勉县黄沙镇。诸葛亮于建兴十年（232），在黄沙"休士劝农"，制作木牛流马，教兵讲武。旧址原有古建筑，几经兴废，现存碑亭一座，内树清同治五年（1866）刻立的纪念碑一通。

27. 诸葛中军城

在今陕西省岐山县南五丈原南原头的三合堡村。建兴十二年（234），诸葛亮在此筑城设中军，指挥攻魏。同年八月，诸葛亮病逝于此。因后来此城残豁，又因诸葛亮死时有星殒落此城，故当地亦称此城为"豁落城"。城中原有诸葛殿，后废。今此城残垣犹存。

28. 武侯读书台

在今陕西省勉县老城镇（古阳平关）北坡卧龙岗上。据传，诸葛亮在汉中屯兵期间，闲暇之余，常在此台读书，登高临下，筹策谋划北伐大业。因此，后人在这里建卷棚式台阁三间，以示纪念。今此台旧址犹存，上面立有陆游题诗碑和近代题诗记事碑。

29. 天水关遗址

在今甘肃省天水市天水乡。建兴六年（228）春，诸葛亮第一次北伐时曾围攻此关，并用计收西凉名将姜维，天水关从此知名。今天水关亦名小天水，昔日关址犹存。

30. 街亭遗址

在今甘肃省秦安县陇城镇一代，是一处宽约 6 公里、长达十几公里的开阔地带。建兴六年（228）春，诸葛亮第一次北伐时，命参军马谡驻守街亭，以阻击曹魏援军。马谡"违亮节度，舍水上山"，被魏将张郃击败溃逃，致首次北伐失利。

31. 临沂诸葛城遗址

在今山东省临沂市城北白沙埠镇东北 6 公里处，东临沂河。古城遗址，周长 4.5 公里，诸葛城旧有"武侯祠"，今只存残碑及银杏树一株等物。《沂州府志·古迹》称："诸葛城，亦名中丘城，在县东北三十里。""《后汉志》琅邪临沂县有中丘亭，即此。"这说明诸葛城最早称为中丘城。《左传·

隐公七年》载:"夏,城中丘。"许多文人墨客以诸葛城为诸葛故里,留下诸多诗文。如明代大臣陈玉《诸葛武侯祠》诗云:"鹿走人间汉鼎移,南阳山色草庐低。卧龙不起扶江表,瞒贼长驱到陇西。渭水古田春雨滑,丈原高垒阵云迷。年来独有祠前柏,岁照笼葱越鸟啼。"明万历进士周京《诸葛城》诗云:"三分筹策已茫茫,鱼腹千秋战垒黄。马上欲寻龙卧处,空城斜日下牛羊。"①

## 二、诸葛氏纪念祠庙

诸葛家族曾在三国魏晋时期辉煌,但遗存有纪念性祠庙的仅有诸葛亮一人。

景耀六年(263),步兵校尉习隆、中书郎向充上奏章《为诸葛丞相请立庙表》,后主刘禅当即"从之",并于当年春"诏为亮立庙于沔阳","祠近其墓"。刘禅诏令立庙后,诸葛亮足迹所及之处纷纷立祠纪念,历久愈烈。据地方志记载,明代云南一省有武侯祠28座,至清代有34座;清代贵州省有18座,而四川省有40座。仅成都市一地,历史上先后就有过8座武侯祠。

诸葛亮不仅有大量的纪念性祠庙,而且在封建帝王设庙祭祀的殿堂之中,也有一席之地。历史上,有三类庙将诸葛亮列配享之位:

一是祭祀历代帝王之庙。明洪武二十一年(1388)定从祀名臣37人,诸葛亮名列其中,居第22位。② 清康熙年间,在历代帝王庙两庑祀风后等"功臣四十一,祀以少牢"③。诸葛亮位于第22位。

二是孔庙。清雍正二年(1724),在崇圣祠内"增祀者二十人"④,诸葛亮以先儒之名从祀。

三是武成王庙。唐上元元年(674),追谥姜尚为武成王,依文宣王置庙,"诏择古名将十人配享"。开元十九年(731),"拣取自古名将充十哲",

---

① 王瑞功:《山东省志·诸子名家志·诸葛亮》,第461页,第435—436页。
② 参见《明史》卷四十七《礼志一》,中华书局,1974年,第1233页。
③ 《清史稿》卷八十四《礼志三》,中华书局,1976年,第2526页。
④ 《清史稿》卷八十四《礼志三》,第2525页。

诸葛亮为"十哲"之一。[①] 宋建隆三年(962)诏修武成王庙,以"十哲"从祀。政和二年(1112),封诸葛亮顺兴侯,"释奠日,以张良配享殿上,管仲、孙武、乐毅、诸葛亮、李勣并西向,田穰苴、范蠡、韩信、李靖、郭子仪并东向"[②]。

历代遗留下来的武侯祠庙主要有:

1. 南阳武侯祠

位于河南省南阳市城区西南的卧龙岗上。明嘉靖《南阳府志》"校注"记载,因刘备夷陵之败而流落魏国的原蜀国故将黄权"已在宛",闻得旧主赍志而殁,率族人在南阳卧龙岗建庵遥祭。宋金时期,南阳已建有诸葛祠庙但曾遭兵燹。元大德二年(1298),南阳监郡马哈马主持修葺祠庙并塑像祭祀。元延祐二年(1315),中书省平章政事与翰林院集议奏请朝廷,祠庙始命名为"武侯祠"。清康熙五十年(1711),南阳知府罗景主持重修武侯祠。现存武侯祠基本保留了元明的布局风格,其木构建筑多为明清重建或增建。1996年,国务院公布为全国重点文物保护单位。

2. 古隆中武侯祠

古隆中是诸葛亮隐居躬耕地。武侯祠在今湖北省襄樊市城区西南的隆中山。祠宇始建年代不详。唐宋时期,隆中已有武侯祠庙。唐光化三年(900),诏封诸葛亮为武灵王,御赐庙堂于隆中,立《改封诸葛亮武侯灵王庙记》碑[③]。宋代封诸葛亮为威烈武灵仁济王,此祠亦改称威烈武灵仁济王祠。清康熙三十八年(1699),郧襄观察使蒋兴芑在隆中山腰明末遗址上重建武侯祠,后来又历经多次维修。1996年,国务院公布为国家重点文物保护单位。

3. 成都武侯祠

成都是诸葛亮拜相治国地。成都纪念诸葛亮的祠庙始建于西晋。西

---

① (宋)王溥:《唐会要》卷二十三《武成王庙》,中华书局,1955年。
② 《宋史》卷一百五《礼志八》,中华书局,1985年,第2557页。
③ 南宋王象之《舆地碑记目》载,隆中有碑刻《改封诸葛亮武侯灵王庙记》。唐光化五年封诸葛孔明为武灵王,碑今在隆中。考,唐光化四年(901)四月改元为"天复",此"五年"疑为"三年"之误写。《湖北通志》卷九十九《金石》,即作此推测。

晋初年巴氏族首领李雄割据四川,在成都称王后,于成都城内西部(少城)创建了专祭诸葛亮的孔明庙。东晋永和三年(347),桓温征蜀灭成汉时,"夷少城,犹存孔明庙"①。少城武侯祠毁于何时不见诸史籍。后来多次重建,均遭兵燹。清康熙十至十一年(1671—1672),四川地方官员在明代废墟上新修了君臣合一的祠庙,名昭烈庙。这次重建使刘备殿和孔明殿在同一中轴线上有序排列,形成了左右对称的严整布局。清初的这次大规模重建,奠定了今日武侯祠的基本框架。由于诸葛亮对后世影响很大,人们仍习称此庙为"武侯祠"。1961年,国务院公布为全国重点文物保护单位。

4. 白帝城武侯祠

位于重庆市奉节县白帝山白帝庙内。刘备夷陵兵败退守鱼腹县后,改名永安县,诸葛亮在永安宫受命辅孤。东汉建安十八年(213)诸葛亮率张飞等人溯江西上入川,曾经过此地。据传,诸葛亮曾在这里的江滨碛坝上"推演兵法,作八阵图",对将士作实战示教。刘备、诸葛亮卒后,有人在白帝山上先后建起了"先主庙"与"武侯祠"。唐、宋时期,祠庙经多次重修,保存完好。现存的白帝庙,主要建筑有明良殿、武侯祠、观星亭等,均为清代重修。2006年,白帝城作为明清古建筑,被国务院批准列入第六批全国重点文物保护单位。

5. 保山武侯祠

在今云南省保山市太保山顶太保山公园内。该祠始建于明嘉靖十四年(1535),清康熙二十六年(1687)重修。咸丰十一年(1861)遭兵燹,光绪五年(1879)重建。蜀汉时,保山地属永昌郡,诸葛亮南征时未到此地。但蜀汉之臣永昌郡吏吕凯、王伉守卫城池,反对雍闿叛乱,使一郡免于战争之苦,故后人在此建祠予以纪念。1988年,保山市公布为市级文物保护单位。

6. 嵩明武侯祠

在今云南省嵩明县嵩阳镇。蜀汉建兴三年(225)春,诸葛亮率大军征南中,以攻心战略平定叛乱。传说孟获心服后,诸葛亮曾与其筑台结盟,结

---

① 《方舆胜览》,方家常注译:《诸葛亮文集全译·故事》卷五《遗迹篇》,贵州人民出版社,1997年,第587页。

盟处即在嵩明。武侯祠始建于明代,初在城南。明万历四十年(1612),迁建武侯祠于古盟台旁。清康熙元年(1662),祠庙再次重修。嵩明武侯祠现存建筑为清光绪五年(1879)重修的。1985年,嵩明县人民政府公布为县级文物保护单位。

### 7. 祁山堡武侯祠

在甘肃省礼县祁山乡祁山堡。因诸葛亮第一次和第四次伐魏时皆驻兵于此,故后人建祠以祀诸葛亮。据《礼县县志》、《秦州志》等方志记载,相传祁山堡武侯祠始建于南北朝时期,历代都曾修葺。据《陇右金石录》辑录的祁山庙碑记载:北宋时,祁山庙(武侯祠)曾建在山脚下,明代万历七年(1579),迁建于祁山堡上,现存的殿宇系清代整修后的格局。每年农历四月初一至初四为庙会。1987年公布为县级重点文物保护单位。

### 8. 五丈原诸葛亮庙

在今陕西省岐山县五丈原镇。蜀汉建兴十二年(234)春,诸葛亮第五次北伐,率大军出褒斜道,入秦川,即屯兵于五丈原。五丈原诸葛亮庙始建时间约在南北朝,元代初年大规模整修,明、清以来又进行了数十次维修。庙内除塑有诸葛亮像的大殿及附属设施外,还建有"诸葛亮衣冠冢"和祭祀诸葛亮夫人的"黄月英殿"。明嘉靖三十九年(1560),岐山县知县申奏朝廷在五丈原诸葛亮庙设春秋庙会,庙会沿袭至今。1992年,公布为陕西省重点文物保护单位。

### 9. 定军山诸葛亮墓、武侯墓庙

诸葛亮墓位于陕西省勉县城南定军山下。武侯墓庙坐西向东,三院并连,有40余间殿宇。武侯墓在正殿之后的大院之中,位于墓庙的中轴线上,头西脚东,取"永怀西蜀"之意。墓冢为汉制"复斗式",高4米,直径21米,周长64米,砌以八卦形花格砖垣。墓头有两株高约19米、冠幅约25米、树干围约3米的桂花树。据清嘉庆、道光间武侯墓祠主持道人李复心所著《勉县忠武祠墓志》载,这两株桂树为炎兴元年(263)所植。1996年,国务院公布为全国重点文物保护单位。

### 10. 勉县武侯祠

景耀六年(263)春,祠庙始建于汉水(古沔水)南岸定军山下武侯坪上,靠近诸葛亮的墓所。由于祠庙距勉县城较远,不便于每年的官祭,明正德八年(1513),都御史蓝璋奏请立武侯庙于沔城(今勉县老城)东,以便春秋致祭。武侯祠始移建于今勉县城西四公里处,传即当年诸葛亮北伐时屯营之所。现为全国重点文物保护单位。

11. 诸葛村丞相祠堂

位于浙江省兰溪市诸葛镇诸葛村,建于明万历年间(1573—1620)。兰溪市诸葛村为浙江诸葛氏后裔聚居地。当地诸葛氏尊诸葛亮为始祖,并以农历四月十四日为始祖诞辰祭日,农历八月二十八日为逝世祭日。丞相祠堂坐落在村口,占地约1 400平方米。每年春秋两季,诸葛族人在丞相祠堂举行隆重的祭祀仪式。兰溪市诸葛村现为全国重点文物保护单位。

12. 南投孔明庙

在台湾省南投县鱼池乡中明村,又名"启示玄机院"。清光绪二十七年(1901)始建,初名"明德堂",奉祀道教的玉清、上清、太清三天尊。民国十三年(1924),村人集议建孔明庙,民国十五年(1926)三月完工,合祀诸葛孔明先师、北极玄天上帝。孔明庙主体建筑为一楼一底式大殿,底楼主祀孔明,二楼祀关公。殿前有一平台曰"卧龙台",塑有刘备、关羽、张飞三人顾访诸葛亮像。民国七十年(1981),在孔明庙前右侧动土兴建孔明八卦亭,内有10米高的孔明先师塑像。先师像右手执羽扇,左手拿书卷,气宇非凡。从此香火鼎盛,为当地重要的信仰中心。

13. 武侯宫

又名拜风台。在今湖北省蒲圻县南屏山上,始建于明万历三十八年(1610)。1936年重修时曾挖出一块刻有"祭风台"三个大字的残碑。相传,当年诸葛亮在此祭天借东风,所以又名拜风台。现存武侯宫是1936年的重修建筑。

14. 荆州武侯祠

始建于清代,原址在湖北沙市(现已并入荆州市)江边堤坡处,后遭大水冲击,坍塌于江中。20世纪30年代修建中山公园时移建于园内。

15. 黄陵庙武侯祠

位于今湖北省宜昌市黄牛山麓。黄陵庙有石牌坊、大门、禹王殿三重建筑,左侧为武侯祠,始建年代不详,现存建筑系清光绪十二年(1886)重修建筑。史载,建安十八年(213),诸葛亮奉刘备之命率众由荆州溯江入川,船入西陵峡后,弃船登岸,见黄陵庙残破不堪,遂根据神牛助大禹开江治水的故事,命人重建庙宇,祭拜神牛。

16. 五泉山武侯庙

在甘肃省兰州市皋兰山北麓。五泉山一带盛产水烟,传说,水烟的主要原料蓪叶芸香草,原产于三国时蜀国的南郡,五泉山一带做水烟的蓪叶芸香草是诸葛亮出祁山时带入的。芸香草传入甘肃后,由于气候、土壤适宜种植,得到了普遍发展。建国前,兰州烟坊家家敬供诸葛亮像,五泉山武侯庙的碑匾,也多为烟坊敬献。

17. 宜宾丞相祠

位于四川省宜宾市流杯池公园内。传说,诸葛亮南征驻兵宜宾时,曾在江左演练兵马。祠堂始建于宋代,初祀北宋黄庭坚,明正德年间(1506—1521)改祀诸葛亮至今。

18. 施秉县诸葛庙

位于贵州省施秉县瓮蓬洞。相传,夜郎国鱋岢偏桥一带河段,名"瓮蓬洞"。江中有一巨石,船舶难以通行。诸葛亮南征时,凿通"瓮蓬洞",大军得以顺利前进。后人在此修庙以纪念诸葛亮凿洞通航之功。

19. 青城武侯祠

位于甘肃榆中县青城镇崇兰山下,建于清光绪初年,现存建筑依山而建,一进三殿。传说诸葛亮南征时以水烟治疗瘴气患者,六出祁山时将水烟带入甘肃,以防治祁山瘴气,由此广泛种植。烟农将诸葛亮作为水烟作坊供奉之神,每年农历七月二十三日为水烟祭祖日。殿前悬"芸香利溥"匾。

20. 南下武侯庙

位于广东省中山市南下村南阳里,又称南阳庙。始建于宋代,清雍正、嘉庆、道光、光绪年间多次重修,现保存完好。

21. 曹边武侯庙

位于广东省中山市曹边村。创建于宋代,光绪五年(1879)、民国八年(1919)和1986年三次重修。现保存完好。

22. 鸡山武侯庙

位于广东省珠海市香洲区唐家湾镇鸡山村。始建年代未详,清代嘉庆、光绪年间两次重修。庙内供奉诸葛亮及其子诸葛瞻、孙诸葛尚。

23. 马溪村武侯祖庙

位于浙江省临安县马溪村。始建于清咸丰十一年(1861),1946 年重修。庙门悬"武侯祖庙"匾,祖庙堂内中间位置供奉诸葛亮的神像。每年的农历七月二十三日,马溪村举行盛大的"武侯诞"祭奠典礼。

24. 沂南诸葛亮故里纪念馆

在山东省沂南县砖埠镇孙家黄疃村,1993 年建成。纪念馆东临沂河,坐北朝南,占地面积 2 700 平方米。主要建筑有大门、大殿等,均为仿古建筑。大殿为面阔三间的单檐歇山式仿古建筑,大殿正中安放着诸葛亮塑像,东西暗间墙壁上饰以浅浮雕图画,展示诸葛亮一生的主要事迹。殿内四周,陈列着阳都故城出土的各种文物。

25. 沂南诸葛宗祠

位于沂南县县城西侧卧龙山东麓,是一处以纪念诸葛亮为主兼及诸葛亮先人和族人的汉式四合院建筑。宗祠内,"本源堂"取"木本水源"之意,供奉诸葛亮的先人,中间奉诸葛丰,东侧为诸葛玄,西侧为诸葛珪。"全人堂"取乾隆皇帝题"端推诸葛是全人"之意,三开间大厅,中间须弥座神台,安放诸葛亮神像。"冠盖堂"取"一门三方为冠盖"之意,供奉诸葛亮的同辈人,中间为诸葛瑾,东为诸葛诞,西为诸葛均。"萃华堂"取"辑萃精华"之意,堂内有诸葛亮的子侄辈塑像及后人浮雕像和族人绣像。

26. 木门道武侯祠

位于甘肃天水市秦州区牡丹镇王家铺村木门自然村。1996 年修建。一院三进,第一进为照壁过厅;第二进为武侯祠,正殿塑诸葛亮像,东西厢房塑文臣武将像;第三进为先主殿,塑刘备像。

27. 冯家塬武侯祠

位于甘肃宝鸡市渭滨区冯家塬村诸葛山上。据说,这里是诸葛亮当年"出散关,围陈仓"时作过中军大营的地方。1998 年,冯家塬村修建了三间悬山式武侯祠祠堂,供奉诸葛亮。

诸葛亮与他人合祀的祠庙有:

28. 临沂五贤祠

在山东省临沂市兰山区城内。明嘉靖初年立祠,合祀乡贤诸葛亮和王祥,名"忠孝祠"。明嘉靖三十年(1551),增祀晋代王祥的同父异母弟王览、唐代颜真卿和堂兄颜杲卿,易名"景贤祠"。清乾隆十六年(1751)四月,乾隆皇帝为沂州"五贤"御赐《题琅邪五贤祠》七绝诗和"千秋五贤"匾额,祠遂更名"五贤祠"。

29. 桓台县五贤祠

在山东省桓台县马踏湖畔华沟村。始建于明天启年间(1621—1727),初祀鲁仲连、诸葛亮、苏轼,名"三贤祠"。清同治三年(1864),为鲁仲连、诸葛亮、苏轼塑像,颜斶、辕固立牌位,仍名"三贤祠"。1985年重修祠庙时,改名"五贤祠"。

30. 龙凤祠

在四川省德阳市罗江镇,始建于建安十九年(214),专祀庞统,后毁于战乱。清康熙三十年(1691)修复时,增塑诸葛亮像,改名为二师殿,又名龙凤祠。

31. 双忠祠

位于四川省绵竹市区西门,主祀诸葛瞻父子。清乾隆三年(1738)在诸葛瞻父子墓址立祠,现存启圣殿祀诸葛亮,拜殿祀诸葛瞻父子。

历史上有大量的武侯祠毁于战乱,未再修复,比较著名的有:

32. 石鼓山武侯祠遗址

在今湖南省衡阳市北门外。初建于宋乾道四年(1168),其后元、明、清各代皆有增修,抗日战争时期被毁。今辟为公园。

33. 泸州武侯祠遗址

在今四川省泸州市忠山上,始建于宋庆元年间(1195—1200),又名"三忠"祠,祀诸葛亮及其子诸葛瞻、孙诸葛尚。民国时被驻军拆毁。

34. 清凉山武侯祠遗址

位于南京清凉山,传说诸葛亮出使东吴时曾在此驻马,后人建祠以为纪念。始建年代不详,清咸丰年间(1851—1861)曾重建。祠已不存,祠址立有"诸葛武侯驻马坡"碑。

35. 公安县武侯祠遗址

位于湖北省公安县黄金口,原为吴国吕蒙祠,始建年代不详。吕蒙祠因火灾焚毁,重修后改为武侯祠。祠已不存。

36. 甘棠武侯祠遗址

位于广西省灵川县甘棠镇,祠建于明代。现已不存。

# 第四节　诸葛氏传记

## 一、诸葛亮传记

陈寿《三国志·蜀书》有其传记,其事迹在《三国志·魏书》和《三国志·吴书》中多有涉及,以为互见。自陈寿为诸葛亮作传后,直到南宋才有新的《诸葛亮传》问世。此后,历代不乏为其作传之人。后世有关诸葛亮的传记虽基本皆以陈寿《诸葛亮传》为蓝本进行增减,但因受时代影响,传记也各有作者所处时代的烙印。

南宋时因北族入主中原,王朝偏安于江南。因而,这一时期诸葛亮传记的最大特点是强调蜀汉正统,突出诸葛亮的功业。如:

胡寅《诸葛孔明传》。[1] 胡寅认为:"寿不为知亮,而其言亦多有可取者",因此,在陈寿《诸葛亮传》的基础上吸收了裴松之注的部分材料,增加了有关诸葛亮善于发现人才及重用人才的内容。最大的变化是针对陈寿所作《诸葛亮传》中的"奇谋""将略"问题,称赞诸葛亮"英略绝时而行治纯懿,直方守正而应变无穷"。赞叹诸葛亮"庶几哉帝王之辅,伊、吕之俦,度越管、萧远矣"。胡寅在传末以述评方式对诸葛亮进行评议,洋洋洒洒达数

---

[1] (宋)胡寅:《斐然集》卷二十四《诸葛孔明传》,王瑞功:《诸葛亮研究集成》上,齐鲁书社,1997年,第15—26页。

千言。

北宋郑樵《诸葛亮传》。① 郑樵历时三十余载，尽毕生心血著成《通志》。他主张实学，即平心直道、据实直录，反对空言著述，反对任情褒贬。郑樵《诸葛亮传》根据陈寿《诸葛亮传》压缩改编而成，传后除直引陈寿对诸葛亮的评价外，没有自己的褒贬之论。

张栻《汉丞相诸葛忠武侯传》。② 张栻是南宋理学大家，他极尊崇诸葛亮始终坚持"汉贼不两立、王业不偏安"的忠心，强调蜀汉当为正统。比之陈寿所传、裴松之所注，张栻所传的特点是，他以自己的义利观为准绳对传注材料进行有规则的取舍，以对儒家义理的理解为尺度，摘取诸葛亮符合纯儒标准的嘉言懿行竭力发挥彰扬，而对那些在他看来是杂驳之术的则一概弃而不取。传后张栻有洋洋数千言评语。他认为："五霸以来，功利之说盈天下，大义榛塞，幸而有若侯者坚守其正，不以一时利钝易不共戴天之心，庶其可以言王道者。"并认为："侯之于学为未足者奈何？知有未至也。知有未至，则心为未尽；未能尽其心，则于天下之事物有所不能遍该而以一贯之也。"

萧常《诸葛亮传》。③ 萧常之父寿朋因不满于《三国志》以魏为正统，立志重修，未成而卒。萧常继父志撰成《续后汉书》，以蜀汉为正统。传后也有作者洋洋千言之"赞"。其赞与张栻之评一脉相承，且引言居多。萧常也认为，"亮之于学为未足"，先主卒"未逾年而改元，此有以见其学之未至欤！""若亮者，体正大而能充之以学，吾必谓之三王之佐矣！"

元代，诸葛亮的传记有郝经的《诸葛亮列传》。④ 郝经使宋被囚真州十余年。期间，他笔耕不辍著述数百卷，其中有《续后汉书》（亦名《三国志》），《诸葛亮列传》为《续后汉书》列传之一。郝经从蜀非正统的角度否定了裴"注"，认为裴松之"绩力虽勤，而亦不能更正统体"⑤，反对"华夷之

---

① 参见（宋）郑樵：《通志》卷一百一十八上《诸葛亮传》，王瑞功：《诸葛亮研究集成》上，第29—37页。
② 参见（宋）张栻：《汉丞相诸葛忠武侯传》，王瑞功：《诸葛亮研究集成》上，第38—55页。
③ 参见（宋）萧常：《续后汉书》卷七《诸葛亮传》，王瑞功：《诸葛亮研究集成》上，第58—69页。
④ 参见（元）郝经：《续后汉书》卷二十《诸葛亮传》，王瑞功：《诸葛亮研究集成》上，第70—82页。
⑤ （元）郝经：《续后汉书·自序》，《四库全书》本。

辨",推崇四海一家,主张天下一统。该传认为:齐管仲"首霸术",汉张子房"信复雠之义",汉末董卓"崇仁义请讨贼",但"一用阴谋谲计,杂而不纯"。"汉四百余年而有诸葛亮,有伊尹之志、吕望之略、周公之才。出处不苟,恢廓正大,笃于道义……亦圣之任也",是"命世异人,架天高栋"。对诸葛亮推崇有加。

明清两朝为诸葛亮作传记者多达 10 余家,这些传记有的是在编辑诸葛亮文集时编写的,有的是专门著作,共同特点是少有新意,仅有繁简之别。但明清两代又稍有差异。

明代诸葛亮传记多直述事迹功业而少评赞之语,有影响的诸葛亮传记有:

明宣宗皇帝朱瞻基撰《诸葛亮传》。① 皇帝为诸葛亮写传记,是空前绝后的。他从陈寿作《诸葛亮传》中选取诸葛亮的主要事迹,但也选取了诸葛亮遗司马懿巾帼妇服和七擒七纵、"死诸葛走生仲达"等情节。

李贽《诸葛亮传》。② 该传直述而无评赞。李贽认为,衡量历史人物的标准应该是这个人的实际成就和才干,而不是传统的道德教条。按照这一标准出发,李贽对千百年来的历史人物重新作了评估和分类。他在《诸葛亮传》中,既写了诸葛亮以管仲自比,治蜀恩威并举,忠公体国等,更详细写了他的北伐无成;赞成诸葛亮的"忠诚",但对他的"将略"才能并不推许。李贽认为,"成大功者必不顾后患",诸葛亮北伐"无功徒劳"的原因是"多欲"与"博取"③。

谢陛《诸葛亮传》。④ 谢陛遵汉昭烈为正统,附以诸臣为《内传》,《诸葛亮传》在《内传》。谢陛《季汉书》与萧常《续后汉书》、郝经《续后汉书》"陈陈相因",皆"为订正三国志、五代史体例而作"⑤。传后无评赞。

① (明)朱瞻基:《诸葛亮传》,《历代臣鉴》卷五《善可为法·三国》。
② (明)李贽:《诸葛亮传》,明万历刻本《藏书》卷十二《大臣传·忠诚大臣》,王瑞功:《诸葛亮研究集成》上,第84—95页。
③《焚书》卷五《孔明为后主写〈申〉〈韩〉〈管子〉〈六韬〉》,明万历刊本。
④ (明)谢陛:《诸葛亮传》,明万历刻本《季汉书》之《内传》卷八,王瑞功:《诸葛亮研究集成》上,第96—105页。
⑤ (清)张之洞:《书目答问补正》卷二《史部》,上海古籍出版社,2001年,第92页。

黄道周《诸葛亮传》。① 该传的史料主要取自历代正史,对选录的绝大部分史书正文删减撮要,正史未曾记载的一些史料予以增补。如陈寿《诸葛亮传》不载诸葛亮举荐杜微、孟达等贤人之事,也没有记载诸葛亮让姚为"掾",姚并荐文武之士的事,《懿畜前编·诸葛武侯》增补之。并增补诸葛亮人蜀后加强法制,派邓芝与吴修好之事。传后有近百字"断"语。

明代诸葛亮传记还有魏显国《诸葛亮》②、李廷机《诸葛亮》③、杨时伟《诸葛亮传》④、陈元素《诸葛亮传》⑤。

清代诸葛亮的传记传后多有评赞之论,对事迹功业的记述虽多忠于事实,但在评赞之语中,美化神化的倾向已经比较明显。

朱轼《诸葛亮传》。⑥ 朱轼崇尚程朱理学,对诸葛亮推崇备至。他在传后"论"中说:"亮有王佐才,气象一本于儒者。孔子所谓'求志达道',曾子所谓'托孤寄命,临大节而不可夺',庶几近之。""富国强兵乃其囊底余智耳。"对苏洵父子"皆咎亮不取荆州而都梁、益"之论,朱轼认为:"苏洵辈好以事后之成败论人,强词悍气,不衷事理,恶足与窥古人之深哉。""亮自比管、乐,有过之无不及也。"

朱璘《汉丞相诸葛亮传》。⑦ 该传因附于《诸葛丞相集》卷首,故略去《后表》文字,仅提及此事云:"十一月,亮闻孙权破曹休,魏兵东下,关中虚弱,复上表出师。"传记后未有评赞论语。

王复礼《诸葛忠武侯传》。⑧ 该传广采传闻野说,以佐证诸葛亮的智慧。

① （明）黄道周:《诸葛亮传》,《海山仙馆丛书》本之《广名将传》卷五,王瑞功:《诸葛亮研究集成》上,第96—105页。
② 《历代相臣传》,万历三十四年刻本。
③ 《汉唐宋名臣录》,万历间刻本。
④ 《诸葛忠武书》,《四库全书》本。
⑤ 《注释评点古今名将传》,崇祯间刻本。
⑥ （清）朱轼:《诸葛亮传》,《史传三编》(《四库全书》本),王瑞功:《诸葛亮研究集成》上,第109—118页。
⑦ （清）朱璘:《汉丞相诸葛亮传》,《诸葛丞相集》(康熙三十七年万卷堂刻本)卷首,王瑞功:《诸葛亮研究集成》上,第119—128页。
⑧ （清）王复礼:《诸葛忠武侯传》,《季汉五志》(康熙四十一年刻本),王瑞功:《诸葛亮研究集成》上,第129—140页。

如以大篇幅文字记述诸葛亮平定南中之事,将每次纵、擒孟获的地点、经过皆如数家珍般载之于传记,并有老叟"示以药苗解毒,暗者皆愈"、孟获"驱象兽以战"、诸葛亮"立铁柱镇诸蛮"等类于演义的记述,神异的倾向十分明显。传后"王复礼曰"认为,"继阿衡而后者①,非侯其谁欤? 若夫管、乐之拟,固谦辞也。而萧、曹之亚,又岂定论乎?"

　　尹于皇《汉丞相录尚书事假节领司隶校尉益州牧赐金铁钺曲盖羽葆武乡忠武侯诸葛亮传》。② 该传在陈寿《诸葛亮传》的基础上,添加了许多野史中的神奇故事,如《郭冲五事》中的"慧眼识刺客"和"空城退敌",裴启《语林》中的司马懿所见诸葛亮"独乘素舆,葛巾羽扇,指麾三军,随其进止"等。

　　章陶《诸葛亮列传》。③ 该传在陈寿《诸葛亮传》基础上,将裴松之注引之事迹添于传记敷衍而成。然而将《晋阳秋》所记"有星赤而芒角,自东北西南流,投于亮营,三投再还,往大还小,俄而亮薨"之灵异事记入传记,显然是一种神化。

　　汪婪《诸葛公传》。④ 这是一篇不足千字的传记。该传记载,诸葛亮少依叔父玄时,"上虞徐太极一见,惊曰:'神仙中人也。'"寓居襄阳时,庞德公"引公至南灵山,师鄓公玖",得奇书。鄓公"复引至武当山天柱、紫霄二峰,谒北极教主",授"六甲密文,五行要道"。把诸葛亮的智慧写成神人传授,并断言:"倘天假数年,司马父子就擒、灭魏、平吴,指顾间耳。"对陈寿与崔浩论及诸葛亮之短,予以斥责:"彼崔浩乱言,陈寿妄断,故事河汉,何伤日月哉!"

　　清代诸葛亮传记还有王紫绪《诸葛忠武侯集》附录《诸葛忠武侯传》⑤、

---

① 阿衡即伊尹。伊灭夏复有功,商汤封他为尹(宰相),并封了个尊号叫"阿衡"。"阿"就是"倚","衡"的意思是"维持",阿衡意为"国家的倚靠"。

② (清) 尹于皇:《汉丞相录尚书事假节领司隶校尉益州牧赐金铁钺曲盖羽葆武乡忠武侯诸葛亮传》,《百将全传》道光九年刻本卷九,王瑞功:《诸葛亮研究集成》上,第142—149页。

③ (清) 章陶:《诸葛亮列传》,《季汉书》(道光九年青山环漪轩所刻)卷十三,王瑞功:《诸葛亮研究集成》上,第150—159页。

④ (清) 汪婪:《诸葛公传》,《逊敏堂丛书》(咸丰元年刻本)第6册,王瑞功:《诸葛亮研究集成》上,第160—161页。

⑤ 乾隆年间手稿。

张江《历代名臣传·诸葛亮列传》①、汤成烈《季汉书·诸葛丞相列传》②、无名氏《诸葛亮传》③。

近代,诸葛亮备受学术界的关注。这个时期社会的主流意识是探索救国救民的道路,因而有关诸葛亮的传记,都是以歌颂为主,意在呼吁以诸葛亮为榜样,关心国事,建功立业。有关诸葛亮的传记有:

孙毓修:《诸葛亮》,上海商务印书馆,1915 年。

寿凌虚:《诸葛武侯秘史》,古史编辑社,1917 年。

现当代,有关诸葛亮的传记和评传较多,有影响的传记主要有:

吕金录、杜迟存:《诸葛亮》,上海商务印书馆,1934 年。

韩非木:《诸葛亮》,中华书局,1935 年。

顾旭侯:《诸葛武侯》,上海新教育出版社,1936 年。

王缁尘:《诸葛孔明评传》,上海国学整理社,1936 年。

徐楚樵:《诸葛亮》,中华书局,1937 年。

朱杰勤:《诸葛亮》,昆明空军军官学校政治部,1941 年。

祝秀侠:《诸葛亮》,重庆胜利出版社,1944 年。

周佐治:《诸葛亮》,南京青年出版社,1946 年。

王永生:《诸葛亮》,上海少儿出版社,1957 年。

马植杰:《诸葛亮》,上海人民出版社,1957 年。

徐素:《诸葛亮》,香港中华书局,1959 年。

刘裕略:《诸葛亮评传》,《再生》3 卷 5—9 期连载(1960)。

柳春藩:《诸葛亮(附年表)》,中国青年出版社,1962 年。

曹增祥、李家林:《诸葛亮》,中华书局,1962 年。

章依萍:《诸葛亮》,上海儿童书局,1964 年。

四川人民出版社编:《诸葛亮》,四川人民出版社,1974 年。

吉林大学历史系编:《诸葛亮(附年表)》,人民出版社,1976 年。

昆明师院史地系编:《诸葛亮(附年表)》,云南人民出版社,1976 年。

---

① 雍正年间刻本。
② 古藤书屋钞稿本。
③《陈氏丛书》第 6 册,光绪年间邓州武氏刻本。

郑孝时:《诸葛亮》,江苏人民出版社,1983 年。

章映阁:《诸葛亮新传》,上海人民出版社,1984 年。

曹余章:《一代名相诸葛亮》,上海人民出版社,1984 年。

朱大渭、梁满仓:《武侯春秋》(上、下册),团结出版社,1988 年。

〔日〕林田慎之助著,李天送译:《诸葛亮(附年谱)》,三秦出版社,1989 年。

陈文德:《诸葛亮大传》,九洲图书出版社,1994 年。

余明侠:《诸葛亮评传》,南京大学出版社,1996 年。

柳春藩:《诸葛亮评传》,中国青年出版社,1997 年。

张崇琛:《武侯鼎蜀·诸葛亮世家》,吉林人民出版社,1997 年。

周殿富:《诸葛武侯全传》,时代文艺出版社,1997 年。

朱大渭、梁满仓:《诸葛亮大传》(上、下册),中华书局,2007 年。

其中,余明侠《诸葛亮评传》是目前国内较全面评述诸葛亮的生平业绩及其思想的第一部专著。《诸葛亮评传》共 11 章,前六章为传略部分,后五章为思想部分。史论结合,多方探讨,传略论述与思想评析融为一体。全面论述了诸葛亮在政治、军事、经济、法制、哲学等思想领域的熠熠光彩,揭示其以"拯世济民"、"兴复汉室"为核心的思想特征及对指导实践所起的作用,从而有助于读者对这位古代伟人的进一步了解。

## 二、谱牒、碑刻

### (一) 谱牒

诸葛氏谱的名称最早见于《三国志》裴松之注。《三国志·诸葛亮传》中,曾经讲到诸葛亮的孙子诸葛京的事迹,裴松之在这个地方引用《诸葛氏谱》作注说:"京字行宗。"其次见于刘孝标注《世说新语·方正》。刘义庆在《世说新语》中,谈到诸葛诞后代的婚姻情况:东晋时,诸葛诞的孙子诸葛恢,大女儿嫁给太尉庾亮的儿子,二女儿嫁给徐州刺史羊忱的儿子,儿子娶了河南邓攸的女儿。南朝梁人刘孝标在这个地方又引用《诸葛氏谱》作注说:"恢子衡,字峻文。仕至荥阳太守。娶河南邓攸女。"《三国志》裴松之注和《世说新语》刘孝标注引,是《诸葛氏谱》今仅存的两条佚文。裴松之是南朝刘宋人,这说明在南朝刘宋时,人们还能看到《诸葛氏谱》。

　　尽管《诸葛氏谱》现仅佚文两条,但其中一条值得注意,即"(诸葛)京字行宗"条,可以看出,这部谱牒不但有诸葛诞一支,还包括诸葛亮一系,当然还有诸葛瑾一系。《隋书·经籍志》、《旧唐书》、《新唐书》、《经籍·艺文志》虽著录谱牒不少,却无《诸葛氏谱》。《宋史·艺文志》及《郡斋读书志》、《直斋书录解题》下至《四库全书》亦均未著录此谱。因此,可以说,隋唐之际传世的《诸葛氏谱》已佚失。

　　自晋始,诸葛氏又一次进入辉煌时期,成为"族姓"①,以至于到南北朝时,录入史书的诸葛氏皆以琅邪或阳都为籍。隋唐时期,进入政界的诸葛氏仍不乏显赫者。《隋书》、《旧唐书》、《新唐书》记载的诸葛氏官员就有诸葛颖、诸葛爽、诸葛忱、诸葛述、诸葛殷、诸葛畋等人。故可知隋唐后虽然原始《诸葛氏谱》佚失了,肯定有不少的诸葛氏世家从已知之祖为始重新纂修族谱。也可推知,既然已无原始的《诸葛氏谱》为据,而其先祖诸葛亮"开诚心,布公道"的高风亮节,尽忠尽善"人范"的道德品格,精忠汉室"国相"的智慧、才能及彪炳史册的丰功伟业,使其各自在重新纂修的族谱时以诸葛亮为始祖或许成为必然选择。现在已知的以诸葛亮为祖,从宋代有详实世系资料的《诸葛氏谱》有如下几宗:

　　1. 兰溪《高隆诸葛氏宗谱》

　　兰溪《高隆诸葛氏宗谱》(以下简称《兰溪谱》)现存于浙江省兰溪市诸葛八卦村,为八开线装本,民国36年修撰,陈果夫和薛笃弼为之作序。《兰溪谱》中有嘉靖十三年(1534)《重修诸葛氏谱》序。该序记载:

　　　　粤自葛天氏后秦末葛婴破秦涉有功,汉文时封其孙诸县侯。侯之裔复其姓曰诸葛。历两汉魏晋唐世多迁徙,及五代令寿邑。浰公家寿之常村。子青公徙居兰岘峰。青公子承载又迁葛塘。大狮公隘其地择高隆,世世居焉……谱之一修于宋希孟主簿,再修于元梦潓公国谕,至元季仅存余稿,前后序记亦复脱失无征。洪武间伯衡公会宗人同纂

---

①《晋书》卷七十七《诸葛恢传》:"导尝与恢戏争族姓。"第2042页。

修之。厥后,伯融彦祥良璧三祖累加校序,至今六十余年未修也。今年春,从弟邑庠生璃暨侄群弼咸以谱事属笔于余……

由此可知,宋绍兴四年(1134),入浙诸葛氏后裔首部《诸葛氏宗谱》由主簿诸葛希孟纂修问世。元至正(1341—1368)年间,国谕诸葛梦漕重新加以辑修。元末,诸葛大狮又对《诸葛氏宗谱》进行了续修。其时恰逢改朝换代兵火连天之际,诸葛大狮续修成未久的《诸葛氏宗谱》,惨遭兵燹,毁荡殆尽,留给后人的除了残存的手稿外,竟连《谱序》之类的重要家谱资料亦未保留下来。此后,洪武十七年(1384)再修族谱,终"因谱之资料缺失严重,惜以未称大备而为憾"[1];诸葛伯融又主持修谱,"因其旧谱资料仍为缺失,故续修之《诸葛氏宗谱》,未免有先后次序之差,支分派衍之错";宣德六年(1431)诸葛伯融长子诸葛承祚"承之父志,欲重修《诸葛氏宗谱》……奈诸多原因,重修未遂,亦未刊印,仅留一《阅家谱跋言》于卷首";嘉靖十二年(1533)诸葛文郁主持重修《诸葛氏宗谱》,次年付梓刊印。这次修谱因为有了前数代修谱者积累的家谱资料,故修得较为成功。

万历十九年(1591),进士诸葛可大首次倡议兰溪、建德、龙游、绍兴及福建晋江等诸葛氏家族共修合祖宗谱,最终即将脱稿之合族宗谱未付梓刊印,仅《合修家谱序》传世。序中出现了对诸葛丰、诸葛珪及诸葛亮的表述:

吾诸葛氏始于西汉司隶校尉丰公之复姓,其后珪之子忠武侯相汉而家于蜀。厥后多历迁徙,传十世至浰公,五代时为寿邑令,遂家于寿之常村……

《合修家谱序》不仅出现了诸葛亮为其直系的表述,而且明确称诸葛浰是诸葛亮的十代孙。其后多次修谱,均未有果。因此,对先祖的认定表述也不得而知。

---

① 徐国平:《诸葛亮与诸葛家族文化》,载《诸葛氏宗谱的纂修史特色与价值》,吉林人民出版社,2008年。

清康熙四十八年诸葛氏家族再次启动合修宗谱工程，康熙五十年（1709）合族之谱终于告竣。之后或分修或合修，皆以康熙五十年《诸葛氏宗谱》为基础，不断订讹补缺，规范体例，完备内容。最终形成了民国三十六年的《诸葛氏宗谱》。

《兰溪谱》载有历次修谱时名人学士撰写的《序》或《跋》30 余篇。其中民国十四年（1925）陈果夫为《序》云：

> 诸葛氏为汉初诸县侯葛婴之后，而光大于三国两晋之际。三国时，瑾亮昆仲佐吴相蜀，割据寰宇，开济两朝。而亮之卓才远识，尤并世无二。亮子瞻，瞻子尚，继遗志，与魏战，城破殉节。瞻子京仕晋，官至广州刺史[1]，有祖父风烈，吏民称之；子冲廷尉，孙铨零陵太守，曾孙颖正议大夫。五传至爽，仕唐，为司空，河南节度使，子仲芳袭之，并有贤声；孙浰，五代唐时，宦游山阴，以寿昌县令终，遂家焉。其子青，则迁兰之始祖也……

同谱，薛笃弼[2]为《序》云：

> 汉初葛婴，佐高祖创业有功，封诸县侯，称诸葛公，是为诸葛著姓之始。汉文帝称治。则有司隶校尉丰公，刚特秉书，五传至珪为泰山郡丞，实生孔明昆季，子孙贞烈，能世其家。晋唐五代益昌益繁，有浰公者，宦游入浙，终寿昌令，为迁浙始祖，其子青，徙兰溪……

同年出版的《兰溪谱》浓缩本《兰溪诸葛简史》导言首句便是："吾族为诸葛武侯公之绵裔。"

由历代谱序可以看出，对诸葛亮为兰溪诸葛氏先祖的认同是逐渐形

---

① 清代前《三国志》裴注引《诸葛氏谱》作"京位至江州刺史"。清英武殿本《三国志》误作"广州刺史"，此后坊本均沿其误。今中华书局标点本《三国志》已复改作"江州"。

② 薛笃弼（1890—1973），运城人，早年参加同盟会。1923 年后任北洋政府司法部次长、国务院代秘书长。1924 年任内务部次长、京兆尹。时任甘肃省省长。

成的。

《兰溪诸葛简史》对始祖诸葛珪后裔的衍生情况,以一个简明的《诸葛氏始祖直系系统表》作了直观的表述:

一世　诸葛珪　章氏　三子

二世　珪长子瑾　次子亮　三子均

三世　亮嗣子乔　长子瞻　次子怀

四世　乔子攀　瞻长子尚　次子京

五世　攀子显　京子冲

六世　京子铨

七世　规

八世　颖

九世　嘉会

十世　神力

十一世　纵

十二世　良

十三世　爽

十四世　仲方

十五世　泂(迁浙始祖)　深(迁居福建泉州晋江古榕)

十六世　青

十七世　承荫　承祐　承载　承弈　承咏　承遂

……

《兰溪谱》记载:

泂公配高氏,生一子即青公,字显民,继娶叶氏,共生六子,本族遂称大六支。而青公因数代祖父,在金衢严三府各地,置得田产,共有九千余亩。自父泂公及母高氏去世,安葬寿地之后,率六子由寿昌徙居兰溪西乡之岘山下,遂世居焉。

诸葛青生六子,除六子承遂出赘山阴甲子巷王家外,其他诸子皆随诸葛青由寿昌徙居兰溪西乡之岘山下。六子承遂传五世后失去联系。五子承咏居岘山之下前渚,历六世无考。六支后裔只有四支明晰存在。

《兰溪谱》是目前发现的追溯最远,资料最为详实的诸葛氏《宗谱》。但就该谱载入浙始祖诸葛浰为诸葛亮后裔一事,尚有可考之处。

如:

《兰溪谱》载一世祖兄弟三人。长诸葛珪,字君贡,东汉末泰山郡丞,配章氏,生瑾、亮、均三子。次诸葛逮,字佐明,为雍州史。三诸葛绪,字佑名,为雍州刺史。诸葛逮,未见于史籍记载。诸葛绪,史籍有其事迹记载,字佑名则未见于史籍。(景元)四年(263)诸葛绪以雍州刺史督诸军参与伐蜀,入晋后为太常崇礼卫尉。即使伐蜀时年已60岁,其出生时间则应在公元200年左右,年龄则比诸葛亮还小近二十岁。诸葛珪约卒于192年左右,《兰溪谱》将诸葛绪记载为诸葛珪小弟,显然于理不顺。

又如:

所载始祖诸葛珪至第四世诸葛京,史籍均有记载,谱载事迹也与史籍相符。史籍对诸葛京的记载语焉不详,亦无后裔的记载。其兄诸葛尚生于延熙七年(244),卒于炎兴元年(263)。由此可知,诸葛京出生年份最早为225年。陈果夫《序》言"五传至爽,仕唐,为司空,河南节度使",此诸葛爽显然就是两《唐书》所载诸葛爽。若此,即第十三代孙诸葛爽卒于中和元年(881),距诸葛京已550多年。诸葛爽是诸葛京的第九代孙,平均每代达到60余年,显然不合常理。另据《晋书·诸葛夫人传》推断,诸葛冲约卒于300年前后,而据旧唐书载其后人诸葛爽卒于881年。若此,六至十三世相距约580年,平均80余年一世,更有悖于常理。因此,可以说诸葛浰与弟诸葛深纂修《宗谱》时,是否有魏晋时《诸葛氏谱》存世而做基础,尚值得研究。

再如:

《三国志》裴注引钟会传:"按百官名:绪入晋为太常崇礼卫尉。子冲,廷尉。荀绰兖州记曰:冲子诠,字德林,玫字仁林,并知名显达。诠,兖州刺史。玫,侍中御史中丞。"《北史·列传第七十一·文苑》记载:"诸葛颖,字汉,丹杨建康人也。祖铨,梁零陵太守。父规,义阳太守。"《兰溪谱》则记载:诸葛冲,京长子,字茂长,为晋廷尉,生子铨,铨生归,归生颖。此诸葛京之子孙诸葛冲与诸葛铨显然是诸葛绪之子孙,而非诸葛亮嫡重孙与曾孙。以诸葛冲为诸葛京子,自然是有张冠李戴之嫌。

2. 丹阳《诸葛氏族重修族谱》

丹阳《诸葛氏族重修族谱》（以下简称《丹阳谱》）现存在江苏省丹阳市的大泊诸葛氏的"三顾堂"和大华诸葛氏的"余荫堂"。该族谱修于光绪二十四年（1898），线装木刻本，共八册。族谱扉页印有"云阳诸葛家乘"字样，内页有南宋抗金名将韩世忠题写的"诸葛族谱之宝"六个字。《丹阳谱》还保留了历代纂修族谱的序言，诸葛氏源流考证、家训、祭祀图，以及诸葛亮像、武侯祠堂碑记和祠庙记等。

《丹阳谱》记载，诸葛丰生衍，衍生宏，宏生俨，俨生逮，逮生珪，珪生瑾、亮、均，亮生瞻，瞻生尚、京（尚辈旁边注"有遗腹子京"），京生冲，冲生铨，铨生规，规生颖，颖生嘉会，嘉会生贞、神力。诸葛贞一支脉中，贞生仪（唐开元五年进士，官御史）、仪生拱（太常博士）、拱生静（渭南尉）、静生允常（山南西道节度判官）、允常生辰羽（行军长史）、辰羽生公武（少府监、寿王府侍读）、公武生钦乾（赠尚书都官员外郎）、钦乾生任（赠刑部侍郎）、任生思文（赠礼部侍郎、润州团练使）。诸葛神力一脉中，神力生纵，纵生述。述生二子，长子爽生仲芳（后迁徙至浙江）；次子生炳（该谱以后不记载这一支脉）。

《丹阳谱》从诸葛丰记起，由丰五传而至珪。五世间的衍生关系，由于缺乏史书记载相佐证，故难以确认或否定。"逮生珪"，则与《兰溪谱》所记相悖，孰是谁非，不敢妄论。至于"京生冲，冲生铨，铨生规，规生颖"，则与《兰溪谱》所记相同，也不免有移花接木之嫌。另有一点特殊之处，即谱中未见有诸葛亮叔父诸葛玄的记载，不知为何。

对于始迁丹阳者的记载，《丹阳谱·里居志》言称：

吾族始居琅邪阳都，一迁而南阳隆中，再迁而蜀，三迁而广陵，赠礼部侍郎。稷允公为润州团练使，因卜居于丹阳白鹤溪之大华里，其后分老林、寺城，老林又分长巷、岳墅，而大华其本宗，丹阳其桑梓也。吾宗散居浙闽者不一，其宗琅邪者，无不宗丹阳老林，至谓若百鸟之不得不朝凤也，而百川之不得赴海也。

同时，《丹阳谱》记载：诸葛嘉会之孙诸葛神力迁老林。"神力，永徽三年进士,官平江尹,太宗常命镌《圣教序》。"①诸葛神力奉命镌《圣教序》一事,《大唐三藏圣教序》有明确记载:"咸亨三年(672)十二月八日……文林郎诸葛神力勒石,武骑尉朱静藏镌字。"诸葛思文是诸葛贞的九世孙,诸葛神力和诸葛贞是亲兄弟。也就是说,诸葛神力最先到达丹阳,时间在唐初。为何同谱记载有异,待考。

关于诸葛贞,《丹阳谱》载:"诸葛贞,文林郎,宏文院供奉。"唐何延之《兰亭记》记载:唐太宗得到《兰亭序》后,"帝命供奉拓书人赵模、韩道政、冯承素、诸葛贞等四人,各拓数本,以赐皇太子、诸王近臣。"根据上述记载可知,诸葛神力、诸葛贞兄弟俩都是当世书法高手。

据《丹阳谱》记载:诸葛神力子诸葛纵,当涂县令。据李白改葬青山始末《范碑》记载②:诸葛纵于元和九年(814)任当涂县令,元和十二年(817),范传正将李白改葬之事交其具体承办时,诸葛纵欣然应允。"乐闻其语,便道还县",亲自去青山相地形、卜新宅,并决定"元和十二年正月二十三日迁神于此,遂公之志也"。

从十四世诸葛嘉会生诸葛贞、诸葛神力兄弟后,嘉会后裔形成传承至今的两大支脉:诸葛神力支脉中,诸葛爽生子诸葛仲芳,后迁徙至浙江。诸葛贞九世孙诸葛思文迁居丹阳,为丹阳派始祖。

《丹阳谱》记载,诸葛思文单传诸葛赓(二十五世)。诸葛赓(宋庆历二年进士)单传诸葛懿。其后的衍生世系是:懿生晖、曒二子;晖生松、材二子;松(宣和六年进士)生渊(乾道丙戌进士、处州松阳县令);渊生锴。材(政和二年进士)生深、浩二子。深生金兹、金其二子。

《丹阳谱》记载:诸葛金其后裔维贤、维善兄弟同榜进士,维贤迁金坛永墅,维善随父迁金坛后庄里。以后该两支脉丹阳诸葛氏族谱不再收入。

诸葛浩(绍兴丁卯黄由榜进士)生铿(绍兴丁卯与父浩同登黄由榜进士),铿生遂,遂生梦宇(咸淳十年进士),梦宇生廷良,廷良生士铭、士铬二

---

① 西安碑林的《怀仁集王羲之书圣教序》,碑文最后有"诸葛神力勒石,朱静藏镌字"。
② 《舆地纪胜》卷十八《太平府》条中有云:"李阳冰为当涂令,白往依之,悦谢家青山,欲终焉。宝应元年卒,葬龙山东……元和十二年,宣歙观察使范传正委当涂令诸葛纵改葬青山之址,去旧坟六里。"

子;士铭生舜臣,士铬生尧臣。舜臣生异、冀、畴、畀四子。舜臣四子形成大四子支脉,繁衍生息在丹阳城乡,其子孙繁衍众多,也逐步由丹阳各乡镇迁徙至武进、金坛等地区。

丹阳一带,既有单字葛姓又有复姓诸葛。葛姓中有能追溯到汉代的葛姓,也有复姓诸葛去"诸"字而成单字葛姓的。而由诸葛简化为葛姓者,又有族规处罚使然和近代自动简化而然两种情况。如《余荫堂》族谱载:"诸葛炳字开明,诸葛殷作乱,去复姓子一宗。"诸葛炳(诸葛述次子诸葛奭之子,诸葛爽胞侄),其子诸葛殷作乱,按族规不准再姓诸葛,有可能改为单字葛姓了。这与谱中诸葛炳以后即不再有记载是相吻合的。《太平广记》记载:唐僖宗(874—888)时,"吕用之、张守一、诸葛殷等,皆言能役使鬼神,变化黄金。(高)骈酷信之,遂委以政事。用之等援引朋党,恣为不法。"[1]《通鉴纪事本末》也记载了诸葛殷之事。《余荫堂》族谱记载的"诸葛殷作乱"当指此事。

纵观丹阳诸葛氏族谱,从诸葛思文开始,诸葛氏族人的繁衍世系记载是详实严谨的,诸葛思文后裔也是人丁兴旺,人才辈出。宋明两朝,中举为官者代不乏人,仅考取进士功名者有十三人。诸葛思文之子诸葛赓,宋庆历二年(1042)进士,官至观文殿学士,太子少师,赐大华第。诸葛赓的两个曾孙诸葛材和诸葛松分别是政和二年(1112)、宣和六年(1124)进士;诸葛浩、诸葛鉴父子与族人诸葛成淳熙八年(1181)同榜进士;诸葛恒为绍熙元年(1190)进士;诸葛维贤、诸葛维善绍定二年(1229)兄弟同榜进士;诸葛梦宇、诸葛沃野为咸淳十年(1274)同榜进士;诸葛枢为崇祯四年(1631)进士。诸葛岩任中城兵马司指挥;诸葛冀洪武二年(1369)因功封龙虎将军;诸葛佐万历丙辰(1616)进士,赠光禄大夫,右都督府都督;诸葛晋明天启丁卯武举,以功授右军都督府都督,加太子太傅赐蟒玉挂镇海将军印。

清代以后,谱中记载的杰出人物已寥若晨星,也许因支脉众多,迁徙外地后与故里失去联系的缘故。还有一个重要原因,丹阳诸葛氏多自动去"诸"姓葛,久而久之,诸葛复姓越来越少。

---

[1]《太平广记》卷二百九十《妖妄三》。

3. 金坛《谨慎堂诸葛氏宗谱》

金坛《谨慎堂诸葛氏宗谱》(以下简称《谨慎堂谱》)现存江苏省金坛市儒林镇云墅村。该谱纂修于清道光八年(1828),民国四年(1915)续修共37卷。现存谱曾于民国三十六年(1947)验认,谱的扉页上用毛笔写着"旧字号,民国三十六年冬至验讫"字样,并盖有"诸葛氏谨慎堂"大红方印。谱载:诸葛亮二十六世孙翔(字鹏举),于唐宣宗大中年间挈眷渡扬子江,历润州而东,至丹阳大华里定居。翔七世孙维贤,字孟举,号元登,宋末由云阳大华迁金坛东乡永墅(今儒林镇云墅村)。

《谨慎堂谱》奉诸葛亮为始祖。谱序曰:

> 后主景耀六年冬,邓艾入蜀,瞻及尚皆战殁,时京与乔子攀、攀子显移居河东,以奉宗祀,故未与国同难。
>
> 京子二,长瞻次肩,肩承本生父为河东派,瞻嗣伯尚为南阳派。瞻生子二,长文次武,武早逝,武之子齐器徙居广西……文二十一世传至翔,字鹏举,于唐宣宗大中十四年,为避兵乱挈眷涉淮,由广陵渡扬子江,历润州而东,抵云阳大华里居焉,是为云阳始迁祖。传六世(注,诸葛维贤),会宋末鼎沸,广陵(扬州)以上,悉为胡踞,知时事之不可为,致仕归。由大华里(注,今丹阳大华里)迁金沙之澎溪渡口(注,现金坛市儒林洮湖东岸),名其居曰云墅,是为云墅始迁祖。其子孙繁衍,徙鲁墅、南阳……

在鲁墅村西南,存有第三十二世诸葛维贤的墓与碑。诸葛维贤封迪公郎,此碑又称迪公碑。碑文由元初赵孟頫撰写,现碑为清乾隆二十八年(1763)重刻。正面上部阳刻"始迁祖肇穴之碑"七字,碑文右上方题头阴刻"宋进士授五经博士诸葛维贤公墓表"。碑文小楷阴刻,竖书26行,计872字。碑文主要记述了诸葛维贤家世行状,阐述其在南宋末年的仕履生涯中,目睹宋室衰微,国脉如缕,自知无回天之力,遂辞归故里,徙居金坛洮湖之滨的澎溪渡口之始末。碑文还介绍了诸葛维贤的母亲是宋太祖第十一世孙女,也就是赵孟頫的嫡亲姑妈,赵孟頫和诸葛维贤是嫡亲姑表兄弟。

赵孟頫因佩服表兄的为人,特为表兄维贤公撰写了《宋进士授五经博士诸葛维贤公墓表》(以下简称《墓表》)。《墓表》曰(节录)①:

> 诸葛维贤公字孟举,行万一。其先祖恒公字世远,宋绍熙庚戌 (1190)进士,授承德郎,擢浙江省御史。生二子,长宵之,次释之。释之字延舒,三十五岁而早卒。娶赵氏,生一子即维贤公也……(释之)卒与赵儒人合葬于云阳之大华里。以故维贤公遵父志……以始祖孔明自期,佩服其淡泊明静四字……登绍定己丑科进士,旋授翰林五经博士。莅任凡(原作"几",疑误)三载,辄致仕告归。盖已知时事之不可为矣……解组归田,卷怀不出,世居云阳大华里。适当鼎沸之会,扰乱蜂起,乃择地金沙,出郭踰舍近洮湖之滨,其聚曰永墅(注,今名"云墅")……公曰:"此吾仁里也。"遂挈家而居焉。国初,世祖皇帝登极后,丙戌之秋访求江南人才,一时知公者咸劝公复起。公随意口占数句以应之曰:"一朝天子一朝臣,我讵能为两截人。世故递迁今异昔,回思宗社倍伤神。"言讫潸然泪下,识者知其笃忠贞之义,富贵莫能淫矣。公当晚节道味愈浓,俗氛愈淡……余念故戚之情而钦其年之将耄也,纪其大概如此。大元延祐三岁在丙辰冬十一月翰林学士承旨赵孟頫撰,大清乾隆二十八年岁次癸未乙丑月臧林储在宽书。

《谨慎堂谱》记载,元延祐三年(1316)诸葛维贤原配夫人毛氏、继娶周氏相继故去后,族议"启厥迪公之窆奉柩祔公",诸葛维贤的长子诸葛永龄请表叔翰林学士赵孟頫书表其墓。赵孟頫"以念故戚之情",在"松雪斋"写下书艺精绝的《墓表》。嗣后,历经沧桑变故,墓碑被损,不能辨读。乾隆时期,宜兴臧林人翰林学士储在宽,书法意蕴超妙,不同凡响,素以效法"赵体"闻名。诸葛族人就请他临摹碑文,重立墓前。碑文主要记述了维贤公的家世,及徙居金坛洮湖之滨的始末。

《谨慎堂谱》载,诸葛维贤属诸葛亮第三十二代孙,这一代排"万"字辈。

---

① 诸葛佩圣:《诸葛后裔今何在》。

"万"字辈兄弟共二十人。诸葛维贤排行位一，尊称万一公，万一公后裔聚居于儒林镇的大鲁墅、小鲁墅、南阳、前云墅、中云墅、后云墅等 8 个村庄。有考论者认为"浙江兰溪诸葛村的祖上是十三弟称万十三公。"①考兰溪《兰溪谱》二十四世确有"万十三公"，但是同时记载有"万一公、万四公、万九公、万十公、万十一公、万十三公、万十四公"，皆为二十一世诸葛景谅的曾孙。此万十三公非彼万十三公，并非同一人，不能同日而语。

《谨慎堂谱》所载诸葛"京子二，长膺次肩，肩承本生父为河东派，膺嗣伯尚为南阳派"，虽无史籍相证记，但较之大公堂《宗谱》载"京子冲"更为可信。诸葛维贤生于南宋嘉定八年（1215），卒于元元贞元年（1295），其出生时间与诸葛亮出生时间相距 1134 年，按三十左右年一代计算，谱载为诸葛亮第三十二代孙是比较合理的。

《谨慎堂谱》记载："二十三世鹏举（唐宣宗大中年间），天下扰乱，遂挈眷渡淮，由广陵涉扬子江，历润州而东抵云阳之大华里居。又传六（代）至宋末鼎沸，博士公维贤由大华迁永墅。"《墓表》也记载："会宋末鼎沸，广陵（扬州）以上，悉为胡踞，知时事之不可为，致仕归。由大华里（注，今丹阳大华里）迁金沙之澎溪渡口（注，现金坛市儒林洮湖东岸），名其居曰云墅，是为云墅始迁祖。"《丹阳谱》也记载诸葛维贤迁居金坛永墅。由此可知，金坛诸葛氏祖出丹阳，是丹阳诸葛氏的分支族人。

4. 阳朔《诸葛氏宗族谱》

丹阳《诸葛氏宗谱》（以下简称《阳朔谱》）现存在广西阳朔等地。该谱修纂于民国二十六年。

《阳朔县志》载：

> 阳朔白沙村诸葛氏之族，乃南阳孔明之后裔也。晋时，裔孙诸葛齐器委任广东，游于广西，见白沙村地可建宅，乃居焉……

《谨慎堂谱》记载："京子二，长膺次肩……膺生子二，长文次武，武早逝，

---

① 诸葛佩圣：《诸葛后裔今何在》。

武之子齐器徙居广西。"这与《阳朔县志》的记载是相吻合的。遗憾的是诸葛齐器后裔已失考,今阳朔周边诸葛族人皆遵宋代迁居桂林黎获大村的"隆中公"为始迁祖。

"隆中公"后裔支派各有宗谱,但由于始祖年深代远,对先祖的分世系记载实际是从"隆中公"开始。民国二十六年版《阳朔谱》录旧谱序云:

> 我祖系诸葛丰第廿七世孙,原居襄阳城西廿里,地名隆中。宋末迁居于广西桂林黎获大村,乃因出地立名,遂号隆中。隆中公后,子孙繁盛,有陆续移居各地者,(今广西诸葛后裔)皆隆中公之苗也。

为了敦睦宗族,民国二十四年阳朔诸葛族人第一次连修宗谱,并选定20个字为排辈之用①。民国二十六年版《阳朔谱》序言记载(节录)②:

> 稽吾始祖籍居河南南阳邓州,离荆州二十里,与怀庆中岳山交界地名隆中之处。宋末有迁居广西桂林南路黎获大村者,乃因出地立名,遂号隆中公。以后子孙繁盛,又陆续移居各地者,迄今桂林黎获大村、山林渡、寺山下、邦山底、富汧、塘头、山脊、四吉山、平地、军洞、东山六塘各地,与阳朔翠屏、龙头山、大林里、九竹山、葡萄、下寨……旧下葛、新下葛等村,以及修仁县,凡系我族人中皆隆中公之苗裔也……今已年深代远,居地辽阔,虽支派各有宗谱,可续彝伦,然在整个族中,间有长幼难分,尊卑未辨者,因此,极宜连修宗谱,敦睦宗族。民国二十四年……成立联谱会……二十六年……秋印成发分各地族人……

《阳朔谱》记载,诸葛隆中公生三子:长仲豪,次仲贤,三仲钦。公元1002年,续修《诸葛氏宗谱》以仲豪、仲贤、仲钦为三脉,分为三册。续修《诸葛氏宗谱》载诸葛亮世家世系表如下:

诸葛丰,诸葛亮远祖,与亮相距二百余年,亮为丰八代或九代孙。

续修《阳朔谱》以诸葛珪为一世祖。记述如下:

---

① 20字为"禧拨生忠恕,诚明洁慎勤;恭安宽俭让,直量毅和平"。
② 阳朔县葡萄翠屏村诸葛氏祠堂《诸葛氏宗谱》。

一世：珪(亮父亲) 玄(亮叔父) 逮(亮堂叔) 结(亮堂叔)

二世：(珪子)瑾、亮、均；(逮子)诞；结子飏

三世：(瑾子)恪、乔、融；(亮子)瞻、果、怀；(均子)望；诞子靓；(飏子)齐

四世：(恪子)绰、竦、建；(乔子)攀；(瞻子)尚、京、质；(靓子)恢、颐

五世：(攀子)显；(京子)冲、颙；(恢子)魁、鱯

六世：(冲子)铨

七世：(铨子)规

八世：(规子)颖

九世：(颖子)嘉会

十世：(嘉会子)神力

十一世：(神力子)纵

十二世：(纵子)良

十三世：(良子)爽

十四世：(爽子)仲方

十五世：(仲方子)浰(浙江支派)、深(福建支派)

十六世：(浰子)青

十七世：(青子)承荫、承祐、称载、承弈、承咏、承遂

十八世：(承荫)盟、诜

十九世：(盟子)英、芯、八

二十世：(英子)择、持、捷、抢；(芯子)彪；(八子)十七

廿一世：(择子)沔；(持子)大四；(捷子)大汉；(抢子)十六；(彪子)二保、丞、奇；(十七子)臣

廿二世：(沔子)知心

廿三世：(知心子)憬、慎、性

廿四世：(憬子)曾二、曾三、曾四；(慎子)万七、(性子)万六

廿五世：(曾二子)九一、九二、九三；(曾三子)九四、九五、九八(注：涛)；(万六子)泷

谱注："九三后世无考；九八后世无考；九八(涛)后世无考；泷后世

无考。"

又注:"根据本次续谱初期,黎获族人提供的线索,隆中公系南阳七兄弟之第六弟。诸葛亮世家世表中二十五世诸葛九八(涛)正是七兄弟的第六弟(无考),应为隆中公的真名。其由有二:第一,据现有史料记载,唯有诸葛亮有传至今,其余一概无传亦无考;第二,诸葛八卦村《诸葛氏宗谱》中1至25世,其中16世诸葛青于1019年自浙江寿昌县迁居兰溪县,即25世减16世尚有9世,以每世28年记为252年,加迁居之1019年,为宋末约公元1271年至1274年间,与隆中公于宋末迁居桂林南路黎获大村的年份基本吻合。"

由此可知,《阳朔谱》所载"隆中公"之前的谱系,是参照兰溪诸葛八卦村大公堂《诸葛氏宗谱》撰写的。确定"隆中公"为诸葛涛,亦系推论,并无确证。

另,续修《阳朔谱》"诸葛亮家世附注"记曰:"诸葛逮,为雍州史,生一子诞。诸葛结,为魏雍州刺史,生一子飏。"

《三国志》及裴注和《晋书》没有雍州史的表述。《三国志》及裴注所记雍州刺史中无有姓诸葛者,《晋书》所涉及的三国末期雍州刺史的记载,只有中景元四年(264)"雍州刺史诸葛绪自祁山军于武街"一条。由此可推知,续修《诸葛氏宗谱》所载的诸葛结,即为诸葛绪之讹。以诸葛冲为诸葛京之子,显然与兰溪《兰溪谱》有传抄的关系。

5. 坊坞《全裔堂诸葛氏族谱》

坊坞《全裔堂诸葛氏族谱》(以下简称《全裔堂谱》),南宋宝祐四年(1256)由国子监祭酒诸葛延官创修,明崇祯八年(1635)续修,清康熙五十五年(1716)再续。《全裔堂谱》以诸葛亮为一世祖,比较详细地记载了从诸葛亮到36代诸葛浩玉世系源流。谱载诸葛京及诸葛显于咸熙年间(264—265)由河东还,复归故里诸葛城。族谱附录《琅邪全裔堂考》、《兰山学署咨查详文》、《诸葛城忠孝祠碑文》及大坊坞、后坊坞、西北坊坞、西南坊坞的诸葛始祖《碑文》等资料。《全裔堂诸葛氏族谱》详见附录。

另外,应该说明的是临沂市莒南县葛家山也有《全裔堂诸葛氏族谱》,但从第四代至第三十六代的记载与坊坞《全裔堂诸葛氏族谱》略有差异。

（二）碑刻

明代以前,有关诸葛氏家族事迹的碑刻当首推现存于山东临沂市的隋代《义主都督诸葛子恒合一百人平吴越主陈叔宝纪功碑》,《中国书法鉴赏大辞典》称之为《诸葛子恒平陈颂》(以下简称《平陈碑》)。隋开皇十三年(593)刻,抗日战争前此碑存放于临沂普照寺右军祠内,现存于临沂市博物馆。《平陈碑》:"开皇十三年四月十五日立。盖诸葛子恒百人等,自述从军劳绩,兼颂隋高功德者。"①由于年久风化,文不甚预剥,题名间有缺蚀,能释读的名字中诸葛氏族人有:都督诸葛子恒,郡守诸葛他□,大都维那□诸葛德,都督诸葛世龙,大都维那□诸葛元、别将诸葛刹那,大都维那主诸葛□子,统军诸葛象,大像主诸葛曰珠,统军诸葛□,侍官诸葛□,幢主诸葛子湛,侍官诸葛龙子,侍官诸葛子政,侍官诸葛僧和,侍官诸葛偘仁,乡正诸葛孝直。

另有 5 通北齐碑都有诸葛氏族人的记载②,分别是:

《北齐邑义邴赤齐等造像碑》,天统五年(569)立,"碑高二尺六寸,阔二尺,厚五寸","两侧并阴所镌寨主诸人姓名,多残灭。"可辨识的人名中诸葛氏族人有"邑义诸葛明远"。

《北齐北徐州兴福寺造像碑》,"碑高三尺二寸,阔二尺三寸,厚尺强";"四面题名,字多残剥。右侧及阴不可辨"。可辨认人名中诸葛氏族人有:木主诸葛□,主簿诸葛荣叔,像主诸葛敬仁、像主诸葛晕、邑义诸葛梨、邑义诸葛忻、邑义诸葛□。

《北齐吕世标等造像残碑》,碑"右侧及阴,残灭不全,均题名"。可辨识者中有居士诸葛圆儒。

《北齐许始妻等造像碑》,可辨识人名中有"……洪进妻诸葛居家眷属"等字。

《北齐于丘郎仁等造像碑》,碑文有"起碑债主……碑主诸葛豕……碑主诸葛凤"等字。

---

① 民国五年《临沂县志》(重版本)。
② 录自民国五年《临沂县志》(重版本)。

造像碑中题名中不乏诸葛氏族人,说明北齐时期当地诸葛氏还人口众多。隋开皇八年(588)至九年(599),隋文帝杨坚以水陆大军50余万渡江作战,攻灭江南陈朝,诸葛子恒等百人"扬鞭待敌叔宝"①。其中诸葛氏族人就有17人,更佐证了当时诸葛氏在故乡不仅是人口繁盛而且是有实力的望族。

## 三、诸葛亮遗事与逸闻

诸葛亮事迹,除陈寿《三国志》中有选择地记载外,魏晋史书还存有大量记述,并且有些记载比《三国志》更详细,有的也与《三国志》所记有出入甚至相抵牾。再加诸葛亮这一历史人物逐渐被神化,以至于严肃的官修史籍中也不乏有关神话诸葛亮的内容。杂著、杂录及方志中有关诸葛亮的记述,往往更具有浓郁的传奇色彩。这些记载可称之为遗事或逸闻。

（一）遗事

《三国志》未载,但见于魏晋南北朝时期史籍的诸葛亮事迹,多可称之为遗事。见之于史籍的诸葛亮遗事主要有:

### 诸葛亮见刘备

三国魏·鱼豢

刘备屯于樊城。是时曹公方定河北,亮知荆州次当受敌,而刘表性缓,不晓军事。亮乃北行见备,备与亮非旧,又以其年少,以诸生意待之。坐集既毕,众宾皆去,而亮独留,备亦不问其所欲言。备性好结毦,时适有人以髦牛尾与备者,备因手自结之。亮乃进曰:"明将军当复有远志,但结毦而已邪!"备知亮非常人也,乃投毦而答曰:"是何言与!我聊以忘忧耳。"亮遂言曰:"将军度刘镇南孰与曹公邪?"备曰:"不及。"亮又曰:"将军自度何如也?"备曰:"亦不如。"曰:"今皆不及,而将军之众不过数千人,以此待敌,得无非计乎!"备曰:"我亦愁之,当

---

① 《义主都督诸葛子恒合一百人平吴越主陈叔宝纪功碑》,民国五年《临沂县志》(重版本)。

若之何?"亮曰:"今荆州非少人也,而著籍者寡,平居发调,则人心不悦;可语镇南,令国中凡有游户,皆使自实,因录以益众可也。"备从其计,故众遂强。备由此知亮有英略,乃以上客礼之。①

## 诸葛亮围陈仓

### 三国魏·鱼豢

　　先是,使将军郝昭筑陈仓城;会亮至,围昭,不能拔。昭字伯道,太原人,为人雄壮,少入军为部曲督,数有战功,为杂号将军,遂镇守河西十余年,民夷畏服。亮围陈仓,使昭乡人靳详于城外遥说之,昭于楼上应详曰:"魏家科法,卿所练也;我之为人,卿所知也。我受国恩多而门户重,卿无可言者,但有必死耳。卿还谢诸葛,便可攻也。"详以昭语告亮,亮又使详重说昭,言人兵不敌,无为空自破灭。昭谓详曰:"前言已定矣。我识卿耳,箭不识也。"详乃去。亮自以有众数万,而昭兵才千余人,又度东救未能便到,乃进兵攻昭,起云梯冲车以临城。昭于是以火箭逆射其云梯,梯然,梯上人皆烧死。昭又以绳连石磨压其冲车,冲车折。亮乃更为井阑百尺以射城中,以土丸填堑,欲直攀城,昭又于内筑重墙。亮又为地突,欲踊出于城里,昭又于城内穿地横截之。昼夜相攻拒二十余日,亮无计,救至,引退。诏嘉昭善守,赐爵列侯。及还,帝引见慰劳之,顾谓中书令孙资曰:"卿乡里乃有尔曹快人,为将灼如此,朕复何忧乎?"仍欲大用之。会病亡,遗令戒其子凯曰:"吾为将,知将不可为也。吾数发冢,取其木以为攻战具,又知厚葬无益于死者也。汝必敛以时服。且人,生有处所耳,死复何在耶?今去本墓远,东西南北,在汝而已。"②

---

① 《三国志》卷三十五《诸葛亮传》裴松之注引《魏略》,第913页。题为著作者加,下同。案,引文后裴松之即言:"《九州春秋》所言亦如之。臣松之以为亮表云'先帝不以臣卑鄙,猥自枉屈,三顾臣于草庐之中,谘臣以当世之事',则非亮先诣备,明矣。虽闻见异辞,各生彼此,然乖背至是,亦良为可怪。"
② 《三国志》卷三《明帝纪》裴松之注引《魏略》,第95—96页。案,《三国志·诸葛亮传》记载,诸葛亮第二次北伐时,"冬,亮复出散关,围陈仓,曹真拒之,亮粮尽而还"。有抵牾。

## 政由葛氏

### 三国魏·鱼豢

初备在小沛，不意曹公卒至，遑遽弃家属，后奔荆州。禅时年数岁，窜匿，随人西入汉中，为人所卖。及建安十六年，关中破乱，扶风人刘括避乱入汉中，买得禅，问知其良家子，遂养为子，与娶妇，生一子。初禅与备相失时，识其父字玄德。比舍人有姓简者，及备得益州而简为将军。备遣简到汉中，舍都邸。禅乃诣简，简相检讯，事皆符验。简喜，以语张鲁，鲁为洗沐送诣益州，备乃立以为太子。初备以诸葛亮为太子太傅，及禅立，以亮为丞相，委以诸事，谓亮曰："政由葛氏，祭则寡人。"亮亦以禅未闲于政，遂总内外。①

## 诸葛亮病故前后

### 三国魏·鱼豢

诸葛亮病，谓延等云："我之死后，但谨自守，慎勿复来也。"令延摄行己事，密持丧去。延遂匿之，行至褒口，乃发丧。亮长史杨仪宿与延不和，见延摄行军事，惧为所害。乃张言延欲举众北附，遂率其众攻延。延本无此心，不战军走，追而杀之。②

## 诸葛亮忧恚欧血卒

### 晋·王沈

亮粮尽势穷，忧恚欧血。一夕烧营遁走，入谷，道发病卒。③

---

① 《三国志》卷三十三《后主传》裴松之注引《魏略》，第 893—894 页。案，引文后裴松之辩曰："《二主妃子传》曰'后主生于荆州'，《后主传》云'初即帝位，年十七'，则建安十二年生也。十三年败于长阪，备弃妻子走，《赵云传》曰'云身抱弱子以免'，即后主也。如此，备与禅尝相失也。又诸葛亮以禅立之明年领益州牧，其年与主簿杜微书曰'朝廷今年十八'，与禅传相应，理当非虚。而鱼豢云备败于小沛，禅时年始生，及奔荆州，能识其父字玄德，计当五六岁。备败于小沛时，建安五年也，至禅初立，首尾二十四年，禅应过三十矣。以事相验，理不得然。此则《魏略》之妄说，乃至二百余言，异也！又案诸书记及《诸葛亮集》，亮亦不为太子太傅。"

② 《三国志》卷四十《魏延传》裴松之注引《魏略》，第 1004 页。案，裴松之在引文后曰："臣松之以为此盖敌国传闻之言，不得与本传争审。"

③ 《三国志》卷三十五《诸葛亮传》裴松之注引《魏书》，第 926 页。案，引文后裴松之辩曰："臣松之以为亮在渭滨，魏人蹑迹，胜负之形，未可测量，而云欧血，盖因亮自亡而自夸大也。夫以孔明之略，岂为仲达欧血乎？及至刘琨丧师，与晋元帝笺亦云'亮军败欧血'，此则引虚记以为言也。其云入谷而卒，缘蜀人入谷发丧故也。"

## 诸葛亮遗嘱

### 晋·陈寿

诸葛亮于武功病笃，后主遣(孙)福省侍，遂因谘以国家大计。福往具宣圣旨，听亮所言，至别去数日，忽驰思未尽其意，遂却骑驰还见亮。亮语福曰："孤知君还意。近日言语，虽弥日有所不尽，更来一决耳。君所问者，公琰其宜也。"福谢："前实失不谘请公，如公百年后，谁可任大事者？故辄还耳。乞复请，蒋琬之后，谁可任者？"亮曰："文伟可以继之。"又复问其次，亮不答。①

## 诸葛亮拒事孙权

### 晋·袁准

张子布荐亮于孙权，亮不肯留。人问其故，曰："孙将军可谓人主，然观其度，能贤亮而不能尽亮，吾是以不留。"②

## 诸葛亮谏刘备莫使东吴

### 晋·虞溥

先主与(庞)统从容宴语，问曰："卿为周公瑾功曹，孤到吴，闻此人密有白事，劝仲谋相留，有之乎？在君为君，卿其无隐。"统对曰："有之。"备叹息曰："孤时危急，当有所求，故不得不往，殆不免周瑜之手！天下智谋之士，所见略同耳。时孔明谏孤莫行，其意独笃，亦虑此也。孤以仲谋所防在北，当赖孤为援，故决意不疑。此诚出于险涂，非万全之计也。"③

---

① 《三国志》卷四十五《杨戏传》裴松之注引《益部耆旧杂记》，第1087页。
② 《三国志》卷三十五《诸葛亮传》裴松之注引《袁子》，第916页。案，引文后裴松之即评曰："臣松之以为袁孝尼著文立论，甚重诸葛之为人，至如此言则失之殊远。观亮君臣相遇，可谓希世一时，终始以分，谁能间之？宁有中违断金，甫怀择主，设使权尽其量，便当翻然去就乎？葛生行己，岂其然哉！关羽为曹公所获，遇之甚厚，可谓能尽其用矣，犹义不背本，曾谓孔明之不若云长乎！"
③ 《三国志》卷三十七《庞统传》裴松之注引《江表传》，第954—955页。案，《三国志·先主传》仅记："权稍畏之，进妹固好。先主至京见权，绸缪恩纪。"

## 司马懿赞诸葛

### 晋·裴启

诸葛武侯与司马宣王在渭滨,将战,宣王戎服莅事。使人视武侯,素舆葛巾,持白毛扇指麾,三军皆随其进止。宣王闻而叹曰:"可谓名士!"①

## 诸葛亮为夷作图谱

### 晋·常璩

其俗征巫鬼,好诅盟,投石结草,官常以盟诅要之。诸葛亮乃为夷作图谱,先画天地日月君臣城府,次画神龙,龙生夷及牛马驼羊,后画部主吏乘马幡盖,巡行安恤,又画牵牛负酒,赍金宝诣之之象,以赐夷。夷甚重之,许致生口直。又与瑞锦铁券,今皆存。每刺史校尉至,赍以呈诣,动亦如之。②

## 诸葛亮为哀牢国作图谱

### 晋·常璩

永昌郡,古哀牢国。哀牢,山名也。其先有一妇人,名曰沙壹,依哀牢山下居,以捕鱼自给。忽于水中触一沉木,遂感而有娠。度十月,产子男十人。后沉木化为龙出,谓沙壹曰:"君为我生子,今在乎?"而九子惊走。惟一小子不能去,陪龙坐。龙就而舐之。沙壹与言语,以龙与陪坐,因名曰元隆,犹汉言陪坐也。沙壹将元隆居龙山下。元隆长大,才武。后九兄曰:"元隆能与龙言,而黠有智,天所贵也。"共推以为王。时哀牢山下,复有一夫一妇产十女,元隆兄弟妻之。由是始有人民。皆象之,衣后着十尾,臂、胫刻文。元隆死,世世相继,分置小王,往往邑居,散在溪谷。绝域荒外,山川阻深,生民以来,未尝通中国

---

① 《太平御览》卷三百七《兵部·麾兵》引裴启《语林》。
② 《华阳国志》卷四《南中志·总序》,(清)张澍:《诸葛亮集·故事》卷二《遗事篇》,第246—247页。

也。南中昆明祖之,故诸葛为其国谱也。①

## 诸葛亮拜见庞德公

### 晋·习凿齿

诸葛孔明为卧龙,庞士元为凤雏,司马德操为水镜,皆庞德公语也。德公,襄阳人。孔明每至其家,独拜床下,德公初不令止。德操尝造德公,值其渡沔,上祀先人墓,德操径入其室,呼德公妻子,使速作黍:"徐元直向云有客当来就我与庞公谭。"其妻子皆罗列拜于堂下,奔走供设。须臾,德公还,直入相就,不知何者是客也。德操年小德公十岁,兄事之,呼作庞公,故世人遂谓庞公是德公名,非也。德公子山民,亦有令名,娶诸葛孔明小姊,为魏黄门吏部郎,早卒。子涣,字世文,晋太康中为牂牁太守。统,德公从子也,少未有识者,惟德公重之,年十八,使往见德操。德操与语,既而叹曰:"德公诚知人,此实盛德也。"②

## 诸葛亮娶妻

### 晋·习凿齿

黄承彦者,高爽开列,为沔南名士,谓诸葛孔明曰:"闻君择妇;身有丑女,黄头黑色,而才堪相配。"孔明许,即载送之。时人以为笑乐,乡里为之谚曰:"莫作孔明择妇,正得阿承丑女。"③

## 郭冲五事

### 晋·王隐

晋初,扶风王骏镇关中④,司马高平刘宝、长史荥阳桓隰诸官属士大夫共论诸葛亮,于时谭者多讥亮托身非所,劳困蜀民,力小谋大,不

① 《华阳国志》卷四《南中志·永昌郡》,刘晓东等点校:《二十五别史》第10册《华阳国志》,齐鲁书社,2000年,第56页。
② 《三国志》卷三七《庞统传》裴松之注引《襄阳记》,第953—954页。
③ 《三国志》卷三十五《诸葛亮传》裴松之注引《襄阳记》,第929页。
④ 扶风王骏,即司马骏,司马懿子。

能度德量力。金城郭冲以为亮权智英略，有逾管、晏，功业未济，论者惑焉，条亮五事隐没不闻于世者，宝等亦不能复难。扶风王慨然善冲之言。

臣松之以为亮之异美，诚所愿闻，然冲之所说，实皆可疑，谨随事难之如左：

### 一事

亮刑法峻急，刻剥百姓，自君子小人咸怀怨叹，法正谏曰："昔高祖入关，约法三章，秦民知德，今君假借威力，跨据一州，初有其国，未垂惠抚；且客主之义，宜相降下，愿缓刑弛禁，以慰其望。"亮答曰："君知其一，未知其二。秦以无道，政苛民怨，匹夫大呼，天下土崩，高祖因之，可以弘济。刘璋暗弱，自焉已来有累世之恩，文法羁縻，互相承奉，德政不举，威刑不肃。蜀土人士，专权自恣，君臣之道，渐以陵替；宠之以位，位极则贱，顺之以恩，恩竭则慢。所以致弊，实由于此。吾今威之以法，法行则知恩，限之以爵，爵加则知荣；荣恩并济，上下有节。为治之要，于斯而著。"

难曰：案法正在刘主前死，今称法正谏，则刘主在也。诸葛职为股肱，事归元首，刘主之世，亮又未领益州，庆赏刑政，不出于己。寻冲所述亮答，专自有其能，有违人臣自处之宜。以亮谦顺之体，殆必不然。又云亮刑法峻急，刻剥百姓，未闻善政以刻剥为称。

### 二事

曹公遣刺客见刘备，方得交接，开论伐魏形势，甚合备计。稍欲亲近，刺者尚未得便会，既而亮入，魏客神色失措。亮因而察之，亦知非常人。须臾，客如厕，备谓亮曰："向得奇士，足以助君补益。"亮问所在，备曰："起者其人也。"亮徐叹曰："观客色动而神惧，视低而忤数，奸形外漏，邪心内藏，必曹氏刺客也。"追之，已越墙而走。

难曰：凡为刺客，皆暴虎冯河，死而无悔者也。刘主有知人之鉴，而惑于此客，则此客必一时之奇士也。又语诸葛云"足以助君补益"，则亦诸葛之流亚也。凡如诸葛之俦，鲜有为人作刺客者矣，时主亦当惜其器用，必不投之死地也。且此人不死，要应显达为魏，竟是谁乎？何其寂蔑而无闻！

### 三事

亮屯于阳平，遣魏延诸军并兵东下，亮惟留万人守城。晋宣帝率二十万众拒亮，而与延军错道，径至前，当亮六十里所，侦候白宣帝说亮在城中兵少力弱。亮亦知宣帝垂至，已与相逼，欲前赴延军，相去又远，回迹反追，势不相及，将士失色，莫知其计。亮意气自若，敕军中皆卧旗息鼓，不得妄出庵幔，又令大开四城门，扫地却洒。宣帝常谓亮持重，而猥见势弱，疑其有伏兵，于是引军北趣山。明日食时，亮谓参佐拊手大笑曰："司马懿必谓吾怯，将有强伏，循山走矣。"候逻还白，如亮所言。宣帝后知，深以为恨。

难曰：案阳平在汉中。亮初屯阳平，宣帝尚为荆州都督，镇宛城，至曹真死后，始与亮于关中相抗御耳。魏尝遣宣帝自宛由西城伐蜀，值霖雨，不果。此之前后，无复有于阳平交兵事。就如冲言，宣帝既举二十万众，已知亮兵少力弱，若疑其有伏兵，正可设防持重，何至便走乎？案《魏延传》云："延每随亮出，辄欲请精兵万人，与亮异道会于潼关，亮制而不许；延常谓亮为怯，叹己才用之不尽也。"亮尚不以延为万人别统，岂得如冲言，顿使将重兵在前，而以轻弱自守乎？且冲与扶风王言，显彰宣帝之短，对子毁父，理所不容，而云"扶风王慨然善冲之言"，故知此书举引皆虚。

### 四事

亮出祁山，陇西、南安二郡应时降，围天水，拔冀城，虏姜维，驱略士女数千人还蜀。人皆贺亮，亮颜色愀然有戚容，谢曰："普天之下，莫非汉民，国家威力未举，使百姓困于豺狼之吻。一夫有死，皆亮之罪，以此相贺，能不为愧。"于是蜀人咸知亮有吞魏之志，非惟拓境而已。

难曰：亮有吞魏之志久矣，不始于此众人方知也，且于时师出无成，伤缺而反者众，三郡归降而不能有。姜维，天水之匹夫耳，获之则于魏何损，拔西县千家，不补街亭所丧，以何为功，而蜀人相贺乎？

### 五事

魏明帝自征蜀，幸长安，遣宣王督张郃诸军，雍、凉劲卒三十余万，潜军密进,规向剑阁。亮时在祁山,旌旗利器,守在险要,十二更下,在者八万。时魏军始陈,番兵适交,参佐咸以贼众强盛,非力不制,宜权停下兵一月,以并声势。亮曰:"吾统武行师,以大信为本,得原失信,古人所惜;去者束装以待期,妻子鹤望而计日,虽临征难,义所不废。"皆催遣令去。于是去者感悦,愿留一战,住者愤踊,思致死命。相谓曰:"诸葛公之恩,死犹不报也。"临战之日,莫不拔刃争先,以一当十,杀张郃,却宣王,一战大克,此信之由也。

难曰:臣松之案:亮前出祁山,魏明帝身至长安耳,此年不复自来。且亮大军在关、陇,魏人何由得越亮径向剑阁?亮既在战场,本无久住之规,而方休兵还蜀,皆非经通之言。孙盛、习凿齿搜求异同,罔有所遗,而并不载冲言,知其乖刺多矣。①

## 诸葛亮智激司马懿
### 晋·孙盛

亮既屡遣使交书,又致巾帼妇人之饰,以怒宣王。宣王将出战,辛毗杖节奉诏,勒宣王及军吏已下,乃止。宣王见亮使,唯问其寝食及其事之烦简,不问戎事。使对曰:"诸葛公夙兴夜寐,罚二十已上,皆亲览焉;所啖食不过数升。"宣王曰:"亮体毙矣,其能久乎?"②

## 诸葛亮杀常房诸子
### 晋·孙盛

初,益州从事常房行部,闻(朱)褒将有异志,收其主簿案问,杀之。褒怒,攻杀房,诬以谋反。诸葛亮诛房诸子,徙其四弟于越巂,欲以安之。褒犹不悛改,遂以郡叛应雍闿。③

---

① 《三国志》卷三十五《诸葛亮传》裴松之注引《蜀记》,第 917—918、921—922、922—923、926 页。
② 《三国志》卷三《明帝纪》裴松之注引《魏氏春秋》,第 103 页。
③ 《三国志》卷三十三《后主传》裴松之注引《魏氏春秋》,第 894 页。案,引文后有"臣松之案:以为房为褒所诬,执政所宜澄察,安有妄杀不辜以悦奸慝? 斯殆妄矣!"

## 星投诸葛营

### 晋·孙盛

有星赤而芒角，自东北西南流，投于亮营，三投再还，往大还小。俄而亮卒。①

## 死诸葛走生仲达

### 晋·习凿齿

杨仪等整军而出，百姓奔告宣王，宣王追焉。姜维令仪反旗鸣鼓，若将向宣王者，宣王乃退，不敢逼。于是仪结陈而去，入谷然后发丧。宣王之退也，百姓为之谚曰："死诸葛走生仲达。"或以告宣王，宣王曰："吾能料生，不便料死也。"②

## 射杀张郃

### 晋·袁希之

蜀丞相亮出军围祁山，始以木牛运粮。魏将司马宣王命张郃救祁山。夏六月，亮粮尽引去。郃追之，至木门道，亮驻军削大树皮，书曰："张郃死此树下。"郃军到，亮豫令军士夹道而伏，弓弩乱发，中郃而死。③

## 诸葛亮知辛佐治

### 南朝宋·刘义庆

诸葛亮之次渭滨，关中震动。魏明帝深惧晋宣王战，乃遣辛毗为军司马。宣王既与亮对渭而陈，亮设诱谲万方，宣王果大忿，将欲应之以重兵。亮遣间谍觇之，还曰："有一老夫，毅然仗黄钺，当军门立，军

---

① 《三国志》卷三十五《诸葛亮传》裴松之注引《晋阳秋》，第926页。
② 《三国志》卷三十五《诸葛亮传》裴松之注引《汉晋春秋》，第927页。
③ （清）张澍：《诸葛亮集·故事》卷二《遗事篇》引《汉末传》，第240页。案，此事，《魏略》仅记载："诸葛亮围祁山，不克，引退。张郃追之，为流矢所中死。"

不得出。"亮曰："此必辛佐治也。"①

## 诸葛亮筒袖铠帽

### 南朝梁·沈约

太宗初即位，四方反叛……内外忧危，咸欲奔散。孝祖忽至，众力不少，并伧楚壮士，人情于是大安。进孝祖号冠军，假节、督前锋诸军事，遣向虎槛，拒对南贼。御仗先有诸葛亮筒袖铠帽，二十五石弩射之不能入，上悉以赐孝祖。②

## 诸葛亮铸鼎

### 南朝梁·虞荔

诸葛亮杀王双还定军山，铸一鼎，埋于汉川，其文曰定军鼎。又作八阵鼎，沉永安水中，皆大篆书。又武都郡金山作二鼎，一大一小，并无文，时孔明行军，见此山势似有王气，故镇之。③

## 诸葛亮题鼎

### 南朝梁·虞荔

龙现武阳之水九日，因铸一鼎，象龙形，沉水中。章武三年，又作二鼎，一与鲁王。文曰："富贵昌，宜侯王。"一与梁王，文曰："大吉祥，宜公王。"并古隶书，高三尺，皆武侯迹。④

## 诸葛亮题克汉鼎

### 南朝梁·虞荔

先主章武二年，于汉川铸一鼎，名克汉鼎，置丙穴中，八分书，三

---

① （南朝宋）刘义庆：《世说新语·方正》，朱奇志：《世说新语校注》，岳麓书社，2007 年，第 144—145 页。
② 《宋书》卷八十六《殷孝祖传》，第 2189—2190 页。
③ 虞荔：《鼎录》，《四库全书》。
④ 虞荔：《鼎录》，《四库全书》。

足；又铸一鼎，沉于永安水中，纪行军奇变；又铸一鼎于成都武担山，名曰受禅鼎；又铸一鼎于剑口山，名曰剑山鼎。并小篆书，皆武侯迹。①

## 蜀主八剑
### 南朝梁·陶弘景

蜀主刘备，以章武元年岁次辛丑采金牛山铁铸八剑，各长三尺六寸。一备自服，一与太子禅，一与梁王理，一与鲁王永，一与诸葛亮，一与关羽②，一与张飞，一与赵云。并是亮书。皆作风角处所，有令称。元造刀五万口，皆连环，及刃口列七十二炼。柄中通之，兼有二字。③

## 诸葛亮佩剑
### 南朝梁·陶弘景

房子容曰："唐人尚书郎李章武，本名方古。贞元季年，为东平帅李师古判官。因埋弟，掘得一剑，上有'章武'字。方古博物亚张茂先④，亦曰蜀相诸葛孔明所佩剑也，乃改名。师古为奏，请为'章武'焉。盖蜀主八剑之一也。"⑤

## 诸葛亮令蒲元铸刀
### 南朝梁·无名氏

《蒲元传》曰：君性多奇思，得之天然，触类之事出若神。不尝见锻功，忽于斜谷口，为诸葛亮铸刀三千口。熔金造器，特异常法。刀成，白（自）言：汉水钝弱，不任淬用。蜀江爽烈，是谓大金之元精，天分其野。乃命人于成都取之。有一人前（取）至，君以淬，乃言杂涪水不可用。取水者犹悍言不杂，君以刀画水云："杂八升，何故言不？"取

---

① 虞荔：《鼎录》，《四库全书》。
② 关羽卒于建安二十四年，此系章武元年事，显误。
③《古今刀剑录》，《汉魏丛书》，明万历间刊本。
④ 张茂先即晋文学家张华，以博物闻名。
⑤《古今刀剑录》，《汉魏丛书》，明万历间刊本。

水者方叩头首伏云:"实于涪津渡负倒覆水,惧怖,遂以涪水八升益之。"于是咸共惊服,称为神妙。刀成,以竹筒密内铁珠满中,举刀断之,应手灵(零)落,若薙生刍,故称绝当世,因曰神刀。今之屈耳环者,是其遗范也。①

## (二) 逸闻

南北朝之后,官修史书常引前史书诸葛亮故事,但已多有演绎成分。方志、野史中的诸葛亮事迹,内容多有悖于常理。此类事迹可谓之逸闻。

### 武侯小吏对桓温问

南朝梁·殷芸

桓温征蜀,犹见武侯时小吏,年百余岁。温问:"诸葛丞相今谁与比?"答曰:"诸葛在时,亦不觉异;自公没后,不见其比。"②

### 诸葛亮刺山

南朝梁·陶弘景

诸葛亮定黔中,从青石祠过,遂抽刀刺山。投刀不拔而去,行人莫测。③

### 诸葛亮筒袖铠帽

南朝梁·沈约

明帝即位,礼遇甚优。时四方反叛,以玄谟为大统,领水军南讨,以脚疾,听乘舆出入。寻除车骑将军、江州刺史,副司徒建安王于赭圻,赐以诸葛亮筒袖铠。④

---

① 《太平御览》卷三百四十五。
② 《说郛》之殷芸《小说》。
③ 《古今刀剑录》,《汉魏丛书》,明万历间刊本。
④ 《宋书》卷七十六《王玄谟传》,第 1976 页。

## 诸葛亮纪功碑

### 唐·魏徵

南宁夷爨翫来降,拜昆州刺史,既而复叛。遂以万岁为行军总管,率众击之。入自蜻蛉川,经弄栋,次小勃弄、大勃弄,至于南中。贼前后屯据要害,万岁皆击破之。行数百里,见诸葛亮纪功碑铭,铭其背曰:"万岁之后,胜我者过此。"万岁令左右倒其碑而进。①

## 诸葛亮埋弩箭镞

### 唐·李延寿

(陆法和)军次白帝,谓人曰:"诸葛孔明可谓为名将,吾自见之。此城旁有其埋弩箭镞一斛许。"因插表令掘之,如其言。②

## 诸葛菜

### 唐·韦绚

诸葛所止,令兵士独种蔓菁者,取其才出甲可生啖,一也;叶舒可煮食,二也;久居则随以滋长,三也;弃不令惜,四也;回则易寻而采之,五也;冬有根可斫食,六也;比诸蔬属,其利不亦博哉? 禹锡曰:"信矣。"三蜀之人也,今呼蔓菁为诸葛菜,江陵亦然。③

## 武侯临终

### 唐·陈盖

《志》云:"武侯诸葛亮将蜀军曰北伐魏,魏明帝遣司马仲达拒之。仲达[拒]蜀军于五丈(蜀)原下,营即死地也,遂关城不出战,武侯患

---

① 《隋书》卷五十三《史万岁传》,第1354—1355页。案,明刘文征《滇志》于此事有增益:"隋开皇中,史万岁击南宁。行数百里,见诸葛亮纪功碑铭,其背曰:'万岁之后,胜我者过此。'万岁令左右倒其碑,其碑跌志曰:'万岁不应仆吾碑。'万岁骇服,重立其碑而进。"清王崧《封建志·爨氏世家》再添情节:史万岁"命左右仆其碑,下复有字云:'隋开皇十九年,史万岁复立吾碑。'万岁惶恐,再拜重立之。"
② 《北史》卷八十九《艺术上·陆法和传》,第2942页。
③ 《太平广记》卷四百一十一《草木·菜》"蔓菁"条。

之。居岁,夜有长星坠落于原,武侯病卒而归。临终为仪曰:"吾死之后,可以米七粒并水于口中,手把笔并兵书。心前安镜,下以土,明灯其头。"坐升而归。仲达占之云"未死"。有百姓告云武侯已死,仲达又占之云"未死",竟不敢趁之,遂全军归蜀也。夫诸葛孔明者佐时国,国立事,持名有金石不朽之功,实钟鼎名勋之望,而又威扬四海,贵盛两朝,数尽善终,可谓美也。①

## 诸葛刻石

### 宋·欧阳修 宋祁

广德初,凤迦异筑柘东城②,诸葛亮石刻故在,文曰:"碑即仆,蛮为汉奴。"夷畏誓,常以石揩拊。③

## 馒头

### 宋·高承

诸葛亮公之征孟获,人曰:"蛮地多邪术,须祷于神,假阴兵以助之,然其俗必杀人以其首祭,则神享为出兵。"公不从,因杂用羊豕肉,而包之以面,象人头以祀,神亦享焉,而为出兵。后人由此为馒头。④

## 南夷服诸葛

### 宋·洪迈

蜀刘禅时,南中诸郡叛,诸葛亮征之。孟获为夷、汉所服,七战七擒,曰:"公,天威也,南人不复反矣。"《蜀志》所载止于一时之事。国朝淳化中,李顺乱蜀。招安使雷有终遣嘉州士人辛怡显使于南诏。至姚州,其节度使赵公美以书来迎云:"当境有沪水,昔诸葛武侯戒

---

① 《注咏史诗》卷二,《四部丛刊三编》。
② 唐开元年间,南蛮之一支望苴蛮首领合罗凤之子。柘东城,即今云南昆明市。
③ 《新唐书》卷二百二十二上《南蛮》,中华书局,1976 年,第 6271 页。案,明天启《滇志》卷三《古迹》"诸葛碑"条记云:"在府东二里旧汉营,唐广德初凤迦异筑柘东城得之。其文云:'碑即仆,夷为汉奴。'夷畏誓,常以石揩拊。"
④ 《事物纪原》卷二,《四库全书》。

曰：非贡献、征讨，不得辄渡此水。若必欲过，须致祭然后登舟。今遣本部军将，赍金龙二条、金钱二千文，并设酒脯，请先祭享而渡。"乃知南夷心服，虽千年如初。呜呼，可谓贤矣！事见怡显所作《云南录》。①

## 江西妇人礼服
### 宋·范致明

江西夫人皆习男事，采薪负重，往往力胜男子。设或不能，则阴相诋诮。衣服之上，以帛为带，交结胸前；后富者至用锦绣。其实便操作也，而自以为礼服。其事甚著，皆云武侯擒纵时所结，人畏其威，不敢辄去，因以成俗。巴陵江西华容之民间犹如此，鼎澧亦然。②

## 诸葛亮题字于三鼎
### 元·陶宗仪

先主尝作三鼎，皆亮篆隶八分，极其工妙。又喜作草字，世得其迹，必珍玩之。③

## 诸葛行锅
### 明·曹学佺

《丹铅录》云：麻城毛柱史凤韶为予言，近日平谷县耕民得一釜，以凉水沃之，忽自沸；以之炊饭，即熟；釜下有"诸葛行锅"字。乡民以为中有宝物，乃碎之，其釜复层中有"水"、"火"二字，异哉！《瑞应图》曰，"丹甑不炊而自熟，玉皋不汲而常满"，殆此类乎？

《游梁杂记》：井研县乡中有掘地者得一釜，铁色光莹。将来造饭，少顷即熟，一乡皆异。有争之者不得，共举于县中令君命取看，未至堂下，失手落地，分之为二。中乃夹底，心悬一符，文不可辨；旁有八

---

① 《容斋随笔》卷四，《四库全书》。
② 《岳阳风土记》，《四库全书》。
③ 《书史会要》，《四库全书》。

分书"诸葛行锅"四字,或即此物。①

## 夔人重武侯

### 明·曹学佺

夔人重诸葛武侯,以人日倾城出游八阵图,谓之踏碛游。妇人拾小石之可穿者,贯以彩索,系于钗头,以为一岁之祥。帅府宴于碛上,王梅溪诗:"今日为人日,倾城出江皋。遨头老病守,呼宾酌春醪。"陆务观诗:"鬼门关外逢人日,踏碛千家万家出。"②

## 诸葛铜鼓

### 明·曹学佺

诸葛鼓乃铜铸,面广一尺七寸,高一尺八寸,边有四兽,腰束下空旁,有四耳,花文甚细,色泽如瓜皮,重二十余斤,县于水上,用楮木槌击之,声极圆润,乃孔明禽孟获时所制。昔伐九丝城,得十余面,今在成都府库中,一名镎于鼓。

诸葛鼓乃铜铸者,其形圆,上宽而中束,下则敞口,大约如今楂斗之倒置也。面有四水兽,四周有细花文,其色不甚碧绿,击之,彭彭有声如鼓,云置水上击之,其声更巨。

铜鼓旁范八卦及四蟾蜍,状似覆盆,县而击之,下映以水,其声非钟非鼓,都掌夷相传为孔明铸者,直数十镒,次者数镒。③

## 蜀民为诸葛公服孝

### 明·曹学佺

蜀山谷间民皆冠帛,言为诸葛孔明孝服。所居深远者,后遂不除。今蜀人谓之戴天孝。④

---

①《蜀中广记》卷六十八《方物记》,《四库全书》。
②《蜀中广记》卷五十七《风俗记》,《四库全书》。
③《蜀中广记》卷七十《方物记·乐器》,《四库全书》。
④《蜀中广记》卷五十六《风俗记》,《四库全书》。

## 曹彬谒武侯祠

### 明·曹学佺

《蜀古迹记》云：宋曹彬，建隆二年为都监伐蜀，谒武侯祠。视宇第雄观，颇有不平。谓左右曰："孔明虽忠于汉，然疲竭蜀之军民，不能复中原万一，何得为武？当因其颓败者折去之，止留其中以祀香火。"左右皆谏不可。俄报中殿摧塌，有石碑出土尺许。彬径视之，其刻字宛若新书。题云："测吾心腹事，惟有宋曹彬。"读讫，下拜曰："公，神人也。小子安能窥测哉？"遂令蜀守新其祠宇，为文祀之而去。①

## 武冈幕官得鸡鸣枕

### 明·曹学佺

《齐谐记》：武冈有幕官，因凿渠得一瓦枕。枕之，闻其中鸣鼓起擂，一更至五更，鼓声次第更转不差。既闻鸡鸣，亦至三唱而晓。抵暮复然，其人以为怪而碎之，见其中设有机局，以应夜气，乃诸葛武侯鸡鸣枕也。②

## 诸葛亮赐姓龙佑那

### 明·谢肇淛

春秋时，楚叔熊逃难于濮，始属楚。楚威王遣庄蹻略地至滇，会有秦师，道绝，遂王之。秦通五尺道，置吏焉。汉元狩间，彩云见于南中，遣使迹之，云南之名始此也……后主建兴三年，益州渠帅雍闿杀永昌太守，与孟获诱煽诸夷以叛，丞相亮讨平之。时仁果十五世孙龙佑那者能抚其民，号大白子国。仍以其地封之，赐姓张氏，而以吕凯为云南太守。③

---

① 《蜀中广记》卷一《名胜记》，《四库全书》。
② 《蜀中广记》卷六十八《方物记》，《四库全书》。
③ 《滇略》卷一《版略》，《四库全书》。

## 武侯砖

明·谢肇淛

太保山,在永昌府西,其名不知所始,嵯峨东向,高千余尺,横冈数里,山巅平衍,可习骑射。尝有掘地者于土中得巨砖甚多,皆有"平好"二字。周遭林木苍翠,烟云变幻,称奇观云。①

## 诸葛亮著《琴经》作鸡鸣枕

明·谢肇淛

丞相亮征获入滇。滇人未知琴,亮居南,常操之。土人有愿学者,乃为著《琴经》一卷,述琴之始及七弦十三徽之音意。于是,滇人始知鼓琴。又从征者冬暮思归,各与一砖,曰:卧枕此,即抵家。从之果然,不用命者终莫能归,因号鸡鸣枕。又尝用炊釜自随,不炊自熟,以防不时之需。②

## 诸葛灯

明·刘文征

诸葛灯,出诸葛井中。土人于星夜常见,火光如灯。③

## 鸡鸣枕

清·张澍

武侯初平南夷,夜闻军中多讴歌思归,遂诏众各与一砖,曰:"若辈久苦行役,欲遄返耶? 枕此而卧,诘朝抵家矣。"从者果然,不用命者,终不得归。今云南管内有一城,居民皆蜀人,云即其后耶。④

---

① 《滇略》卷二《胜略》,《四库全书》。案,《大清统一志》卷四百八十七《永昌府·太保山》载:"旧时府城,西倚山麓,洪武中于山之绝巘为子城,设兵以守。寻辟城之西,罗山于内。《府志》:嵯峨东向,横亘数里。山巅平衍,可习骑射,林木苍翠。尝掘地得巨砖,上有'平好'二字,相传为诸葛武侯所遗。"

② 《滇略》卷十《杂略》,《四库全书》。

③ 明天启间所修《滇志》卷三《地理志·古迹》。

④ 《诸葛忠武侯故事》卷四《制作篇》引《述异录》。

## 回澜塔古碑

### 清·张玉书

　　成都东门外镇江桥回澜塔,万历中布政余一龙所修也。张献忠破蜀毁之,穿地取砖,得古碑。上有篆书云:"修塔余一龙,拆塔张献忠。岁逢甲乙丙,此地血流红。妖运终川北,毒气播川东。吹箫不用竹,一箭贯当胸。汉元兴元年,丞相诸葛孔明记。"本朝大兵西征,献忠被射而死,时肃王为将。又有谣曰:"邺台复邺台,曹操再出来。"贼罗汝才自号曹操,此其兆也。①

## 木牛流马

### 清·褚人获

　　武侯居隆中,客至,命妻黄氏具面。顷之,面至。侯怪其速。后潜窥之,见数木人斫麦运磨。拜求其数,变其制为木牛流马云。②

## 金容坊

### 清·褚人获

　　成都金容坊有石二株,高丈余,挺然耸峭。旧传其名有六:曰石笋,曰蜀妃开,曰沉犀石,曰鱼凫仙坛,曰西海之眼,曰五丁石。《图经》云,乃前秦寺之遗址,武侯接铁其中,一南一北无偏邪;又镌浊、歇、烛、触、蠋五字,时人莫晓。后蜀相范贤曰:亥子岁,"浊"字主水灾;寅卯岁,"歇"字主饥馑;巳午岁,"烛"字主火灾;辰戌岁,"触"字主刀兵;丑未、申酉岁,"蠋"字主稼穑富赡。悉以年事推,应验符合。③

## 诸葛亮拜师

### 清·徐道

　　徽一见亮,称其"伏龙",谓其一听风雷,变化非常矣。窃谓亮曰:

---

① 《明史》卷三十《五行志三》,第486—487页。
② (清)褚人获:《坚瓠集·乐集》卷二。
③ (清)褚人获:《坚瓠集·乐集》卷一。

"以君才,当访名师,益加学问。汝南灵山酆公玖熟谙韬略,余尝过而请教,如蠡测海,盍往求之!"引亮至山,拜玖为师。居期年,不教,奉事惟谨。玖知其虔,始出《三才秘箓》、《兵法阵图》、《孤虚相旺》诸书,令亮揣摩研究。百日,玖略审所学者皆能致其奥妙,谓曰:"方今天运五龙,非有神力者不能济弱于斯时也。"亮问五龙之说,酆公曰:"秦汉之时,五龙变现,如嬴秦为白,吕秦为黑,项王为苍,汉高为赤,汉文梦黄龙之瑞,光武膺赤伏之符,故两汉互尚黄赤。及今汉祚欲终,火土垂绝,虽余焰未息,复当流之于西,禀金而王。孙坚修汉诸陵,乘土之德,故狮儿创业于江左。与火土为仇难者,水也。今曹氏已定北方,木继水而生,其子有青龙之祥。火袭木而王,其后有二火之谶也。"亮曰:"操为国贼,权为窃命。亮当此乱世,则惟退隐躬耕,养志乐道。"公曰:"不然,抱此材器而不拯救斯民,非仁者之心。然出处必以正,刘备汉室之胄,子如一出为辅,则可成立矣。"亮问关、张辈何如?公曰:"羽是解梁老龙,飞是涿州玄豹,云乃长山巨蟒,竺乃东海寿麋,其后犹有襄阳凤雏,长沙虎母,西凉驹子,天水小龙,皆子之良佐使也。南郡武当山上有二十七峰,三十二岩,二十四涧,峰最高者曰天柱、紫霄,二峰间有异人曰北极教主,有琅书、金简、玉册、灵符,皆六甲秘文,五行道法。吾子仅习兵阵,不喻神通,终为左道所困。"遂引至武当拜见,惟令担柴汲水,采黄精度日。居既久,方授以道术,遣下山行世。至灵山,酆公已北回复命。复寻教主已不在,峰头风雷声轰轰,如千万人语。始悟神人指点,自负不凡。司马徽见之,改容曰:"真第一流也。"①

## 兵书匣

### 清·王士禛

顾华玉璘曰:"武侯兵书匣在定军山上。壁立万仞,非人迹可到。余两至其地,初视匣,其色淡红;后则鲜明,若更新者。"殆不可晓。按:三峡中亦有兵书峡,传为武侯藏书之地。大抵秦楚巴蜀间,人思侯德,

---

① 《历代神仙通鉴》二集《佛祖传灯》卷十第三节《谒教主独传妙法,隐茅庐三顾高贤》。

辄举名迹傅会之，不须辨其真伪也。[1]

## 全州武侯藏兵书处

### 清·袁枚

余丙辰年过广西全州，见江上山凹有匣，非石非木，颇类棺状。甲辰再过观之，其匣如故，丝毫无损，相传武侯藏兵书处。或用千里镜睨之，的系是木匣，非石也。但其上似无盖耳。庚戌夏间，偶阅朱国祯《涌幢小品》云："嘉靖时，上遣南昌姜御史访求奇书，入全州，张云梯募健卒探取，乃一棺，中函头颅甚巨，两牙长尺许，垂口外，如虎豹状。卒取其骨下山。卒暴死，姜埋其骨而覆奏焉。"余曾戏题石壁云："万叠惊涛百尺崖，山凹石匣有谁开？此中毕竟藏何物？枉费行人万古猜。"尔时未见《涌幢》所载，故用"疑猜"；若见此书，亦无可猜矣。惜武夷山之虹桥板，不得姜御史搭云梯而一探之。[2]

## 定军山奇闻

### 清·李复心

日之夕矣，群牛斗于定军山下，众牧人以鞭敲散。忽一牛狂奔，随后追之，飘飘乎如败叶乘风，身若不能自主者。已而，烟消雾净，月朗星疏，喘息未定，自觉形神恍惚。乍闻连珠炮响，谷应山鸣，号令将终，继以箫管笙笛；登高远望，满目旌旗飘摇，甲帐参差而队伍整肃，四面尽平洋、大川。道旁行人之或往、或来、或坐、或立，间有相识者，及近而告以觅牛之故，则虫吟唧唧，萤光点点，荒草荆棘之外，寂然无物。所见所闻，顷刻化为幻景，而层峦耸翠，与孤峰挺秀之高可凌霄者，前后左右皆两两相对。又闻风送击柝、人号马嘶，仰视银汉，依稀遗韵丁东，颇似摇铃。近而察之，则城高池深，金鼓森严，围绕几遍，不得其门而入。自言自语，且止且行，约数十余里，毫无踪迹可访，所

———————————

[1]《陇蜀余闻》。

[2]《随园诗话》（上），《随园诗话补遗》卷一，人民文学出版社，1982年。

惯历之刈草场、饮水泉、山庄窝户,杳不知其所之矣。斯时也,金乌将坠,寒气逼人,兼以饥渴交迫,困乏不堪,遂卧于地。迨至东方既白,如梦初觉,四顾彷徨,则身在乱石堆中,去追牛之所,未及百步。①

## 武侯遣地脉龙神穿水道
### 清·李复心

瓦洞沟土岩之半有二水窍,一如条砖镶成而形方,一如筒瓦合成而形圆。水色稍浑浊,其性冷冽而四时涓滴不断。云武侯遣地脉龙神穿水道,引四川之水以通脉气。理之所无,不妨事之所有。②

## 诸葛亮英灵护民
### 清·李复心

自嘉庆元年,白莲教匪由川、楚延及汉南,受害者不可胜记,独祠墓之附近约三四十里未受焚戮。四年冬,马公允刚具详各大宪,其略云:每于贼近时,见定军山上昼则旗帜闪灼,夜则灯烛辉煌,贼望而远遁。中丞陆公有仁奏侯之灵异于朝,嘉庆皇帝颁发御书匾额曰"忠贯云霄"。八年秋,又御制祭文,钦命工部侍郎初公彭龄以太牢致祭。③

## 诸葛行军锅
### 清·李复心

定军山下垦地,农人得一瓦壶。细视之,左铸"尧"字,右铸"火"字。贮水,置风中不燃自炊,亦行军锅之类,或疑武侯所制也。争取之,遂损于地。此乾隆四十七年事,武生赵真明目睹之。④

---

① 《勉县忠武祠墓志》卷一《拾遗》。
② 《勉县忠武祠墓志》卷一《拾遗》。
③ 《勉县忠武祠墓志》卷一《拾遗》。
④ 《勉县忠武祠墓志》卷一《拾遗》。

## 定军鼎

### 清·李复心

武侯戮王双还定军,作一鼎,篆其文曰"定军鼎",沉于沔水,以压王气。又云军山有王气,侯墓截其山脉,公墓后之斩断垭半系人力截成。当时天下多事,侯恐篡逆再出,不得已截脉而葬此。其卫汉之心,良可悲已。①

## 诸葛堤

(沂州)城北有护城堤一道,俗呼诸葛堤。

按,武乡侯虽系县人,自幼外出,其踪迹未必至此。且侯神奇之事,多出稗官附会,正史所未载也。此事不敢深信。②

## 诸葛元崇托梦还冤

### 宋·李昉

琅邪诸葛覆,宋永嘉年为九真太守③,家累悉在扬都,唯将长子元崇赴职。覆于郡病亡,元崇始年十九,送丧欲还。覆门生何法僧贪其资,与伴共推元崇堕水而死,因分其财。元崇母陈氏梦元崇还,具叙父亡及身被杀委曲,尸骸流漂,怨酷无双。奉违累载,一旦长辞,衔悲茹恨,如何可说?觑欷不能自胜。又云:"行速疲极。"因卧窗下床上,以头枕窗。明日视儿眠处,足知非虚矣。陈氏悲恒惊起,把火照儿眠处,沾湿犹如人形。于是举家号泣,便如发闻。于时徐森之始除交州,徐道立为长史,道立即陈氏从姑儿也。具疏梦,托二徐验之。徐道立遇诸葛丧船,验其父子亡日,悉如鬼语。乃收行凶二人,即皆款服,依法杀之。差人送丧还扬都。④

---

① 《勉县忠武祠墓志》卷一《拾遗》。
② 民国五年《临沂县志》卷十四《杂志》。
③ 《太平广记》卷一百二十七《报应》。
④ 九真,郡名,汉初南越王赵佗所置,在交州境。

# 第六章

# 诸葛氏家族兴衰考

两汉时期,诸葛氏家族中,秩俸二千石的官员有司隶校尉诸葛丰、卫将军诸葛稗、济阴郡太守诸葛礼等,还有太山郡丞诸葛珪、署豫章郡太守诸葛玄等,是琅邪阳都望族。三国时期,诸葛氏家族发展很快,在孙吴的诸葛瑾、诸葛恪父子,在蜀汉的诸葛亮、诸葛瞻父子,在曹魏的诸葛诞等,都处于显赫的地位,诸葛氏家族"一门三方为冠盖",成为被"天下荣之"的"天下盛族"。西晋末,诸葛恢随琅邪王司马睿南渡江左,先后任主簿、江宁令,迁镇东参军、会稽太守、中书令等职,封博陵亭侯、建安伯,拜后将军,去世后追赠左光禄大夫、仪同三司,祠以太牢。他的长子诸葛虓,嗣父爵,官至散骑常侍,次子诸葛龘,赐关内侯。在诸葛恢及诸葛太妃等诸葛氏族人的努力下,两晋之际,琅邪诸葛氏门第进一步上升,以至于一度成为与琅邪王氏争竞"姓族先后"的显赫门第。但随后诸葛氏家族逐步衰落,到刘宋时期,已经退出国家权力中枢,影响力大大降低。

总之,琅邪诸葛氏从两汉到刘宋时期,经过了由地方望族到全国高门大族,再到一般家族的时期,兴衰表征明显,但原因复杂。

# 第一节　诸葛氏家族的兴衰

## 一、诸葛氏家族兴盛的表现

### (一)诸葛氏家族与社会名流和王公贵族交游、联姻

诸葛氏家族的兴盛,首先表现在诸葛氏后裔与社会名流和王公贵族的

交游方面,因这说明,诸葛氏子弟已经跻身于社会上层。早在阳都时,诸葛亮的父辈就重视交游,也善于交游。如,在诸葛亮的叔叔诸葛玄结交的朋友中,有实力派人士袁术、荆州牧刘表等。值得一提的是,诸葛玄在兴平二年(195)背袁归刘,并将诸葛亮的两个姐姐嫁给了当地的名门蒯氏家族和庞氏家族,这在当时既是正确的选择,也是诸葛玄善于交游的体现。至于诸葛亮一代,交游就更广泛了。诸葛亮在荆州时,不仅与荆州集团的上层人物刘表、蔡氏家族的首领蔡瑁、刘表的儿子刘琮、刘琦关系密切,而且与当地名士庞德公、黄承彦、大学者司马徽、流寓到襄阳的徐庶、崔州平、庞统、石广元、孟公威等交往甚密。此外,诸葛亮还与襄阳大姓中的马氏、习氏、杨氏、向氏交谊深厚。在此基础上,诸葛亮得遇刘备并成就大业。

诸葛亮的哥哥诸葛瑾在"避乱江东"后,与江东权贵和名士结交,形成了荣损与共的关系。他与孙权政治集团的骨干张昭、陆议、步骘、严畯俱游吴中。诸葛瑾还与孙权的子孙有姻亲关系,这对诸葛氏家族地位的提升极为有利,也是诸葛氏家族地位提高的表现。诸葛诞则通过积极参加太和"浮华交会",与浮华名士、玄风初起时期的精英人物夏侯玄、邓飏、刘熙、孙密、卫烈、何晏、李胜、丁谧、毕轨等相友善,交往甚密,相互影响,对彼此地位的提高大有裨益。与诸葛诞交往的浮华名士多数得到重用,且成为曹氏统治的柱石。

其次,表现在诸葛氏后裔与社会名流和王公贵族的联姻方面。如诸葛亮的两个姐姐都嫁给了当地的社会名流,诸葛亮迎娶了沔南名士黄承彦的女儿;诸葛瑾和诸葛诞的子女多与王公贵族联姻。其中,诸葛瑾的女儿在孙权的劝说下嫁给了权臣张昭的儿子张承,诸葛瑾之女与张承生的女儿则入宫成为孙权之子孙和的妃子;诸葛诞的女儿嫁给了司马懿之子司马伷;在蜀国,诸葛亮的儿子诸葛瞻"年十七,尚公主"[1],直接与皇族联姻。

孙权家族、司马氏家族和刘备家族的地位自不待言,荆州蒯祺家族、黄氏家族、张昭的门第显然也高于诸葛氏家族,这些家族能与诸葛氏家族结姻,是对诸葛氏家族门望的肯定,也是诸葛氏家族兴盛的表现。到了东晋

---

[1]《三国志》卷三十五《诸葛亮传》,第932页。

时期,竟然出现了诸葛氏与当时门望较高,且掌握军政实权的大家族庾、羊、邓、江氏联姻(诸葛恢的大女嫁给了太尉庾亮的儿子,庾亮之子被苏峻杀害,改适江彪;次女嫁给了徐州刺史羊忱的儿子。诸葛恢的儿子娶了邓攸的女儿),而陈郡谢氏在东晋初期向诸葛恢求婚而不得,直至谢氏地位上升后才得与诸葛氏联姻的局面。

(二) 诸葛氏子孙闪耀三国两晋的政治舞台

在三国两晋时期,诸葛氏后裔曾发挥过重要的作用,孙吴的诸葛瑾、诸葛恪父子,蜀汉之诸葛亮,曹魏之诸葛诞,两晋时期的诸葛恢、诸葛绪等,皆为时代英杰,声名显赫,闪耀于时代的政治舞台。

首先,诸葛亮子孙为蜀汉鞠躬尽瘁。

自建安十二年(207)始,诸葛亮出山辅佐刘备共谋大业。众所周知,诸葛亮先促成刘备与东吴孙权联盟,在赤壁大败曹军,趁机夺占荆州。建安十九年(214),诸葛亮带兵入川攻打成都。刘备进入成都后,诸葛亮为军师将军,署左将军,兼任大司马府事,他筹措兵粮,成效显著。建安二十六年(221)四月,刘备在成都称帝,以诸葛亮为丞相录尚书事,后兼领司隶校尉。章武三年(223)四月,刘备弥留之际,托孤于丞相诸葛亮。刘禅即位后,封诸葛亮为武乡侯,"开府治事。顷之,又领益州牧。政事无巨细,咸决于亮"①。

为了巩固蜀汉政权,诸葛亮审时度势,采取了一系列切实可行的措施:对外,他成功地弥补了因刘备伐吴而形成的蜀吴联盟的裂痕,恢复了与东吴的友好往来,同时,他平息南部叛乱,巩固了蜀国对南中的统治;对内,选贤任能、制定法规、屯田垦荒、重视蜀锦、盐铁官营等措施,发展经济,增加税收,加强蜀汉政权的自身建设,取得了良好的效果。在此基础上,诸葛亮于建兴五年(227)率军北伐曹魏,意欲实现"兴复汉室,还于旧都"的战略规划,直至病死军中。

诸葛亮的长子诸葛瞻,曾任拜骑都尉,任羽林中郎将、射声校尉、侍中、尚书仆射,加军师将军等职。诸葛亮去世后,诸葛瞻袭爵武乡侯。景耀四

---

① 《三国志》卷三十五《诸葛亮传》,第918页。

年(261),为行都护卫将军,与辅国大将军董厥共同执掌尚书事。景耀六年(263),魏国三路大军伐蜀,诸葛瞻率军与魏军决战于绵竹,寡不敌众,壮烈战死,享年36岁。诸葛瞻的长子诸葛尚见父战死,单骑冲入敌阵,亦英勇战死。

总之,诸葛氏子孙为蜀汉政权的建立、建设和保卫鞠躬尽瘁,直至献出了生命,实在令人敬仰。

其次,诸葛瑾父子是孙吴政权的军政重臣。

建安五年(200),孙权继承兄业后,诸葛瑾很受器重,先后被任命为长史、中司马等职,以军功被封为宣城侯。蜀章武元年(221),诸葛瑾以绥南将军领南郡太守的身份,领军配合大都督陆逊,惨败刘备于夷陵。吴黄武元年(222),诸葛瑾以军功升为左将军,督公安,假节,封宛陵侯,屡屡与魏军作战。黄武八年(229),孙权称帝后,诸葛瑾被任命为大将军、左都护,领豫州牧,成为吴国的军政重臣。

诸葛瑾之子诸葛恪,弱冠即拜骑都尉,孙登为太子时,诸葛恪为左辅都尉,是东宫幕僚领袖,曾任丹杨太守,平定山越。陆逊病故后,诸葛恪为大将军。太元元年(251),孙权病重,诸葛恪等为孙亮的辅政大员,《三国志·诸葛恪传》裴松之注引《吴书》载:"权诏有司诸事一统于恪,惟杀生大事然后以闻。"①孙亮继位后,诸葛恪掌握吴国军政大权,初期革新政治,并于建兴元年(252)十月,领兵突袭魏军得胜,进位阳都侯,加荆、扬二州牧,督中外诸军事,颇孚众望,但后期独断专权,被政敌设计杀害。

再次,诸葛诞是曹魏不可忽视的人物。

魏文帝黄初年间(220—226),诸葛诞初以尚书郎为荥阳令,继为吏部郎,后逐步升任御史中丞、尚书。魏正始(240—249)初,诸葛诞先复任御史中丞,后任扬州刺史,加昭武将军,继为镇东将军,假节,都督扬州诸军事,封山阳亭侯。他还曾为镇南将军,督豫州,是曹魏的股肱大臣,他的言行曾一度影响到了曹魏的政治走向,曾是曹魏政权与司马氏势力争斗不可忽视的人物,对提高诸葛氏家族的地位作出了较大的贡献。

----

① 《三国志》卷六十四《诸葛恪传》裴松之注引,第1433—1434页。

　　最后,诸葛恢等闪耀两晋政坛。

　　诸葛恢(284—345),弱冠知名,先试守即丘长,后转临沂令,西晋末,随司马睿南渡,先为司马睿主簿,继迁江宁令,不久因功封为博陵亭侯,迁镇东参军。此后,他先后出任会稽太守、中书令、侍中等职,封为建安伯,拜后将军、会稽内史,并累迁至尚书右仆射,加散骑常侍、银青光禄大夫、尚书令。晋成帝即位后,加其侍中、金紫光禄大夫。晋康帝即位,仍加侍中、金紫光禄大夫。去世后,追赠为左光禄大夫、仪同三司,祠以太牢,谥号曰敬。诸葛恢一生越西、东两晋;历武、惠、怀、愍、元、明、成 7 帝,政绩显赫,使诸葛氏家族的地位进一步上升,以至于曾一度成为与琅邪王氏争竞"姓族先后"的显赫门第。

　　诸葛恢的长子诸葛魋,嗣父爵,官至散骑常侍;次子诸葛䲆,赐关内侯。两晋时期的其他诸葛氏后裔还有诸葛绪、诸葛冲、诸葛婉、诸葛长民等。如诸葛绪在曹魏时,曾任太山太守、雍州刺史,入西晋后,曾任太常、卫尉等官。他的长子诸葛冲,官至廷尉;次子诸葛宏,官至司空主簿。诸葛冲的长子诸葛铨,官至兖州刺史,散骑常侍;次子诸葛玫,官至御史中丞。东晋大臣诸葛长民(？—413),曾为参平西将军事、辅国将军、宣城内史、新淦县公、青州刺史,领晋陵太守,都丹徒,后转督豫、扬等六郡诸军事、徐州刺史,领淮南太守。皆在两晋政坛颇有声望。

　　(三) 诸葛氏子孙曾一度在局部引领时代思想文化风骚

　　东汉末年和三国时期,是我国思想文化面向现实,意欲解决社会问题而又相互争斗、激荡的时期,时代才俊纷纷登场亮相,诸葛氏子弟亦如是。其中以诸葛亮和诸葛诞为代表。

　　诸葛亮在各种文化思想的激荡下,汲取各家之长,在实践中形成了以儒家为主、法家为治、道家为养、兼容其他诸家的思想体系,这一思想体系在当时是先进的,曾是蜀汉治国安邦的指导思想,在中国历史上产生了较为深远的影响。

　　诸葛诞参与"浮华交会"是一件对诸葛氏家族影响较大的事情。目前,学术界对"浮华交会"评价不一,但一般认为,其是东汉魏晋时期在知识分子阶层颇为流行的一种风尚,他们聚众交游、品评人物、清谈名理,甚或构成了汉魏时期中国士大夫的一种文化传统,关系到了汉魏时期士风的变化和思想的演进历程。在这一历史性的文化活动中,诸葛诞是骨干成员,并且成为早期玄学名士。这在重视家族文化的中古时期,无疑会提升诸葛氏家族的地位。

另外,"浮华交会"不仅仅是一个重要的文化问题,而且深深地影响着当时的社会和政治。魏明帝曹叡太和(227—233)年间,"浮华交会"规模扩大,一些刚刚步入仕途的贵族子弟云集于京师洛阳,相互品评标榜,影响越来越大。参加"浮华交会"的多为才俊之士,且多数在中央机关任职,都是曹魏帝国的新贵或新贵的后代。他们互相交游,建立政治关系网络;他们品评人物,形成自己的人才舆论;他们探讨社会政治和宇宙人生哲理,以宣泄过盛的思想能量。诸葛诞与他们交往,利于仕途,进而利于诸葛氏家族地位的提高。

## 二、诸葛氏家族兴盛的原因

### (一) 重视家学家风与人才培养,诸葛氏家族英才辈出

诸葛氏家族特别重视家学家风及人才培养,以儒学传家,兼取其他学派之长,拥有以忠正尚廉,躬履笃行,刚健进取,淡泊宁静为主要内容的家风。在此基础上,诸葛氏重视人才培养,坚持德才兼备的人才观,把树立高远之志作为教育下一代的重点,坚持实践育才和从实践中选才的原则,同时重视治学之规、立身之道、待人接物等方面的培养。结果使诸葛氏家族涌现出了诸葛瑾、诸葛亮、诸葛诞、诸葛恪、诸葛恢等一度曾影响历史进程的名人和诸葛珪、诸葛玄、诸葛乔、诸葛融、诸葛瞻、诸葛靓、诸葛太妃、诸葛绰、诸葛竦、诸葛建、诸葛尚、诸葛京、诸葛攀、诸葛显、诸葛颐、诸葛冲、诸葛婉、诸葛玫、诸葛侃、诸葛觊、诸葛黼、诸葛绪、诸葛玄、诸葛长民、诸葛黎民、诸葛幼民、诸葛秀之等彪炳史册者。这些历史名人的出现既是诸葛氏家族兴盛的表现,也是诸葛氏家族兴盛的原因。如诸葛瑾仕孙吴,能文能武,谦虚谨慎,在内政外交方面多所建树,诸葛亮仕蜀汉鞠躬尽瘁,死而后已,诸葛诞仕曹魏,才能超群,精忠不贰,等等,提升了诸葛氏家族的声望。

（二）与名门望族和王公贵族交游、联姻，提升了诸葛氏家族的地位

前已述，此不多言。但应该指出的是，与诸葛氏子弟结交和联姻的皆为政治、军事、文化等领域的名人，甚至是皇族，这全方位地提升了诸葛氏家族的地位。特别值得一提的是，诸葛诞的女儿与司马氏的联姻，在一定程度上消除了诸葛诞公开与司马氏对抗而产生的对琅邪诸葛氏的不良影响，维护乃至提升了琅邪诸葛氏在晋朝的高门大户地位，是诸葛氏在上流社会占有一席之地的重要原因。

（三）处事谨慎洁身自好兴家

李安本认为，诸葛亮是我国历史上的大政治家、军事家，并且懂天文、地理，长于技巧设计，可谓全才。① 刘备死后，他事无巨细皆专之，能力和权力可谓大，但由于他做事谨慎，洁身自好，始终做到了"专权而不失礼，行君事而国人不疑"。

首先，严格要求子弟，不使之享受任何特权。如诸葛亮把兄长诸葛瑾的次子诸葛乔过继到身边后，没有凭手中权力使其享受特殊待遇，让诸葛乔在成都过安逸的生活，而是同其他将士的子弟一样在军中效力。其弟诸葛均是同诸葛亮一起被诸葛玄带到荆州地区的。然而，在诸葛亮握有军政大权时并未让他居显官要职，仅为长水校尉。

其次，清正廉洁不治产业。诸葛亮作为一位杰出的政治家，把毕生的精力都献给了蜀汉政权，他留给子弟的财产仅够维持生活而已。

其三，事事躬亲。诸葛亮做事谨慎周到，虽独揽军政大权，日理万机，却是为万全之计事事躬亲。据《魏氏春秋》载：当诸葛亮最后与司马懿在渭南对峙时，"亮使至，问其寝食及其事之烦简，不问戎事。使对曰：'诸葛公夙兴夜寐，罚二十以上，皆亲擥焉，所啖食不至数升。'宣王曰：'亮将死矣。'"② 毕竟人的精力是有限的，最终诸葛亮精力耗尽，在战场上呕血而死，实现了他"鞠躬尽瘁，死而后已"的诺言。

诸葛亮由于做事谨慎，洁身自好，不仅得到刘禅的信任，而且也受到国

---

① 李安本：《诸葛亮家族浮沉探析》，《岱宗学刊》2000 年第 4 期。
② 《三国志》卷三十五《诸葛亮传》裴松之注引，第 926 页。

人的普遍爱戴。诸葛亮去世后,很多地方的老百姓要求给他立庙,可见其得民心也。

诸葛瑾在才略方面虽不及诸葛亮,但却深得侍君之道,为人谨慎比诸葛亮有过之而无不及,因而诸葛瑾与孙权的关系非同一般。孙权称帝后,拜诸葛瑾为大将军,左都护,领豫州牧。

由上述可见,因诸葛亮和诸葛瑾处事谨慎洁身自好而使诸葛氏家族兴旺发达。

## 三、诸葛氏家族的衰落及原因

### (一)诸葛氏家族衰落的表现

诸葛氏家族的衰落主要表现在诸葛氏子弟失官于国家权力中心。在蜀汉,诸葛亮去世后,诸葛氏的影响大大缩小,到景耀六年(263),诸葛瞻、诸葛尚父子壮烈牺牲后,诸葛瞻的次子诸葛京内移河东,诸葛氏在蜀汉仅存在于人们的记忆中,成为人们敬仰、纪念、效仿的榜样,无现实作为。在孙吴,建兴二年(253)八月,诸葛恪在第二次北伐失败后,回到建业,被孙峻利用诸葛恪进见孙亮的机会刺杀。诸葛恪的儿子诸葛竦、诸葛建及外甥张震、常侍朱恩等同时收杀,被灭三族。诸葛恪的弟弟诸葛融得知真相后饮药自杀,他的三个儿子随后被诛杀。虽然诸葛瑾的第二个儿子诸葛乔因过继给诸葛亮为子而为江东诸葛瑾一支留下了血脉,但琅邪诸葛氏江东一系遭到覆灭性的打击,家族声望不再。在曹魏的诸葛诞一支,因甘露三年(257)二月,诸葛诞兵败被杀,“夷三族”而受到沉重打击,实际上也已经失去了政治影响。万幸的是,诸葛诞的儿子诸葛靓因到吴国求援留在吴而幸免,为诸葛氏在东晋的繁荣留下了根基。但即使如此,随着诸葛靓之子诸葛恢的逝去,诸葛氏家族的影响也渐渐减小。此后,诸葛氏子弟中再也没有在国家权力中枢举足轻重的人物出现了,家族的地位大幅度降低。

### (二)诸葛氏家族衰落的原因

诸葛氏家族衰落的直接原因是诸葛氏家族的主要成员或过早去世,或被杀。或者说,诸葛氏家族因在乱世积极进取与政治联结而腾达,也因家族的主要成员离开政治舞台而衰落。随着诸葛瑾、诸葛亮去世,诸葛恪和诸葛诞被"夷三族",诸葛氏"一门三方为冠盖"的局面顿失。至东晋,诸葛长民曾被桓玄用为参平西将军事,但因贪厉苛刻被免职。他东山再起后,骄纵贪侈,不恤政事,搜集珍宝美色,建筑豪华宅第,招致百姓怨怒,并欲举兵作乱。义熙九年(413)二月,刘裕将诸葛长民杀掉,诸葛长民的二弟诸葛黎民战死,三弟诸葛幼民被擒杀,诸葛长民的从弟诸葛秀之,也受株连而遇害。对诸葛氏家族的衰落产生直接的影响。

诸葛氏家族衰落的深层次原因是诸葛氏子弟因受自诸葛丰起而形成的刚直家风的影响,在历史大变革时期往往缺少变通。尽管这样做不能说是错误的,有时甚至可以说是非常值得称道的,但对家族发展不利。反观我国历史上的常青藤家族,在历史大变革时期往往言行比较灵活,如琅邪王氏家族。在西晋后期,朝廷内外各种矛盾迅速激化,卷入政治斗争漩涡的士大夫及其家族,朝不保夕,随时有杀身灭门之灾。但以王戎、王衍、王敦等为代表的琅邪王氏子弟在利用姻亲关系的同时,积极进取。如在废太子事件中,时任太子舍人的王敦旗帜鲜明地站在太子一方,积极协助齐王司马冏起兵讨伐赵王司马伦,还劝说时任兖州刺史的叔父王彦起兵,在一定程度上提高了琅邪王氏家族的声望,也有利于家族的保全和发展。东晋后期,在司马道子与孝武帝的明争暗斗中,琅邪王氏家族的代表人物王珣则站到了孝武帝一方。孝武帝提拔王珣为尚书仆射,领吏部,地位仅次于司马道子。孝武帝暴死后,白痴太子司马德宗登基,司马道子把持朝中大权,王恭和殷仲堪于隆安元年(397)和隆安二年(398)两次起兵"清君侧"。王珣周旋于两大势力之间,左右逢源,但到隆安二年王恭第二次起兵时,王珣站到了朝廷一方,缓和了与司马道子的关系。王恭败死后,王珣与司马道子的关系有了进一步的发展,司马道子辟王珣长子王弘为骠骑参军主簿,不久又拟提升为黄门侍郎。王珣审时度势,认为王弘尚年轻,不能在中央和地方的争斗中陷得太深,便婉言谢绝。这些都在一定程度上维护了家族利益。

在南北朝频繁的朝代更替过程中,琅邪王氏子弟往往灵活应对,顺利进入新王朝。如在刘裕、刘毅等北府将领起兵诛讨桓玄,逼晋恭帝禅位,建立刘宋王朝的历史性大转折时期,琅邪王氏子弟王诞、王谧、王弘、王昙首、王华、王韶之等人，积极参与晋宋禅代，为新王朝的建立和巩固立下了汗马功劳，成为刘宋王朝的开国功臣。又如，在宋齐之际，琅邪王氏的代表人物王俭主动向萧道成靠拢，是萧道成的得力助手，王俭曾直言不讳地劝萧道成早登帝位，还曾迫不及待地为萧道成私作诏书。明帝以后，萧齐政权内部动荡不安，为了保护家族利益，以王亮、王志、王莹、王瞻等人为代表的琅邪王氏子弟，在动荡的政局中寻找到了新的保护人——萧衍。在萧衍崛起、建立梁朝的整个过程中，都有琅邪王氏成员的支持和努力。

诸葛氏子弟则与之不同，如东汉末年，曹操欲统一全国，诸葛氏的代表人物诸葛瑾和诸葛亮毫不犹豫地站到了曹操的对立面，促成孙权和刘备联盟，在赤壁大败曹操。又如，在西晋代曹魏的过程中，曹魏政权与司马氏势力斗争十分激烈。在这种历史关头，琅邪王氏都选择了新兴势力，而作为曹魏股肱之臣的诸葛诞虽也帮过司马氏的小忙，且与司马氏联姻，但他总起来讲，特别在后期是支持曹魏的，当他识破司马氏的夺权阴谋后，就囤积粮谷，扩充军队，公开与司马氏集团作战。而且，当贾充试探他对一些人希望魏帝禅位的看法时，他还表示了为魏国而死的决心。结果，诸葛诞兵败，被司马氏杀掉，并被夷三族。这种忠诚是值得称道的，但对诸葛氏家族的发展不利。

关于琅邪王氏对家族的重视，袁连在其论文《魏晋南北朝琅邪家族文化初探》中认为：

> 王氏家族特别的"重家族，轻朝廷"。他们的家族成员行事的出发点都是为了家族的利益。王祥的自保之计虽然较为隐晦，但是他的确为了家族利益而出仕，为了家族利益对司马睿代魏不闻不问，他们信奉的是不论谁当皇帝，只要家族的利益不受损失就可以。因此王戎、王衍身居高位而不问政事，与时舒卷。王衍更是提出了"三窟之计"以求自保。王导保全家族的智慧更是王氏家族中的杰出代表。永昌元年(322)王敦以除恶之名起兵。在古代反叛朝廷是十恶不赦的大罪要诛九族，但是王氏家族却没有受到株连，反而成为东晋的第一高门。这与王导的保全家族的一系列活动分不开。王导在王敦起兵之后，每

天率领子侄二十余人在诣台请罪,最终感动了晋元帝司马睿,没有听从刘隗的建议诛灭王氏。琅邪王氏能够有以后的发展,王导功不可没。

上述说法有一定的道理,但似乎有点过,有点绝对化了。因历史是复杂的,琅邪王氏保全家族和维护朝廷的关系,特别是和勤政爱民爱国的关系是复杂的,原因也是多方面的,琅邪王氏家族涌现出了许多的勤政爱民爱国者即是例证。

关于诸葛氏家族衰落的原因,李安本还提出了三点。[①]

其一,诸葛氏家族的衰落是其欲求"建功立业"的历史必然。李安本认为,诸葛氏家族应该算是一个有相当文化教养的家族。中国封建社会的读书人多以施展自己的政治抱负、建功立业、显名于世为正途。诸葛亮及其族人中的佼佼者在乱世中一方面辗转迁徙去寻找一方能足以安身立命的场所,另一方面也没忘记眼观四海风云,待机而动,以求一逞,来施展自己的政治抱负,也就是后来人说的治国、安邦、平天下。在隆中对策中,就不难看出诸葛亮在未涉足政治而在荒村野坡中种地时已对天下大势了如指掌。他常自比于辅佐齐桓公称霸的管仲和济弱燕破强齐七十余城的乐毅。并且"每晨夜从容,常抱膝长啸"[②]。这是他对自己的满腹经纶得不到施展而引发的满腹惆怅的发泄。他不甘心作为一介村夫种地而了却一生,自然要向世人展现自己的价值,他的才能终被身边一些有识之士所肯定。诸葛亮指划天下大势的真知灼见使刘备顿开茅塞,诸葛亮也决定以身相许,找到了自己施展政治抱负的知己。诸葛亮出山是为建功立业,封侯荫子。这在诸葛亮后来对刘备实行劝进时说得很明白:

> 昔吴汉、耿弇等初劝世祖即帝位,世祖辞让,前后数四,耿纯进言曰:"天下英雄喁喁,冀有所望。如不从议者,士大夫各归求主,无为从

---

① 参见李安本:《诸葛亮家族浮沉探析》,《岱宗学刊》2000 年第 4 期。
② 《三国志》卷三十五《诸葛亮传》裴松之注引《魏略》,第 911 页。

公也。"……士大夫随大王久勤苦者，亦欲望尺寸之功如纯言耳。①

诸葛瑾在江东靠孙权的姐夫弘咨的引荐也步入仕途。

中国的封建士大夫一方面希望建功立业，光宗耀祖，家族兴旺，子孙绵长；另一方面又要冒杀身灭族的政治风险。这是一对矛盾，看来诸葛亮及其族人也未能逃脱这一严酷的现实。

其二，忠孝是诸葛氏族人立身为政的根本，但"忠"、"孝"实难两全。李安本认为，诸葛亮临危受命，救死存亡，在他的策划下，使刘备东联孙吴取得了赤壁之战关键性胜利，继而又西取巴蜀为刘备奠定了三足鼎立的基业。刘备病危召诸葛亮嘱以后事，不知是真话，还是假话，但把诸葛亮感动得涕泣说："臣敢竭股肱之力，效忠贞之节，继之以死！"②诸葛亮以自己的实践实现了自己的诺言。刘备又诏敕刘禅："汝与丞相从事，事之如父。"③刘备的临终遗嘱，就像一副沉重的枷锁压在诸葛亮身上，为报刘备的知遇之恩，他贡献了毕生精力。刘备死后，诸葛亮不顾蜀汉财力、人才匮乏，多次大举伐魏，概不出其对刘备父子的忠心。

诸葛瑾在东吴为人宽厚，处事谨慎。其子诸葛恪虽锋芒毕露，一改诸葛瑾含而不露、处事谨慎的作风，但在忠于孙吴方面是一致的，并且其对孙吴的功绩不亚于乃父。他为孙权平定山越，巩固了孙权在江东的统治。孙权病危征诸葛恪以大将军领太子太傅身份嘱以后事。诸葛恪像其叔父诸葛亮当年受到刘备托孤一样，感动得诚惶诚恐，涕泪滂沱。他在给弟弟诸葛融的信中说：

大行皇帝委弃万国，群下大小，莫不伤悼。至吾父子兄弟，并受殊恩……是以悲恸，肝心圮裂。……吾身受顾命，辅相幼主，窃自揆度，才非博陆而受姬公负图之托，惧忝丞相辅汉之效，恐损先帝委付之明，

① 《三国志》卷三十五《诸葛亮传》，第916页。
② 《三国志》卷三十五《诸葛亮传》，第918页。
③ 《三国志》卷三十五《诸葛亮传》，第918页。

是以忧惭惶惶，所虑万端。①

并要求诸葛融"念出万死，无顾一生，以报朝廷，无忝尔先"②。诸葛恪效法诸葛亮，主动对魏用兵。253年，诸葛恪对魏用兵失利，孙峻、孙亮借机以阴谋手段加以杀害。诸葛恪、诸葛融兄弟并被诛灭三族。

诸葛诞在魏因不满司马氏专权，忠于曹魏，也遭灭族之灾。忠君曾被有些人讥讽为愚忠，不是没有道理的。曹操父子以残忍的手段上演了一出篡汉的闹剧，一批汉臣成了汉政权的殉葬者。司马氏父子学着曹操父子又上演了篡魏的闹剧，结果又有诸葛诞等旧臣明知不可为而为之，无谓地做了曹氏政权的牺牲品。为私家尽忠不惜付出灭族的沉重代价，这不能不说是封建社会中士大夫们的悲哀。

为忠者必然也为孝。诸葛氏族人虽天各一方隶属于不同的政权，但人为的原因并没有割断家族中的亲情。孟子说："不孝有三，无后为大。"中国人自古以来很看重传宗接代，延续香火。诸葛亮家族对此也很重视。诸葛亮早年无子嗣，就要求过继哥哥诸葛瑾的次子诸葛乔为嫡子。诸葛瑾征得孙权同意后，诸葛乔来到蜀汉正式过继给诸葛亮。后来诸葛恪、诸葛融兄弟及其子孙被诛后，诸葛乔的传人才又还复为诸葛瑾后以延续香火。忠孝是古人刻意追求的至高无上的东西，但忠孝又难得两全，这大概也是古人们非常苦恼的事情。如果九泉之下有知，诸葛氏族人每当念及为忠君而遭灭族之灾，忠孝不能两全时，一定要痛苦得心头上滴血。

其三，骄矜浮华必破家。李安本认为，诸葛瑾、诸葛亮兄弟在乱世中谨慎行事，既保全自己，又能建功立业的家风在下一代发生了变化。这种变化最有代表性的是诸葛恪兄弟。诸葛恪兄弟承父荫庇，自青少年时就受吴王恩宠有加，因此长大后做事锋芒毕露，不知仕途的险恶。诸葛恪主动请缨，费时数年平定山越，解除了孙权的心头之患。起初，诸葛瑾闻知此事感叹说："恪不大兴吾家，将大赤吾族也。"③后来事情的发展，不幸被诸葛瑾

---

① 《三国志》卷六十四《诸葛恪传》，第 1434 页。
② 《三国志》卷六十四《诸葛恪传》，第 1434 页。
③ 《三国志》卷六十四《诸葛恪传》，第 1431 页。

言中。诸葛恪辅政忠则忠矣，然做事刚很自用，武断专行。他掌权伊始，就杀掉了同自己有隙、共同辅政的皇族宗室中书令孙弘。继而好大喜功，不顾众人反对，对魏屡开衅端，甚至不惜冒酷暑兴师动众大举伐魏，结果搞得"士卒疲劳，因暑饮水，泄下流肿，病者大半，死伤涂地"①。吴军完全失去战斗力。当吴军败退时，"士卒伤病，流曳道路，或顿仆坑壑，或见略获，存亡忿痛，大小呼嗟。而恪晏然自若"。② 其弟诸葛融虽不像乃兄刚很自用，但也有悖于父风，是一位崇尚浮华、不谙时事的纨绔子弟，诸葛瑾死后，因诸葛恪已经封侯，所以就由诸葛融袭取爵位。诸葛融摄兵驻公安：

> 疆外无事，秋冬则射猎讲武，春夏则延宾高会，休吏假卒，或不远千里而造焉。每会辄历问宾客，各言其能，乃合榻促席，量敌选对，或有博弈，或有摴蒱，投壶弓弹，部别类分，于是甘果继进，清酒徐行，融周流观览，终日不倦。融父兄质素，虽在军旅，身无采饰；而融锦罽文绣，独为奢绮。③

诸葛诞也是一个崇尚浮华、名士气十足的人。这同诸葛瑾、诸葛亮的作风大相径庭，并成为最后灭门的一个原因。

总之，李安本认为，诸葛氏家族的浮沉演示了旧中国读书人滴洒着鲜血的曲折的仕途轨迹。读书人作为一个阶层在名利思想的驱动下总要依附于一个政权，以期建功立业，扬名于世。但受名缰利锁的拖累，他们中的多数人最终要成为旧政权的牺牲品。这种社会现象，不能不说是旧中国读书人的悲哀。

李安本的观点有一定的道理，故选录于此供参考。但需要说明的是，诸葛诞"崇尚浮华"说，值得商榷。

---

① 《三国志》卷六十四《诸葛恪传》，第 1438 页。
② 《三国志》卷六十四《诸葛恪传》，第 1438 页。
③ 《三国志》卷五十二《诸葛瑾传》，第 1235 页。

# 第二节  关于诸葛氏家族兴衰的思考

## 一、关注时事，礼贤任能，成伟业，壮家族

### （一）关注时事

诸葛氏家族中不乏关注时事的贤达之士，诸葛亮是其代表。

诸葛亮是一个注意观察和善于观察社会现实，特别是天下大势的人，更是一个善于和时代英杰、名士交游、学习，注重调查和分析研究的贤才。这是他能对当时的形势和人物作出深刻的正确分析和判断的基础，也是他成就伟业的前提，还是他"神机妙算"、"未卜先知"的奥妙所在。

诸葛亮从小就生活在天下动乱、社会动荡的年代，社会阶级矛盾和统治阶级内部争权夺利的斗争极为激烈。诸葛亮 4 岁（184）时，黄巾起义爆发。黄巾农民起义摧毁了东汉王朝的统治基础，打击了豪强地主的势力。汉灵帝曾组织军队残酷镇压起义军，使中原大地成为生灵涂炭的战场。黄巾起义被镇压后，地主阶级内部急剧分化，参与镇压起义军的各股势力拥兵自重，争权夺利的派系斗争极为激烈，战争连年爆发。公元 189 年，东方州郡联兵讨伐董卓，袁绍、袁术、公孙瓒、陶谦、刘表、刘焉等豪强地主官僚割据一方，曹操、刘备、孙坚、孙策等也在黄巾起义后招兵买马，"家家欲为帝王"，连年混战，国家四分五裂。这在诸葛亮的心中打上了深刻烙印，使其思想上渴望国家统一、民族团结、人民安宁。

193 年，13 岁的诸葛亮随叔父诸葛玄流寓豫章。197 年起，17 岁的诸葛亮"躬耕陇亩"于南阳隆中达十年。这期间，南阳、襄阳一带是官僚、豪强的聚集地。200 年，官渡之战曹操胜袁绍后，急剧变化的形势，激荡着荆襄志士仁人。颍川徐元直、石广元、汝南孟公威，博陵崔州平等，他们与诸葛亮"晨夜相从"，读书吟诗，谈古论今，评论天下大事，抒发自己的见解，进行社会调查，分析现实，研究历史，寻找实现统一祖国的远大政治抱负之良策。这使诸葛亮对中原、江东、荆州和益州的形势有着较为深刻的了解，形成了

他的政治见解和经营天下的宏观伟略,进而使诸葛亮成为身居草庐、志在统一的"识时务"的俊杰。因此,207 年,刘备"三顾茅庐"时,他在《隆中对》中为刘备精辟地分析了天下的形势,提出了一套完整的兴复汉室的方案。《隆中对》剖析精微,有理有据,反映出了诸葛亮洞悉全国形势的睿智,预测天下三分的政治军事远见。

《隆中对》是诸葛亮二十余年之学识、十数年之经验的累积而形成的大作,是他对天下大势广泛深入地了解的结果,是对各种信息不断研究、分析、综合的结果,是诸葛亮关注时事的结果。

此外,诸葛瑾、诸葛诞等也是诸葛氏家族中比较关注时事的人。诸葛瑾游学京城,诸葛诞参加浮华交会,结交名士并成就大业即是明证,在此不再赘述。

(二) 礼贤任能

在礼贤任能方面,诸葛亮是诸葛氏家族中的杰出代表。诸葛亮在隆中耕读期间,能够虚心与名士贤达交游学习。在辅佐刘备后,特别是在蜀汉政权建立后,诸葛亮对人才极为重视,大力提倡"荐贤举能,礼贤下士"。曾说:

> 治国之道,务在举贤……故国之有辅,如屋之有柱,柱不可细,辅不可弱,柱细则害,辅弱则倾。……夫柱以直木为坚,辅以直士为贤,直木出于幽林,直士出于众下。①

他在《前出师表》中对刘禅说:"亲贤臣,远小人,此先汉所以兴隆也;亲小人,远贤臣,此后汉所以倾颓也。"如何举贤、亲贤,诸葛亮很明确:"良将之为政也,使人择之,不自举;使法量功,不自度。"②即依靠部下,通过评议,按法令来推荐。这样使"能者不可蔽,不能者不可饰,妄誉者不能进也"③。他还以"民之五害"作为考察、升免官吏的标准。同时,举贤时又不求全,坚

---

① 张连科、管淑珍:《诸葛亮集校注·便宜十六策·举措》,第 240 页。
② 张连科、管淑珍:《诸葛亮集校注·兵要》,第 149 页。
③ 张连科、管淑珍:《诸葛亮集校注·兵要》,第 149 页。

决反对"为人择官",主张"为官择人"。他还提出了考察贤才的七种办法:

> 知人之道有七焉:一曰,间之以是非而观其志;二曰,穷之以辞辩
> 而观其变;三曰,咨之以计谋而观其识;四曰,告之以祸难而观其勇;五
> 曰,醉之以酒而观其性;六曰,临之以利而观其廉;七曰,期之以事而观
> 其信。①

由此可以看出诸葛亮观人所取的"志"、"变"、"识"、"勇"、"性"、
"廉"、"信"等七种标准。他礼贤下士,深得有识之士的理解和拥护,在他周
围聚集了一批以荆襄名士和益州文人为主体的贤士。

例如,蒋琬是社稷之器,非百里之才,刘备任其为小官,不能尽其所能。
蒋琬有情绪,工作没有做好,刘备问罪,但诸葛亮慧眼识英才,不仅救了他
的命,而且委以重用,使之为国效力,成为蜀汉政权中的栋梁。

杜微是三国时期的名士,诸葛亮入蜀后,请他出来做官,他坚辞不就。
诸葛亮礼贤下士,三番五次的敬请,最后感动了他,遂被拜为谏议大夫。五
梁是一位以"儒学节操"称名于世的名士,本不出仕,也是诸葛亮礼贤下士
的作风感动了他,也被拜为谏议大夫、五官中郎将。

费祎在诸葛亮南征时还是一位小人物,因其"志虑忠纯",深得诸葛
亮器重。诸葛亮南征归来,百官在成都郊外数十里处迎接。为了表彰这
位官虽小但有才华的费祎,诸葛亮与之同车而归,令文武百官无不刮目
相看。

魏国降将、天水冀人姜维,"思虑精密","深解兵意",是"凉州上士
也",故破格重用。

为了更好地发挥人才的作用,让人才为他出谋划策,诸葛亮采取了虚
心求教、表扬直谏者、集思广益的方法,鼓励下属畅所欲言,各抒己见。他
认为,为政者必须有参谋人员帮助策划,否则如人夜行。他说:

---

① 张连科、管淑珍:《诸葛亮集校注·将苑·知人性》,第277页。

夫人君拒谏,则忠臣不敢进其谋,而邪臣专行其政,此为国之害也。①

他严格要求自己,勇于承认错误。其《街亭自贬疏》、《劝将士勤攻己阙》等文,都反映了他的"引咎责躬"、严于律己的高尚品德。他主张集思广益,唯恐自己仅仅表示虚心纳谏的态度还不足以消弭僚属的顾虑,遂公开号召大家要"勤攻吾之阙",并认为"勤攻吾之阙"者是"忠虑于国"者。他对能够及时进忠言指正过失的僚属是鼓励和爱护的。如他对赖厷、杨顒的早逝,深表惋惜地说:"令史失赖厷,掾属丧杨顒,为朝中损益多矣。"②特别是掾属杨顒,曾直言劝谏诸葛亮要多考虑大政方针,不要埋头于文牍,"亮谢之"。后杨早逝,"亮垂泣三日"③。这充分体现了诸葛亮"不疑于直言",希冀"少过"的博大胸怀。一旦有错,诸葛亮对自己也决不宽贷。例如街亭之败,直接原因是马谡"违亮节度,举动失宜",间接原因却是诸葛亮用人不当所致。因此,诸葛亮在斩马谡后,向后主刘禅上疏曰:

> 臣以弱才,叨窃非据,亲秉旄钺以厉三军,不能训章明法,临事而惧,至有街亭违命之阙,箕谷不戒之失,咎皆在臣授任无方。臣明不知人,恤事多暗,《春秋》责帅,臣职是当。请自贬三等,以督厥咎。④

后主准其所奏,贬其爵三等,从丞相降至右将军。由此可以看出,诸葛亮毫不犹豫地承担了"授任无方"而导致"不能破贼为贼所破"的责任,不诿过于人,体现了磊落坦荡的胸怀。

同时,诸葛亮希望后主刘禅能主动纳谏。为此,诸葛亮首先向后主提出要"开张圣听,以光先帝遗德",不要"引喻失义,以塞忠谏之路",即能够做一个善于采纳正确意见,将自己的错误、缺点减少到最低限度的贤主。

---

① 张连科、管淑珍:《诸葛亮集校注·便宜十六策·纳言》,第229页。
② 张连科、管淑珍:《诸葛亮集校注·又与张裔蒋琬书》,第93页。
③ 《三国志》卷四十五《杨戏传》裴松之注引《襄阳记》,第1083页。
④ 《三国志》卷三十五《诸葛亮传》,第922页。

其次,孔明认为:

> 人君以多见为智,多闻为神。……怨声不闻,则枉者不得伸;进善不纳,则忠者不得信,邪者容其奸。①

一旦出现这种情况,就会造成桓、灵时代"亲小人,远贤臣"的危亡之局。诸葛亮希望后主不仅要主动向群臣征求有关朝政得失的意见,还要"谋及庶士",以收"万物当其目,众音佐其耳"②之效。

诸葛亮被视为智慧的化身,实际上,诸葛亮的智慧来源于"多闻"、"多见"的调查研究,来源于集思广益。诸葛亮听从马谡"攻心为上"的建议,南征取得圆满成功。这是诸葛亮善于听取和采纳别人意见的例证之一。清人张学山对此评之中肯:"武侯天下才也,非一己之才胜天下,乃合天下之才成一己也。"

正因为诸葛亮关注时事,礼贤任能,成就了一番伟业,如诸葛亮辅佐刘备取荆州,占四川,建蜀汉。他在开府治事后,采取了一系列切实可行的措施,取得了丰硕的成果。如他重视发展农业,推行劝农政策,兴修水利,把北方的生产技术带到南中去;他实行盐铁官营,组织蜀国种桑养蚕,织锦生产,增加了蜀汉财政收入;他为促进文化交流和经济生产,改变"益州险塞"、交通不便的状况,组织军民在川陕边界"凿石架空",修复秦栈道,修筑山路,并在白水关至成都建驿站四百余处。蜀汉经济虽处连年战争时期,但在诸葛亮法家思想路线的实践下,成都平原仍显现出"沟洫脉散,疆里绮错;黍稷油油,粳稻莫莫"③和"田畴辟,仓廪实,器械利,蓄积饶"④的繁荣兴旺景象。

总之,诸葛亮顺应历史潮流,在治政、治军、治人、治财、治戎、外交等方面,进行了伟大实践,作出了较大贡献,取得了辉煌成就,为后人树立了光

---

① 张连科、管淑珍:《诸葛亮集校注·便宜十六策·视听》,第227页。
② 张连科、管淑珍:《诸葛亮集校注·便宜十六策·视听》,第227页。
③ 左思:《蜀都赋》。
④ 《三国志》卷三十五《诸葛亮传》裴松之注引《袁子》,第935页。

辉典范,也为壮大诸葛氏家族作出了巨大的贡献。

诸葛诞在礼贤任能方面也值得称道。如诸葛诞在朝廷任吏部郎时,有人嘱托他任用某些人,他总是把嘱托者的话公开,然后任用被推荐的人,待任用一段时间后,再公开评议被任用者的成绩与失误,以决定晋升或降职。另外,诸葛诞还礼贤下士。正因为如此,诸葛诞死后,他手下的士兵坚决不投降,都说:"为诸葛公死,不恨。"

此外,诸葛恪在用人问题上,反对求全责备、纤微相责。认为,只要不是恶人,愿意为国家效力,就应该予以鼓励安置,使其在一定职务上充分发挥作用。

## 二、善用德刑,鞠躬尽瘁,获敬仰,誉家族

### (一) 教之以德,严之以刑

"用心平,劝戒明,教之以德,严之以刑"是诸葛亮善用德刑的具体表现。

诸葛亮熟知历史,饱读经书,深知不教而诛的危害,反对不教而诛,十分重视教化。他明确提出了为政之道应"以教令为先,诛罚为后"①的观点。换言之,刑罚只是在教化无效之后方才加以施行。为使教令先行,诸葛亮认为必须形成一种宣传教化的风气,达到"非法不言,非道不行"②。同时,各级执法官吏必须以身作则,然后才能"正己教人"。他认为:"先正其身,然后乃行其令。身不正则令不从,令不从则生变乱。"③当教化无效时,他认为必须依法究办。

同时,他深深认识到实行德政的重要性。认为凡治国者纯德治,不能使社会秩序井然,纯用刑不教而谓之虐;只有儒法合一先礼后兵,教之以德,严之以刑,才能"上下有节",左右有序。所以,他特别明确地指出:

明君治其纲纪,政治当有先后,先理纲,后理纪;先理令,后理

① 张连科、管淑珍:《诸葛亮集校注·便宜十六策·教令》,第263页。
② 张连科、管淑珍:《诸葛亮集校注·便宜十六策·教令》,第263页。
③ 张连科、管淑珍:《诸葛亮集校注·便宜十六策·教令》,第263页。

罚……先理身,后理人。是以理纲则纪张,理令则罚行。①

正因为既注重思想教化,又严之以刑罚,才使整个蜀汉社会"人怀自厉,道不拾遗,强不侵弱,风化肃然"②。诸葛亮在治蜀时,有人讽刺他吝惜赦罪,他说:"治世以大德,不以小惠。"③

诸葛亮重德,在他的言论中有许多关于德的论述。如他总结历史经验说:"汤、武修德而王,桀、纣极暴而亡"④;"昔在项羽,起不由德,虽处华夏,秉帝者之势,卒就汤镬,为后永戒。"⑤他称赞刘备说:"刘公雄才盖世,据有荆土,莫不归德,天人去就,已可知矣。"⑥他称赞刘禅说:"天资仁敏,爱德下士。"⑦他劝告杜微说:"君但当以德辅时耳。"⑧他教诫其子说:"俭以养德。"⑨这些论述包括道德修养、德治教化、实施德政等内容。

诸葛亮认为,治国必先修身,加强道德修养。千百年来,修身一直是士人的重要课题,也是其优良传统。儒家是非常重视自身品德修养的,孔子主张君子要"修己以安百姓"⑩。他认为"凡为天下国家有九经,曰修身也,尊贤也……修身则道立"⑪。孟子进一步发展了孔子的思想,提出家、国与天下之本在于"身"的主张,指出"天下之本在国,国之本在家,家之本在身"⑫,要求"君子之守,修其身而天下平"⑬。只有专注"修身",才能使"道立",收到"天下可运于掌"⑭的社会效果。诸葛亮继承之,他的言、行、功业等方面处处体现着美德。

---

① 张连科、管淑珍:《诸葛亮集校注·便宜十六策·治乱》,第261页。
② 《三国志》卷三十五《诸葛亮传》,第930页。
③ 《三国志》卷三十三《后主传》裴松之注引《华阳国志》,第903页。
④ 《三国志》卷三十三《后主传》裴松之注引《诸葛亮集》,第895页。
⑤ 《三国志》卷三十五《诸葛亮传》裴松之注引《诸葛亮集》,第918页。
⑥ 《三国志》卷三十九《刘巴传》裴松之注引《零陵先贤传》,第981页。
⑦ 张连科、管淑珍:《诸葛亮集校注·与杜微书》,第83页。
⑧ 张连科、管淑珍:《诸葛亮集校注·答杜微书》,第85页。
⑨ 张连科、管淑珍:《诸葛亮集校注·诫子书》,第109页。
⑩ 《论语·宪问》。
⑪ 《礼记·中庸》。
⑫ 《孟子·离娄上》。
⑬ 《孟子·尽心下》。
⑭ 《孟子·梁惠王上》。

　　诸葛亮在《隆中对》中表现出了他以天下为己任的济世精神,充满了在政治上积极进取的自信心和非凡的勇气。在《出师表》等文中,包含着正心、立身、待人、治国、治军、用兵的丰富而深邃的内涵,其中感人至深者,莫过于他对国家、对君主、对同僚、对下属、对百姓、对家人所表现出的那种浓厚的人情味和博大的爱心。正是其雅博的思想和深切的爱心,给人们心灵深处以极大的撞击和感召力。

　　诸葛亮的实践活动都表现出他崇高的品德和人格魅力。他在隆中高卧隐居,却有一颗忧国忧民的入世之心,有匡世济民的人生价值取向,对军阀混战、生灵涂炭、民不聊生的黑暗现实极为不满,希望能实现"奖率三军,北定中原,庶竭驽钝,攘除奸凶,兴复汉室"的理想,实现"天下归仁"的理想追求。他辅佐刘备,也因为刘备是一个仁德之人。

　　诸葛亮与人相处,绝无势力之交。例如孟公威,是诸葛亮在隆中隐居时的好朋友。后来孟公威离开荆州,到北方曹操那里施展自己的才干,做了曹魏的凉州刺史。二十多年以后,诸葛亮北出祁山讨伐曹魏时,还给司马懿写信,询问孟公威的情况。二十多年不见仍念念不忘,这种历经久远的感情决非势利之交。体现诸葛亮交往情操最典型的,是他与刘备的君臣之交。诸葛亮27岁结识刘备,54岁去世,始终未离刘备和蜀汉的事业,可谓经年历久。建安十二年(207),当曹操攻入荆州时,刘琮降曹,刘备大败于当阳,而孙吴对抗曹态度分歧、犹豫不决。在这危急时刻,诸葛亮只身前往江东,促成孙刘联盟,取得抗曹战争的胜利。诸葛亮在江东期间,张昭有意让诸葛亮留下来,而诸葛亮却坚决不肯留下。对此,南朝刘宋史家裴松之说:"观亮君臣相遇,可谓希世一时,终始之分,谁能间之?"①夷陵战败,刘备病危将亡,刘禅庸弱才劣,蜀国处于危亡之秋。在此危急时刻,刘备意识到,只有诸葛亮才能力挽狂澜,拯救蜀汉,诸葛亮以生命允诺。此刻,君臣间的信任升华到了无以复加的程度。陈寿对此举评论说,刘备"举国托孤于诸葛亮,而心神无贰,诚君臣之至公,古今之盛轨也"②。刘备去世,诸葛

---

① 《三国志》卷三十五《诸葛亮传》裴松之注论《袁子》,第916页。
② 《三国志》卷三十二《先主传》,第892页。

亮再一次"受任于败军之际,奉命于危难之间","受命以来,夙夜忧叹,恐托付不效,以伤先帝之明,故五月渡泸,深入不毛。今南方已定,兵甲已足,当奖率三军,北定中原,庶竭驽钝,攘除奸凶,兴复汉室,还于旧都。此臣所以报先帝,而忠陛下之职分也"①。

综观诸葛亮的言、行、功业,处处体现着他的优秀品德。这些优秀品德,可以归结为:修身养德、尽忠为国、虚心纳谏、廉洁奉公、严明法纪、一身正气的典范精神;忠顺勤劳、尽职尽责、自强不息、百折不挠的进取精神;为实现国家统一、国富民安的远大理想,"鞠躬尽力,死而后已",为国家为民族利益而奋斗的献身精神。诸葛亮的这些美德,有三个特点②:

第一,凛然正气。正气者,不可侵犯之气也。诸葛亮的思想品德中,就有这样的凛然不可侵犯之气。

诸葛亮的政治理想不可侵犯。他把兴复汉室,统一全国作为自己的政治理想,他一生始终为这个理想而奋斗。夷陵战败,刘备新亡,蜀汉面临着严重的危机。这时候,曹魏司徒华歆、司空王朗、尚书令陈群、太史令许芝、谒者仆射诸葛璋等人,纷纷写信给诸葛亮,陈说天命人事,劝他举国向曹魏称臣。这实际上就是要诸葛亮放弃自己的政治理想。对此,诸葛亮作《正议》一文作答:

> 昔在项羽,起不由德,虽处华夏,秉帝者之势,卒就汤镬,为后永戒。魏不审鉴,今次之矣;免身为幸,戒在子孙。而二三子各以着艾之齿,承伪指而进书,有若崇、竦称莽之功,亦将逼于元祸苟免者邪!
>
> 昔世祖之创迹旧基,奋羸卒数千,摧莽强旅四十余万于昆阳之郊。夫据道讨淫,不在众寡。及至孟德,以其谲胜之力,举数十万之师,救张郃于阳平,势穷虑悔,仅能自脱,辱其锋锐之众,遂丧汉中之地,深知神器不可妄获,旋还未至,感毒而死。子桓淫逸,继之以篡。纵使二三子多逞苏、张诡靡之说,奉进驩兜滔天之辞,欲以诬毁唐帝,讽解禹、

----

① 《三国志》卷三十五《诸葛亮传》,第920页。
② 参见朱大渭、梁满仓:《诸葛亮大传》(下册),第717—723页。

稷，所谓徒丧文藻烦劳翰墨者矣！夫大人君子之所不为也。又《军诫》曰："万人必死，横行天下。"昔轩辕氏整卒数万，制四方，定海内，况以数十万之众，据正道而临有罪，可得干拟者哉！[①]

这是一篇援古证今、凝练深沉、义正辞严、凛然不可犯的正气歌。

诸葛亮忠贞不渝不可侵犯。诸葛亮受刘备遗托辅政，"事无巨细，咸决于亮"[②]。能够有这样的权力和地位，对一般人的吸引力是巨大的，这个吸引力就是再向前迈一步，即位称尊，创立个人的家天下。远的不说，就说禅代汉帝的曹氏即是如此。然而这种吸引力在诸葛亮面前却没有作用。他一如既往，恪守臣礼，戮力国事，直至生命的最后一息。在此期间，李严曾劝他加九锡，向至尊之位靠拢，诸葛亮却义正词严地拒绝。对此，古人评论说：

> 至于职为臣，行令如君，其名近嫌也；位为君，事臣如父，其形近猜也；不然昔周公赋《鸱鸮》之诗，成王启金縢之诰，此虽大小有异，托付不殊，竟能上不生疑心，下不兴流言，苟非诚信结于人，格于神，移于物，则莫能至是。[③]

这种不追求个人地位，一心为国的凛然正气，至今仍感人至深。范文澜先生说：

> 诸葛亮的行为在封建时代，道德标准是很高的。[④]

诸葛亮对己要求标准很高，但对别人则主张用人所长，容许别人存

① 张连科、管淑珍：《诸葛亮集校注·正议》，第68页。
② 《三国志》卷三十五《诸葛亮传》，第918页。
③ 尚驰：《诸葛武侯庙碑铭》，张连科、管淑珍：《诸葛亮集校注》附录第一部分《古代著名人物评论选辑》。第359页。
④ 范文澜：《中国通史简编》（二），第272页。

在某些不足。如法正心地不宽,李严善营私产,何祗不持节俭,魏延高傲自大,杨仪心性狷狭,诸葛亮皆用之。当然,在和他们相处或任用他们时,诸葛亮虽不加以苛求,但从修身角度上,对这些人的缺点防范极严。

第二,宏仁大义。这种宏仁大义的意思是仁之大。孔子讲"兴灭国,继绝世,举逸民",从而达到使"天下之民归心"的目的①。天下之民归心,即天下之民归仁。因为在儒家看来,只有大仁才是民心所归者。诸葛亮以兴微继绝克复为己任,追求的显然是儒家的大仁。他把兴复汉室作为自己的政治理想,并为此奋斗一生。

第三,循名责实,躬行实践。东汉末期,社会黑暗,政治腐败,一些封建官僚和无行士人,过着奢侈糜烂的生活,还想捞取好的社会名声,十分虚伪。诸葛亮则是传统美德实践的典范。他提倡对蜀汉政权尽忠,他以自己的忠诚无私之举,使蜀汉"上不生疑心,下不兴流言"②,保持了最高统治集团的和睦与稳定。他提倡为官要廉政爱民,自己则"蓄财无余,妾无副服"③,始终保持俭朴的生活作风。他提倡为官要勤政,自己则呕心沥血。他提倡讲信义,"赏罚必信",决不朝令夕改,决不因亲疏恩仇而改变赏罚标准。他要求后主开张圣听,自己也多次下教令,让部下指出自己的缺点。正因为诸葛亮的美德具有循名责实、躬行实践的特点,所以,他的品德最令人信服,最具有感染力,最具有说服力和号召力。

在治国的主要方针上,诸葛亮强调"以法治国","以武为计","以威武为政"。

诸葛亮在治蜀方针上采取了先秦"法住而国治"的思想。为了消除刘焉父子造成的"文法羁縻,互相承奉,德政不举,威刑不肃"④的混乱状况,诸葛亮坚持"以法治蜀"的鲜明立场,明确宣布:

---

① 《论语·尧曰》。
② 尚驰:《诸葛武侯庙碑铭》,张连科、管淑珍:《诸葛亮集校注》附录第一部分《古代著名人物评论选辑》。第359页。
③ 张连科、管淑珍:《诸葛亮集校注·又与李严书》,第89页。
④ 《三国志》卷三十五《诸葛亮传》裴松之注引郭冲一事,第917页。

吾今威之以法,法行则知恩,限之以爵,爵加则知荣;恩荣并济,上下有节。为治之要,于斯而著。①

同时,他认为治理国家要用"以刑德治臣"。因而在北伐中,蒋琬认为正在用人之际,劝诸葛亮不宜斩马谡,诸葛亮则回答说:"四海分裂,兵交方始,若复废法,何用讨贼邪!"②诸葛亮提倡"法令明,赏罚信"。《汉晋春秋》载,晋武帝司马炎曾问及诸葛亮治国之术,臣子樊建对曰:"闻恶必改,而不矜过,赏罚之信,足感神明。"③袁准这样赞叹诸葛亮:"法令明,赏罚信,士卒用命,赴险而不顾,此所以能斗也。"④陈寿亦言其:

科教严明,赏罚必信,无恶不惩,无善不显,至于吏不容奸,人怀自厉,道不拾遗,强不侵弱,风化肃然也。⑤

可知,诸葛亮十分注重赏罚之信,深得部属拥戴。

诸葛亮赏罚分明,主张依法治军。他在《整师》中说:

若赏罚不明,法令不信,金之不止,鼓之不进,虽有百万之师,无益于用。⑥

他在《兵要》中说:

有制之兵,无能之将,不可以败;无制之兵,有能之将,不可以胜。⑦

---

① 《三国志》卷三十五《诸葛亮传》裴松之注引郭冲一事,第917页。
② 张连科、管淑珍:《诸葛亮集校注·论斩马谡》,第173页。
③ 《三国志》卷三十五《诸葛亮传》裴松之注引,第933页。
④ 《三国志》卷三十五《诸葛亮传》裴松之注引《袁子》,第934页。
⑤ 《三国志》卷三十五《诸葛亮传》,第930页。
⑥ 张连科、管淑珍:《诸葛亮集校注·将苑·整师》,第319页。
⑦ 张连科、管淑珍:《诸葛亮集校注·兵要》,第150页。

　　说明将帅的作用依赖于兵,更依赖于法。他强调:"孙武所以能制胜于天下者,用法明也。"①阐明以法治军,可以无敌于天下。他在《斩断》中提出:"军法异等,过轻罚重,令不可犯,犯令者斩。"②他治军:

　　　　立旌旗以视其目,击金鼓以鸣其耳,设斧钺以齐其心,陈教令以同其道,兴赏赐以劝其功,行诛伐以防其伪。③

　　如街亭失守后,因王平有功,立即升迁。马谡有过,斩首示众。并上疏自贬,降职三等,以训职明法。

　　由于诸葛亮以法治军,"士卒用命,赴险而不顾"④,故蜀军"赏罚肃而号令明","戎陈整齐"⑤,"及其兵出入如宾,行不寇,刍荛者不猎,如在国中。其用兵也,止如山,进退如风"⑥。在敌众我寡的情况下,能克敌制胜。

　　在政策推行方面,为了保证上令下达的效率,他提出了"科教严明,赏罚必信"的原则。他认为法令刑罚是治国的重要工具,可震慑人心,劝善规恶。他说:"赏以兴功,罚以禁奸"⑦,"经常之法,规矩之要"⑧。他认为"赏罚不明,教令不常,以私为公","人有二心","其国危殆"⑨。所以,诸葛亮"开诚心,布公道;尽忠益时者虽雠必赏,犯法怠慢者虽亲必罚,服罪输情者虽重必释,游辞巧饰者虽轻必戮"⑩,并建议刘禅要"陟罚臧否,不宜异同","不宜偏私,使内外异法也"。⑪

　　诸葛亮"赏不逾时","刑不择贵"。宣信中郎董恢出使东吴有功,回国

①《三国志》卷三十九《马良传》附《马谡传》裴松之注引《襄阳记》,第984页。
② 张连科、管淑珍:《诸葛亮集校注·便宜十六条·斩断》,第267页。
③ 张连科、管淑珍:《诸葛亮集校注·便宜十六条·治军》,第249页。
④《三国志》卷三十五《诸葛亮传》裴松之注引《袁子》,第934页。
⑤《三国志》卷三十五《诸葛亮传》,第922页。
⑥《三国志》卷三十五《诸葛亮传》裴松之注引《袁子》,第934页。
⑦ 张连科、管淑珍:《诸葛亮集校注·便宜十六条·赏罚》,第256页。
⑧ 张连科、管淑珍:《诸葛亮集校注·便宜十六条·治国》,第221页。
⑨ 张连科、管淑珍:《诸葛亮集校注·便宜十六条·赏罚》,第256页。
⑩《三国志》卷三十五《诸葛亮传》,第934页。
⑪《三国志》卷三十五《诸葛亮传》,第919页。

后"未满三日,辟为丞相府属,迁巴郡太守"①。李严受刘备托孤之重,诸葛亮发现他有不利于北伐的行为,即上表贬黜。他在《赏罚》中明确说:"赏赐不避怨雠,则齐桓得管仲之力;诛罚不避亲戚,则周公有杀弟之名。"②他从各方面整顿法纪,革新政治,抑制豪强,有效地加强了蜀汉中央集权统治秩序。

诸葛亮执法严,办事公平。他曾说:"吾心如秤,不能为人作轻重。"③他不徇私情,对于违法渎职的官员,不论位置高低、亲疏远近,决不宽贷。他先后诛彭羕、杀刘封、斩马谡、流廖立、贬李严等人,其中既有亲贵,也有功臣,还有自己的故知,一旦触犯刑章,一律依法究办。例如,马谡与诸葛亮亲如父子,"每引见谈论,自昼达夜"④。在诸葛亮南征时因献策"攻心为上"而备受其重视。在北伐中,马谡致使街亭失守,诸葛亮毅然按律处斩。

> 蒋琬后诣汉中,谓亮曰:"昔楚杀得臣,然后文公喜可知也。天下未定而戮智计之士,岂不惜乎!"亮流涕曰:"孙武所以能制胜于天下者,用法明也。是以杨干乱法,魏绛戮其仆。四海分裂,兵交方始,若复废法,何用讨贼邪!"⑤

马谡也知诸葛亮"用法明"之苦心,故在绝笔信中说:

> 明公视谡犹子,谡视明公犹父,愿深惟殛鲧兴禹之义,使平生之交不亏于此,谡虽死无恨于黄壤也。⑥

马谡临死无怨无悔,故"于时十万之众为之垂涕。亮自临祭,待其遗孤

---

① 《三国志》卷三十九《董允传》裴松之注引《襄阳记》,第987页。
② 张连科、管淑珍:《诸葛亮集校注·便宜十六条·赏罚》,第256页。
③ 张连科、管淑珍:《诸葛亮集校注·杂言》,第187页。
④ 《三国志》卷三十九《马良传》附《马谡传》,第983页。
⑤ 《三国志》卷三十九《马良传》附《马谡传》裴松之注引《襄阳记》,第984页。
⑥ 《三国志》卷三十九《马良传》附《马谡传》裴松之注引《襄阳记》,第984页。

若平生"①。

又如，长沙校尉廖立是荆州硕彦之一，与诸葛亮长期共事，有相知之雅。诸葛亮曾赞扬廖立是"楚之良才"，深加器重。可是廖立后来却妄自尊大，目无群僚，把当时的贤达之士如长史向朗、参军文恭、盐府校尉王连等人，一概讥诋为"俗吏"、"小人"，甚至肆意攻击军政大计："人有言国家兵众简练，部伍分明者，立举头视屋，愤咤作色曰：'何足言！'凡如是者不可胜数。"尤其严重的是，他还"诽谤先帝"，有悖臣节。于是后主刘禅依诸葛亮所奏，下诏将他废为平民，流放到汶山郡。②

又如诸葛亮对李严的处理也是相当严肃的，后主刘禅下诏"乃废平为民，徙梓潼郡"③。同时，诸葛亮致书于李平之子李丰说：

> 吾与君父子戮力以奖汉室，此神明所闻，非但人知之也。表都护典汉中，委君于东关者，不与人议也。谓至心感动，终始可保，何图中乖乎！昔楚卿屡绌，亦乃克复，思道则福，应自然之数也。愿宽慰都护，勤追前阙。今虽解任，形业失故，奴婢宾客百数十人，君以中郎参军居府，方之气类，犹为上家。若都护思负一意，君与公琰（蒋琬）推心从事者，否可复通，逝可复还也。详思斯戒，明吾用心，临书长叹，涕泣而已。④

这是一封情义殷殷文笔委婉的书信，信中希望李丰向其父李严转达诸葛亮切盼他思愆改过的一片期望，只要能够真正洗心革面的话，"否可复通，逝可复还也。详思斯戒，明吾用心"。短短数语，充分表达了寓劝戒于明法的深衷。坦荡襟怀，令人感动。

正是由于诸葛亮的法制思想，寄托了惩恶劝善的一片至诚，故蜀汉臣民对他畏威怀德，心悦诚服。尤其令人感叹的是，诸葛亮去世的消息传出

---

① 《三国志》卷三十九《马良传》附《马谡传》裴松之注引《襄阳记》，第984页。
② 参见《三国志》卷四十《廖立传》，第997—998页。
③ 《三国志》卷四十《李严传》，第1000页。
④ 《三国志》卷四十《李严传》裴松之注引，第1001页。

后,不仅广大军民痛哭失声,连被他处罚过的一些人也望风垂泣。廖立在汶山哭泣说:"吾终为左衽矣!"而李严在徙所竟然悲痛愤激发病而死。

诸葛亮执法严峻,却又使犯罪者诚心服罪,这在中国古代历史上确实是罕见的。所以,晋人习凿齿评论说:

> 昔管仲夺伯氏骈邑三百,没齿而无怨言,圣人以为难。诸葛亮之使廖立垂泣,李平(严)致死,岂徒无怨言而已哉!①

也就是说,诸葛亮的为政施刑已远远超出了管仲所能达到的以德服人的水平。陈寿认为,蜀国军民对诸葛亮"咸畏而爱之,刑政虽峻而无怨者,以其用心平而劝戒明也"②。唐代宰相裴度评论说:

> 法加于人也,虽从死而无怨;德及于人也,虽奕叶而见思。……若其人存,其政举,则四海可平,五服可倾。③

总之,诸葛亮善用德刑,效果显著。

(二) 鞠躬尽瘁,死而后已

诸葛亮是"忠贞报恩"的忠臣,堪称"忠"与"信"的典范。他呕心沥血辅佐刘备、刘禅父子,鞠躬尽瘁,他位高权重时,仍能以身作则,仍守"不求闻达"的初衷,当李严劝他"宜受九锡,进爵称王"时,他拒不接受,这被历代奉为楷模。他在《后出师表》表中,以"臣鞠躬尽力,死而后已,至于成败利钝,非臣之明所能逆睹也"来表明心迹。他认为,"人之忠也,犹鱼之有渊,鱼失水则死,人失忠则凶"④。他认为忠诚对于人的重要性,可与鱼之于水

---

① (晋) 习凿齿:《诸葛忠武侯赞》,张连科、管淑珍:《诸葛亮集校注》附录第一部分《古代著名人物评论选辑》,第349页。
② 《三国志》卷三十五《诸葛亮传》,第934页。
③ 裴度:《蜀丞相诸葛武侯祠堂碑铭》,张连科、管淑珍:《诸葛亮集校注》附录第一部分《古代著名人物评论选辑》,第361页。
④ 梁玉文等:《诸葛亮文译注·兵要》,第215页。

相比,须臾不可离也。诸葛亮的一生即如此。

诸葛亮不仅自己一生追求忠贞,他对部属也时时以忠贞来衡量。在《前出师表》中,他向后主刘禅推荐郭攸之、费祎、董允等人,首先看重的就是其"志虑忠纯",为"贞良死节之臣"。他重用蒋琬,是因其"托志忠雅",可与其"共赞王业"①。吕凯因"执忠绝域"而被其荐升。② 姜维因"忠勤时事"而被其选为接班人。③

诸葛亮忠贞立身的信念也深深地影响着他的后代。其子诸葛瞻在邓艾伐蜀时,面对"封王"诱降,怒斩来使,战死。诸葛瞻的儿子诸葛尚,闻讯后"驰赴魏军"④,亦战死。晋朝干宝为此感叹道:

　　瞻虽智不足以扶危,勇不足以拒敌,而能外不负国,内不改父之志,忠孝存焉。⑤

"内不改父之志,忠孝存焉"可谓真知灼见。无怪乎张辅在《乐葛优劣论》中也发这样的感慨:"睹孔明之忠,奸臣立节矣。"⑥

实际上,忠诚是诸葛氏家族的传统,诸葛瑾之忠于孙吴政权、诸葛诞之忠于曹魏政权等即是证明。

总之,以诸葛亮为代表的诸葛氏家族善用德刑,鞠躬尽瘁,获得了时人和后人的敬仰,为诸葛氏家族赢得了巨大的声誉。

## 三、淡泊明志,崇俭抑奢,得效仿,正家族

### (一) 淡泊明志

"淡泊明志"是诸葛亮重要的修身思想之一,语出诸葛亮的《诫子书》:

---

① 《三国志》卷四十四《蒋琬传》,第 1057—1058 页。
② 《三国志》卷四十三《吕凯传》,第 1048 页。
③ 《三国志》卷四十四《姜维传》,第 1063 页。
④ 《三国志》卷三十五《诸葛亮传》附《诸葛瞻传》裴松之注引《华阳国志》,第 932 页。
⑤ 《三国志》卷三十五《诸葛亮传》附《诸葛瞻传》裴松之注引干宝语,第 932 页。
⑥ (晋)张辅:《乐葛优劣论》,张连科、管淑珍:《诸葛亮集校注》附录第一部分《古代著名人物评论选辑》,第 354 页。

　　夫君子之行,静以修身,俭以养德,非澹泊无以明志,非宁静无以致远。夫学须静也,才须学也,非学无以广才,非志无以成学。淫慢则不能励精,险躁则不能治性。年与时驰,意与日去,遂成枯落,多不接世,悲守穷庐,将复何及![1]

　　这段话是诸葛亮对他的过继子诸葛乔的谆谆教诲,也反映了诸葛亮自己的思想。意即治学要"澹泊"、"宁静",就是要耐得住寂寞和经得起诱惑,忌"淫慢"与"险躁"。否则,"年与时驰,意与日去,遂成枯落",将一事无成,只好"悲守穷庐"了。

　　所谓淡泊,就是顺乎自然,不过分追逐名利,是以清白、正直、无私的进取精神和追求高远的志向,以公平、公正、公道获取名利,并非不主张成名,是一种缘自心灵的宁静。诸葛亮也鄙视"悲守穷庐"者。他所说的淡泊是反对用不正当的手段、损害他人的权益去追逐名利,并认为以平常的心看待名利并按照心中的志向奋斗,才会致远。

　　诸葛氏家族的淡泊宁静风气是从诸葛丰开始的。诸葛丰任司隶校尉时,为严格执法,为了国家利益,不计名利,不怕丢官,最终也因此被贬为庶民。但践行"淡泊明志"思想的典型是诸葛亮。如他辅佐刘禅时,位高权重、可以轻易上位易主,但他仍能不为功名所诱,不为利禄所累,仍守"不求闻达"的初衷。甚至当李严写信劝诸葛亮"宜受九锡,进爵称王"时,他不仅不受,而且写了《答李严书》一文:

　　吾与足下相知久矣,可不复相解!足下方诲以光国,戒之以勿拘之道,是以未得默已。吾本东方下士,误用于先帝,位极人臣,禄赐百亿。今讨贼未效,知己未答,而方宠齐、晋,坐自贵大,非其义也。若灭魏斩睿,帝还故居,与诸子并升,虽十命可受,况于九邪![2]

---

① 梁玉文等:《诸葛亮文译注·诫子书》,第187页。
② 张连科、管淑珍:《诸葛亮集校注·答李严书》,第88页。

诸葛亮表明了若能消灭曹魏、斩杀曹叡,让皇帝能够还居故都,然后与诸位同僚一起升迁的意愿。在这里,诸葛亮再次强调他的奋斗目标是"帝还故居",即恢复汉室,统一全国,而不是为了个人的名利权位。在这个目标未实现之前,对个人的地位不予考虑。即使到了目标实现之日,也是与"诸子并升",而不是独享其成。这封信表现了诸葛亮思想道德的多个层面,如其中有以天下为己任的抱负,以恪守儒家君臣大义和朝廷礼仪为处事原则的精神,以清廉、勤勉自律的道德观念,以及与人为善的交友理念,也是诸葛亮淡泊明志的典型写照。清人王夫之说:

> 武侯之言曰:"淡泊可以明志",诚淡泊矣,可以质鬼神,可以信君父,可以对僚友,可以示百姓,无待建鼓以巫鸣矣。且夫持大权,建大功,为物望所归,而怀不轨之志者,未有不封殖以厚储于家者也。①

在这里,王夫之提出一个持大权、建大功的目的问题。在封建社会,财富与权力有着非常密切的关系。建大功以收众望,收众望以揽大权,揽大权以取民财,这的确是一些官宦的逻辑。诸葛亮在隆中为刘备规划未来,并助刘备建立霸业,其功劳不可谓不大;然后受遗诏辅政,鞠躬尽瘁协助刘禅治理蜀汉,事无巨细,皆自专之,权力不可谓不重。功大权重,但诸葛亮恰恰相反,不仅没取民财,而且家无余财,妾无副服。因此,诸葛亮的廉洁奉公,节俭治家,一直为当时及后世所称道。

（二）崇俭抑奢

孔子曾言:"礼,与其奢也,宁俭"②;"奢则不孙(同逊),俭则固。与其不孙也,宁固。"③孟子言:"养心莫善于寡欲。"④可见,俭约寡欲是儒家对士人的基本要求之一,若奢侈靡烂,养家则不能持久,为政则不能清廉,即夫

---

① 王夫之:《读通鉴论》卷五,王云五主编:《万有文库》第二集,商务印书馆,1936 年,第 222 页。
② 《论语·八佾》。
③ 《论语·述而》。
④ 《孟子·尽心下》。

子所谓"不逊"也。诸葛亮继承和弘扬了孔孟的思想,一生以节俭为美德,反对奢侈。原因除了诸葛亮的个人品德外,还有诸葛亮对崇俭抑奢的自觉认识。他深知,他所治理的蜀汉与魏吴相比,是最小最弱的,以最小最弱的蜀国抗衡最大最强的魏国,困难很多。故诸葛亮认为:"今篡贼未灭,社稷多难,国事惟和,可以克捷"①。如何"和"？一是官员之间不猜忌,不倾轧,互敬互信,可使统治集团内部和睦;二是崇俭抑奢,吏风清廉,官与百姓同甘共苦,使整个国家和谐。基于此,诸葛亮崇俭抑奢。这主要表现在以下三个方面:

1. 以节俭教子。

诸葛亮在《诫子书》中告诫他的儿子:"静以修身,俭以养德"②。希望后代子孙在满足正常生活的物质需求的基础上,不为物欲所驱使,不过分地追求奢华,从而在物质引诱面前保持平静的心态,欲将子孙培养成为聪明、好学、有志、忠烈的君子。实际上,他也要求自己清静养性,以节俭养德,不奢侈不浪费。考诸历史可知,一个人做到节俭、不奢侈不浪费,退则可以安贫乐道,视富贵如浮云;进则可以廉洁奉公,勤政爱民。因此,诸葛亮的育子思路是正确的。

2. 崇尚节俭,反对奢华。

诸葛亮十分赞赏楚国令尹孙叔敖的节俭作风,曾发布《昔孙叔敖教》,称赞孙叔敖。孙叔敖于公元前601年出任楚国令尹(楚相),辅佐楚庄王施教导民,政绩赫然,但极为节俭。诸葛亮称赞孙叔敖的目的是以孙叔敖的事迹勖己励人。韩非说:孙叔敖"栈车牝马","其俭逼下"③。意思是说楚相国的节俭之风为下级官员树立了榜样,即使有奢侈之习的人,亦将迫于形势而有所收敛。这给诸葛亮以极大的启发,所以,他同样以身作则,号召部属向孙叔敖学习,以节俭为荣。目的是减轻人民的负担,节约国家的开支,积蓄抵抗曹魏力量,还可以养成节俭的风气,在政治上产生良好的影响。这无疑是明智的。

---

① 《三国志》卷四十《李严传》裴松之注引诸葛亮《公文上尚书》,第1000页。
② 梁玉文等:《诸葛亮文译注·诫子书》,第187页。
③ 《韩非子·外储说左下》。

3. 廉洁奉公,节俭治家。

诸葛亮廉洁奉公,从不贪污受贿,这是历代所公认的。他说自己在"成都有桑八百株,薄田十五顷,子弟衣食,自有余饶"①。这一点田产,以他的地位及权力而言,是相当廉洁的。特别需要指出的是,购置这一点产业的金钱还来自刘备的赏赐。刘备入成都后,曾论功行赏,赐给诸葛亮、关羽、张飞等功臣每人金五百斤、银一千斤、钱五千万等,孔明以赏赐之金钱购买田宅,自是无可厚非的。除此之外,他就"不别治生,以长尺寸"②。他曾向刘禅剖白心迹说:"臣死之日,不使内有余帛,外有赢财,以负陛下。"后来诸葛亮谢世后,"如其所言"③。而且,诸葛亮去世前,"遗命葬汉中定军山,因山为坟,冢足容棺,殓以时服,不须器物"④,也是以节俭示人。这种丧事节俭的做法,在盛行厚葬的两汉时期,是难能可贵的。

众所周知,廉洁与否关系到政治的良窳,进而影响到国势的兴衰隆替,大凡锐意图治的明君贤相,几乎都注意澄清吏治,倡行节约。因此,诸葛亮以身作则廉洁奉公,对于蜀国的政风自然会起到良好的作用。事实上的确如此,在诸葛亮的榜样力量的作用和推动下,蜀汉吏风清廉简朴,蜀汉的官吏清廉者居多。例如,董和生活简朴。刘备入蜀后,董和任掌军中郎将,与军师将军诸葛亮并署左将军、大司马府事。具有如此地位,他"居官食禄,外牧殊域,内干机衡,二十余年,死之日家无儋石之财"⑤。连诸葛亮都极为钦佩,曾两次教令群下,表示对董和的追思。

张嶷,在蜀汉任州从事、都尉时,曾经得病,而且越来越重。但他"家素贫匮",没钱医病。他听说广汉太守何祗为人通达厚道,便让人抬着到了何祗处,求他助自己治病。张嶷与何祗并不熟识,但何祗并未因此将他拒之门外,而是"倾财医疗,数年除愈"⑥。一个州从事、都尉有病竟无钱自医,要靠别人帮助,可见其清苦至极。

---

① 《三国志》卷三十五《诸葛亮传》,第 927 页。
② 《三国志》卷三十五《诸葛亮传》,第 927 页。
③ 《三国志》卷三十五《诸葛亮传》,第 927 页。
④ 《三国志》卷三十五《诸葛亮传》,第 927 页。
⑤ 《三国志》卷三十九《董和传》,第 979 页。
⑥ 《三国志》卷四十三《张嶷传》,第 1051 页。

费祎,在诸葛亮逝世后,官做到大将军、录尚书事,领益州刺史。蒋琬卒后,他实际上掌握了蜀汉军政大权,但他"雅性谦素,家不积财。儿子皆令布衣素食,出入不从车骑,无异凡人"①,颇有诸葛亮的风范。

姜维,郤正曾著文论曰:

> 姜伯约据上将之重,处群臣之右,宅舍弊薄,资财无余,侧室无妾媵之亵,后庭无声乐之娱,衣服取供,舆马取备,饮食节制,不奢不约,官给费用,随手消尽;察其所以然者,非以激贪厉浊,抑情自割也,直谓如是为足,不在多求。凡人之谈,常誉成毁败,扶高抑下,咸以姜维投厝无所,身死宗灭,以是贬削,不复料摘,异乎《春秋》褒贬之义矣。如姜维之乐学不倦,清素节约,自一时之仪表也。②

邓芝任将军二十多年,"终不治私产,妻子不免饥寒,死之日家无余财"③。尚书令刘巴"躬履清俭,不治产业"④。吕乂"历职内外,治身俭约"⑤。

《盐铁论·疾贪》载:"夫欲影正者端其表,欲下廉者先之身,故贪鄙在率不在下,教训在政不在民也。"诸葛亮治蜀充分说明了这一点。

综上所述,可以看出,诸葛亮淡泊明志,崇俭抑奢,廉洁奉公等政治品质,对他的同代人、他的子孙和他的第二代继承人蒋琬、董允,第三代继承人费祎、姜维等人以深刻的影响,说明诸葛亮淡泊明志,崇俭抑奢的倡导,得到了效仿,赢得了蜀汉人民的爱戴,受到后世的称赞。这对端正诸葛氏家族的家风,树立诸葛氏家族的正面形象起到了重要作用。

---

① 《三国志》卷四十四《费祎传》裴松之注引《祎别传》,第1062页。
② 《三国志》卷四十四《姜维传》,第1068页。
③ 《三国志》卷四十五《邓芝传》,第1073页。
④ 《三国志》卷三十九《刘巴传》,第981页。
⑤ 《三国志》卷三十九《吕乂传》,第988页。

## 四、博采众长，志存高远，赢推崇，立家族

（一）博采众长

诸葛亮的思想以儒家为主、法家为治、道家为养、兼容其他诸家的思想内容，是一个庞大的思想体系。这一思想体系的形成与他受齐鲁文化的熏陶，阅读了许多政治、经济、军事书籍，熟稔历代政治、经济和各学派的政治主张及思想观点，研读当代和前代各家的著作、博采众长是分不开的。

但是，诸葛亮一生到底读了哪些书，已知文献没有明确的记载，但透过诸葛亮的言行，可以了解他读书的大概情况。首先，诸葛亮读过儒家的著作。诸葛亮上表追尊甘夫人为昭烈皇后时说：

> 臣辄与太常臣赖恭等议：《礼记》曰："立爱自亲始，教民孝也；立敬自长始，教民顺也。"不忘其亲，所由生也。《春秋》之义，母以子贵。……《诗》曰："谷则异室，死则同穴。"故昭烈皇后宜与大行皇帝合葬，臣请太尉告宗庙，布露天下，具礼仪别奏。[1]

他在《便宜十六策·治人》中说：

> 故经云："陈之以德义而民与行，示之以好恶而民知禁。"[2]

在《便宜十六策·察疑》中说：

> 《书》曰："三人占，必从二人之言。"[3]

《诗经》、《尚书》、《礼记》、《春秋》都是儒家的重要经典，诸葛亮在多处加以引用，可见他对儒家著作之熟悉。

---

[1]《三国志》卷三十四《二主妃子·甘皇后传》，第905—906页。
[2] 张连科、管淑珍：《诸葛亮集校注·便宜十六策·治人》，第235页。
[3] 张连科、管淑珍：《诸葛亮集校注·便宜十六策·察疑》，第231页。

其次,诸葛亮读过法家的著作。蜀汉建兴元年(223),刘备病危,临终遗诏给刘禅说:

闻丞相为写《申》、《韩》、《管子》、《六韬》一通已毕,未送,道亡,可自更求闻达。①

诏书中所说《申子》、《韩非子》、《管子》均为法家著作。诸葛亮受遗诏辅佐刘禅,为他抄写法家著作,认为从这些书中可汲取治国方略。可见诸葛亮对法家著作是早有研究的。

第三,诸葛亮读过兵家著作。上述诸葛亮为刘禅所抄写的《六韬》,便是一部兵家著作,乃后人托名太公吕尚所撰。此外,诸葛亮在军事论述中,多次讲到孙武、孙膑之谋或其著作。诸葛亮于兵家书研习最深,在其军事论著中,有不少重要见解是从《孙子兵法》、《孙膑兵法》中转化而来的。至于其著名的八阵图,则是从前代兵家阵图演化而生的。

第四,诸葛亮读过道家著作。诸葛亮《诫子书》中"静以修身,俭以养德,非澹泊无以明志,非宁静无以致远"之语,明显受老子的影响。关于"静",老子说:"致虚极,守静笃,万物并作","重为轻根,静为躁君"②。关于"俭",老子说:"我有三宝,持而保之,一曰慈,二曰俭,三曰不敢为天下先。"③关于"淡泊",老子说:"众人熙熙,如享太牢。如登春台,我独泊兮,其未兆,如婴儿之未孩。"④

第五,诸葛亮读过史学著作。诸葛亮的很多论述中,都引用了大量的历史知识、历史事件、历史人物。其中最典型的是他的《论让夺》:

范蠡以去贵为高,虞卿以舍相为功;太伯以三让为仁,燕哙以辞国为祸;尧舜以禅位为圣,孝哀以授董为愚;武王以取殷为义,王莽以夺

①《三国志》卷三十二《先主传》裴松之注引《诸葛亮集》,第891页。
②《老子》第十六章、二十六章。
③《老子》第六十七章。
④《老子》第二十章。

汉为篡;桓公以管仲为霸,秦王以赵高丧国。此皆趣同而事异也。明者以兴,暗者以辱乱也。①

范蠡是春秋越国人,他在帮助越王勾践复国后,辞去高位独自经商。虞卿是战国时人,受赵王重用,被拜为卿相,后辞相离开赵国,著书立说。太伯是周部落首领古公亶父的长子,但将继承权让给弟弟季历。燕哙是战国燕王,因信用子之,将王位让他,自己为臣,结果酿成燕国大乱。尧、舜是远古时代的氏族领袖,他们禅让王位之事早已为人们所熟知。孝哀即西汉哀帝,他宠爱佞臣董贤,封他为大司马,还要把帝位让他,遭到群臣反对。武王即周武王,他率军攻进殷商首都,推翻商朝。王莽是西汉末人,他曾代汉建立新莽王朝。桓公即春秋时的齐桓公,在管仲的辅佐下成为春秋五霸之一。秦王即秦二世,他信任赵高,最终被赵高杀死。诸葛亮这篇短文涉及了远古、商周、春秋战国、秦汉,相对诸葛亮所处的时代,简直是一部古代、近代的历史。不阅读大量的史书,是不会有这么丰富的历史知识的。诸葛亮关于让夺的论述,目的是启发读者做事要根据客观形势的变化而变化,做一个明智的人。

第六,诸葛亮读过易学著作。诸葛亮深知《易》理,他治国和用兵,十分注重天、地、人的综合考察,而《周易》之精髓便是将天、地、人视为一个整体,从而将许多不同质、不同态的事物联系在一起,以探讨其运行的规律。《易·系辞上》曰:

> 《易》与天地准,故能弥纶天地之道。仰以观于天文,俯以察于地理,是故知幽明之故……与天地相似,故不违;知周乎万物而道济天下,故不过。

诸葛亮深谙此道,他言治国,将"务天"、"务地"、"务人"三者统观②;他

---

① 梁玉文等:《诸葛亮文译注·论让夺》,第240页。
② 张连科、管淑珍:《诸葛亮集校注·便宜十六策·治国》,第221页。

治军，"审天地之道，察众人之心"①。他还提出，最好的将领即"天下之将"，应"上知天文，中察人事，下识地理，四海之内，视如室家"②；要"顺天、因时、依人以立胜"③。何谓用兵之道中的"天、地、人"？诸葛亮具体解释道：

> 夫行兵之势有三焉：一曰天，二曰地，三曰人。天势者，日月清明，五星合度，彗孛不殃，风气调和。地势者，城峻重崖，洪波千里，石门幽洞，羊肠曲沃。人势者，主圣将贤，三军由礼，士卒用命，粮甲坚备。善将者，因天之时，就地之势，依人之利，则所向者无敌，所击者万全矣。④

由此可以说，诸葛亮的军事学乃是成功地将《易》理用于军事的一个范例。

《礼记·学记》曰："独学而无友，则孤陋而寡闻。"诸葛亮当然不会这样。除了读书以外，诸葛亮善于交游、学习。具体情况前面已经谈过，在此不再赘述。但应该强调的是司马徽对诸葛亮的影响。

司马徽不但有学问，而且还是荆州地区古文经学的领袖人物。司马徽到荆州以后，和刘表的五业从事、古文经学大师宋忠一起授经讲学。但宋忠和司马徽教出的学生李仁、尹默、王肃等都"依准贾、马，异于郑玄"⑤。即宋忠、司马徽的学问与郑玄有区别：一是宋忠、司马徽的学问约简，而郑玄的学问深芜。在南北朝时，宋忠、司马徽的学生王肃所注的《周易》在南方流行，郑玄注的《周易》在北方流行。《隋书·儒林传》载："南人约简，得其英华；北学深芜，穷其枝叶。"⑥实是对宋忠、司马徽所代表的荆州学派与郑玄的古文经学各自的特点和优劣的概括。二是宋忠、司马徽主张学以致用，与现实结合得比较紧密。而且荆州学派注重新解，不囿于成说的学风，

---

① 张连科、管淑珍：《诸葛亮集校注·便宜十六策·治军》，第247页。
② 张连科、管淑珍：《诸葛亮集校注·将苑·将器》，第280页。
③ 张连科、管淑珍：《诸葛亮集校注·将苑·智用》，第289页。
④ 张连科、管淑珍：《诸葛亮集校注·将苑·兵势》，第305页。
⑤ 《三国志》卷四十二《李譔传》，第2027页。
⑥ 《隋书》卷七十五《儒林传》，第1706页。

对学人们步入仕途,适应政治变革的需要颇为有利。司马徽治学约简、学以致用的学风,对诸葛亮有深刻影响,如诸葛亮读书,不是"务于精熟",而是"独观其大略"①。这种提纲挈领、化繁为简、贵在实用的读书方法,正是诸葛亮把治学约简的学风用于读书的最好说明。诸葛亮的《论诸子》,很能佐证他的读书风格:

> 老子长于养性,不可以临危难。商鞅长于理法,不可以从教化。苏张长于驰辞,不可以结盟誓。白起长于攻取,不可以广众。子胥长于图敌,不可以谋身。尾生长于守信,不可以应变。王嘉长于遇明君,不可以事暗主。许子将长于明臧否,不可以养人物。此任长之术者也。②

在这里,诸葛亮的评判,完全是以某人在现实中的作用来分短长的。在此基础上,诸葛亮对各家学说进行了汲取运用,如他吸收了儒家的仁义礼智信和大一统思想,吸收了道家静俭淡泊的思想,吸收了法家的审势行法、以法驭下的思想,吸收了前代兵家军队管理的经验、阵法等。

（二）志存高远

纵观诸葛亮的一生可知,诸葛亮是一个"志存高远"的人。主要表现:

1. 以《梁父吟》抒发宏愿。

诸葛亮在隆中耕读时,经常吟唱《梁父吟》。《梁父吟》是一首流传在齐鲁梁父山一带的挽歌,是诸葛亮家乡的歌。讲的是春秋时代,齐景公的三个权臣被相国晏婴用计杀死的故事,即"二桃杀三士"的故事。据《晏子春秋》记载:春秋时期,齐景公养了公孙接、田开疆、古冶子三个勇士。他们或率兵征战,开疆扩土,有功于国;或临危不惧,保驾护主,有恩于君。因此,他们受到恩宠后便挟功恃勇,粗暴野蛮,目无礼法。一次,晏婴从他们身边走过,向他们表示敬意,但他们既不起身,也不抬头。更有甚者,他们在齐

---

① 《三国志》卷三十五《诸葛亮传》裴松之注引《魏略》,第 911 页。
② 梁玉文等:《诸葛亮文译注·论诸子》,第 237 页。

景公面前也以功臣自居,不讲君臣之礼。他们自恃功高,目无君主,破坏朝仪,已成为国家的祸患。相国晏婴很忧虑,便对齐景公说:"我听说,明君所蓄养的勇士,对上服从君臣道义,对下讲究长幼伦常,对内可用来禁止强暴,对外可以威慑强敌。国君认为他们于国有用,臣下佩服他们的勇敢,所以才给他们以高官厚禄。如今,我们朝中的三位勇士,是不是这样呢?"齐景公感到这个问题不好回答。晏婴见景公不语,便接着说:"如今,国君所蓄养的勇士,上不讲君臣道义,下不讲长幼礼仪,内不可以禁暴,外不可以慑敌。他们是国家的隐患,不如将他们除掉。"这正中景公的下怀,但他又心存顾虑,说:"这三个人很厉害,明打打不过,暗杀杀不了,怎么办?"晏子说:"这些人只知道靠勇力击敌,完全可以智取。"于是,晏婴请景公派人给三位勇士送去了两个桃子,让他们三个人按照功劳大小分吃。公孙接首先站出来,说:"我公孙接跟随主公狩猎,见一只猛虎向主公扑来,危急时刻,是我用拳脚将猛虎打死,保护了主公的安全。像我这样的功劳,可以独享一个桃子。"说完,便随手拿起一个。田开疆也不示弱,嚷道:"我奉命征讨敌国,用手中的兵器多次打退敌人。像我这样的功劳,也不能与别人同吃一个桃子。"说完,也伸手拿起一个。古冶子见桃子全被他们拿走,便高声说道:"我跟随主公渡黄河时,有一只大鼋咬住了驾车的马,将马拖入河中。在当时的情况下,我不会游泳,便潜到水底行走,向上走了一百步,又向下走了九里,才追上那只大鼋,将它杀死。当我左手抓住马尾巴,右手提着大鼋的头从水中一跃而出时,岸上的人都惊呼是河神出现,仔细一看,才知是我提着大鼋的头。像我这样的功劳,怎能没桃可吃?你们还不快把桃放回去!"古冶子这一番充满夸张的表功,使公孙接、田开疆自惭形秽,说:"我们勇敢比不上您,功劳没有您高,拿了桃子不相谦让,这是贪的表现。知道己贪而不去死,就是缺乏勇气。"说完,二人将桃子放回,自杀而死。古冶子见二人自杀,也非常羞愧,说:"他们俩人都死了,而我却活着,这是不仁;出言使别人感到羞耻,却还夸耀自己的名声,这是不义;悔恨自己的行为而又不敢去死,这是不勇。我认为他们俩应该分吃一个桃,难道我独吃一个桃就应该吗?"说完也没动那两个桃子,自杀身亡。对于这件事,一些人说晏婴气量狭小,设计陷害三勇士。更有甚者,说晏子阴险残忍,善耍政治手腕。

就连流传已久的《梁父吟》,也对三勇士有同情感,说他们是因谗言而死的。

关于诸葛亮"好为《梁父吟》"的原因,论者多有分歧,有人认为是诸葛亮思念家乡;有人认为是诸葛亮为"三士"因谗言死而惋惜;多数人认为诸葛亮是在抒发豪情壮志,以歌寄托自己的理想。最后一种说法应该是正确的,因为探讨诸葛亮"好为《梁父吟》"的原因时,除了考虑歌词的内容以外,还应考虑两个重要因素,那就是诸葛亮的经历和志向。

从诸葛亮的经历看,自他记事起,大汉朝廷就已经没有真正意义上的权威了。在地方,从在郡县之上设置州牧后,就出现了许多掌握军政大权的地方军阀;在朝廷,因皇帝年幼,外戚与宦官往往专权,把皇帝玩弄于股掌之间。而"勤王"的董卓进京后,竟然按照自己的意愿处置皇帝;讨伐董卓的各路兵马也非善类,他们带走了洛阳宫中的珍宝,将汉献帝劫持到长安;黄巾起义自不待言,更令人震惊的是野心急剧膨胀的袁术,竟公然在淮南设置公卿百官,郊祀天地,当起皇帝来了。这一切的一切令诸葛亮忧虑。在他看来,这些大大小小的藐视皇权者,都是春秋齐国公孙接、田开疆、古冶子式的人物,他们自恃手中的实力,目无朝廷君主,致使天下分崩,王纲颓坏。从诸葛亮的志向来看,诸葛亮有兴复汉室之志。因此,在天下危难之际,诸葛亮反复吟唱《梁父吟》,目的是肯定晏婴,缅怀晏婴为国除乱的功绩,是欲做新时期的晏婴,要把汉末那些大大小小的公孙接、田开疆、古冶子们一一除掉,使王纲重振,汉室复兴。换言之,诸葛亮反复吟唱《梁父吟》的目的是抒发自己的抱负和宏愿,是诸葛亮志存高远的表现。

2. "自比管仲、乐毅"显大志。

诸葛亮胸怀大志,在隆中时常常"自比于管仲、乐毅"。管仲是我国春秋时期齐国的著名政治家,齐桓公任命他为卿(相),他协助齐桓公进行了政治、军事、经济上的一系列改革,很快使齐国达到了"通货积财,富国强兵"①的目的,完成了"九合诸侯一匡天下"的尊王攘夷的任务,功业巨大,彪炳千秋。乐毅是战国时期燕国的名将,他奉燕昭王之命联合韩、赵、魏、楚等国大败齐军,以不到半年的时间连下齐国 70 余城,并占领齐都临淄。

---

① 《史记》卷六十一《管晏列传》,第 2132 页。

正在齐国即将覆灭之际,燕昭王死,惠王即位,听信了齐国的反间之计,撤换乐毅改派骑劫为将。齐军残部乘机发动反攻,大破燕军,得以复国。

　　了解了管仲、乐毅的事迹,即可理解诸葛亮自比管仲、乐毅的苦心了。很清楚,诸葛亮自比管、乐,是诸葛亮有大志的体现,是诸葛亮希望出将入相、建功立业思想的具体反映。管仲有治国才能,但其治国才能的充分发挥,是因为他遇到了不计射钩之仇的齐桓公。乐毅有军事才能,但其军事才能的充分表现,是因为他遇到了求贤若渴的燕昭王。诸葛亮自信,自己有管仲之才、乐毅之能,如果遇到像齐桓公、燕昭王那样的明主,也会干出一番事业。正因为如此,诸葛亮在择主方面非常谨慎,因他欲择明主展大志。刘表、曹操等皆不行,即使最后选择了刘备也经过了"三顾"的考验。

　　3. 以远大之志育子孙。

　　诸葛亮重视远大理想的树立,故在诲诫子孙时也特别强调这一点。这在《诫子书》、《又诫子书》、《诫外生书》、《与兄瑾言子乔书》、《与兄瑾言子瞻书》中可以看出。如在《诫外生书》中开门见山即写了"夫志当存高远"的名句。在此不一一赘述。

　　此外,据裴松之注引《魏略》载,诸葛亮在荆州,与颍川石广元、徐元直、汝南孟公威等游学时,"每晨夜从容,常抱膝长啸,而谓三人曰:'卿三人仕进可至刺史、郡守也。'三人问其所至,亮但笑而不言。"诸葛亮"常抱膝长啸"、"笑而不言",表明他不以当刺史、郡守为满足,而是有更远大的志向。另外,诸葛亮治学,不想做一个学富五车、皓首穷经的学者,而是对经书"独观其大略",博采众长,尤其注重经民济国之术,以及为补益于自己的学问,利于实现自己的抱负而娶富有才学的黄氏丑女为妻等,也是诸葛亮有远大志向的表现。

　　总之,以诸葛亮为代表的诸葛氏家族博采众长的读书、治学方法和高远的志向,赢得了时人及今人的推崇、学习,为确立诸葛氏家族的文化地位奠定了基础。

　　以上是诸葛氏家族成长、发展、兴盛的基础,反之则可能毁家族。当然,人才是核心,历史机遇是关键,得失之间,关乎家族兴衰。

# 第七章

# 琅邪诸葛氏家族的文化影响

琅邪诸葛氏家族文化是诸葛氏在两汉魏晋南北朝时期创造的物质文化和精神文化的总和。其发端于西汉之诸葛丰，形成于诸葛亮时代，继承发展于南北朝时期。从文化结构上讲，由物质文化、制度文化、行为文化和精神文化所构成：物化文化层可视为表层文化，表现为诸葛氏家族的物质创新及遗物、遗迹、遗址等诸葛氏遗存及后来修建的相关纪念碑、纪念馆、纪念堂等；制度文化和行为文化层可视为次层文化，包括诸葛氏在政治、军事、经济、文化和社会等方面的制度贡献和事功表现，具体体现在诸葛氏子弟的言行中；精神文化层也可称作核心文化层，是诸葛氏家族的道德伦理、心理层面的文化，包括理想信念、道德追求、修身养性等方面，与中国传统的世家大族的家族文化有许多共同之处，但也有其相对独特的内涵和鲜明的特征。琅邪诸葛氏家族文化既是中国优秀传统文化的组成部分，也丰富和发展了中国优秀传统文化的内涵，有一定的文化影响。

# 第一节　诸葛氏家族文化的内涵

　　诸葛氏家族文化的内涵，可以用"智慧"、"忠贞"等关键词来概括。

## 一、智慧

　　琅邪诸葛氏家族的物质文化、制度文化、行为文化和精神文化无不闪烁着智慧的光芒。换言之，诸葛氏家族在文化品格、为官之道、治军之道和发明创造等方面都显现着智慧。因此,为行文方便,下面从文化品格、为官之道、治军之道和发明创造四个方面来叙述。

（一）诸葛氏族人的文化品格

琅邪独特的自然地理与人文地理环境、底蕴深厚的文化传统以及诸葛氏族人因多次迁徙而带来的主动或被动的文化交流等因素,使诸葛氏族人形成了具有诸葛氏家族特征的文化品格。当然,诸葛氏族人是中国人的一部分,也具有中国人的许多共性的文化品格,如因历史文化悠久、优越而养成的或俯视、或包容其他文化的心理趋势,进而形成的或傲岸或宽容的文化品格;主张"大一统",崇尚统一,反对分裂的文化品格;尊君厚生,崇尚权威,重视人与人之间的社会关系以及注重传承,尊老重农等文化品格等。而且由于种种原因,诸葛氏族人的文化品格同其他家族成员的文化品格一样,也是优劣并存的,有的应传承弘扬,有的需要调适,有的则应该抛弃。但总起来讲,诸葛氏族人的优秀文化品格占主导地位,是诸葛氏家族文化的主流。

1. 仁智敦厚又不乏进取精神。

在诸葛氏家族文化里,鲁俗的"好儒备于礼"、齐俗的"宽缓阔达而足智"和楚国等地的吃苦耐劳与典章华丽都被融入其中,这就促成了诸葛氏族人既仁且智,既敦厚又不忘进取的文化品格。史称"诸葛敦仁,则天活物,比蒙清论,有以保分"①。这样的文化品格极宜于从政或从事艺术创造。诸葛氏族人在"耕读"的同时,注重日常的学术、艺术修养,从而具有多方面的才华。在此基础上,诸葛氏族人也很"识时务",他们密切关注着全国局势的每一次细微变化,而且一有机会便参与其中,表现出强烈的从政意识,诸葛氏族人名宦重臣层出不穷即是例证,诸葛亮是其杰出代表。诸葛亮避乱中原后,耕读隆中而胸怀天下,一旦出山则功勋卓著,大名垂宇宙,成千古楷模。

2. 学术思想的兼容性及学风的经世致用。

对诸葛氏族人来说,学术思想的兼容性主要指诸葛氏族人博采诸家之

①《三国志》卷五十二《诸葛瑾传》,第1234。

长,形成自己独具特色的政治、经济、军事、文化思想等。当然,博采诸家之
长并非无所侧重,诸葛氏族人的学术思想的主流是儒家思想,家学也以儒
学为主,如诸葛丰通晓儒家经典,"以明经为郡文学";诸葛瑾治《毛诗》、
《尚书》、《左氏春秋》,从阳都迁江东后,又与张承、步骘、严峻等一批东吴的
饱学之士相友善,并被人们视为"当世君子",可见其儒学功底之深厚;诸葛
亮更是如此。诸葛氏族人注重用儒家思想教育子女,并积极实践儒家学
说。但是,诸葛氏族人并不排斥其他学说,相反,诸葛氏族人的学术思想具
有极强的兼容性。例如,诸葛亮在熟知儒家学说的同时,积极学习道家、法
家、纵横家、兵家等学说,并对各家学说的利弊长短了如指掌。在此基础
上,他博采众长,汲取各家营养。如他认为道家老子的学说长于养性,就把
道家学说首先用于"修身",提出了"静以修身"的修养方法;他汲取法家思
想,形成了自己的法治思想体系。在兵学的继承、践行与弘扬方面,诸葛氏
族人也很重视,而且做得很好,如诸葛瑾父子、诸葛亮祖孙、诸葛诞祖孙、诸
葛绪、诸葛长民等皆曾率军与敌作战,其行军、布阵、进攻、退守皆有章法,
皆有一定的军事素养。当然,最擅长的还是诸葛亮。他在战争与国家、战
争与经济的关系等方面处理得较好,如他在《隆中对》中,分析了曹操、孙权
的政治、经济等情况,提出了他的战略思想,包括跨有荆、益二州,西和诸
戎,南抚夷越,外结好孙权,内修政理,然后出兵北伐,以达到"汉室可兴"、
"霸业可成"的目标等内容。他还在认真汲取前代兵学的"上兵伐谋"思想
的基础上,重视"人谋"的作用;他注重汲取前代兵家军队管理的经验,强化
军纪。他学习汲取孙子、吴起等前代军事家严明军纪的做法,制定了《军令
十三则》、《兵要十则》、《兵法》等多篇成文教令;他汲取前代兵家的阵法,
作"八阵"并注重改良兵器等;另外,《周易》的精髓是将天、地、人视为一个
整体,从而将许多不同质、不同态的事物联系在一起,以探讨其运行的规
律。诸葛亮深谙此道,他言治国,将"务天"、"务地"、"务人"三者统观[1];他
认为,最好的将领应"上知天文,中察人事,下识地理,四海之内,视如室

① 张连科、管淑珍:《诸葛亮集校注·便宜十六策·治国》,第221页。

家"①;要"顺天、因时、依人以立胜"②。在书画等方面,诸葛氏族人也不排斥,如诸葛亮是蜀汉有名的书画家,诸葛瞻也"工书画"。

诸葛氏族人治学讲究经世致用,这与诸葛氏族人的"识时务"与进取精神是联系在一起的。诸葛氏族人读书,多半是从书中汲取有益于经国济民的成分,而很少有穷守章句者。如诸葛亮读书"独观其大略",强化了读书的实用功能,以学习经国济民知识为主。从历史上看,诸葛氏家族虽学者众多,但都已转化为著名的政治家或军事家,而没有皓首穷经的所谓纯学者。诸葛氏家族成员虽重"修身"、"养性",然其最终目的还是为了"兼善天下",即诸葛亮在《诫子书》中所说的"接世"。诸葛氏家族拥有积极入世的从政传统,家族成员们一有机会便在政治舞台上驰骋。当然,"接世"并不意味着追求名利。

3. 谋略的深远与行动的谨慎。

诸葛氏族人无论从政还是处事,他们都常作深层次的思考,在宏观决策上常常表现出深谋远虑的文化品格,在具体行动上则讲究谨慎稳妥。他们不尚空谈(诸葛诞参加浮华派,实为结交人才,提升自己和家族的地位),不图虚名,即使为了目的的实现,也不愿冒险。在这方面,诸葛亮无疑是很好的典型。诸葛亮才学高深,避居隆中而谋划天下,《隆中对》的面世影响到了中国数百年历史的发展,可谓谋略深远。在具体行动中,每当关键时刻,诸葛亮又总是高瞻远瞩,深谋远虑,走在一般人的前面。如赤壁之战刚刚结束,当多数人还沉浸在胜利的喜悦中时,诸葛亮便不失时机地帮助刘备南征武陵、长沙、桂阳、零陵四郡,占领了江南的大片土地,从而为西进打下了基础。而当刘备攻下益州,蜀中上下无不欢呼雀跃的时候,诸葛亮又在规划进兵汉中了。待到汉中及其周围地区尽归刘备所有,刘备由汉中王继而称帝,诸葛亮又在做着北伐的准备,并在刘备托孤、刘禅继位之后正式上表北伐。可以说,每一步都是诸葛亮深思熟虑和高瞻远瞩的结果。

但是,诸葛亮在行动上非常谨慎。如他择主谨慎,不肯轻易出山,待刘

---

① 张连科、管淑珍:《诸葛亮集校注·将苑·将器》,第280页。
② 张连科、管淑珍:《诸葛亮集校注·将苑·智用》,第289页。

备三顾茅庐,他充分考察刘备后才辅佐之;他对孟获的"七擒七纵",也反映了他在处理少数民族问题上的谨慎态度;至于他的专权而不失礼,功高而不自傲,遇事集思广益,倡导别人给自己提缺点,以及日常生活的俭约、节制,则从多侧面表现了他为人处世的"谨慎"。他曾自称:"先帝知臣谨慎,故临崩寄臣以大事也。"①他要求部下处处谨慎从事,"贵之而不骄,委之而不专,扶之而不隐,免之而不惧"②。故李贽说"诸葛一生唯谨慎",毛泽东也赞成这个看法。

诸葛瑾处世也非常谨慎,如《三国志·诸葛瑾传》载:诸葛瑾善于"谈说谏喻",不张扬,谨慎行事,但往往在不经意之间使孙权接受建议。诸葛瑾的谨言慎行还表现在对待蜀汉关系的问题上。赤壁之战后,孙吴与蜀汉之间为争夺荆州明争暗斗,剑拔弩张。"建安二十年,权遣瑾使蜀通好刘备,与其弟亮俱公会相见,退无私面"③。另外,《三国志·诸葛瑾传》裴松之注引《吴书》载:诸葛瑾"妻死不改娶,有所爱妾,生子不举,其笃慎皆如此"④。但是,应该说明的是,诸葛瑾的谨慎是在有主见、坚持原则的前提下表现出来的,他的谨慎绝不是趋炎附势,明哲保身。例如,在荆州的问题上,他无条件地支持孙权的战略规划,征讨关羽。在刘备东下欲争夺荆州时,他写信劝刘备退师。但当孙权做事不当时,他则抵制。最典型的事例是诸葛瑾替虞翻说情。虞翻是会稽儒学名士,汉末江南清议派的代表,性格狷厉,喜笑怒骂,颇使孙权头疼。结果虞翻被孙权以"狂直流徙"。对此,朝臣中很少有人为他开脱,只有诸葛瑾"屡为之说"。诸葛瑾这样做是需要一点勇气的,体现了他做人的原则性。所以,陈寿在《三国志》中称赞诸葛瑾"以德度规检见器当世"。

诸葛氏族人的谋略深远与他们的综合性思维方式有关,而综合性思维方式又是与《易》学分不开的。《易》学的最大特点是善于将自然界和人世间的一切事物联系起来,并从中探讨其发展和演变的规律。诸葛氏族人因

① 《三国志》卷三十五《诸葛亮传》,第920页。
② 张连科、管淑珍:《诸葛亮集校注·兵要》,第148页。
③ 《三国志》卷五十二《诸葛瑾传》,第1231—1231页。
④ 《三国志》卷五十二《诸葛瑾传》,第1235页。

浸染了《易》的原理而养成了识大体、顾大局的意识。如前述,诸葛亮熟知《易》学,他治国、治军时,多次言及《易》理。至于诸葛氏族人的"谨慎",则主要受黄老思想的影响。黄老思想讲究静中寓动,以静求动,动静相辅而相成,这便养成了诸葛氏族人的"谨慎"处世态度。

4. 刚直重义,敢于牺牲。

诸葛氏族人刚直重义,一旦诸葛氏族人认为是正确的事情,又是非做不可的,他们决不犹豫,决不退缩,直至献出自己的一切。如诸葛丰以特立刚直而闻名。汉元帝提拔他为司隶校尉。他"刺举无所避"。即使元帝袒护,他也不通融。皇帝生气收回了他的司隶校尉之"节",甚至降他为城门校尉,他还继续揭发犯罪嫌疑人的罪行。结果,元帝将他免职,降为庶人。因此,《汉书·诸葛丰传》载:诸葛丰"名特立刚直"。颜师古言"有刚德者为难也"[1]。诸葛丰刚直不阿的高尚品格,"刺举无所避"的惩治犯罪的精神,"伏节死谏"、"官尊责重"的敬业精神,"杀身以安国,蒙诛以显君"[2]的牺牲精神,以及进退出处的原则,都对诸葛氏族人产生了深远的影响。如诸葛亮自隆中出山后,为了"兴复汉室"的"大一统"事业别无旁骛,奉献出了自己的全部知识、智慧、才能和生命。例如,他的《周易》知识只是被用来推演兵法及制作"八阵图",他的医药知识被用来研制"行军散",他的民俗知识被用来行军治国,他的建筑知识被用来修筑汉、乐二城,他的工艺才能被用来修建栈道等。直到晚年,诸葛亮仍不顾自己疲弱的身体,继续坚持北伐,最终因心力交瘁,病逝在五丈原前线,真正做到了"鞠躬尽瘁,死而后已"。

诸葛亮之子诸葛瞻、孙诸葛尚,在国难当头之际,冲锋陷阵,视死如归,为了蜀汉大业竟在同一天与曹魏军队战死沙场。诸葛诞作为曹魏的忠臣,与司马氏进行了不屈不挠的斗争,至死不降。诸葛诞的儿子诸葛靓,因其父为司马昭所杀,遂发誓终生不见晋武帝司马炎。司马炎授予他侍中之职也固辞不受。最后归于乡里,以与晋有仇,终身不向朝廷而坐。其气节之

---

[1]《汉书》卷七十七《诸葛丰传》颜师古注,第3269页。
[2]《汉书》卷七十七《诸葛丰传》,第3250页。

刚直,与其始祖诸葛丰一脉相承,如出一辙。

5. 淡泊明志,宁静致远。

诸葛氏家族成员,尤其是诸葛亮的后代子孙们,都遵照诸葛亮《诫子书》的教诲,注意保持一种淡泊、宁静的精神境界。诸葛亮所谓的"静"不单指"养生之静",而是要通过"宁静"以"致远",通过"宁静"来"成学"和"广才"。实际上,诸葛亮所说的"静"已是一种不含任何杂念的精神境界,只有达到了这样一种精神境界,才能"致远",才能对万事万物都有透彻的理解。同时,又不能一味求静,而是静中寓动,以静求动,以静制动,动静相辅而相成。对此,《三国志·诸葛亮传》引《袁子》曰:"亮之行军,安静而坚重;安静则易动,坚重则可以进退。"①总之,"静"对于诸葛氏家族,特别是对于诸葛亮来说,既是一种精神境界,又是智慧、力量的源泉和人生言行的准则。这与琅邪文化既坚定厚重又反应灵活的特点是一脉相承的。

6. 重孝行。

诸葛氏的祖居地属于东夷地区,以孝闻名的是舜。据《尚书》、《史记·五帝本纪》等记载,舜幼年丧母,父再娶后妻,又生弟,而父顽、母嚚、弟傲。其父爱后妻及其子,经常想杀舜,但舜仍然"顺事父及后母与弟,日以笃谨,匪有解",因而"舜年二十以孝闻"②。孔子创立儒学,其在临沂地区的弟子仲由、曾参、闵损等皆以践行孝悌闻名。仲由有"为亲负米百里"之举,《二十四孝》收入其事迹,广为传颂。曾子则在孝道理论与实践两方面都对孝的内涵作了新的阐发与弘扬。曾子的思想主要见于《论语》及《大戴礼记》所收的《曾子立事》、《曾子本孝》、《曾子立孝》、《曾子大孝》、《曾子事父母》、《曾子制言》、《曾子疾病》、《曾子天圆》中。曾子认为孝是至高无上的,为了孝事父母,可以做斗筲小吏;而如果不能尽孝,做了再大的官也不值得高兴。史载,曾子在授徒讲学以前,曾一度出仕于莒,"得粟三秉",收入微薄。曾子所以要为此而折腰,主要是因为家贫无以孝敬父母。曾子曾

---

① 《三国志》卷三十五《诸葛亮传》裴松之注引,第934页。
② 《史记》卷一《五帝本纪》,第32—33页。

说:"吾尝仕为吏,禄不过钟釜,尚犹欣欣而喜者,非以为多也,乐道养亲也。"①可见,曾子的出处进退、休戚忧乐完全是以能否孝事父母为依据的,是一位孝文化的忠实践行者。《二十四孝》收入曾子的事迹。闵损,字子骞。孔子赞曰:"孝哉,闵子骞!人不间于其父母昆弟之言。"②其事迹《二十四孝》记之曰:"早丧母,父娶后母,生二子,衣以棉絮;妒损,衣以芦花。父令损御车,体寒,失靷。父察知故,欲出后母。损曰:'母在一子寒,母去三子单。'母闻,悔改。"这说明,闵损是儒家孝悌思想的忠实践行者。践行孝悌思想,不仅民间达成共识,而且在上层社会中也是如此。当时郯国国君郯子亦以孝闻名。《二十四孝》载:"周郯子,性至孝。父母年老,俱患双眼,思食鹿乳。郯子乃衣鹿皮,去深山,入鹿群之中,取鹿乳供亲。猎者见而欲射之。郯子具以情告,以免。"孝亲为当时沂蒙地区各诸侯国上层社会的普遍观念。"孝"字在当时是颇具光彩的字眼,冠以"孝"字可提高自己的身份与声誉。

西汉时期,统治者提倡以孝治国,孝悌思想更加深入人心。至魏晋时,虽天下大乱,"忠君"思想已遭到许多人的唾弃,但孝悌思想仍然有着深厚的社会基础。这时期,王祥"卧冰求鲤"、王裒"闻雷泣墓"被收入《二十四孝》,颜含的孝行则被收入《晋书·孝友传》。生活在这样的环境里的诸葛氏族人也以孝著称。如《三国志·诸葛瑾传》载:诸葛瑾"遭母忧,居丧至孝,事继母恭谨,甚得人子之道"③。

需要指出的是,"曾子的孝道可以概括为两部分:一是善事父母;二是立身、事君、处世。善事父母又可分为事生与事死两个方面。其中事生包括养亲敬亲、居常以礼、侍疾以忧、行之以顺、谏之以理等内容。事死包括葬之以礼、祭之以礼以及继志述事、大孝终身慕父母等"④。即孝有大孝和一般孝之分,大孝指事君爱国,一般孝是指事父母、立身、处世等。以此论观人,则诸葛亮、诸葛瑾等诸葛氏子弟是孝的全面实践者。

---

① 《史记》卷六十七《仲尼弟子列传》《史记正义》引《韩诗外传》,第2205页。
② 《论语·先进》。
③ 《三国志》卷五十二《诸葛瑾传》引《吴书》,第1232页。
④ 王厚香:《论曾参之孝在强化行政责任方面的作用》,《管子学刊》2011年第2期。

（二）诸葛氏族人的为官之道

诸葛氏族人为官政绩卓著,留下了丰富的文化遗产。如诸葛亮仅在治蜀期间,就主持制定了《蜀科》,还亲自写下了《八务》、《七戒》、《六恐》、《五惧》等整顿吏治方面的法令法规,还兴学校,办教育,以德教化民众。在发展经济方面,采取了奖励农耕,实行盐铁官营,重视蜀锦生产等措施;在军事方面,重视军队管理和军械器具的制作、改进和创新,制作了较曹魏、孙吴先进的军械器具连弩、八铁剑、竹竿枪、云梯、铁蒺藜、筒袖铠、鸡鸣枕、木牛流马、诸葛铜鼓、铁枪、诸葛行军锅等。在外交方面,联吴抗魏,率军伐魏;在民族政策方面,战和并用,以战止战,平定南中,使夷汉粗安等。

诸葛亮在其宦海生涯中,在处理国与家、己与人等关系的过程中,逐步形成了一套成功的垂范后世的为官之道。对此,洪钊在《诸葛亮十讲》中有较全面的论述。

1. 正身养德,严于律己。

孔子说:“政者,正也。子帅以正,孰敢不正?”①《吕氏春秋》中也有“凡事之本,必先治身”、“治其身而天下治”的思想。出身于“明经”世家的诸葛亮深受这一思想的影响。在他看来,“夫释己教人,是谓逆政,正己教人,是谓顺政。故人君先正其身,然后乃行其令。身不正则令不从,令不从则生变乱”②。在这里,诸葛亮把做官者的官德同社会的安定联系起来,认为“屋漏在下,止之在上;上漏不止,下不可居矣”③。

诸葛亮是这样说的,也是这样做的。他时刻注意自身的政治形象,以榜样的力量来影响部下,从不使自己和家人有特殊于同僚和部下的地方。北伐中,诸官子弟皆随军运粮于深谷高山之中,诸葛亮嗣子诸葛乔虽然年轻,也同诸官子弟一样督兵奔忙。街亭失守,诸葛亮恨己用人不当,上表自请贬官三等,并号召部下勤攻己阙。这种“躬自厚而薄责于人”④的为官之道,西晋张辅评论说:“己有功则让于下,下有阙则躬自咎,见善则迁,纳谏

① 《论语·颜渊》。
② 张连科、管淑珍:《诸葛亮集校注·便宜十六策·教令》,第263页。
③ 张连科、管淑珍:《诸葛亮集校注·便宜十六策·纳言》,第229页。
④ 《论语·卫灵公》。

则改,故声烈振于遐迩也。"①

2. 清正廉洁,崇俭抑奢。

清正廉洁,崇俭抑奢,是中国官员的传统美德,更是诸葛亮的为政之道。诸葛亮在未出山从政之前,躬耕于南阳,靠自己的劳动养活自己,这种自食其力的生活经历对他从政有着重要的影响。

诸葛亮在《诫子书》中把"静"、"俭"作为修身养德的重要内容。他尚俭的主要表现:他在蜀位高权重,然为官清廉,不谋私利,除国家规定应享用的俸禄外,不另治家产,不敛用民财。正如他自己对后主所说:"臣在外任,无别调度,随身衣食,悉仰于官,不别治生,以长尺寸。若臣死之日,不使内有余帛,外有赢财,以负陛下。"②据史书记载,诸葛亮一生就是这样为官,无私而来,清正而去,北伐途中,死在任上,"遗命葬汉中定军山,因山为坟,冢足容棺,敛以时服,不须器物"③。一国丞相,哪里死哪里葬,坟墓仅能放下一口棺材。不仅没有随葬品,还敛以时服,真是少见。这种丧事节俭的做法,在盛行厚葬的封建社会,是难能可贵的。难怪后人一提起诸葛亮,便立即想到"鞠躬尽瘁,死而后已"。他自己节俭,其家人也不例外。

《盐铁论·疾贪》中说:"夫欲影正者端其表,欲下廉者先之身,故贪鄙在率不在下,教训在政不在民也。"这些言论说的正是为政者的表率作用。诸葛亮官至相位,一身正气。上正,下孰敢不正?上清正廉洁,下孰敢贪赃枉法?

查考蜀国史料,找不到像东汉梁冀那样的贪官污吏,见不到像西晋王恺和石崇那样的恶富,而有的是一批清正廉洁的官员:董和"躬率以俭,恶衣蔬食",为官"二十余年,死之日家无儋石之财"④;邓芝"赏罚明断","不治私产,妻子不免饥寒,死之日家无余财"⑤;姜维"据上将之重,处群臣之右,宅舍弊薄,资财无余,侧室无妾媵之亵,后庭无声乐之娱,衣食取供,舆

----

① 《太平御览》卷四百四十七。
② 《三国志》卷三十五《诸葛亮传》,第 927 页。
③ 《三国志》卷三十五《诸葛亮传》,第 927 页。
④ 《三国志》卷三十九《董和传》,第 929 页。
⑤ 《三国志》四十五《邓芝传》,第 1073 页。

马取备,饮食节制,不奢不约,官给费用,随手消尽"①;费祎"雅性谦素,家无积财。儿子皆令布衣素食,出入不从车骑,无异凡人"②。翻开史书,能有如此官德政风的朝代实在少有,究其原因,还是由于诸葛亮清正廉洁,崇俭抑奢的为官准则,教育、影响了满朝文武,带出了一大批清正廉洁的官员,赢得了蜀汉人民的爱戴,受到后世的称赞。

3. 荐贤举能,礼贤下士。

人才是国家的栋梁,把有才者举荐出来,为社会效力,不仅是人民的愿望,更是当权者的职责。如果人才得不到正当的使用,或者根本不用,必然造成社会不稳,国家不安。

偏安一隅的诸葛亮充分认识到了人才的重要性,他说:"治国之道,务在举贤。"③他一方面要求官员像柱子一样直,以忠为贤;另一方面,举贤时又不求全,坚决反对"为人择官",主张"为官择人"④。一般说来,古今有才者,大多有自己的个性,只要领导者能礼贤下士,不求全责备,无不如江水归大海一样投入统治者的怀抱。正如《吕氏春秋》所说:"士虽骄之,而己愈礼之,士安得不归之。"的确如此,诸葛亮入蜀后,就因礼贤下士而请到了本不愿出仕的杜微、五梁等贤士出来做官,并分别被拜为谏议大夫、五官中郎将。费祎在诸葛亮南征时还是一位小人物,因其"志虑忠纯",深得诸葛亮器重。诸葛亮南征归来,百官在成都郊外数十里处迎接。为了表彰这位官虽小但有才华的费祎,诸葛亮与之同车而归,令文武百官无不刮目相看。诸葛亮这种礼贤下士的作风,深得有识之士的理解和拥护,无怪荆襄名士和益州文人大都来到他的周围,为他出谋划策。

为了让自己的政策能够真正行之有效,诸葛亮采取了集思广益的方法,鼓励下属提出执政的具体意见。"集思广益"这个词,在历史上可能是诸葛亮首次提出并使用的。他认为,"为政之道,务于多闻,是以听察采纳众下之言,谋及庶士,则万物当其目,众音佐其耳","人君以多见为智,多闻

---

① 《三国志》卷四十四《姜维传》,第 1068 页。
② 《三国志》卷四十四《费祎传》裴松之注引《祎别传》,第 1062 页。
③ 张连科、管淑珍:《诸葛亮集校注·便宜十六策·举措》,第 240 页。
④ 张连科、管淑珍:《诸葛亮集校注·便宜十六策·举措》,第 241 页。

为神”，“怨声不闻，则枉者不得伸；进善不纳，则忠者不得信，邪者容其奸”①。

诸葛亮被后人视为智慧的化身，以至于“状诸葛之智而近妖”。之所以如此，是因为人们忽视了诸葛亮的智慧来源。实际上，诸葛亮在工作中很少失误，在于他遇事广泛征求别人的意见，在于合众人之智为一人之智。正如清代学者张学山所说：“武侯天下才也，非一己之才胜天下，乃合天下之才成一己也。”

4. 用心平，劝戒明，教之以德，严之以刑。

这是诸葛亮执政时相辅相成的两种具体方法。《三国志·诸葛亮传》裴松之注引《袁子》曰：诸葛亮“行法严而国人悦服，用民尽其力而下不怨”。诸葛亮深知历史上那些有治世之名的文臣武将，无不身先士卒，以德服人，以刑为约，赏罚分明。

他位高权重，仍能以身作则，不为功名所诱，不为利禄所累，仍守“不求闻达”的初衷，证明自己之所以“鞠躬尽瘁”，是为了“兴复汉室，还于旧都”，非为私利。

诸葛亮熟读经书，深知凡治国者，纯德治不能使社会秩序井然，纯用刑不教而谓之虐；只有儒法合一，先礼后兵，教之以德，严之以刑，才能“上下有节”，左右有序。并明确指出：“明君治其纲纪，政治当有先后，先理纲，后理纪，先理令，后理罚……先理身，后理人。是以理纲则纪张，理令则罚行。……理身则人敬，此乃治国之道也。”②

入蜀后，他亲自主持制定了《蜀科》，又作《八务》、《七戒》、《六恐》、《五惧》，以训厉臣子。规章健全，制度完备，使吏民有章可循，民知廉耻，吏知荣辱，以防止不教而杀的虐政出现。

执法严，办事公平，是其为官的重要原则，他说：“吾心如秤，不能为人作轻重。”③“尽忠益时者虽雠必赏，犯法怠慢者虽亲必罚。”④

---

① 张连科、管淑珍：《诸葛亮集校注·便宜十六策·视听》，第 227 页。
② 张连科、管淑珍：《诸葛亮集校注·便宜十六策·治乱》，第 261 页。
③ 张连科、管淑珍：《诸葛亮集校注·杂言》，第 187 页。
④《三国志》卷三十五《诸葛亮传》，第 934 页。

正是既注重思想教化，又严之以刑罚，才使整个蜀汉社会"人怀自厉，道不拾遗，强不侵弱，风化肃然"。正如陈寿评论的："抚百姓，示仪轨，约官职，从权制，开诚心，布公道；尽忠益时者虽雠必赏，犯法怠慢者虽亲必罚，服罪输情者虽重必释，游辞巧饰者虽轻必戮，善无微而不赏，恶无纤而不贬……终于邦域之内，咸畏而爱之，刑政虽峻而无怨者，以其用心平而劝戒明也。"①

5. 通权达变，因时制宜。

这是诸葛亮处理问题的具体方针和贯穿诸葛亮为官始终的原则。如公元214年，刘备夺取益州之后，为了打击巴蜀的豪强势力，诸葛亮厉行法制，引起朝野人士的不同议论。其中法正就持不同意见，并举高祖刘邦入咸阳"约法三章"的事例来劝诸葛亮"缓刑弛禁"②。公元216年，诸葛亮写了《答法正书》一文，阐明了厉行法制的理由，申明了通权达变，因时制宜，不因循守旧的辩证原则。这说明诸葛亮具有敏锐的观察力，他能够洞察国家社会之形势，针对国计民生的症结所在，提出兴利除弊的方案。在治蜀问题上，诸葛亮驳斥"缓刑弛禁"的观点，采用了严刑重典、恩威并济的方针，结果一扫刘璋时期"德政不举，威刑不肃"③的局面，使蜀汉风化肃然，政治清明。

再如诸葛亮对南中少数民族地区所采取的方略，更值得后人仿效。南中少数民族，不满于汉人统治，多次谋反。西汉时期的统治者对此多用镇压手段处理。诸葛亮一反过去统治者的镇压措施，实行他早年在隆中向刘备提出的"和抚"政策，对南中先礼后兵，以礼为主。先让李严以书晓谕雍闿，但雍闿不知好歹，图谋反叛到底，诸葛亮不得不进军南中。虽然威之以兵，但仍用"攻心为上"的战略，很快就平息了叛乱。

南中平定后，诸葛亮没有像往昔那样留汉人当官，而是权衡利弊，"皆即其渠率而用之"④。对那些有一定影响的人物，只要他能拥护中央政权，

① 《三国志》卷三十五《诸葛亮传》，第934页。
② 《三国志》卷三十五《诸葛亮传》裴松之注引《蜀记》，第917页。
③ 《三国志》卷三十五《诸葛亮传》裴松之注引《蜀记》，第917页。
④ 《三国志》卷三十五《诸葛亮传》裴松之注引《汉晋春秋》，第921页。

就留做地方官员,有的还调到中央任职。诸葛亮采用了让少数民族自己管理自己这一上策,达到了"夷汉粗安"的目的。

公元 229 年,孙权称帝,诸葛亮作《绝盟好议》一文,反对与吴绝交,说明为使"我之北伐,无东顾之忧,河南之众不得尽西"①,必须维护与东吴的盟友关系,并派陈震前往祝贺。这都体现了诸葛亮不墨守成规的辩证方法论原则。

6. 为官一任,利民一方。

从大的方面说,诸葛亮的为官宗旨是为了"兴复汉室,还于旧都",但考察和审视诸葛亮的一生,见他所到之处总是留下人们难以忘怀的痕迹,体现了他为官一任、利民一方的为官宗旨。以至于诸葛亮死后,其子诸葛瞻在朝为官,"蜀人追思亮,咸爱其才敏。每朝廷有一善政佳事,虽非瞻所建倡,百姓皆传相告曰:'葛侯之所为也'"②。

诸葛亮从阳都到豫章,又至襄阳,对各地的生产技术、生活习俗、百姓疾苦多有体察,自从军到为政,其阅历之丰富是一般人所不及的。从政之后,为发展蜀国经济,他积极推行劝农政策,并兴修水利,注重农田灌溉。据《一统志》载,在金齿指挥使司城南 15 里处,有大诸葛堰和小诸葛堰,皆有灌溉之利;另据孙嘉淦《南游记》载:漓江初分,屈曲山间,史禄别凿一渠以通舟,诸葛亮在此基础上又续修水利设施,以灌农田,渠上有武侯祠。

诸葛亮还在南中推行以农为主的开发政策,命令各郡太守,组织屯田,把北方的生产技术带到南中去。杨慎在《滇载记》中说:"诸夷慕侯(指亮)之德,渐去山林,徙居平地,建城邑,务农桑。"

除了发展农业外,还在南中修桥铺路,开发矿山,以繁荣南中经济。西南边陲至今有的菜还称为"诸葛菜",树称为"诸葛木",也许是诸葛亮为发展当地经济从中原引进的品种。

诸葛亮在南中时还在尊重当地习俗的基础上进行了一些能使当地人接受的改革,为西南边陲的文明发展作出了贡献。

①　张连科、管淑珍:《诸葛亮集校注·绝盟好议》,第 73 页。
②　《三国志》卷三十五《诸葛亮传》附《诸葛瞻传》,第 932 页。

中国历史上的大小官吏,可以说是多如牛毛,为相者也众多,而能像诸葛亮这样仅在 27 年的政治生涯中为后人留下如此之多的文化财富者,却是空前绝后的。难怪关于诸葛亮的美好故事在他死后总是不分民族、不分国界、不分时限地被人们传颂着,究其原因,无不与诸葛亮一生的为官之道有着不可分割的关系。①

诸葛亮的为官原则,在中国历史上产生了积极的社会影响,无论从理论上还是从实践上,对于中国历代官员都有借鉴意义。

此外,应该一提的是,除了诸葛亮以外,诸葛氏其他族人也有深谙为官之道者,如诸葛瑾在政治和外交方面也颇有建树,他善于"谈说谏喻",往往在不经意之间使孙权接受他的建议。他的为人尤得时人和后世所称道,如韦曜在《吴书》中评价他:"才略虽不及弟,而德行尤纯。"诸葛瑾的儿子诸葛恪与乃父相比有过之而无不及,如诸葛恪主政伊始,就进行了一系列改革。首先,他废除为士大夫社会所痛恨的"校事"制度,缓和对人民的剥削,深得士民的拥护。其次,他为巩固自己的地位,调整统治集团内部的权责分工,竭力把东吴诸王调离政治军事重地,如责孙奋迁出军事重镇武昌等。诸葛恢则才智过人,一生越西、东两晋,历武、惠、怀、愍、元、明、成七帝,但政绩显赫。在改朝换代更迭频繁的政治大气候下为官,且能做出很好的政绩,可见诸葛恢为官、为政、为人之术是相当精到的。

（三）诸葛氏族人的治军之道

诸葛氏家族是将相之家,在兴盛时将军盈门,如诸葛瑾为孙吴大将军、左都护,领豫州牧,诸葛瑾的长子诸葛恪以大将军领太子太傅,主持孙吴军国大事,诸葛瑾的次子诸葛攀在蜀国官至行护军朔武将军,诸葛瑾的三子诸葛融为孙吴奋威将军;诸葛亮是蜀国杰出的军事家,曾多次带兵南征北伐,诸葛亮之子诸葛瞻历任羽林中郎将、射声校尉、侍中、尚书仆射,加军师将军、行都护卫将军等职,诸葛诞是三国时期魏将,官至征东大将军,诸葛诞子诸葛靓曾为吴国右将军,诸葛靓子诸葛恢曾拜西晋后将军、会稽内史,后累迁至尚书右仆射,加散骑常侍、银青光禄大夫、尚书令,诸葛绪在曹魏

---

① 参见洪钊:《诸葛亮十讲》,哈尔滨出版社,2007 年,第 92—102 页。

时,曾任太山太守、雍州刺史,参与过灭蜀之战,是魏国灭蜀三支大军主帅之一。此外,还有曹魏将领诸葛虔、吴国将领诸葛壹等。

诸葛氏家族将军盈门与诸葛氏族人以智慧为基础的治军之道密切相关。例如,诸葛瑾的军事才能非常突出。建安二十四年(219),他以中司马身份随吴军征讨关羽,以军功被封为宣城侯。蜀章武元年(221),刘备以替关羽报仇为名举兵伐吴。诸葛瑾从吴蜀联盟共同抗曹的利益出发,写信劝刘备和解。这是明智的,可惜刘备未采纳。是役,诸葛瑾以绥南将军领南郡太守的身份,领军配合大都督陆逊,惨败刘备于夷陵。此后,诸葛瑾以军功升为左将军,督公安,假节,封宛陵侯,领军频繁与魏军作战。黄武八年(229),诸葛瑾被任命为大将军、左都护,领豫州牧,是吴国屈指可数的重要将领。

诸葛恪弱冠即拜骑都尉,孙登为太子时,陆逊病故后,诸葛恪领其兵,为大将军。孙亮继位后,诸葛恪掌握吴国军政大权,曾率军抗魏取得大捷,颇孚众望。他在领兵平定丹杨郡等地的"山越"时,展示了他的智慧。当时山越人形成了势力强大的"宗部",对孙吴构成严重的潜在威胁,是吴国的大患之一。孙吴立国后一直致力于剿除山越,几乎所有的孙吴将领都参与过对山越的战争,但都没有解决问题。嘉禾三年(234),孙权任命诸葛恪为丹杨太守、抚越将军。诸葛恪主持剿除山越的任务,很有办法。他先明令各地军政官员把守险要;自己的军队则控制关口要塞,但不与山越人交锋,等待粮食作物成熟,抢先收割,于是山民饥穷,渐出投降。对出降者,"皆当抚慰,徙出外县"①。这不仅从根本上清除了山区的隐患,而且为孙吴增加了大量的军队和劳力。嘉禾六年(237),诸葛恪因功被拜为威北将军,封都乡侯,成为孙吴主要的军事将领之一。建兴元年(252)十月,诸葛恪领兵4万,发动了针对曹魏的北伐。他因山势筑坞,巩固城防,并乘魏军不备,乘天寒大雪之机,突袭魏军得胜,魏军死亡数万人,并缴获大量的器械物资。此役显示了诸葛恪的军事魄力和智慧。

当然,诸葛氏家族中最擅长治军的,是被陈寿在《三国志·蜀志·诸葛

---

① 《三国志》卷六十四《诸葛恪传》,第 1431 页。

亮传》中提到的以"治戎为长"的诸葛亮。诸葛亮也自言:"运筹策于帷幄之中,吾不如子初远矣! 若提枹鼓,会军门,使百姓喜勇,当与人议之耳。"①也承认自己治军有方,但承认在帷幄之中筹策不如刘巴。这是诸葛亮在向刘备推荐刘巴时的谦虚之言,乃极言刘巴的才能。其实诸葛亮既重视战略战术,又重视将士训育及军事后勤保障供应,且崇尚正义,重视人谋且较实用,他的战略战术和治军之道皆充满智慧,堪称三国时期的翘楚。他未出茅庐,即谋定军事战略;赤壁之战前,谋划孙刘联盟;南征时,采用"攻心为上"、"以夷制夷"等策略;北伐曹魏时,他鉴于魏国的实力,采取了稳定局势、发展经济、平定南中、逐步打击敌人的方针。在战术的运用上更是灵活多变,凭着他的忠心和智慧,在数以百计的战斗中,往往以寡敌众,以少胜多。

诸葛亮的"智慧"还表现在他强调军队制度建设,重视将士训育、战术研究和装备的改进等方面。他认为,要提高军队的整体作战能力,首先需要制定一套完整的军事制度,让将士们遵照执行。在制度建设上,诸葛亮制定《军令》、《兵要》以及《治军》新的法令,仅其战斗条令,就涉及陆战、船战、阵法、行军、后勤、纪律、祭祀等方面。《军令》内容具体细致,明确将士行军、作战等具体做法,要求将士按令行动,服从命令,违者则严惩不贷。此外,还提出军队"七禁",即禁"轻军"、"慢军"、"盗军"、"欺军"、"背军"、"误军"、"乱军"等七种错误倾向。他强调训章明法,认为,军队建立典章制度后,还要对部队进行典章制度的教诲,在执行典章制度的过程中申明法令,以便使部队遵守纪律,养成良好的作风。他提倡将帅作良将,要求将帅做到"广忠益"、"守忠";他重视战术研究和装备的改进,创新"八阵法"、"损益连弩"、创制"木牛流马"、"作五折钢铠、十折矛"等。正因为如此,诸葛亮才拥有了军纪严、装备强、赏罚明、号令统一、英勇善战的军队。故《三国志·诸葛亮传》载:"亮身率诸军攻祁山,戎陈整齐,赏罚肃而号令明。"北伐时"分兵屯田,为久驻之基。耕者杂于渭滨居民之间,而百姓安堵,军无私焉"。《诸葛亮传》裴松之注引《袁子》云:"其兵出入如宾,行不寇,刍荛

---

① 《三国志》卷三十九《刘巴传》裴松之注引《零陵先贤传》,第 982 页。

者不猎,如在国中。其用兵也,止如山,进退如风,兵出之日,天下震动,而人心不忧",“亮法令明,赏罚信,士卒用命,赴险而不顾,此所以能斗也"。这在三国是屈指可数的。

（四）诸葛氏族人的发明创造

诸葛氏家族善于创新,在物质方面多有发明创造。诸葛氏族人的发明创造首推诸葛亮。陈寿称诸葛亮“长于巧思",又“工械技巧,物究其极"①。这主要表现在他推演兵法,作“八阵"、“损益连弩"、创制“木牛流马"、“作五折钢铠、十折矛"等方面。

八阵是诸葛亮对东汉八阵的革新和创造。在东汉八阵的基础上,他加上了偏箱车、鹿角车营等,车上人披犀甲,且战且前,包括兵力区分、地域配置、奇正运用、分合变化、金鼓旗麾制度等项目。但就兵力部署而言,由三阵、五阵发展为八阵,阵内又包括 64 阵,涉及步、弩、骑、车,是一个复杂系统。八阵图的基本形式是运用兵车作战,基本特点是阵形的不断变化和运动。诸葛亮在《贼骑来教》中说:“若贼骑左右来至,徒从行以战者,陟岭不便,宜以车蒙陈而待之。地狭者,宜以锯齿而待之。"②“车蒙陈而待之",就是八阵的雏形。诸葛亮在《军令》中说:“敌以来进持鹿角,兵悉郤在连冲后。"③连冲,即连起来的冲车。诸葛亮在《军令》中还说:“敌已附,鹿角里兵但得进踞,以矛戟刺之,不得起住,起住妨弩。"④“连衡之陈,似狭而厚,为利陈。令骑不得与相离,护侧骑与相远。"⑤可见,八阵之内有持矛戟的步兵,有持弓弩的射手,有传令、护侧的骑兵。而一辆辆阵车构成了组合有序的掩蔽物,这些掩蔽物可以根据地形、敌情灵活移动,可守可攻。在冷兵器时代,八阵的威力很大。故诸葛亮在谈到八阵时说:“八阵既成,自今行师,庶不复败矣。"⑥

木牛流马,是诸葛亮当年在北伐曹魏期间为解决从山区险道上往前线

① 《三国志》卷三十五《诸葛亮传》,第 930 页。
② 梁玉文等:《诸葛亮文译注·贼骑来教》,第 200 页。
③ 梁玉文等:《诸葛亮文译注·军令》,第 202 页。
④ 梁玉文等:《诸葛亮文译注·军令》,第 202—203 页。
⑤ 梁玉文等:《诸葛亮文译注·军令》,第 206 页。
⑥ 梁玉文等:《诸葛亮文译注·八阵图法》,第 226 页。

运送粮草而创制的运输工具。

诸葛连弩是在已有连弩的基础上进行增减、改革而形成的一种新型的连弩。能连发十矢,矢长八寸。这种损益具有质的飞跃和创新。因此,西晋大发明家马均大赞其"巧",希望朝廷试验、推广;西晋著名的思想家傅玄,称诸葛亮连弩是为"国之精器,军之要用也"。

五折钢铠、十折矛是诸葛亮重视武器装备改善的产物。诸葛亮《作钢铠教》载:"敕作部皆作五折钢铠、十折矛以给之"。这种"五折钢铠"是选用锻打五次的钢片锻造而制成的。据说诸葛亮还监造过一种名叫"筒袖铠"的铁甲,选料精良,制作考究,防护功能强,流传了数百年。

此外,据传诸葛氏族人的发明创造还有诸葛鼓、诸葛行锅、馒头、诸葛笔、诸葛氏铜印、孔明灯等。

## 二、忠贞

诸葛氏家族独具特色的文化内涵除了"智慧"外,"忠贞"影响最为深远。诸葛氏家族忠贞之士众多,诸葛亮是典型代表。

诸葛亮名垂千古,并非主要凭借他的"智慧",日本人池田大作说:"诸葛孔明之所以能赢得人们的崇敬,一方面固然由于他的闪闪发光的睿智,同时也是由于他终生面对理想,一贯无私意所致。""孔明通过自身的一生,显示了他为大义为理想而献身的心灵,该多么清冽澄明!特别是《出师表》,使他为贯彻高迈之志所怀抱的真诚得以千古不朽。"[①]即诸葛亮身上除了闪耀着智慧的光芒外,还散发着为了高远理想而无私奋斗的忠贞光辉,智慧与忠贞的完美结合,才使得"诸葛大名垂宇宙"。

诸葛亮一生尽忠尽责,没有任何僭越,"开诚心,布公道","声教遗言,皆经事综物,公诚之心,形于文墨"[②],"遗教在后,及其辞意恳切,陈进取之图,忠谋謇謇,义形于主"[③]。处处显忠贞,备受世人称赞。

为了尽忠,诸葛亮明知不可为而为之。兴复汉室,一统天下,是诸葛亮

---

① 〔日〕池田大作:《我的人生》,北京大学出版社,1990 年,第 276—277 页。
② 《三国志》卷三十五《诸葛亮传》,第 934、931 页。
③ 《三国志》卷三十五《诸葛亮传》裴松之注引张俨《默记·述佐篇》,第 936 页。

出山时在《隆中对》中提出的奋斗目标,也是他对刘备的承诺。这在当时是明智的,也是符合大一统理念的。为了实现"北定中原"、"兴复汉室,还于旧都"的宿愿,诸葛亮从蜀汉建兴五年(227)春上表、率兵北上北伐曹魏至他命殒五丈原,历时8年。实际上,对这一结果诸葛亮是有预感的。《后出师表》载:"凡事如是,难可逆见。臣鞠躬尽力,死而后已,至于成败利钝,非臣之明所能逆睹也。"这句话是能够代表诸葛亮的心情的。由此,古今许多学者认为,诸葛亮是一个"知其不可而为之"的典型人物,这是有道理的。诸葛亮的"知其不可而为之",是在忠贞的基础上,为了兴复汉室的理想追求,不计成败,知难而进,临危不惧,虽死不悔。按道德的观点评价,这是一种高尚的行为。从功利的角度看,知难而退,显然是一种明智的选择,但是,伦理道德观则不允许①。不北伐,诸葛亮"兴复汉室"的豪言壮语等于白说,就有负刘备的重托,就有违人臣之道,就是大不忠。诸葛亮不仅没有这样做,而且他在《出师表》中还说:"受命以来,夙夜忧叹,恐托付不效",北伐是"臣所以报先帝,而忠陛下之职分也"②。在《为后帝伐魏诏》中也说:北伐是"龚行天罚,除患宁乱,克复旧都"③。

刘备在白帝城托孤留下了"君可自取"的遗言,而诸葛亮以"竭股肱之力,效忠贞之节,继之以死"④的话语和对刘禅忠心耿耿的治蜀实践给予了回答。

在封建社会中,为争夺皇位,父子兄弟君臣相互残杀的事件屡见不鲜。诸葛亮位至丞相,掌握蜀国军政大权,而后主刘禅暗弱,可以说皇位唾手可得。在这样的情势下,诸葛亮忠于职守,自我约束,安分守己,处处不失君臣之礼,事事上表奏请,最大限度地尽其义务和职责,充分发挥自己的才干。如此忠实地恪守君臣职分,毫不僭越,鞠躬尽瘁,实属不易和难能可贵。所以,西晋人张辅说:"余以为睹孔明之忠,奸臣立节矣。"⑤苏轼在评论

---

① 参见谭良啸:《诸葛亮与传统价值观散论》,《社会科学研究》1994年第3期。

② 《三国志》卷三十五《诸葛亮传》,第920页。

③ 张连科、管淑珍:《诸葛亮集校注·为后帝伐魏诏》,第11页。

④ 《三国志》卷三十五《诸葛亮传》,第918页。

⑤ 《艺文类聚》卷二十二。

曹操和诸葛亮时说:"曹操因衰乘危,得逞其奸,孔明耻之,欲信大义于天下。当此时,曹公威震四海,东据许、兖,南牧荆、豫,孔明之所恃以胜之者,独以其区区之忠信,有以激天下之心耳。"①

当然,诸葛亮的忠贞也有"士为知己者死"和"为王者师"的含义。如他在《出师表》中说:"先帝不以臣卑鄙,猥自枉屈,三顾臣于草庐之中,谘臣以当世之事,由是感激,遂许先帝以驱驰。"②表明了对自己地位的满足和践诺之意。从三顾茅庐推论,假若刘备不能以礼待诸葛亮,诸葛亮则不会以刘备为知己,也就根本不存在践诺和报恩的思想和行为。反之,如果诸葛亮没有管仲、乐毅之才,没有伊尹、吕望之德,不是一个可以共创大业、可以以性命和政权相托的人物,刘备也不可能三顾茅庐、临终托孤了。

除诸葛亮外,诸葛氏家族的忠贞之士还有诸葛丰、诸葛瑾、诸葛诞、诸葛恪、诸葛瞻、诸葛恢等人。

诸葛丰在任司隶校尉时,因忠于国家、忠于职守,对各种违反法纪、有害于国家利益的人和事,"刺举无所避"。他曾说:"臣闻伯奇孝而弃于亲,子胥忠而诛于君……使臣杀身以安国,蒙诛以显君,臣诚愿之。独恐未有云补,而为众邪所排,令谗夫得遂,正直之路雍塞,忠臣沮心,智士杜口,此愚臣之所惧也。"③表明了他尽忠孝的决心和对"众邪所排,令谗夫得遂"的担心。

诸葛瑾非常忠于孙吴集团,孙权也非常相信诸葛瑾。《三国志》载,有人告诉孙权,说诸葛瑾"别遣亲人与备相闻",孙权不相信诸葛瑾会这样做,说:"孤与子瑜有死生不易之誓,子瑜之不负孤,犹孤之不负子瑜也。"④

诸葛诞对曹魏忠贞不二,以至于被司马昭率大军击败而杀。

诸葛恪的忠贞主要表现在他对吴国幼主的辅佐上。孙权临病召诸葛恪"诸事一以相委"。这也是托孤,与刘备白帝托孤的情形十分相似。手握军政大权的诸葛恪也像诸葛亮那样感激涕零,完全按照孙权的遗诏把太子

① 《东坡应诏集》卷十《诸葛亮论》。
② 《三国志》卷三十五《诸葛亮传》,第920页。
③ 《汉书》卷七十七《诸葛丰传》,第3250页。
④ 《三国志》卷五十二《诸葛瑾传》,第1233页。

孙亮扶上了皇位,并曾尽力辅佐之。

诸葛瞻、诸葛尚父子的忠贞主要表现在为国牺牲方面。对此,晋干宝曰:诸葛瞻"能外不负国,内不改父之志,忠孝存焉"①。

诸葛靓也是忠贞之士。《世说新语·言语》载:"诸葛靓在吴,于朝堂大会。孙皓问:'卿字仲思,为何所思?'对曰:'在家思孝,事君思忠,朋友思信,如斯而已。'"晋灭吴后,诸葛靓隐匿不出,不愿出仕于晋,又不面向朝廷而坐,以示对孙吴的忠心。

应该说明的是,诸葛氏族人的忠君思想虽有历史的局限性,但在国君是国家象征的封建时代,忠君就意味着忠于国家,积极性是显而易见的。

此外,崇尚"和"的原则,倡行仁爱思想、民本思想也是诸葛氏家族文化的重要组成部分。

"和"是中华优秀文化的基本元素之一。中华文化自建立之初,即崇尚"和"的原则,认为"和"是事物发展中的最佳状态。诸葛亮崇尚"和"的原则,坚持以"和"的原则处理内政外交。他的《隆中对》是运用"和"的哲学处理内政外交的典范。当然,这里的"和"是分为不同层面的。最外一层是与曹操集团的"和"。这种"和"是不与之争锋,暂时与之和平相处,待时机成熟,再予以扫灭;第二个层面是对孙权集团的"和",主要是联合之,共抗曹操;第三个层面就是在刘备集团控制的区域内,"内修政理","西和诸戎,南抚夷越",以"和"的原则处理内部关系,实行了以战和并用、民族自治、发展民族经济和重视少数民族文化建设等为主要内容的民族政策。此外,《隆中对》还隐隐透露出"和"的更深一层的内涵,即天人合一、顺天而作。总之,诸葛亮对"和"的理解与运用,丰富和发展了"和"的内涵。

诸葛亮是民为邦本、仁政爱民优良传统思想的模范实践者。他有仁德之心,以德育民,主张"治世以大德,不以小惠"②,"为政以安民为本,不以修饰为先。"③他在治蜀期间对"仁"作了广泛的践行,并丰富了它的内涵。

---

① 《三国志》卷三十五《诸葛亮传》裴松之注引干宝语,第932页。
② 《三国志》卷三十三《后主传》裴松之注引《华阳国志》,第903页。
③ 张连科、管淑珍:《诸葛亮集校注·又称蒋琬》,第177页。

曾说:"国家威力未举,使百姓困于豺狼之吻。一夫有死,皆亮之罪。"①这是对"仁民爱物"原则和民本思想的具体化、形象化的说法。

# 第二节　诸葛氏家族文化的影响

## 一、琅邪诸葛氏家族文化丰富发展了中国优秀传统文化的内涵

中国优秀传统文化是中华民族大家庭的成员所创造的、为中华民族世世代代所继承发展的、具有鲜明中华民族特色、相对比较稳定、内涵博大精深、传统优良的文化,是中华民族几千年经验、智慧的结晶,蕴涵着注重道德,重视和谐,兼收并蓄和经世致用等丰富的人文科学元素。以智慧和忠贞见长的琅邪诸葛氏家族文化,既是中国优秀传统文化的组成部分,也为丰富发展中国优秀传统文化的内涵作出了一定的贡献。

首先,智慧是中国优秀传统文化的内涵之一,诸葛氏家族丰富和发展了这一内涵。如从文化品格上讲,诸葛氏家族提倡淡泊明志,宁静致远,仁智敦厚,但又积极"接世",不乏进取精神;诸葛氏族人在学术上兼收并蓄,博采众长,学风上"独观其大略",主张经世致用;他们往往谋略深远,但行动上较为谨慎;他们刚直重义,敢于牺牲,鞠躬尽瘁,死而后已,但也重孝行。从为官之道上讲,诸葛氏族人正身养德,严于律己;清正廉洁,崇俭抑奢;荐贤举能,礼贤下士;用心平,劝戒明,教之以德,严之以刑;通权达变,因时制宜;为官一任,利民一方。仅从陈寿说诸葛亮"抚百姓"、"开诚心、布公道"几点上,就可以看到一个充满智慧的高大的古代政治家形象。从治军之道上讲,诸葛氏家族将军盈门,以智慧为基础治军。如诸葛瑾的军事才能非常突出,因军功被任命为大将军,诸葛恪曾率军攻魏取得大捷,颇孚众望。而以"治戎为长"的诸葛亮既重视战略战术,又重视将士训育及军事后勤保障供应,崇尚正义,重视人谋,处处充满智慧,堪称三国时期的翘楚

①《三国志》卷三十五《诸葛亮传》裴松之注引郭冲《四事》,第922页。

乃至中国古代治军的楷模。从发明创造上讲,诸葛氏家族善于创新,在物质方面多有发明创造,丰富了中华民族的物质文化。仅诸葛亮就改革了"八阵"、"损益连弩"、创制了"木牛流马"、"作五折钢铠、十折矛"等。诸葛氏家族的智慧,特别是诸葛亮的智慧关乎做人、做事,关乎国家兴亡,是大智慧,是我国智慧发展的高峰之一。因此,诸葛亮被视为中国古代知识分子的代表,军师、贤相、良臣的典范,中华民族"智慧"的典型、智慧的化身。也正因为如此,中华民族才特别崇尚智慧,使智慧成为中国传统文化的重要优秀内涵之一。

其次,"忠"是中华优秀文化的元素之一。忠的内涵有不同的层面,也有明显的时代性,但忠于祖国、忠于正义事业则是历代都加以提倡的。诸葛氏家族是崇尚"忠"的家族,诸葛族人丰富并实践了忠的内涵。如诸葛丰忠于国家、忠于职守,对有害于国家利益的人和事,"刺举无所避"。诸葛瑾非常忠于孙吴集团,诸葛诞对曹魏忠贞不二,诸葛恪受孙权托孤,辅佐吴国幼主孙亮,"忧惭惶惶,所虑万端"。诸葛瞻、诸葛尚、诸葛靓等也是忠贞之士。诸葛亮是蜀汉忠臣,也是千古忠君的典型。他的一生是尽忠尽责的一生,无论对先主刘备还是对后主刘禅,他都忠心耿耿。他受任于败军之际,奉命于危难之间,联吴赤壁抗曹;他受托孤之重,辅佐后主刘禅,他既无篡位之意,又无贪财之心,廉洁奉公。他身居高位,出将入相,权倾内外,然事事躬亲,为了复兴汉室,统一天下,他南征北伐,直至病死军中。他"鞠躬尽瘁,死而后已"的忠贞精神成为中华民族的千秋典范。

此外,诸葛氏家族的代表人物诸葛亮在内政外交方面对"和"的理解与运用,以及他的仁爱思想、民本思想等,也丰富和发展了中华民族传统文化的优秀内涵。

## 二、琅邪诸葛氏家族文化对中华民族的影响广泛且深远

琅邪诸葛氏家族的优秀文化在丰富和发展中国传统文化的基础上,对中华民族产生了广泛且深远的影响。

（一）对诸葛氏后裔家族文化的影响

琅邪诸葛氏家族文化是其后裔家族文化形成的基础。其中,诸葛亮影

响最大。诸葛亮名垂宇宙,是中华民族智慧的化身,是传统文化精华的体现和象征,深受中华民族乃至世界多个民族的爱戴。对此,琅邪诸葛氏后裔引以为傲,备感荣耀,并以此为基础,形成了诸葛氏后裔家族文化。

　　诸葛氏后裔分布广泛,家族文化也因地域文化和传播者的差异而有所不同,但其核心内容是一致的,如都敬奉、祭祀诸葛亮,以诸葛亮的思想品德、行为规范为立身处事的典范,耕读传家,以《诫子书》等诸葛亮遗文为教材训诫子弟,主张经世致用等。可见,琅邪诸葛氏家族文化,特别是诸葛亮对诸葛氏后裔家族文化的影响是巨大的。下面,以浙江兰溪诸葛氏后裔家族文化为例说明。

　　浙江省兰溪市诸葛村,原名高隆村,现名诸葛八卦村,村中建筑格局按"八阵图"样式布列,地形中间低平,四周渐高,形成一口池塘。池是诸葛八卦村的核心所在,也是布列"八阵图"的基点。

　　诸葛村的宗祠制度非常严密,从元代中叶起,即建有大宗祠。随着族支的繁衍,宗祠也越建越多。宗祠主管祭祀、修谱、兴学、养老、济贫、祈年、调解纠纷等族内事务。祠堂建筑的家族文化色彩非常浓厚,如在名称上有大公堂、丞相祠堂、崇信堂、崇礼堂等。诸葛村以祭祀先祖诸葛亮为主,祭祖活动在大公堂和丞相祠堂进行。大公堂每年在 4 月 14 日和 8 月 28 日有春秋两大祭。每次祭祀延续五至八天。春祭一般重于秋祭,春祭时大公堂里须演戏三天。丞相祠堂后进寝室供奉诸葛亮,中庭为祭祀所,两厢分列族中贤良牌位,除族中重要活动,平时不开祠堂门。祭祀仪式程序众多,场面壮观,庄重肃穆。其中,最主要的程序是"示祖训","读祭章"。祭祀仪式的具体程序在《高隆诸葛氏宗谱》中有全文记载,可见这种仪式是世代相传的。至于祭近祖,则由支派、房派祠堂自行组织,但也有严密的程序,体现出家族文化的承继性和权威性。诸葛村的祭祀活动与修谱详源活动紧密结合。通过活动,以祖先为荣的家族观念不断加强,家族的各种纪念活动也不断规范。

　　诸葛村的诸葛氏家族文化以先祖诸葛亮的精神、品德为核心内容。诸葛氏历代后裔一直以《诫子书》为祖训,自觉遵奉,恪守不移。《诫子书》言简意赅、发人深省,是脍炙人口的名篇佳作。文中修身养德、静学广才、淡泊名志、宁静致远等警句精辟深刻、情真意切,是诸葛亮思想和人格的高度概括,是一笔丰厚的文化遗产。族中祭祖、家教、农耕、社交等活动,均以此为准绳,对诸葛氏后裔起到了潜移默化的影响。

诸葛村的诸葛氏后裔十分重视兴教育才。《高隆诸葛氏宗谱·家规》规定:"凡子弟资性聪敏者,舞勺时(即儿童时)当择师友课读书。"故村中学风蔚盛。初时以家教为主,且在大公堂的太师壁上书有《诫子书》供族人研读,后裔中有较高文化者多兴办学塾施教。入学者首先要习诵《诫子书》,须熟记不忘,且要继承诸葛亮广学成才、宁静淡泊的志趣。

诸葛村的诸葛氏后裔读书用功,也有参加科举求取功名者,如在明清两代就有5位进士,30多名乡贡。但诸葛村的读书人多不求闻达,有些学业水平相当高的人,曾在诗、词、书、画、史学方面留下了大量著作,但无意于科举取仕,而喜好在村中建书轩、书院、读书自娱,吟诗自乐,间或给族人讲学。早在明正德年间,诸葛族人即建有"西轩"、"南阳书院"等。其中"南阳书院"、"花竹绕庭除,图书万卷余",被列为"高隆八景"之一。继而有"环绿园书轩"、"笔云轩"、"藏书楼"等建成。笔云轩是清末废科举兴学时所建的义塾,有8间课室,学子攻读前都要从事农业劳动,以示继承诸葛亮在隆中布衣躬耕的传统。族中高文化者宁静淡泊、不求闻达的心境与先祖诸葛亮的心境是一脉相承的。

诸葛村的诸葛氏后裔提倡奖励后进、广学成才,对家贫而积极向学者给予资助。据《高隆诸葛氏宗谱·家规》记载:"其有家计不足而志趣向上者,至亲宜资给以成就之。"乾隆年间,诸葛族人兴办"登瀛文会"奖励读书,族中"月数聚士予课制艺,优者给以膏火之资,乡会试赠以宾兴之资,从无间断"。资学之风延续至今,每年春节前,丞相祠堂仍按人头对读书的学生按小学、初中、高中、大学等不同程度设有分级奖学金。

诸葛村的诸葛氏后裔田园农耕意识浓厚,许多人过着淡泊宁静的农耕生活。兰溪诸葛村的中医药业一向发达,宋元时期就与安徽绩溪、浙江慈溪合称"三溪",活跃在江南中药业市场七百多年。即使务农和从事中药业也有琅邪诸葛氏家族文化的影子。如《高隆诸葛氏宗谱》中有"不为良相、宁为良医"的记载。在日常生活中,诸葛村以"诸葛"命名的农作物和物品很多,如"诸葛大青豆"、"诸葛白"、"诸葛瓜"、"诸葛行军鞋"(草鞋)、"诸葛行军菜"(咸菜)、"诸葛行军散"(中药)、"诸葛避瘟丹"等。

诸葛村的住宅装饰、门对楹联也反映出了琅邪诸葛氏家族文化的元素。诸葛村的住宅装饰文化采用传统的"诗书礼乐"、"渔樵耕读"、"琴棋书画"(包括八卦图)等,或者以此类寓意的人物故事为题材来体现传统文化。宗祠的门对、楹联主要体现祭祖尊宗、正本溯源、不忘祖德之意。门对如"诸葛大名垂宇宙,宗臣遗像肃清高"等;楹联如"田十五顷,桑树八百株,完其淡泊、永垂百代清廉典范;雄文廿四篇,珠玑数万字,教我子孙、宜享万年俎豆馨香"等,充分显现了诸葛氏家族文化的元素;普通住宅的门联也有纪念先祖等意向的,如"丞相子孙多彦俊,高隆声誉满寰区","丞相子孙聪慧种,高隆辈出读书人"等。

由上述可见,琅邪诸葛氏家族文化在村名、祠堂名、村落设计、教育、文化传统等方面,都深深地影响到了诸葛氏后裔的家族文化。

(二) 对少数民族的影响

琅邪诸葛氏家族文化中"和"的因素,反映在实践中是诸葛亮在《隆中对》中提出来的以"西和诸戎,南抚夷越"为核心,以战和并用、民族自治、发展民族经济和重视少数民族文化建设等为主要内容的民族政策。

这一政策的实施对中国少数民族文化的发展影响较大。如诸葛亮的"战和并用"做法,尽管是不得已而为之,但也有积极意义。南中少数民族,因不满于汉人统治,曾多次谋反。对此,汉朝时期的统治者奉行大汉族主义,多采用镇压手段处理,往往一次就杀掉很多人,少数民族始终不服。诸葛亮对待南中叛乱,虽然也威之以兵,但以和为主,仅用四个月就平息了叛乱。

即使和吴、魏两国的民族政策相比,蜀国的政策也最柔和,是一种较为先进的以和抚为主的民族政策。如曹魏对陇右少数民族的反抗,主要采取镇压、掠夺、迁徙的手段,所以陇右一带的少数民族居民及将领与曹魏统治集团的关系一直不和谐。而蜀汉在"取凉州"计划的实施中,始终遵循"西和诸戎"的方针。当然,由于种种原因,这一方针执行得不好,战的手段用的多一些。但总体来讲,诸葛亮采取的和抚政策,在一定程度上改变了单纯的"刑以威四夷"的传统政策,改变了从汉武帝开发西南三百多年来统治者对少数民族杀戮、镇压、掠夺的状况,有利于维护国家的统一和安定,在历史上起到了积极的作用。

诸葛亮的民族自治政策的积极意义更大,他吸收少数民族骨干分子到中央任职,以少数民族为主管理地方的做法,是明清时期"土司制度"的萌芽,故可视为后世民族地方"自治"制度的渊源。诸葛亮改南中四郡为七郡的做法,以及调动、利用云南地方势力,加强对云南的控制的做法,为后世大一统政权治理云南提供了经验。

诸葛亮对少数民族的经济和文化政策有利于西南地区生产的发展,有利于汉族与少数民族之间政治、经济、文化联系的加强,在当时极大地促进了南中地区的经济和文化的发展,因而多被后世仿效。

对少数民族的影响还体现在诸葛亮一直受到巴蜀人民的崇敬方面。陈寿曾说:"黎庶追思,以为口实。至今梁、益之民,咨述亮者,言犹在耳,虽《甘棠》之咏召公,郑人之歌子产,无以远譬也。"[①]在西南少数民族有很多关于诸葛亮的传说。云贵地区的苗族和壮族把织锦称为"诸葛锦"和"诸葛侗锦"。云南的卡佤族、景颇族称诸葛亮为"孔明老爹",传说盖房子、编竹箩是孔明老爹教的,稻种是孔明老爹给的。西南边陲至今有的菜还称为"诸葛菜",有的树被称为"诸葛木"。在滇西永平县境内现在还保留着诸葛亮教农民用牛犁田的"打牛坪"地名。一些少数民族将本族的产生或重要节日与诸葛亮相联系,甚至将诸葛亮奉为本族的神灵予以顶礼膜拜。如基诺族认为自己的祖先是随诸葛亮南征时掉队的战士,种茶技术和房屋建造技术皆为孔明所授。傣族传说诸葛亮南征时教傣人耕田种稻技术。傣人遇上瘴气,遵照诸葛亮所赠帽子绸条上的嘱咐:"想命长,水冲凉;草棚矮,住高房",盖起了形似诸葛亮帽的傣家竹楼,并用凉水洗澡,驱逐了瘴气。诸葛亮教洗澡而相互泼水,便成为傣族的"泼水节"。传说云南纳西族、傈僳族和大理白族火把节的由来也与诸葛亮南征有关。[②]

---

① 《三国志》卷三十五《诸葛亮传》,第931页。
② 参见蒋宝德、李鑫生:《中国地域文化》(下册),山东美术出版社,1997年。

（三）对中华民族精神等方面的影响

诸葛氏家族文化是中国传统文化的组成部分,诸葛氏家族文化的核心层即精神文化,一方面是中华民族精神浸润的结果,另一方面对中华民族精神的进一步丰富和发展又产生了一定的影响。

忠君爱国是诸葛氏家族文化的核心,与以爱国主义为核心的中华传统民族精神有着惊人的相通之处,特别是诸葛亮的"鞠躬尽瘁,死而后已"的风范具有巨大的精神感召力,千百年来感染了一代又一代的仁人志士。如宋元时期,汉民族遭受到空前危机,不少英雄豪杰以诸葛亮为榜样,用诸葛亮的事迹激励自己。北宋李纲在靖康初力主迎战金兵被谪,至高宗即位召为相后,仍然致力于恢复大业。他的精神支柱就是诸葛亮,曾说:"诸葛亮佐蜀,连年出师以图中原,不如是不足以立国。……祖宗境土,岂可坐视沦陷,不务恢复乎? 今岁不征,明年不战,使敌势益张,而吾之所纠合精锐士马,日以损耗,何以图敌?"①抗金名将宗泽临终之时,含恨吟诵杜甫咏诸葛亮的名句:"出师未捷身先死,长使英雄泪满襟",三呼"过河"而卒。南宋志士文天祥十分仰慕诸葛亮,坚持统一全国的抗元斗争,被元兵俘获北上燕京途中,作《怀孔明》诗曰:"至今《出师表》,读之泪沾胸,汉贼明大义,赤心贯苍穹。"再如王炎午《生祭文丞相文》称,"今鞠躬尽瘁,则诸葛(亮)矣"②。

以"淡泊明志","宁静致远","静以修身,俭以养德",博采众长,"观其大略"为主要内容的诸葛氏家教文化及由此而塑造的诸葛亮,对后世影响较大。

诸葛亮几乎具有中国传统文化所要求的一切美德:他曾躬耕陇亩;他熟悉中国各家典籍和思想,并能博采各家之长;他既淡泊、宁静,又积极建功立业,把学者的"宁静"、"淡泊"与追求"兴复汉室,还于旧都"的政治目标和行动较好地融合在一起,始终不忘追求和完善个人品格;他既风流儒雅,又威严静穆;他既温良纯厚,又聪明多智;他既尚能礼贤,又严格约束;他既注重政治军事,又重视发展经济文化;他既廉洁奉公,又不故作寒俭之

---

① 《宋史》卷三百五十九《李纲传》,第11263页。
② 《指南后录》卷二。

态,一切皆出之自然,毫无矫饰之感;他曾位至丞相,独揽大权,功高盖世,但"专权而不失礼,行君事而国人不疑"①;他的遗文精炼实用,又充满情感,《出师表》、《与兄瑾言子瞻书》、《诫子书》、《又诫子书》、《自表后主》等,篇篇热情激昂、诲人奋进、律己律人。透过这一切可以看到,在诸葛亮政治欲望的后面,是一个知识分子的良心和忠诚。正因为如此,诸葛亮赢得了超越阶级、超越时空、超越地域的尊崇。蜀汉小吏感慨:"诸葛公在日,亦不觉异,自公殁后,未见其比。"②即诸葛亮看起来平常自然,但实际上难以企及。宋人罗大经更认为,诸葛亮之为人,"自三代而后,可谓绝无而仅有矣"③。清乾隆帝有诗赞曰:"孝能竭亲王祥览,忠以捐躯颜杲真。所遇由来殊出处,端推诸葛是全人。"④现代军事家陈毅元帅则说:"少时读《三国志》及杜诗,仰慕诸葛孔明之为人。稍长就学成都,游武侯祠,则昭烈墓在其侧。人们敬慕孔明反胜昭烈,其故何也? 余意孔明治蜀,留有遗爱,千秋公论,不随时俯仰。其余若人不能自立,欲依附光泽以自显者,其速朽必矣!"⑤元帅之语涵义深刻。赞诸葛亮者众多,在此不再一一列举。

　　诸葛氏家族的家庭教育思想对后世也产生了深远的影响,后世历代家教多引用之或受其启发。如晋朝时西凉王李玄盛曾引诸葛亮的训诫,勉励诸子师法孔明之家训,以立身安国;南北朝时颜之推的《颜氏家训》、唐代的《太公家教》、北宋司马光的《家范》、明清之际学者孙奇逢的《教子家训》、清代教育家朱柏庐的《朱子治家格言》等,都在不同程度上受到了诸葛氏家教内容的启示和影响。即使在今天,诸葛氏家族的人才观、修身之道和读书方法等仍有借鉴意义。许多人以"淡泊明志","宁静致远","静以修身,俭以养德"等为座右铭即是旁证。

　　此外,诸葛亮是中华民族智慧的化身,人们常常把那些聪明机智、有谋

---

① 《三国志》卷三十五《诸葛亮传》裴松之注引《袁子》,第 741 页。
② 殷芸:《小说》。
③ 《鹤林玉露》乙编卷五。
④ 此诗现刻在临沂五贤祠大殿前的御碑上。临沂五贤祠的主体建筑为大殿三间,东窗上砖刻"孝感天地",西窗上砖刻"忠冠古今"。殿内正中塑诸葛亮坐像一尊,东侧有王祥、王览二位坐像,西侧有颜真卿、颜杲卿二人坐像。五贤即指他们五位。
⑤ 《武侯祠大观》,四川人民出版社,1988 年,第 235 页。

略的人称为"小诸葛"、"赛诸葛"或"活诸葛",他的发明创造也深受后世推崇。例如,诸葛亮创新的八阵就影响深远。《晋书》载,司马懿的孙子晋武帝在蜀国灭亡后派亲信陈勰远赴蜀中,学习诸葛亮"围阵用兵倚伏之法,又甲乙校标帜之制"①。西晋司马督马隆学习八阵,依八阵征讨鲜卑树机能,大获全胜。

北魏太和年间(477—499),中书监高闾上表,建议发六万人军训,"采诸葛亮八阵之法,为平地御寇之方"②,训练后开赴漠北,与屡屡犯塞的柔然决战。这说明八阵也在北朝流行,适用于沙漠野战。八阵传到隋朝,大将韩擒虎"深明其法,以授其甥李靖"③。李靖是唐初名将,战功卓著,当然与实战应用八阵古制密不可分。李靖的六花阵,即出于诸葛亮的八阵图法,"大阵包小阵,大营包小营,隅落钩连,曲折相对。古制如此"④。

到唐朝,八阵图失传后,引起众多有心人的关切和恢复的努力。刺史独孤及作《风后八阵图记》,称天宝(742—756)中,有韬钤客得八阵图遗制于黄帝书之外篇,想献给策府,天子无兴趣,湮没不书。文中记阵理,与《握奇经》大体相合。学者、河东节度副使李筌,作《太白阴经》,用八阵比附八卦,说八阵各有阵门,并推演出风后握奇垒图、合而为一阵图、离而为八阵图等等。李筌知道这些阵图不切实战,提出"营垒教战有图"、"战阵无图"的理论,引起哗然。宋代,鄜延帅赵卨奏请讲求诸葛亮八阵法,传授边将,获得神宗支持,但苦于八阵图失传而无结果。宋神宗以扭转积弱为目的,推行军事改革,期望构拟复原八阵图。他与王安石、沈括等人一起,君臣切磋讨论,企图探明八阵图遗制。神宗认为八阵图即九军阵法,命令六宅使郭固讨论九军阵法,著为书,颁下诸帅府。在朝廷带动下,研究八阵图蔚然成风。明永乐年间(1403—1424),举人张烨走李筌的道路,演绎多种类型的八阵图25幅,其新巧又超过李筌。正德年间(1506—1521),陕西巡抚蓝章同士人龙正布小石推演鱼复垒图,将其成果《八阵合变图说》下发将士人

---

① 《晋书》卷二十四《职官志》,第741页。
② 《魏书》卷五十四《高闾传》,中华书局,1974年,第1201页;《北史》卷三十四《高闾传》,第1257页。
③ (宋)李焘:《续资治通鉴长编》卷二百六十,中华书局,1985年,第6340页。
④ 《唐太宗李卫公问对》卷中。

手一册,诵而习之。还有人作《八阵图序》及《八阵图说》、《八阵图辨正》、《八阵伍法辨》等。嘉靖年间(1522—1566),晋江学者赵本学作《续武经总要》,整理总结历代阵法,重点探讨八阵图原理,演绎阵图,把八阵图的研究推向最后一个高潮。可见,八阵影响久远。

(四) 从武侯祠楹联看琅邪诸葛氏家族文化的影响

楹联是一种特殊的文学形式,现存武侯祠庙楹联不仅颂扬了诸葛亮的才华、德政和功业,而且集中反映了文臣武将、达官贵人、文人雅士、社会名流对诸葛亮的敬仰,对社会的企望,是作者心灵的表露,是诸葛亮影响巨大的缩影,也是琅邪诸葛氏家族文化影响较大的一种表现形式。

首先,从时间上看,武侯祠楹联各呈时代特点,沉淀着时代主流意识。

1. 古代,以讴歌为主,间有评论

鸦片战争以前的中国是延续了几千年的封建社会,社会体制的根本特征是王权至上,与之相联系的社会主流意识是忠君报国。《周书·谥法解》载:"危身奉上曰忠","克定祸乱曰武"。诸葛亮以其"危身奉上"、"克定祸乱"的精神及功业荣谥"忠武",成为封建王朝难得的尊崇王权、忠君报国的光辉范例,讴歌"忠武"精神因而成为楹联的主要内容。

例1. 云南保山武侯祠的一幅楹联说:

见知于昭烈则易,受托于后主则难,独能沥血披肝,终身不忘尽瘁,读二表之恳恳勤勤,忠臣何尝择主;

效命于吴氏者偏,输诚于魏室者贼,孰若明目张胆,一心认定汉家,睹六出之堂堂正正,圣人不仅称才。①

该楹联歌颂了诸葛亮的临危受难、忠心事主、维护汉朝正统,"六出祁山"的功绩;同时,表明了对孙吴和曹魏的态度。

例2. 古隆中的一副楹联说:

---

① 萧黄:《祠庙陵墓对联》(下册),河南大学出版社,2005年,第432页。

　　与孟德同时,先后相汉,而行谊判若霄壤,大节凛孤忠,孟德能无死悔;

　　为仲达所畏,进退视蜀,倘将星不陨渭滨,王师捷六出,仲达焉得生还。①

　　该楹联将诸葛亮与曹操、司马懿相比较,褒扬诸葛亮"忠",并盛赞诸葛亮"能"。

　　例3. 成都武侯祠的一幅馆藏楹联说:

　　出师表、诫子书已承孔孟渊源,迥异儒生空讲学;
　　梁父吟、隆中对诚抱伊姜道德,宁同逸士仅鸣高。

　　该楹联将诸葛亮与孔孟伊姜并论,赞誉诸葛亮师承孔孟之道,既有伊姜之德,又异于"空讲学"的儒生,是坐言起行的德人。

　　例4. 陕西勉县武侯祠一幅馆藏的戴树屏题联说:

　　品隆三顾,业盖三分,其自任以天下之重如斯;
　　策定两朝,心存两表,知其不可为而为之者欤。

　　该楹联在歌颂诸葛亮的同时,发出了诸葛亮北伐出山是否出于本意,是否为"知其不可为而为之"的疑问,目的还是为了褒扬诸葛亮。

　　2. 近代,赞颂中充盈着期盼

　　从鸦片战争开始到南京国民党政权覆亡的近代史,是中华民族历经苦难的历史。就社会动荡而言,与汉末局势有相似之处。诸葛亮研究的侧重点也反映了时代的动荡。有人统计,自民国初年至中华人民共和国建立前的三十余年间,全面介绍诸葛亮生平、思想、功业等的著作共8部,都是以歌颂为主,目的是让人们以诸葛亮为榜样,关心国事,建功立业。如1917年

────────────

① 解维汉:《中国祠庙陵墓楹联精选》,陕西人民出版社,2006年,第162页。

古史编辑社出版的《诸葛武侯秘史》,湘南逸民(署名)在其序中指出:信仰心是陶冶社会的基础,信仰心的培养要靠宣传为大多数人所崇拜的人物,而这关乎"一国一族之盛衰"。这一时期的关于诸葛亮的楹联,颂扬君臣关系的内容明显少于古代,歌颂诸葛亮经天纬地之才、安邦定国之功的占了主流地位。其中,一批忧国忧民的仁人志士,将期盼卧龙再世的心境融入联作,成为近代武侯祠庙楹联的一个显著特点。

如甘肃兰州五泉山武侯祠殿中题联:

> 凭栏纵眼观,叹东方大陆,风起云飞,欲请卧龙作霖雨;
> 寻壑恣幽赏,值西域胡氛,烟销火灭,且容立马看河山。[1]

甘肃秦州武侯祠楹联:

> 宫府一身兼,倘将星不落前军,江山未必归司马;
> 乾坤群盗满,叹邻境几无净土,雷雨何曾起卧龙。[2]

3. 当代,歌颂中凸显着反思

当代社会,诸葛亮研究的重点基本集中在成才之路、战略规划、人才观、政治思想、历史地位等政治方面,楹联的内容则多集中在节操、志向、作为、影响力等方面,楹联的表现手法也有别于以往的微观历数而趋向于宏观概括。

如郭沫若题诸葛草庐联:

> 志见出师表;
> 好为梁父吟。

---

[1] 谷向阳、何慧琴:《中国名胜楹联大观》,黄山书社,1986 年,第 826 页。
[2] 《甘肃名胜楹联集萃》,《甘肃青年》1983 年第 12 期。

陆定一题诸葛故居联：

　　智谋隆中对,三分天下;
　　壮烈出师表,一片丹心。

襄樊武侯祠腾龙阁的两幅楹联新作:

　　须高卧便高卧,先生吟啸待时,幸逢有道君王识;
　　该出山即出山,吾辈沉浮自主,莫等访贤车马来。①

　　幽耶奇耶,山水任评量,喜见人来人往;
　　龙也凤也,英贤争奉献,何分谁主谁宾。②

　　其次,从社会阶层上看,武侯祠楹联表露各阶层的心迹,蕴含着作者的希望。

　　1. 文臣,敬仰中蕴含着自励和企盼,引导世人为国尽忠效力。

　　南阳武侯祠中民国南阳执事曹慕时的题联,作者崇拜楷模、虔诚向贤的心境清晰可见:

　　负天下奇才,若定指挥,独惜赍志偏安,鼎足三分屈王佐;
　　叹风尘末吏,未遑窃比,追溯鞠躬尽瘁,心香一瓣学乡贤。③

　　南阳武侯祠中清南阳知府顾嘉蘅的题联,期盼如诸葛亮得明主赏识的心理跃然纸上:

　　此地藉卧龙以传,看丹江西抱,白水东环,只许长留名士隐;

---

① 解维汉:《中国祠庙陵墓楹联精选》,第166页。
② 解维汉:《中国祠庙陵墓楹联精选》,第165页。
③ 解维汉:《中国祠庙陵墓楹联精选》,第138页。

斯人超雏凤而上,即莘野币交,渭滨车载,何如亲见使君来。①

南阳武侯祠大拜殿中民国南阳执事田沛的题联,在歌颂中流露出了期盼明主赏识、伯乐举荐的心态:

> 吕磻溪伊莘野王佐其才乎! 继以宛琅邪得主有常,经纶丕焕;
> 齐鲍叔郑子皮圣门所许也,合之徐元直见贤能举,豪杰奋兴。②

清人金国均曾五次掌典文衡,为人豁达,不慕荣,后以父母年迈乞假回籍,养亲10余年。南阳武侯祠中金国钧的题联借评述诸葛亮,字里行间流露出了封建知识分子"达则兼善天下,穷则独善其身"的豁达情怀:

> 巾扇任逍遥,试看抱膝长吟,高卧尚留名士隐;
> 井庐空眷念,可惜躬鞠尽瘁,归耕未慰老臣心。③

2. 武将,崇敬中蕴含着比附和自重。

内忧外患、国家动荡之时,出将入相、安邦治国的诸葛亮自然成为忠心耿耿、保卫国家的将帅们崇拜的偶像、学习的楷模和比附的典型。如南阳卧龙岗武侯祠联中的左宗棠联。作者年轻时即以诸葛亮自比,自称"亮白"、"老亮"。《清史稿》称其"为人多智略,内行甚笃,刚峻自天性","尝以诸葛亮自比,人目其狂也。"④联曰:

> 出处动关天下计,
> 茅庐我也过来人。⑤

---

① 解维汉:《中国祠庙陵墓楹联精选》,第137—138页。
② 解维汉:《中国祠庙陵墓楹联精选》,第138页。
③ 解维汉:《中国祠庙陵墓楹联精选》,第138页。
④ 赵尔巽:《清史稿》卷四百一十二《左宗棠传》,第12023页。
⑤ 解维汉:《中国祠庙陵墓楹联精选》,第140页。

隆中武侯祠中湖广总督杨霈和湖北候补道张曜孙题联,更是比附诸葛亮,名言他而实写己。咸丰十年(1860),杨、张两人皆因战败降职寓居襄阳,同游谒武侯祠并题联。杨霈借歌颂诸葛亮抱怨自己失败是"天心未曾厌乱",并非自己"将略非其所长",希望世人"知人论世。"张曜孙则抱怨世人以"成败论人"的"刻意讥评"。

杨霈联曰:

> 谁谓将略非其所长,当时予智矜才,终逊一生谨慎;
> 可惜天心未曾厌乱,至今知人论世,岂徒两表文章。①

张曜孙联曰:

> 行藏以道,出处因时,使无三顾频烦,亦与水镜鹿门,甘心肥遁;
> 成败论人,古今同慨,似此全才难得,尚有子由承祚,刻意讥评。②

吴恭亨《对联话》评论以上两联说:杨、张两人"各各借酒杯浇块垒,身份亦各宛肖,千古失败英雄入此庙读此联,正不知生若何感想"③。

3. 文人,歌颂中或蕴含着清高、自慰、希望,或以诸葛亮引导世人。

在封建社会,读过书而无官做或做过官又失官的文人,常常以自己学富五车的知识自视清高,也常以未出山的诸葛亮自比来安慰自己。当然,以诸葛亮引导世人者也大有人在。如南阳武侯祠中清人单家驹题联:

> 自来宇宙垂名,布衣有几;
> 能使山川生色,陋室何妨。④

---

① 王瑞功:《诸葛亮研究集成》(下册),第 1340 页。
② 吴恭亨撰,喻岳衡校注:《对联话》,岳麓书社,2003 年,第 28 页。
③ 吴恭亨撰,喻岳衡校注:《对联话》,第 28 页。
④ 解维汉:《中国祠庙陵墓楹联精选》,第 139 页。

刘世勋题联。作者系同治十一年(1873)南阳知县,对"吴宫魏殿"般的辉煌似乎看得很淡,对遁迹山林曲吟梁父的田园生活却充满着渴望:

　　孙曹固一世雄也,何以吴宫魏殿转眼邱墟? 怎若此茅屋半间,遥与磻溪而千古;

　　将相其先生志乎? 讵知羽扇纶巾终身军旅,剩这些松涛满径,如闻梁父之长吟。①

陕西勉县武侯祠中道人李复心题联,代表了作者的认知:诸葛亮祖孙三代是"国之忠臣,家之孝子",因此能够"享明禋于亿代"。联曰:

　　萃灵爽于一堂,国之忠臣,家之孝子;
　　享明禋于亿代,前有烈祖,后有慈孙。

# 第三节　诸葛亮文化现象

诸葛亮是诸葛氏子弟的主要代表,是三国时期著名的政治家、军事家、思想家,也是诸葛氏家族文化的主要承载者,他淡泊明志,耕读南阳,博采众长,学识渊博;他辅佐刘备、刘禅,忠君报国,鞠躬尽瘁,死而后已;他廉洁从政,功绩卓著;他执法公平,赏罚分明;他"西和诸戎,南抚夷越",善待兄弟民族……令人敬仰,是一个丰满的光彩照人的智者、忠臣形象。随着历史的变迁,他的形象日益高大,由一个时期的杰出人物,演变成了超越时空的典范,甚至变成了无所不知、无所不能、尽善尽美、完美无缺的完人:在他生前活动的区域内和非活动区域,甚至国外,不断出现纪念他的祠堂、祀庙;官修史志典籍记述他;文人墨客赞美他;民间大众传颂、神化他。如今,

---

① 解维汉:《中国祠庙陵墓楹联精选》,第137页。

描述诸葛亮的小说、故事、戏剧、电影、电视剧、民间传说,仍然在继续产生和传播,对诸葛亮的推崇和赞颂有增无减,形成了形式多样、内涵丰富、影响广泛而深远的诸葛亮文化现象,一般称为诸葛亮现象。这一现象的出现是诸葛氏家族文化影响深远的典型表现。

## 一、诸葛亮现象概述

诸葛亮现象的内容包括与诸葛亮有关的物质文化、制度文化、精神文化,涉及政治、经济、军事、伦理道德、社会心理、民间风俗等多个方面,可以用以下内容概括:诸葛亮是中华民族崇尚智慧的文化心理的结晶,是中华民族传统美德最完美的体现者,是中华民族自强不息精神的典型代表,是中国知识分子理想人格的典范。

诸葛亮现象的表现形式多种多样,除史传记载外,有传说故事、论赞诗文、话本戏曲、小说评话、绘画雕刻、名胜古迹、祠庙祭祀等。

诸葛亮现象之源或母体是陈寿的《三国志》及裴松之的注引。《三国志》书中除《诸葛亮传》外,提及诸葛亮的地方还有 55 处之多。[1]《三国志》和裴松之的注引把诸葛亮的生平、业绩、道德、情操都记录了下来,是诸葛亮现象的衍生体。有学者指出,裴松之注引中的"七擒孟获"、"大星殒落"、"死诸葛走生仲达"等,带有传说的性质。这说明,在诸葛亮死后,关于他的传说故事已开始在民间流传。

随着时间的推移,经过不断的流传、加工、改编和创造,诸葛亮的传说故事日益丰富、精彩。根据目前出版的《三国外传》(上海文艺出版社,1986 年)、《三国人物别传》(中国戏剧出版社,1990 年)、《三国名人传说》(浙江文艺出版社,1984 年)、《诸葛亮传奇》(陕西美术出版社,1989 年)、《诸葛亮的传说》(湖北人民出版社,1987 年)等书统计,关于诸葛亮的美好传说故事已达 150 个之多,流传地区也很广。这是诸葛亮现象生根发展的肥沃土壤。

对诸葛亮的评赞在三国时代就开始了。蜀国的吕凯称"诸葛丞相英才

---

[1] 参见高秀芳、杨济安:《三国志人名索引》,中华书局,1980 年。

挺出"①。邓芝对孙权说："诸葛亮亦一时之杰也。"②魏国的刘晔说："诸葛亮明于治而为相。"③贾诩称"诸葛亮善治国"④。吴国的大臣张俨著《默记·述佐篇》，评论诸葛亮与司马懿的优劣。⑤ 西晋的张辅著有《乐葛优劣论》，专论乐毅与诸葛亮的短长。其后，评赞诸葛亮的言谈文章不断。明末自称诸葛亮的第36世孙诸葛羲、诸葛倬辑《诸葛孔明全集附评传》一书（中国书店出版社，1986年重印），搜集历代评论编为四卷。清代张澍编的《诸葛亮集》（中华书局，1960年），辑录了唐代及唐以前评赞诸葛亮的文章，编为二卷。

从东晋桓温的《八陈图》诗开始，历代咏赞诸葛亮的诗歌就不绝于书，仅唐代就达40首之多。谭良啸从自己搜集到的300多首（下限为清代）中选出90首，辑成了《历代咏赞诸葛亮诗选注》一书（四川人民出版社，1988年）。咏赞诸葛亮诗篇的作者上至帝王将相，下至庶民百姓，诗篇内容咏及诸葛亮的所有事迹和遗迹，这是"中国文化史上，乃至世界文化史上一种罕见的现象"⑥。

关于诸葛亮的画像和雕像（或塑像）最早出于何时，不见诸记载，不过，唐代大画家阎立本已绘有诸葛亮画像（见清赵翼的《石刻诸葛忠武侯像歌序》），宋代也有诸葛亮画像（见苏轼的《诸葛武侯画像赞》）和《三顾草庐图》（见《大籁阁旧藏宋人画册》），明代《三才图会》书中有孔明半身像，清代南熏殿藏《历代名臣画像》中有诸葛孔明造像。关于诸葛亮故事的绘画资料则十分丰富。元代的《三国志平话》和《三分事略》两书均为上图下文，插图中有许多关于诸葛亮故事的图画。多种明刻本《三国志通俗演义》和清代刻本《绣像全图三国演义》中，也有许多诸葛亮故事的绘画。如明万历十九年刻本中有19幅，清代《第一才子绣像全图三国演义》中有诸葛亮一

---

① 《三国志》卷四十三《吕凯传》，第1047页。
② 《三国志》卷四十五《邓芝传》，第1071—1072页。
③ 《三国志》卷十四《刘晔传》，第445页。
④ 《三国志》卷十《贾诩传》，第331页。
⑤ 参见《三国志》卷三十五《诸葛亮传》裴松之注引，第1257页。
⑥ 谭良啸：《诸葛亮文化现象概论》，王汝涛：《金秋阳都论诸葛》，军事科学出版社，1995年，第103页。

幅绣像和 40 幅插图。现代则出版了多种《三国演义》连环画。

唐代四川的武侯祠内已有诸葛亮的塑像。杜甫诗中有"宗臣遗像肃清高",武少仪的诗句"武侯神像俨如存"等,就是明证。宋代的朱熹曾立孔明木刻像在白鹿山洞内。① 其后,各地陆续兴建的武侯祠庙内,均有孔明塑像。

唐代的"说话",宋代的"讲史",都有"说三分"的故事。其中有不少是关于诸葛亮的内容。"说话"和"讲史"后来发展成说书艺术,受到下层百姓的欢迎。

现存的元末明初的三国故事戏曲有 54 种,有关诸葛亮的剧目达 15 种之多。在近现代舞台上,三国戏特别多,有"数不清的三(国)列国(戏)"之说,而诸葛亮的剧目有 59 种。② 近现代各地还出现了擅演诸葛亮的戏曲名角。

在罗贯中所著《三国演义》中,诸葛亮是中心人物。他把诸葛亮描写成一个忠贞忧勤的丞相和神机妙算的军师,塑造为一个封建社会尽善尽美的经国济世之士。清初毛宗岗在评改此书后著文说:

> 吾以为《三国》有三奇,可称三绝:诸葛孔明一绝也,关云长一绝也,曹操亦一绝也。历稽载籍,贤相林立,而名高万古者,莫如孔明。其处而弹琴抱膝,居然隐士风流,出而羽扇纶巾,不改雅度。在草庐之中,而识三分天下,则达乎天时;承顾命之重,而至六出祁山,则尽乎人事。七擒八阵,木牛流马,既已疑鬼疑神之不测;鞠躬尽瘁,志决身歼,仍是为臣为子之用心。比管乐则过之,比伊吕则兼之,是古今来贤相中第一奇人。③

《三国演义》广泛流传,影响深远,既是诸葛亮现象精彩的重要组成部分,又进一步助推了诸葛亮现象的形成。

① 参见《坚瓠余集》卷四引《闻见杂录》。
② 参见陶君起:《京剧剧目初探》,中国戏剧出版社,1963 年。
③ 宋俭等:《奇书四评》,崇文书局,2004 年,第 169 页。

　　名胜古迹是诸葛亮现象的另一种表现形式。有关诸葛亮的名胜古迹,有的与诸葛亮直接有关,是诸葛亮足迹所至而留下的;有的则与诸葛亮间接有关,甚至无关而为后人所附会的。检阅古籍,可以看到各地在历史上仅以诸葛亮命名的地名就难以计数,如诸葛城、诸葛营、诸葛寨、诸葛堰、诸葛堤、诸葛井、诸葛洞、武侯山、武侯坡、武侯桥、武侯岩、孔明寨、孔明洞等,数量之多,在我国历史名人中名列前茅。

　　自公元263年蜀汉朝廷在陕西勉县定军山下为诸葛亮建庙后,四川、云南、贵州、湖北、河南、甘肃、湖南、山东、江苏、浙江、台湾等12省的不少地方相继修建起一座又一座武侯祠。历史上究竟有过多少武侯祠,已经无法统计了。据有关地方志记载,清代在云南省有34座武侯祠,贵州省有18座,而四川省有40座。仅成都市一地,历史上先后就有过8座。直至今天,全国保存下来的,被列为保护单位的武侯祠也在10座以上。而且,不少地方的武侯祠已形成赶庙会的风俗,每年定时举办祭祀活动。如台湾南投县的武侯祠,以农历7月23日为诸葛亮生日,要举行祭祀活动3天,祭拜者达数万人;浙江兰溪的诸葛镇,以农历8月23日为诸葛亮的生日,要在镇内诸葛祠堂举行仪式,办庙会,现又改为商品交易会。①

## 二、诸葛亮现象的成因

　　（一）诸葛亮本体的原因

　　在三国时期的历史人物中,诸葛亮堪称具有雄才大略和远见卓识的政治家、思想家、军事家,可被后世称颂的方面很多。

　　1. 淡泊明志、宁静致远的品格和规划天下的奇才。

　　生在东汉乱世的诸葛亮才华横溢,能够高瞻远瞩,洞察时势,胸有规划国家未来、史称千古绝唱的战略构想《隆中对》,堪比管仲、乐毅,但以"非淡泊无以明志,非宁静无以致远"来规范自己,仅躬耕于南阳,不求闻达于诸侯,而一旦被欣赏、重用,又能辅佐明主,创一番伟业。这被世人奉为楷模,更是后世文人学者极力推崇、效法的榜样。他们极力效法诸葛亮"澹泊明

---

① 参见谭良啸:《诸葛亮文化现象概论》,王汝涛:《金秋阳都论诸葛》,第105页。

志、宁静致远",不追求名位利禄的高尚品格,将"澹泊明志、宁静致远"作为自己居室的名言警句,奉为座右铭。进而,"澹泊明志、宁静致远"成为中华民族有志之士的处世原则之一。

2. 功盖天地的时代英雄。

诸葛亮作为中国历史上具有远见卓识的政治家,他以自己的雄才大略和积极进取精神,辅佐刘备建立蜀汉,继而辅佐刘禅,"外连东吴,内平南越,立法施度,整理戎旅,工械技巧,物究其极,科教严明,赏罚必信,无恶不惩,无善不显,至于吏不容奸,人怀自厉,道不拾遗,强不侵弱,风化肃然也"①。为中国西南地区的统一和经济文化发展作出了卓越贡献,所以他赢得了时人和后世的高度崇敬和赞颂。诸葛亮死后,刘禅赞扬,"黎庶追思"②。如刘禅在诏策中说:"惟君体资文武,明睿笃诚,受遗托孤,匡辅朕躬,继绝兴微,志存靖乱;爰整六师,无岁不征,神武赫然,威震八荒,将建殊功于季汉,参伊、周之巨勋。"③评价是很高的。百姓则十分怀念诸葛亮这位清正廉洁、勤勉忠贞的丞相,留恋他给蜀地带来的安定繁荣。这种深切的缅怀,没有随着时间的流逝而衰减。西晋人张辅在《名士优劣论》中说:

> 夫孔明包文武之德,刘玄德以知人之明,屡造其庐,咨以济世,奇策泉涌,智谋从横,遂东说孙权,北抗大魏,以乘胜之师,翼佐取蜀。及玄德临终,禅其大位在抚攘之际,立童蒙之主,设官分职,班叙众才,文以宁内,武以折冲,然后布其恩泽于中国之民。其行军也,路不拾遗,毫毛不犯,勋业垂济而陨。观其遗文,谋谟弘远,雅规恢廓,己有功则让于下,下有阙则躬自咎,见善则迁,纳谏则改,故声烈震于遐迩也。《孟子》曰:"闻伯夷之风,贪夫廉。"余以为睹孔明之忠,奸臣立节矣;殆将与伊、吕争俦,岂徒乐毅为伍哉?④

---

① 《三国志》卷三十五《诸葛亮传》,第930页。
② 《三国志》卷三十五《诸葛亮传》,第931页。
③ 《三国志》卷三十五《诸葛亮传》,第927页。
④ (唐)欧阳询辑:《艺文类聚》卷二十二。

唐代孙樵则说：

> 武侯死殆五百载，迄今梁汉之民，歌道遗烈，庙而祭者如在，其爱于民如此而久也。①

裴度到成都两年，耳闻目睹蜀人对诸葛亮的崇拜，他在武侯祠祭拜诸葛亮后撰文说：

> 蜀国之风，蜀人之心。锦江清波，玉垒峻岑。人海际天，知公德音。②

可见，诸葛亮在人们心目中享有极高声誉。及至后来，文士多将他和伊尹、吕尚、周公等先贤相匹配，众口一词地称颂他的盖世功勋。诸葛亮的功德，如江水长流，如高山长存。因此，人们修祠建庙祭祀他，保护与他有关的遗迹，同时附会出大量的事迹，一代一代传颂他的故事，以表达崇敬之情。

3. 智慧的化身。

诸葛亮作为中国古代历史上的著名政治家、军事家，以其卓越的才能受到后世人的崇仰。陈寿在《三国志·诸葛亮传》中曾称赞他"性长于巧思，损益连弩，木牛流马，皆出其意；推演兵法，作八陈图，咸得其要"。这从一个侧面说明了诸葛亮在军事、科学方面的智慧。诸葛亮在政治、军事等方面确实才华横溢，出类拔萃，曾表现出了非凡的智慧和机谋韬略。后来，经过千百年的传颂和文学演绎，后人已经再造了一个和历史真实颇有差距的诸葛亮，以致使他成了羽扇纶巾、足智多谋、神机妙算、所向披靡的智者化身。从唐朝以后，诸葛亮更是被世人奉为神明，传说、故事、平话、小说将诸葛亮描写成能呼风唤雨、侦知天机、预卜未来的神奇不测之人，成为妇孺

---

① 孙樵：《刻武侯碑阴》，《唐文粹》卷五十五上。
② 裴度：《蜀丞相诸葛武侯祠堂碑铭并序》，《唐文粹》卷五十五上。

皆知的智慧的象征,成了足智多谋的代名词。正如鲁迅先生在《中国小说
史略》中所指出的那样:"状诸葛之智而近妖。"

4. 鞠躬尽瘁、死而后已的忠臣。

诸葛亮耕读南阳,并非厌世隐居,而是当国家需要的时候积极入世,且
一旦入世就做到鞠躬尽瘁,死而后已。他出山辅佐刘备后,便始终不渝,忠
贞不贰。他受命于败军之际,奉命于危难之时,在曹操大兵压境的危险情
况下也毫不气馁,力抗强敌。在军事形势异常不利的情况下,他肩负重任,
到东吴去说服孙权,让他联刘抗曹。孙权知道诸葛亮是一个难得的人才,
便通过他哥哥诸葛瑾去做劝说工作,希望他留下来为东吴服务。当时,东
吴孙权的势力比刘备大得多,留在东吴会更有用武之地。但诸葛亮毅然拒
绝了哥哥的游说,坚定地回到了刘备身边,辅佐刘备取益州,建蜀汉。刘备
病重时,知道刘禅羸弱,曾明告诸葛亮,能辅佐就辅佐,不能辅佐就取而代
之。但诸葛亮既为人臣,毫无野心,对蜀汉政权忠贞不渝,毅然接受刘备托
孤之命,担负起了军国重任,赤胆忠心,力辅幼主,治蜀安民。为了改变蜀
国的不利局面,他南征、北伐,在主持军政要务之余,亲自过问蚕桑、织锦、
煮盐、冶铁、铸钱等事,日理万机,废寝忘食,殚精竭虑,尽职尽责。南征时,
屯骑校尉、领丞相长史王连恳劝他:"此不毛之地,疫疠之乡,不宜以一国之
望,冒险而行。"①但诸葛亮认为平定南中事关重要,不能顾及个人安危,毅
然亲自领兵出征。在多次北伐战争中,诸葛亮更是夙兴夜寐,殚精竭虑,终
积劳成疾,以身殉国,赍志而殁。"鞠躬尽瘁,死而后已"是诸葛亮一生忠君
爱国的真实写照和总结。诸葛亮的鞠躬尽瘁,不仅仅是限于报答刘备一人
的知遇之恩,更不是对蜀国君主的愚忠,而是爱国爱民,对民族社会发展具
有积极意义。正因为如此,诸葛亮的"鞠躬尽瘁"颇为后世有识之士所称
道。唐朝著名诗人杜甫曾在追念诸葛亮的《蜀相》诗中,表达了他对诸葛亮
的敬仰:"丞相祠堂何处寻?锦官城外柏森森。映阶碧草自春色,隔叶黄鹂
空好音。三顾频烦天下计,两朝开济老臣心。出师未捷身先死,长使英雄
泪满襟。"这代表了中国历代许多文人的心声。

---

① 《三国志》卷四十一《王连传》,第 1009 页。

总之,诸葛亮是三国时代著名的政治家、军事家、思想家,既有经天纬地的雄才大略,又有超群绝伦的军事才能,更有叱咤风云的英雄气概和功盖天地的业绩,具备被社会公众崇拜,进而形成社会现象的条件。

(二) 正统倡导的原因

在封建社会,为争夺皇位,父子兄弟君臣反目厮杀的事件层出不穷。而诸葛亮身为两朝大臣,刘备在时,他竭忠尽智,为之奔走效力;刘备死后,他大权在握,独专朝政,辅佐其子刘禅更是兢兢业业,日理万机,南征北伐,出将入相,慎始全终,直至殒身五丈原军中。同时,诸葛亮主张"兴复汉室",鞠躬尽瘁辅佐刘备,具有维护正统的意义。诸葛亮的正统和忠诚,备受统治者的青睐,被历代君王树为典范,让臣子效法。唐太宗李世民就曾要求大臣房玄龄等"企慕及之"[1],学习诸葛亮。

众所周知,东汉末年,经过豪强势力混战,逐步演化成为魏、蜀、吴三国鼎立的局面。在三国之中,曹魏篡汉自立,吴国是自立政权,实际上都是以否定东汉政权而存在的,唯蜀汉的统治者刘备,自称汉景帝子中山靖王刘胜之后,从血统上来看,属于汉统治者刘姓的后裔;从言行上看,刘备曾多次参加维护东汉王朝的斗争,诸葛亮辅佐刘备后,更是以"兴复汉室"相号召,建立政权后又名曰"蜀汉"或"季汉",俨然以两汉政权的继承者自居。在皇权神授、刘姓当王的思想影响下,人们奉蜀汉为中国王朝的正统,对无限忠于蜀汉政权的诸葛亮给予格外的崇敬、爱戴,就是十分自然的事了。如习凿齿著《汉晋春秋》,以蜀国为正统王朝,因其承于东汉,晋又承自蜀汉,故晋王朝为正统王朝。自蜀汉为正统之说出,影响及于历代。

另外,诸葛亮的忠君思想和行为也为历代统治者所需要。诸葛亮效忠刘备、刘禅,勤于政务的言行,可以作为历代封建官吏的教材;刘备父子与诸葛亮之间鱼水相依的关系,也是历代君臣关系效法的榜样。这也是诸葛亮受到历代统治者青睐、敬仰的原因。

马克思说过:"统治阶级的思想在每一个时代都是占统治地位的思想。这就是说,一个阶级是社会上占统治地位的物质力量,同时也是社会上占

---

[1]《贞观政要》卷十六。

统治地位的精神力量。"①因此,统治者推崇、倡导效法诸葛亮,会引导甚至主导广大民众敬仰、传颂诸葛亮,进而形成诸葛亮现象。封建统治者大力宣扬诸葛亮,鼓励地方修祠立庙,建造遗址,祭祀和纪念诸葛亮。结果,诸葛亮的形象在历代民众,特别是文人学者的心目中产生了很大影响,而且逐渐完美化。普通民众在教育子女和闲暇娱乐时谈论诸葛亮,文人学者们则多用诗词表达对诸葛亮的崇仰。由于诗词传播的广泛性、持久性,对诸葛亮现象的形成起了重要作用。唐诗中对诸葛亮的赞颂尤为广泛。主要有李白的《读诸葛武侯传书怀》,杜甫的《八阵图》、《蜀相》、《诸葛庙》、《武侯庙》、《谒先主庙》、《咏怀古迹五首》,刘禹锡的《观八阵图》。其他还有唐诗《过隆中》(崔道融)、《丁巳岁八月祭祀武侯祠堂因题临淮公旧碑》(杨嗣复)、《泸水》、《咏史诗南阳》(胡曾)、《题筹笔驿》(殷潜之)、《述怀上令狐相公》(赵嘏)、《淮南送李司空朝觐》(罗隐)、《祠祭武侯毕题临淮公旧碑》(杨汝士)、《送友人入蜀》(李频)、《喻东军》(韦庄)、《又代孔明哭先主》(李山甫)、《过五丈原》(温庭筠)等,均有对诸葛亮的褒扬和赞颂。到了宋代,苏轼有《八阵碛》、陆游有《游诸葛武侯书台》、王刚中有《滩石八阵图行》、张演有《武侯墓》、张俞有《白帝庙净》、李柏有《五丈原吊忠武墓》、晁公朔有《题先主庙》、李兴宗有《观八阵图有感》。明代杨基有《感怀》,沈周有《读出师表》,李东阳有《五丈原》等。清代诗人赞写诸葛亮的人更多,主要有顾炎武、王夫之、江朝宗、赵执信、陈古、王履端、卢和、张邦伸、赵孟若、宋在诗、饶景晖、顾图河、石韫玉、徐梦元、赵翼、黄锴、王士祯、印川、牛霆、陈恭伊等人。他们讴歌诸葛亮的丰功伟业,或赞美诸葛亮的高尚道德情操,或颂扬诸葛亮的伟大事迹,将诸葛亮描绘渲染成了功盖天地的时代英雄、名垂千古的封建忠臣、超凡脱俗的神明人物。

(三)社会文化心理因素的原因

在中国传统文化体系中,沉积在人们心里的价值取向,对诸葛亮文化现象的形成和发展起的作用最大。②

---

① 《德意志意识形态》,《马克思恩格斯选集》第一卷,人民出版社,1972 年,第 52 页。
② 参见谭良啸:《诸葛亮文化现象概论》,王汝涛:《金秋阳都论诸葛》,第 107 页。

中国传统文化属伦理型文化,提倡人的最高需要是道德需要,人生的最大价值是道德价值,在道义与生命发生冲突时,它要求后者服从前者,推崇"杀身成仁"、"舍生取义"、维护统一等。因此,中国传统文化系统中的价值观,就具有十分强烈的伦理化特征,具有超功利的价值取向。受这种价值观的制约和支配,人们在评判历史人物和事件时,总是自觉不自觉地从伦理道德的角度论其好坏善恶,而不是根据业绩功过来判断其人其事在历史上的作用。以这种伦理型价值观对人物评判最为突出和典型的例子,可能要数三国时代的诸葛亮和曹操了。

诸葛亮和曹操都是三国时期的风云人物。然而,千百年来,诸葛亮得到了过誉的称颂,大名垂宇宙;曹操却屡遭贬斥,横遭唾骂。原因主要有二:一是诸葛亮和曹操的秉性品格的差异形成了不同的伦理观,产生了不同的道德行为。例如,按照传统文化伦理判断,诸葛亮辅佐汉室后裔刘备、刘禅,乃至北伐曹魏是道德的,有维护正统、维护国家统一的意义;曹操及其子孙篡汉立魏则是不道德的。而崇尚统一、维护正统是中华民族传统文化的重要价值观念。诸葛亮为崇尚统一、维护正统而鞠躬尽瘁,死而后已,受到后人敬仰是理所当然的。

二是凝结于中国人心理中的传统价值观所作出的评价。这种评判,总喜欢归为正反两类,如忠与奸、正与邪、善与恶、仁德与残暴、信义与狡诈、廉洁与贪腐、聪明与愚笨、勇猛与怯懦等。在两者之间,又总是推崇前者而摒弃后者。三国人物也曾被归类,如清人毛宗岗评改《三国志演义》,就称诸葛亮为"智绝",关羽为"忠绝",而曹操则成了"奸绝"。这种非好即坏的分类是不科学的,但它宣泄了一个民族强烈的爱憎情感。诸葛亮文化现象的形成,既是中华民族情感的表达和宣泄,也是一种文化的认同。①

## 三、对诸葛亮现象的评价

诸葛亮现象是在近 2 000 年的历史发展演变中逐步形成的。这是一个滚动发展的过程,而且至今这一过程并未结束。随着社会的进步和发展,

---

① 参见谭良啸:《诸葛亮文化现象概论》,王汝涛:《金秋阳都论诸葛》,第108页。

诸葛亮现象还会不断丰富和发展。

诸葛亮现象的表现形式有雅俗之别和古今之分,在内涵上也有差异。历史上的诸葛亮是杰出的政治家、军事家,当他进入后人的生活和思想意识中,成为一种现象时,就被熔铸、再造了。人们不再拘泥于历史事实,而是将自己的生活体验和理想追求寄寓在他的身上,并作了种种艺术再造。所以,作为现象存在的诸葛亮,已获得了新的意义和新的生命。他不再是历史真实的诸葛亮的复制品,而是反映着再造他的各个历史时期的种种人物的思想感情、审美情趣和价值观念。例如,在元代中期英宗至治年间(1321—1323)刊刻的《三国志平话》中,诸葛亮是一个性格粗豪而有神奇本领的军师,集"人也,神也,仙也"于一身。他缺乏雍容儒雅的名士风度,也没有避世逸民的闲散习性。这是因为处在反抗外族压迫下的人民群众,根据自己的理想和经验创造出的一个带有浓厚民间色彩的人物。与罗贯中《三国演义》中的诸葛亮极为不同。而唐代诗人笔下的诸葛亮是一个"大名垂宇宙"、受到明主知遇而"誓将雄略酬三顾"的一代宗臣。在不同时代,不同阶层人的心目中,诸葛亮是不一样的,但无论是贤相的典范,智慧的化身,或者民间祭拜的神人,诸葛亮成为一种现象后,从总体和主流上看,它凝聚着晋唐以来各类人的历史观、伦理观和价值观,反映了各阶层人们的意识。

诸葛亮现象反映出的历史观,是一种英雄史观。中国传统文化中的英雄、神灵崇拜现象十分突出,对各种历史人物的崇拜影响了中国人的信仰,也反映了人们的种种愿望。对诸葛亮的崇拜,除去迷信和荒诞的成分外,则是古人对清官贤相的崇敬和对太平盛世的渴望。

中国传统的伦理思想重人伦关系,重精神境界,重整体观念,重修养践履等。诸葛亮现象反映出的道德观无疑是传统伦理道德的典型体现。评价诸葛亮不能以成败论英雄。若以成败论英雄,则把事功作为评判的价值标准,那么,诸葛亮北伐的大业未能成功,兴复汉室的壮志未酬,他就是一个失败者。而诸葛亮现象是以伦理道德作为评判的价值标准的,充分肯定并弘扬了诸葛亮的尽忠、尽职、尽责精神和北伐时"知其不可而为之"的价值取向。

人类对智慧的肯定和崇拜是超时空和超阶级的。诸葛亮现象创造出了一个中华民族智慧的崇高典型,这一典型既是理想的,也是现实的,各朝各代的人们都从中汲取精神力量。诸葛亮现象能够形成和发展,并进入今天的现代生活,正是因为它蕴藏着取之不尽、用之不竭的超凡智慧。

诸葛亮在政治、军事、文化、经济等方面均取得功绩卓著的成就,是多才多艺的智慧化身。在民众心目中,德才兼备者方能治国。而诸葛亮正是这样的人,因此民众才怀念他,并修祠建庙祭祀他,保护和他有关的历史遗迹,以表达景仰之情。

诸葛亮现象形式多样,内涵丰富,从总体和主流上看,它体现出的忠贞品格,坚定意志,折而不挠的精神,廉洁奉公,恪尽职守,任劳任怨,鞠躬尽瘁等优秀品质,正是中华民族传统美德的集中表现。作为一种文化载体,它在体现传统文化的同时,又反过来对今天的中国文化产生了巨大而深远的影响。

诸葛亮现象的形成和发展,对当今的物质文明建设和精神文明建设的推动作用将越来越突出,而且会随着社会文明的进步,日益扩大和深入。①

---

① 参见谭良啸:《诸葛亮文化现象概论》,王汝涛:《金秋阳都论诸葛》,第108—110页。

# 附　　录

## 临沂市河东区坊坞保存的
## 《全裔堂诸葛氏宗谱》


**始祖**

讳亮,字孔明,后汉时封武乡侯。《蜀志》注云:《诸葛氏谱》泰山郡丞珪公生三子,长瑾,次亮,三均,与妻章氏相继卒,三子俱叔父玄公抚养。侯子名瞻。

**第二世**

讳瞻。瞻生三子,长尚,次京,三质。质为使入蛮邦结好。

**第三世**

讳京。按《全裔堂谱》载,京公及显公于咸熙年间由河东还。

**第四世**

鄭,配萧氏,复归里琅邪。

**第五世**

肖,赘葛氏。

尚。

**第六世**

虎,配孔氏。

**第七世**

针,赘葛氏为诸葛姓,居泗州。

**第八世**

真,儒学道术知所处。

**第九世**

童。

**第十世**

天。

**十一世**

雨,赘河南葛邨,号诸葛氏,校尉、光禄大夫。

**十二世**

涓,配于氏。

**十三世**

于。

**十四世**

修,居沛阳。

施,洛阳令。

**十五世**

建,居金华。

**十六世**

分,医学训术。

**十七世**

匀。

伦。

**十八世**

辉,居建康。

羽,任典赐丞。

**十九世**

敦,复居琅邪。

**二十世**

安,赘居青民,刺史,寓载州。

**二十一世**

童,隐居大晋山中。

离。

**二十二世**

便,丰城令。

**二十三世**

春。

夏,安禄山兵起,隐北邙山中。

秋。

**二十四世**

松,校尉,玄宗帝时幸蜀不还。

桧,青城令。

柏,衡州守坐,隐遁山林。

**二十五世**

淮,居北邙。

泗。

沄,占筮为业。

**二十六世**

连,捕鱼为业。

**二十七世**

升,洛阳令。

兴。

**二十八世**

训,后周时典分校国子司业,徙会稽上灶渡,复姓诸葛。

**二十九世**

英,居上灶渡。生四子:福、禄、祯、祥。

豪,行成一,号天乐,配潘氏,继配董氏,后居天乐。生二子:德彰、德楚。

俊,赘樊江支氏。生三子:行敏、行仁、行信。

杰。生一子:嘉兴。

**三十世**

福,英之长子。配赵氏。生四子:邦本、邦宁、邦辅、邦佐。

禄,英之次子。配韩氏。生二子:俯、仰。

祯,英之三子。配杨氏。生三子:龙孙、回孙、超孙。

祥,英之四子。配阮氏。生二子:湮、淳。

德彰,豪之长子。行满三,赠迪功郎。配裘氏,继配祝氏。生三子:福之、森之、保之。

德楚,豪之次子。行满三,配陈氏。生一子:敬三。

行敏,俊之长子。配沈氏。宋徽宗间登王嘉榜进士,授侍读学士,转大理丞。生四子:安卿、安节、安民、安巢。

行仁,俊之次子。配张氏。中书舍人。

行信,俊之三子。沈晦榜进士。

嘉兴,杰之子。朝散大夫,居嘉兴。配何氏。

## 三十一世

邦本,福之长子。登沈晦榜进士,长州丞。配胡氏,生二子:长五朋,次六朋。

邦宁,福之次子。任青州守,朝散大夫。配李氏,生三子:一朋、二朋、十朋。

邦辅,福之三子。配史氏。

邦佐,福之四子。配袁氏。

俯,禄之长子。配潘氏。生四子:琛、琏、瑸、瑾。

仰,禄之次子。配钱氏。生一子:岑。

龙孙。祯之长子。生三子:仲淹、仲淳、仲申。

回孙。祯之次子。生三子:仲寅、仲显、仲可。

超孙。祯之三子。生一子:仲德。

湮。祥之长子。

淳。祥之次子。

福之,德彰之长子。行福一,配成氏。生二子:兰孙、兰容。

森之,德彰之次子。行福二,配陈氏。系井头领工,清花灌潭同祖一支。生二子:兰谷、兰畹。

保之,德彰之三子。行福三,继配许氏。生四子:茂六、茂捌、茂玖、均敬。

敬三。德楚之子。生一子：冬。

安卿。行敏之长子。

安节，行敏之次子。行万十七，配车氏。余复榜进士，朝散大夫。生四子：回之、元之、献之、定之。

安民，行敏之三子。行万十八。

安巢，行敏之四子。行万十□。配宗氏。生二子：逸之、欲之。

## 三十二世

五朋，邦本公之长子。

六朋，邦本公之次子。

一朋，邦宁公之长子。

二朋，邦宁公之次子。

十朋，邦宁公之三子。生一子：行可。

琛，俯之长子。行玉四，配赵氏，居山阴天乐。

琏，俯之次子。行玉五，配周氏。

瑸，俯之三子。行玉七，配黄氏。生一子：贵。

瑾，俯之四子。行玉八。生一子：兴。

岑，仰之子。配赵氏。生一子：惟恭。

仲淹。龙孙之长子。

仲淳。龙孙之次子。

仲申。龙孙之三子。

仲寅，回孙之长子。配蔡氏。

仲显。回孙之次子。

仲可。回孙之三子。

仲德。超孙之子。

兰孙。福之之长子。生三子：汉卿、祥卿、士卿。

兰容，福之之次子。行茂五，配鲁氏。系楼下派萧山县地方。生四子：俊卿、遂良、后明、遂安。

兰谷，森之之长子。行茂三，配陆氏。生三子：汉臣、义甫、子明。

兰畹，森之之次子。行茂七，配厉氏。

茂六,保之之长子。配曹氏。嗣子子祥。

茂捌,保之之次子。失考。

茂玖。保之之三子。生二子：得章、得祥。

均敬,保之之四子。行华一,配余氏。居屈领上。生二子：国宾、宗器。

冬,敬三之子。配姜氏。生一子：志五。

回之。安节之长子。

元之。安节之次子。

献之。安节之三子。

定之。安节之四子。

逸之。安巢之长子。

欲之。安巢之次子。

### 三十三世

行可,十朋之子。行仍一。进士,授教谕,转授临安教谕,朝散大夫。至元朝至正十九年配陆氏。生一子：文德。

贵。瑸之子。

兴,瓘之子。任江州彭泽县丞。生一子：千能。

惟恭后文只一惟字,岑之子。配翁氏。元文宗时授万户。生二子：士吉、士庆。

汉卿。兰孙之长子。生二子：子明、子员。

祥卿。兰孙之次子。

士卿。兰孙之三子。生二子：子云、子中。

俊卿。兰容之长子。生一子：子祥。

遂良。兰容之次子。

后明。兰容之三子。

遂安。兰容之四子。

汉臣。兰谷之长子。

义甫。兰谷之次子。

子明。兰谷之三子。

志五。冬之子。

## 三十四世

文德,行可之子。行庆一,配沈氏。生一子:哲。

千能,兴之子。进上,任苑马寺丞,直宝兴阁。配沈氏。生一子:世安。

士吉,惟之长子。配周氏。元顺帝时授万户。生一子:应奎。

士庆,惟之次子。家遭祸变,改姓逃匿山林。复居琅邪郡。生一子:应璧。

子明。汉卿之长子。

子员。汉卿之次子。

子云。士卿之长子。

子中,士卿之次子。

子祥,俊卿之子。出继茂六公,系茂七公子。

## 三十五世

哲,文德之子。行寿三。

世安。千能之子。

应奎。士吉之子。生二子:垌、垧。

应璧。士庆之子。生三子:浩玉、细玉、三玉。

## 三十六世

垌。应奎之长子。

垧。应奎之次子。

浩玉。应璧之长子。

细玉。应璧之次子。

三玉。应璧之三子。

## 三十七世(三十七世以下参考大坊坞村《诸葛氏宗谱》补充部分内容)

大如。生二子,长云,次龙。

## 三十八世

云。生二子:同修、同善。

龙,于元末明初自诸葛城前往莒南葛家山。生四子:同新、同德、同喜、同仕。

## 三十九世

同修,云之长子。迁莒南葛家集子。

同善，云子次子。迁莒南葛家集子。

同新。龙之长子。生一子：来□。

同德。龙之次子。生一子：来诠。

同喜。龙之三子。生一子：来祯。

同仕。龙之四子。生一子：来祥。

**四十世**

来□。同新之子。生二子：开君、开臣。

来诠。同德之子。生一子：开义。

来祯。同喜之子。生一子：开福。

来祥。同仕之子。生一子：开寿。

**四十一世**

开君。来□之长子。生一子：孝升。

开臣。来□之次子。生一子：孝斗。

开义。来诠之子。生二子：孝三、孝级。

开福。来祯之子。生一子：孝纯。

开寿。来祥之子。生三子：孝杰、孝亮、孝俊。

**四十二世**

孝升。开君之子。生一子：从敬。

孝斗。开臣之子。生二子：从顺、从范。

孝三。开义之长子。生一子：从柱。

孝级。开义之次子。生一子：从志。

孝纯。开福之子。生三子：从先、从谦、从美。

孝杰。开寿之长子。生四子：从君、从学、从习、从文。

孝亮。开寿之次子。生一子：从献。

孝俊。开寿之三子。生二子：从让、从仲。

**四十三世**

从敬。孝升之子。

从顺。孝斗之长子。

从范。孝斗之次子。

从柱。孝三之子。

从志。孝级之子。

从先,孝纯之长子。迁木柞村。

从谦,孝纯之次子。迁樊母村,即坊坞村。

从美,孝纯之三子。复归诸葛城,后迁坊坞村。

从君。孝杰之长子。

从学。孝杰之次子。

从习。孝杰之三子。

从文。孝杰之四子。

从献。孝亮之子。

从让。孝俊之长子。

从仲。孝俊之次子。

# 参 考 文 献

一、著作

（汉）司马迁：《史记》，中华书局，1959 年。

（汉）班固：《汉书》，中华书局，1962 年。

（南朝宋）范晔：《后汉书》，中华书局，1965 年。

（晋）陈寿：《三国志》，中华书局，1959 年。

（唐）房玄龄等：《晋书》，中华书局，1974 年。

（南朝梁）沈约：《宋书》，中华书局，1974 年。

（梁）萧子显：《南齐书》，中华书局，1972 年。

（唐）姚思廉：《梁书》，中华书局，1973 年。

（唐）李延寿：《南史》，中华书局，1975 年。

（唐）李延寿：《北史》，中华书局，1975 年。

（北齐）魏收：《魏书》，中华书局，1974 年。

（唐）李百药：《北齐书》，中华书局，1972 年。

（唐）魏徵：《隋书》，中华书局，1973 年。

（元）脱脱等：《宋史》，中华书局，1985 年。

（清）张廷玉等：《明史》，中华书局，1974 年。

（清）赵尔巽：《清史稿》，中华书局，1976 年。

（宋）司马光：《资治通鉴》，中华书局，1956 年。

（唐）杜佑：《通典》，浙江古籍出版社，2000 年。

（宋）王溥：《唐会要》，中华书局，1955 年。

（宋）李焘：《续资治通鉴长编》，中华书局，1985 年。

（三国吴）谢承：《后汉书》，上海古籍出版社，1986 年。

（清）赵翼，黄寿成校点：《廿二史札记》，辽宁教育出版社，2000 年。

（晋）习凿齿撰，黄惠贤校补：《校补襄阳耆旧记》，中州古籍出版社，1987 年。

（晋）常璩：《华阳国志》，中华书局，1985 年。

（南朝梁）刘勰：《文心雕龙》，河南大学出版社，2008 年。

（唐）虞世南：《北堂书钞》，天津古籍出版社，1988 年。

（宋）高承：《事物纪原》，中华书局，1989 年。

（清）王先谦：《后汉书集解》，中华书局，1984 年。

（清）杨晨：《三国会要》，中华书局，1956 年。

（清）卢弼：《三国志集解》，中华书局，1982 年。

（晋）袁宏撰，周天游校注：《后汉纪校注》，天津古籍出版社，1987 年。

（清）梁章钜撰，杨耀坤校订：《三国志旁证》，福建人民出版社，2000 年。

杨伯峻编著：《春秋左传注》，中华书局，1981 年。

高秀芳、杨济安：《三国志人名索引》，中华书局，1980 年。

（清）张澍：《诸葛亮集》，中华书局，1975 年。

朱奇志：《世说新语校注》，岳麓书社，2007 年。

陈桥驿译注，王东补注：《水经注》，中华书局，2009 年。

夏明钊：《嵇康集译注》，黑龙江人民出版社，1987 年。

查金萍：《宋代韩愈文学接受研究》，安徽大学出版社，2010 年。

顾之川校点：《苏轼文集》，岳麓书社，2000 年。

孔凡礼点校：《苏轼文集》，中华书局，1986 年。

王中焰、杜玉印注评：《黄庭坚书论》，江苏美术出版社，2009 年。

朱东润：《梅尧臣集编年校注》，上海古籍出版社，2006 年。

李之亮：《欧阳修集编年笺注》，巴蜀书社，2007 年。

张建业：《李贽全集注》，社会科学文献出版社，2010 年。

（清）张之洞：《书目答问补正》，上海古籍出版社，2001 年。

（清）严可均辑：《全上古三代秦汉三国六朝文》，河北教育出版社，1997 年。

《马克思恩格斯选集》，人民出版社，1972年。

《鲁迅全集》，人民文学出版社，1987年。

陈寅恪：《陈寅恪集》，生活·读书·新知三联书店，2001年。

钱穆：《中国学术思想史论丛》，安徽教育出版社，2004年。

钱穆：《史记地名考》，商务印书馆，2001年。

邓之诚：《五石斋小品》，北京出版社，1998年。

范文澜：《中国通史简编》，人民出版社，2004年。

白寿彝：《中国通史》，上海人民出版社，2007年。

周一良：《周一良集》，辽宁教育出版社，1998年。

贺昌群：《魏晋清谈思想初论》，商务印书馆1999年。

唐长孺：《山居存稿》，中华书局，1989年。

唐长孺：《唐长孺社会文化史论丛》，武汉大学出版社，2001年。

《中华野史》，三秦出版社，2000年。

宋俭等：《奇书四评》，崇文书局，2004年。

张剑光：《唐五代江南工商业布局研究》，江苏古籍出版社，2003年。

张崇琛：《诸城文化探微》，西泠印社出版社，2007年。

王汝涛：《琅邪居文集》，天津人民出版社，1993年。

余明侠：《诸葛亮评传》，南京大学出版社，1996年。

王瑞功：《山东省志·诸子名家志·诸葛亮》，山东人民出版社，2001年。

朱大渭、梁满仓：《诸葛亮大传》，中华书局，2007年。

余鹏飞：《诸葛亮在襄阳》，湖北人民出版社，1987年。

丁宝斋：《诸葛亮躬耕何处：有关史料和考证》，武汉大学出版社，1998年。

丁宝斋：《诸葛亮成才之路》，武汉大学出版社，2000年。

洪钊：《诸葛亮十讲》，哈尔滨出版社，2007年。

〔日〕池田大作：《我的人生》，北京大学出版社，1990年。

任继愈主编：《中华传世文选》，吉林人民出版社，1998年。

金沛霖：《四库全书子部精要》，天津古籍出版社，中国世界语出版社，
　　1998年。

熊承涤：《秦汉教育论著选》，人民教育出版社，1986年。

潘美月、杜洁祥：《古典文献研究辑刊》，花木兰文化出版社，2007 年。

罗宗强、陈洪：《中国古代文学作品选》，高等教育出版社，2004 年。

崔瑛、吕伟俊：《清官鉴》，中国方正出版社，2008 年。

朱伟：《考吃》，中国人民大学出版社，2005 年。

蒋宝德、李鑫生：《中国地域文化》，山东美术出版社，1997 年。

《武侯祠大观》，四川人民出版社，1988 年。

萧黄：《祠庙陵墓对联》，河南大学出版社，2005 年。

解维汉：《中国祠庙陵墓楹联精选》，陕西人民出版社，2006 年。

谷向阳、何慧琴：《中国名胜楹联大观》，黄山书社，1986 年。

吴恭亨撰，喻岳衡校注：《对联话》，岳麓书社，2003 年。

陶君起：《京剧剧目初探》，中国戏剧出版社，1963 年。

段熙仲、闻旭初编校：《诸葛亮集》，中华书局，1960 年。

梁玉文等：《诸葛亮文译注》，巴蜀书社，1988 年。

房立中：《诸葛亮全书》，学苑出版社，1996 年。

王瑞功：《诸葛亮研究集成》，齐鲁书社，1997 年。

方家常注译：《诸葛亮文集全译》，贵州人民出版社，1997 年。

梅朝荣：《梅朝荣品诸葛亮：中国最虚伪的男人》，台湾大旗出版社，2007 年。

张连科、管淑珍：《诸葛亮集校注》，天津古籍出版社，2008 年。

王汝涛：《金秋阳都论诸葛》，军事科学出版社，1995 年。

李遵刚：《诸葛故里论诸葛》，山东地图出版社，2007 年。

兰溪《高隆诸葛氏宗谱》。

丹阳《诸葛氏族重修族谱》。

金坛《谨慎堂诸葛氏宗谱》。

阳朔《诸葛氏宗族谱》。

坊坞《全裔堂诸葛氏族谱》。

二、论文

刘复：《新嘉量之校量及推算》，《辅仁学志》1928 年一卷一期。

《甘肃名胜楹联集萃》，《甘肃青年》1983 年第 12 期。

王汝涛:《诸葛亮故里暨离阳都诸异说辨正》,《成都大学学报》(社会科学版)1987 年第 3 期。

唐长孺:《汉末学术中心的南移与荆州学派》,《襄阳师专学报》1989 年第 2 期。

徐淑彬:《山东沂南阳都故城考古调查》,《东南文化》1993 年第 1 期。

王赛时:《古代宣州的制笔业》,《志苑》1994 年第 1 期。

许锋:《诸葛瑾、诸葛亮离乡时间考辨》,《临沂师专学报》1994 年第 2 期。

谭良啸:《诸葛亮与传统价值观散论》,《社会科学研究》1994 年第 3 期。

王晓毅:《论曹魏太和"浮华案"》,《史学月刊》1996 年第 2 期。

王德峰等:《关于诸葛亮的复姓及世家探源》,《山东大学学报》(哲社版)1998 年第 2 期。

李安本:《诸葛亮家族浮沉探析》,《岱宗学刊》2000 年第 4 期。

龚留柱:《葛氏溯源》,《寻根》2004 年第 1 期。

张斌海、徐家伦:《寂寞千秋孰与从,古来大匠多拙工——芜湖铜印世家诸葛氏考》,《书法世界》2004 年第 12 期。

王厚香:《论曾参之孝在强化行政责任方面的作用》,《管子学刊》2011 年第 2 期。

# 后　　记

　　很荣幸能参加《山东文化世家研究书系》的编纂工作,在这一文化工程中,我承担了《琅邪诸葛氏家族文化研究》的编著工作,如今已艰难草成。

　　在撰写《琅邪诸葛氏家族文化研究》的过程中,王志民、石玲等教授亲自指导,帮我确定主旨、拟定编写大纲,石玲等教授还指导写作,并帮我阅稿纠错;山东省临沂市诸葛亮研究会副会长、沂南县政协原副主席李遵刚,临沂大学于联凯、徐玉如教授,山东诸葛氏后裔诸葛效植、诸葛渔阳、诸葛东、诸葛希培、诸葛福义、诸葛绪荣、诸葛绪前、诸葛福明、诸葛福龙先生,浙江诸葛氏后裔诸葛坤亨、诸葛议先生,广西诸葛氏后裔诸葛保满先生,临沂市博物馆的胡后彬主任,陕西省宝鸡青铜器博物院的姚让利主任,以及湖北省襄阳市诸葛亮研究会、浙江省兰溪市诸葛亮研究会、山东省临沂市诸葛亮研究会、四川省成都市诸葛亮研究会、广西省阳朔诸葛亮研究会、中国国际诸葛亮研究会、江西省南昌市诸葛亮智慧研究会、陕西省三国文化研究中心、四川省成都武侯祠博物馆、广西省阳朔诸葛亮文化研究会等为本书的撰写提供了谱牒、碑刻、诸葛氏遗文等资料;临沂大学王厚香教授、魏本权博士、张勇博士等参与了校对工作。在此,一并表示衷心的感谢。

　　应该特别申明的是,书中引用、参阅了大量的研究成果,没有一一注明,在此谨表谢意,并敬请谅解。限于水平,书中错误及不当之处在所难免,恳请方家批评赐教,以利修正。

汲广运

2012 年 12 月 5 日

于临沂大学教授工作室